宗教、哲学与社会研究丛书

国家“985工程”四川大学宗教、哲学与社会研究创新基地项目
教育部人文社科重点研究基地四川大学道教与宗教文化研究所项目
四川大学“211工程”重点建设学科项目
教育部2011年人文社会科学青年基金项目
天水师范学院“青蓝”人才工程基金资助项目

道教生育思想研究

贾来生 著

巴蜀书社

国家“985工程”四川大学宗教、
哲学与社会研究创新基地丛书

国家“985工程”四川大学宗教、哲学与社会研究创新基地丛书总序

卿希泰

1998年5月4日，江泽民同志在庆祝北京大学建校100周年大会上的讲话中提出：“为了实现现代化，我国要有若干所具有世界先进水平的一流大学。”在这个讲话精神的指导下，国家“985工程”开始启动，北京大学、清华大学等几所名校率先获得国家较大力度的支持；紧接着，教育部又与有关部委、省市签订协议，对部分基础好、水平高的高等学校进行共建，予以重点支持。这个“工程”的实施，是党中央在世纪之交，立足于中华民族的伟大复兴、落实科教兴国战略、迎接知识经济挑战而采取的重大决策，是从根本上提高我国高等学校办学水平的重大举措。经过几年的建设，“985工程”取得了明显的效果，不但有力地推动了高等学校的学科建设和队伍建设，大大提高了社会服务工作水平，而且缩小了我国高等学校与世界一流大学的差距。

当然，世界一流大学的建设不可能在很短的时间内完成，它需要

较长时间坚持不懈的努力。并且，世界一流大学的建设，不仅需要有长期形成的优良学风和深厚的文化积淀，而且需要有强大的经费投入作为支持。有鉴于此，国家于2004年6月又开始启动了“985工程”二期的建设工作。“985工程”二期的建设，是国家在经费有限的情况下，运用创新思路寻求高校持续性、跨越式发展的重大举措，其基本思路是：集中资源，突出重点，体现特色，发挥优势，重点建设一批高水平的科技创新平台和哲学社会科学创新基地，促进一批世界一流学科的形成，使之成为攀登世界科技高峰、解决重大理论和实践问题、带动相应学科领域发展的重要基地，使高等学校成为国家创新体系的重要力量；同时，引进和造就一批具有世界一流水平的学术带头人和创新团队，加快建设一支具有世界一流大学水平的教师队伍、管理队伍和技术支撑队伍。在这个思路的指导下，国家教育部、财政部决定集中经费对一些高校的名牌学科进行重点扶持，使之成为汇聚人才、持续创新的“平台”或“基地”，以加快这些学科的成长步伐。

在“985工程”的建设工作中，国家尤其重视哲学社会科学的繁荣发展。早在2003年教育部就颁发了《关于进一步发展繁荣高校哲学社会科学的若干意见》，2004年中共中央又颁发了《关于进一步繁荣发展哲学社会科学的意见》，与此同时，胡锦涛总书记在中共中央政治局第十三次集体学习时强调：一定要从党和国家事业发展的战略高度，把繁荣发展哲学社会科学作为一项重大而紧迫的战略任务切实抓紧抓好。2004年6月，教育部部长周济同志在“985工程”建设工作会议上的讲话中指出：我们一定要紧紧抓住当前繁荣和发展哲学社会科学的历史性机遇，全面推进哲学社会科学的知识创新、理论创新和方法创新，全面推进哲学社会科学的学科建设，使其在中国特色社会主义现代化建设中发挥“思想库”“人才库”的作用。同时，周济同志还指出：我们应当推动人文社会科学与自然科学、工程技术等的交叉、渗透与融合，孕育和催生新的学科研究领域和研究方法，形成一批能够解决具有全局性、战略性、前瞻性的重大理论及现实问题，为党和政府决策咨询服务，为社会主义现代化建设服务，为建设社会主义物质文明、政治文明和精神文明服务的国家级哲学社会科学基地。“985工程”的哲学社会科学创新基地，就是在这样一种思想指导下设立的，其特点在于跨学科并具有开放性，能够围绕国家、区域社会发展、经济建设中的重大问题而组织主攻方向并进行联合攻关。

在“985工程”哲学社会科学创新基地的建设中，国家提出了建立“宗教与社会研究创新基地”。经过评审，四川大学宗教研究所有幸成为承担“宗教与社会研究创新基地”建设任务的主干机构。在此基础上，还整合了四川大学中国俗文化研究所和藏学研究所两个“教育部人文社会科学重点研究基地”以及专门史、中国古典文献学两个“国家级重点学科”中与宗教学有关的科研力量，并向海内外公开招聘高级研究人员来参加建设，共同开展研究工作，以达到集合海内外本专业的学术精英和优势科研资源，突破个人分散研究的有限视野，将个人的学术专长进行整合，从而形成一个具有综合创新能力的研究集体，故这个基地实际上是一个国际性的学术研究平台。

在建设“宗教与社会研究创新基地”时，我们从中国是一个多民族多宗教国家这一国情出发，结合我国宗教学学科建设的要求，初步确定有宗教学理论比较研究、中国宗教与中国社会研究、西方宗教与当代世界研究、宗教信仰与民俗研究、中国少数民族地区宗教与社会问题研究等五个方向；考虑到基地的学术力量和国家需要等实际情况，拟定以四大课题为主要研究内容：一是中国宗教与中国社会发展研究，二是中国道教思想发展与道教和社会主义社会相适应问题研究，三是中国西部少数民族地区宗教与社会问题研究，四是中外宗教的对话与交流研究。其中，中国宗教与中国社会发展研究这个课题，主要是对中国各种宗教及其与中国社会的相互关系进行研究，其目的不仅在于通过深入研究中国历史上的各种宗教现象，来对有关宗教学的理论进行补充和发展，而且在于通过系统考察中国各种宗教与中国社会的相互关系，来为我们国家今天构建和谐社会服务。中国道教思想发展与道教和社会主义社会相适应问题研究这个课题，主要着眼于道教作为中国本土宗教的思想和行为的发展变迁，其对于中国社会发展的影响，以及在当今中国社会里的作用，挖掘其有利于中国社会发展进步的积极因素，为中华民族的伟大复兴贡献力量。中国西部少数民族地区宗教与社会问题研究这个课题，主要研究中国西部少数民族地区各种宗教的历史和现状及与之相关的社会问题，重点在于对中国西部少数民族地区现存的各种宗教进行调查研究，希望这项工作能为祖国大家庭各民族的文化建设服务，并为维护国家安定团结、促进西部大开发服务。中外宗教的对话与交流研究这个课题，目前主要是对国内外宗教研究中有代表性的优秀学术成果进行翻译，以图加强中外的学术交流并为我国宗教学学科的发展提供更多的借鉴；与此同时，逐步开展西方宗教思想同中国传统文化的交流与对话和基督教思想与中国传统文化的交流与对话等方面的研究，以适应人类文化全球多元性现代化发展的需要。

到2009年“985工程”二期建设结束的时候，“宗教与社会研究创新基地”以良好的成效顺利通过验收，并在教育部、财政部的指导下转入“985工程”三期的建设工作。为了在二期建设成果的基础上进一步拓展与深化，同时也出于学科建设的需要，基地在三期更名为“宗教、哲学与社会研究创新基地”，并设定了七个研究方向，分别是：宗教学理论与当代宗教问题、道教学与道教史、中国宗教与中国哲学、世界宗教与外国哲学、宗教与美学、道教与古代科学技术、西南少数民族宗教与社会。

我们一直希望依靠创新基地的集体力量，在上述各个方面都能够取得一些重大的标志性成果；同时，也希望在创造这些成果的过程中能够锻炼出一支优秀的学术创新团队。

当然，除了二期、三期的各个研究方向以外，我们并不排斥创新基地的成员从事其他方面的研究，所以，我们又决定出版一套以基地名称命名的学术丛书。这套“丛书”，不仅将囊括以上各个方面的研究成果，而且还可包括其他有关宗教、哲学研究的优秀学术著作；不仅出版本基地成员有关宗教、哲学研究的优秀学术著作，而且非常欢迎本基地以外的海内外学者向本“丛书”编委会申请，经过编委会评审通过之后，即可将其宗教、哲学研究的优秀学术著作列入本丛书出版。这样，或可在建设期内取得更多更好的学术成果，更大力度地促进我国宗教学、哲学学科的发展。

总之，“985工程”的建设时间虽然是有限的，但我们的学术探索却是无止境的。我们希望，“宗教、哲学与社会研究创新基地”能够为今后的科研机构提供一种新的管理模式，其学术研究能够为宗教学学科的发展贡献一些具有标志性的成果，而其所培养的创新团队中也有一些人能够成为学术界未来的领军人物。同时，也希望这个“基地”能架起一座沟通国际的桥梁，为我国建设世界一流学科和高水平研究型大学做出应有的贡献。

2005年11月12日书于四川大学芙蓉楼
2013年7月10日改于四川大学农林村

（作者卿希泰，现任国家“985工程”四川大学宗教、哲学与社会研究创新基地首席科学家）

目　录

国家“985工程”四川大学宗教、哲学与社会研究创新基地
丛书总序 ………………………………………… 卿希泰（1）
导　论 …………………………………………………………（1）
一　道教生育思想命题的提出 ……………………………（1）
二　道教生育思想概念的界定 ……………………………（2）
三　道教生育思想研究的理论价值和现实意义 …………（3）
四　道教生育思想研究的学术史回顾 ……………………（5）
五　道教生育思想研究的思路与途径和主要创获 ………（10）
第一章　道教生育思想的理论基础 …………………………（13）
第一节　道教生育思想的生命哲学基础 …………………（13）
一　中国文化的生命哲学思想 ……………………………（14）
二　道家的生命哲学思想 …………………………………（23）
三　道教的生命哲学思想 …………………………………（27）
第二节道教生育思想的神学理论基础 ……………………（35）
一　从道教的成仙宗旨和成仙模式来看 …………………（35）
二　从道教的传教模式来看 ………………………………（36）
三　从道教符咒治病医学模式来看 ………………………（38）

第三节 道教生育思想的符号象征基础 …………………………（42）
一 生育之文化性符号的创立过程 …………………………（43）
二 道教生育法术科仪的符号象征基础 ……………………（46）
第二章 道教的生命起源论及婚配模式和房中理论 …………（55）
第一节 道教的生命起源论及其渊源和衍化 ………………（56）
一 道教对于人类生命起源的理论 …………………………（56）
二 道教人类生命起源理论的思想渊源 ……………………（70）
三 道教对于个人生命起源和孕育的理论 …………………（83）
第二节 道教对婚配模式的看法 ……………………………（91）
一 中国传统婚姻的意义及其观念 …………………………（91）
二 道教思想里的婚姻基本模式 ……………………………（93）
三 《太平经》提出一男二女的理想模式及其哲学论证
…………………………………………………………………（97）
第三节 道教房中生育思想 …………………………………（101）
一 道教房中思想综述 ………………………………………（101）
二 道教房中思想中蕴含的生育思想 ………………………（104）
三 道教房中禁忌中的优生思想 ……………………………（120）
第三章 道教中的优生优育思想 ……………………………（139）
第一节 种子受胎 ……………………………………………（140）
一 胎儿孕育之过程 …………………………………………（140）
二 道教对性生理发育和生育理想年龄的认识 ……………（151）
三 子嗣之性别选择 …………………………………………（155）
四 祈男法术 …………………………………………………（160）
五 转胎术 ……………………………………………………（176）
六 择日生子 …………………………………………………（179）
第二节 养胎及妊娠护理——保胎安胎 ……………………（182）

一　孕前和合及新婚维护 …………………………… (182)
二　孕期养胎、保胎、安胎药物护理 ………………… (183)
三　孕期养胎、保胎、安胎法术护理 ………………… (192)
四　“妊娠有忌” …………………………………… (205)
第三节　胎教 ………………………………………… (210)
一　胎教的重要作用 ………………………………… (211)
二　胎教的历史发展 ………………………………… (212)
三　胎教的基本内容 ………………………………… (214)
四　道教中的胎教思想 ……………………………… (217)
第四节　产前护理及生产催生 ……………………… (220)
一　产图产阁及产前护理 …………………………… (220)
二　生产时的药物护理及符咒禳解 ………………… (224)
第五节　产难及对产亡婴儿的禳解护理 …………… (246)
一　道教对于产难的禳解 …………………………… (246)
二　道教超度血湖经忏及产鬼讨替 ………………… (256)
三　道教对于产难原因的探索 ……………………… (266)
四　道教对于产亡婴儿的超度——超婴魂 ………… (268)
第六节　道教对于产后产妇和婴幼儿的护理禳解 … (278)
一　产后婴幼儿及产妇的护理 ……………………… (278)
二　婴幼儿哺育及其疾病的符咒护理 ……………… (290)
第七节　道教对不育现象的解释及其对策 ………… (310)
一　墓宅不吉导致的不育及其禳解 ………………… (311)
二　属性不合或交合不当导致的不育及其禳解 …… (318)
三　疾病导致的不育及其对策 ……………………… (321)
四　承负罪孽导致的不育及其禳解 ………………… (327)
第八节　道教中的婴幼儿教育思想 ………………… (335)

第四章　道教中的人口生态平衡思想 …………………………… (339)
第一节　适时婚娶、兴国广嗣 ………………………………… (340)
一、道家道教的广嗣思想 ………………………………… (340)
二、古代提倡早婚的生育制度及历代生育法定婚龄 ……… (344)
第二节　道贵中和、节欲宝精 ………………………………… (347)
一　节欲宝精、节制生育 ………………………………… (347)
二　道教反对早婚早育 ………………………………… (357)
三　交合频率 ………………………………………… (358)
四　附谈：全真道之禁欲思想 ………………………… (361)
第三节　道法自然、阴阳平衡——道教的人口生态平衡思想 ……………………………………………………… (363)
一　从“弄璋弄瓦”说起 ……………………………… (363)
二　道教反对弃杀女婴，追求人口生态平衡的思想 ……… (366)
第五章　道教生育神灵信仰的内容、嬗变及其社会影响 ……… (376)
第一节　道教生育神灵信仰的渊源和内容 ………………… (377)
一　道教生育神灵信仰的渊源 …………………………… (377)
二　道教生育神灵信仰的内容 …………………………… (380)
第二节　道教生育神灵职能的嬗变过程 …………………… (402)
第三节　道教生育神灵信仰的社会影响 …………………… (406)
结　语 ……………………………………………………… (409)
一　道教生育思想的主要内容 …………………………… (410)
二　道教生育思想的社会地位及其影响 ………………… (412)
三　道教生育思想的现代价值 …………………………… (416)
参考文献 …………………………………………………… (423)
后　记 ……………………………………………………… (433)

导 论

一 道教生育思想命题的提出

从民俗学和传统文化的视角看，中国有着丰富的生育思想。而这些生育思想正如我们文化中的别的层面一样，都受到了官方钦定的儒家思想的决定性影响，因而儒家生育思想的提法在学术界早就出现。但是道教生育思想的命题至今仍显得非常新颖。从目前所见的学术资料看，发表在1998年《中国哲学史》第2期，由卿希泰、盖建民先生撰写的《道教生育观考论》一文，最早提到了道教生育思想这样一个值得学术界深入探讨的命题。原文自始至终都用了“道教生育观”这个概念，并指出：“正是由于道教这种珍惜生命、乐生恶死的生命伦理观念，使得道教十分关注和重视人类自身的生殖、繁衍问题。”文章还总结到：“道教在人类的生育问题上有许多独到的见解，形成了带有鲜明道教特色的生育观。”①

① 卿希泰、盖建民：《道教生育观考论》，《中国哲学史》1998年第2期，第51页。

二 道教生育思想概念的界定

我们先看生育的涵义。在中国古代的典籍中，对生育进行了多种多样的解释："'生，出也'（《广雅·释诂一》）；'生，活也'（《吕览·怀宠》）；'生，犹养也'（《周礼·大宰》）；'生谓性也'（《大戴礼记·子张问官》）；'生谓生长也'（《素问·阴阳应象大论》）；'生谓滋也'（《荀子·王制》）；'生，进也。象草木生出土上。凡生之属皆从生'（《说文》）。①"'育，生也'（《易传》）；'育，养也'（《易象上传》）；'育，生也长也'（《礼记·中庸》）；'育，养子使作善也'（《说文》）；《虞书》曰'教育子'"等等。②

而卿希泰、盖建民先生在《道教生育观考论》一文中考证道："'生育'一词，在汉语有两个主要涵义：一是生子，二是养育。《诗·邶风·谷风》云：'既生既育'，《淮南子·原道训》亦云：'是故春风至则甘雨降，生育万物。"高诱注：'育，长也。'"③

综合这些解释，我们不难看出，"生育"一词包含了人们的生殖孕育繁衍、抚养、养育等整个过程。

通过这些解释我们可以初步确定"生育思想"概念的涵义是指在一定物质生产条件下形成的有关生育的价值观念和行为规范。主要包括：生育态度，即对生育目的和意义的体认；性别偏好，即对子女性别的价值取向；数量期望和质量期望等。而著名社会学家费孝通则把

---

① （清）阮元等撰：《经籍纂诂》，中华书局，1982年，第706、718页。

② 同上，第1867、1892页。

③ 卿希泰、盖建民：《道教生育观考论》，《中国哲学史》1998年第2期，第54页。

生育思想文化称为“生育制度”。

因而本文认为，道教生育思想指的就是蕴含在道教文化典籍中的对生育的价值观念、行为规范、组织制度形式及优生优育等各个方面进行论述的思想观点。

三 道教生育思想研究的理论价值和现实意义

通过大量学者的研究，国人在生育问题上表现的锲而不舍、唯此为大这样一套与农业文明和自给自足经济体制以及宗法制社会相适应的以生男和多生为核心的生育思想文化，并没有随着社会主义市场经济体制和现代文明的建立而自动湮灭，恰恰相反，在广大的农村，仍然以一种思想观念的方式顽强的影响着人们的生育实践。改革开放三十年以来，我国的计划生育国策取得了举世瞩目的成绩，使“世界五十亿人口日推迟了二年，亚洲三十亿人口日推迟了四年，中国十二亿人口日推迟了九年”，但因为人口基数较大，出生率较高，我们从未像今天一样遭遇人口、环境、资源、就业的巨大矛盾和瓶颈制约，在资源有限和日趋紧张的大背景下，农村的人口却有增无减，其原因就是传统落后愚昧而又根深蒂固的生育思想观念在作祟。就连马尔萨斯都感叹到：“中国人认为结婚有两个目的：第一，永远延续宗祠中的香火；其次，嗣衍种族。”谢卡托亚列也说：“据中国人的宗教观念，人生至虑者莫过于‘无嗣’。”① 这正好可以用来解释为什么我们这样一个大国没有创造出世界上第一的财富却无数年一直蝉联世界人口榜

① 谢亚托卡列著，魏庆征译：《世界各民族历史上的宗教》，中国社会科学出版社，1985 年，第 278 页。

第一名并远远领先于第二名。英国著名人类学家泰勒说的好，人是文化的生物，绝大多数人都是受制并遵循于特定的文化思想法则。由此说明，文化思想对人的影响是深远的，美国著名心理学家马塞拉在《文化与自我》中讲到："文化是人类行为的主要决定因素之一，文化同自然环境一起代表着塑造人类行为模式的两种主要的'外部'来源。这两种外部来源的影响作用又同生理与心理的两种'内部'来源交互作用，从而构成人类行为的基本的决定因素。"① 我们承认困扰中国人口问题的确实还有经济政治社会等制度层面的因素，但是不可否认的是落后的生育思想文化是阻挠计划生育等人口控制措施难于在农村彻底贯彻执行的一个非常重要的原因。那么要使人口问题得以彻底解决，变为国民的自觉行为，则必须在制度配套的同时，多管齐下，特别重视生育思想文化的现代革新。让我们铭记英格尔斯在《走向现代化》一书中的郑重警告吧："只有当国民从心理上自愿的接受了新的家庭观念、新的人口道德，这个国家的人口数量才能稳定的下降或趋于缓慢的增长，以同经济和文化的速度相协调。"才能实现真正的可持续发展，才能真正走向现代化。

那么在这样一种大背景下来深入探讨道教生育思想文化，特别是那些不同于传统以儒家为核心的比较先进的生育理念，诸如主张适度生育、反对弃杀女婴、追求人口的动态平衡、主张优生胎教的思想等等，有助于缓解深受传统影响的广大农村地区人口的理性平衡，有助于为建立一种新型的适应新时代的生育思想文化提供理论基石，有助于为建立科学发展观指导下的可持续发展，人口、资源、环境、就业和谐发展的新型社会提供有益借鉴。因而该项研究有着明确的针对性

① 马塞拉：《文化与自我：东西方人的透视》，浙江人民出版社，1988年，第135页。

和理论创新意义以及实践借鉴价值。

从道教研究的角度看，目前关于道教的学术研究已经走向精深化和专题化，不再拘泥于貌似宏观的泛泛而谈，该项研究紧密结合国家社会发展中极其突出的人口、环境、资源等深层次矛盾的社会现实，从丰富的道教资源中发掘新颖的文化理念，从而对于道教的学术研究具有一定的理论创新意义和实践价值。

四 道教生育思想研究的学术史回顾

（一）直接相关的研究：

1. 论文：

发表于《中国哲学史》1998 年第 2 期的由卿希泰、盖建民先生撰写的《道教生育观考论》是目前学术界最早比较系统论述道教生育观的一篇论文。文章通过对《老子想尔注》、《太平经》、《抱朴子》、《三元延寿参赞书》等诸多道教典籍的系统考察，分四部分详细论述了道教在生育问题上的思想观点。

第一部分从《太平经》站在人类生存发展的高度阐述生育思想出发，系统阐释了道教这种生育思想从老子《道德经》开始的思想渊源，结论是：道教在道法自然的指导原则下，无论是从人类生存、延续发展，还是从祛病延年、养生保健的目的出发，大都必然反对禁欲，反对不育，提倡适时、适度生育，明确主张欲不可绝。

第二部分提出道教在主张欲不可绝的同时，也从道贵中和、节欲宝精的养生原则出发，必然反对无节制的纵欲，主张行房有度，节制生育，不可早婚早育的思想理论。

第三部分在追溯了生育的词源意义之后，详细论述了从老子开始的道教优生优育思想。道教注重求嗣之法的探讨，提倡选择受孕时机，拉开生育间隔，提出“妊娠有忌”的胎教理论，明确提倡母乳喂养等一系列思想观点，都有很大的现代价值。

第四部分从马克思主义关于人口再生产与生活资料再生产的关系出发，突出论述了道教站在道法自然、阴阳平衡的哲学思想基础上，反对歧视妇女，残杀女婴陋习的人口生态平衡的理性生育观及其重大价值。

2. 相关的著作：

由社会科学文献出版社 2007 年出版、姜守诚撰写的《太平经研究：以生命为中心的综合考察》一书，在第三章“《太平经》的房中观念”和第四章“《太平经》的生育礼俗”两章中研究了《太平经》中的生育思想。

作者在“《太平经》的房中观念”一章中，首先考察了“汉唐之际房中养生学述略”，其中论述了房中术的重要功能便是子嗣传承——种子之术；其次在论述《太平经》的房中思想时具体讲到了生命之起源与规律、性生理之发育与成熟，这些是研究《太平经》乃至整个道教生育思想的必然环节。

在“《太平经》的生育礼俗”一章中，第一节作者首先以《太平经》为中心详细考差了汉代的生育观念。其中提到汉代“生子不举”现象的原因，探讨了汉代的生育与政治；第二节作者具体深入的研究了《太平经》对婚育的看法。文章特别提到了《太平经》禁杀女婴的社会意义和对“一男二女法”的婚姻模式的设想及其生育意义；第三节探讨了《太平经》的生育思想。文章从种子受胎、性别转胎、优生禁忌、妊娠护理到对不育现象的宗教性解释等方面进行了深入探讨。

（二）间接相关的研究：

1. 论文：

学术界在道教房中术研究方面也部分涉及到了道教生育问题。其中主要有：

（1）盖建民教授发表在《宗教学研究》1996年第1期的《道教房中术的性医学思想及其现代价值》，对道教房中术中蕴涵的生育思想如节欲宝精、注重优生优育、人口生态平衡等做了深入阐述。

（2）林富士在发表于《中央研究院历史语言研究所集刊》第73册上的道教房中术论文《中国早期的道士的医疗活动及其医术考释：以汉魏晋南北朝时期的“传记”资料为主的初步探讨》和发表于《中央研究院历史语言研究所集刊》第72册上的道教房中术研究论文《略论早期道教与房中术的关系》中对于道教房中术从追求目标上归为“生子”“快乐”“养生”三大类型。还把汉代房中书划分为治病养生、延年益寿；孕育子女；消除灾祸、度世成仙；医药之方；提高房中水平几类，从而对早期道教房中术进行了总结研究。

（3）朱越利在发表于《西南民族大学学报》（人文社科版）2006年第9期的房中术论文《〈太平经〉的兴国广嗣术与合阴阳法》中对于早期道教经典《太平经》中的兴国广嗣思想和兴国广嗣之术等都做了深入的研究。朱越利在发表于《宗教学研究》2002年第1期的论文《方仙道和黄老道的房中术》中对于早期方仙道与黄老道中的房中思想从概念到类型、内容进行了系统深入的研究。

（4）李零在发表于《中国文化》1997年第16期的《东汉魏晋南北朝房中经典流派考》一文中对于东汉魏晋南北朝的房中思想进行了系统的归类研究。

（5）李建民在发表于台湾《新史学》第7卷第4期的《“妇人媚道”考——传统家庭的冲突与化解方术》一文中对于传统的一夫多妻制家庭下房中思想化解冲突和矛盾的作用及其方术进行了深入研究。

另外，学术界发表的涉及生育思想的研究论文主要的还有：

（1）发表在《东岳论丛》2002年第3期的由路遇撰写的《论中

国传统生育文化》全文分六部分进行论述。第一部分从女阴崇拜和男根崇拜两个方面论述了生殖崇拜问题；第二部分概括传统生育文化的主要特征为早婚早育、高出生、重生男轻生女；第三部分从政治、经济、文化三个角度研究了传统生育文化产生和发展的社会条件；第四部分辩证的评价了传统生育文化，既看到了它曾经起到的进步作用，也看到了它在目前的滞后性；第五部分以 1949 年为界，把传统生育文化转型分期为转型的萌动期和转型的进行期；第六部分从观念生育文化层面、科技生育文化层面、组织生育文化层面论述了传统生育文化转型过程中的矛盾和问题。

（2）发表在《妇女研究论丛》2000 年第 4 期的由李冬莉撰写的《儒家文化和性别偏好：一个分析框架》首先定义了性别偏好、父权、父居、父系几个基本概念，其次探讨了儒家文化选择生育男孩的性别偏好决定于父权、父系和父居，最终取决于一定的社会、政治、经济和文化因素。具体原因在于封建伦理、封建法律制度，自给自足的小农经济和家族聚居等方面。

（3）发表在《市场与人口分析》2005 年第 11 期的由金小桃、曹跃斌、朱尧耿撰写的《试论儒家文化对我国生育文化的影响》一文，深入探讨了儒家生育文化的主要内容及其对生育文化的影响方式。文章认为儒家生育文化的内容为：承认人的性需求，主张优生优育、生男孩、多生、早婚早育，强调教育子女、抚恤孤幼、养儿防老、男尊女卑。而儒家生育文化主要通过以伦理为本位，以家庭为基础，以父系为轴心，以小农经济为土壤的方式深入全面的建构了传统生育文化。文章最后还展望了建立新型生育文化的构想。

（4）发表在《学习论坛》2007 年第 7 期的由周全德撰写的《中原传统生育文化的历史轨迹及现代演变》主要以河南为研究重点，首先回顾了历代中原的人口状况，并一分为二的客观分析了深受儒家文化影响的生育文化的双重作用，总结出这种早生子早得福、早养儿早防老的生育理念是农耕经济条件下人们寻求物质利益、政治利益和精神寄托的必然反映。文章还探讨了中原传统生育文化在建国以来计划生育政策影响下的现代转变情况。

（5）发表在《人口研究》2001 年第 11 期的由赵文琛撰写的《论生育文化》深刻探讨了生育文化的内涵、特征、形成原因及其变迁。他重点解释了生育观念及其影响因素，他认为传统生育文化的特征是早婚早育，追求多、男，重男轻女，生育科学完全取决于自然成活概率。他总结原因在于传统社会的小农生产方式，尊祖宗，维护孝道，等级制度，宗法观念，统治阶级的政策及其生育上的迷信思想。与之相对应，他还探讨了西方现代生育观念并考察了建国以来我国传统生育文化的变迁。

2. 著作：

（1）由百花洲文艺出版社 1999 年出版、郑晓江主编的《中国生育文化大观》，从文化学的角度，做了求孕的祭祀仪式、感生神话、祈男风俗、胎神胎教及孕妇禁忌、催生礼及分娩习俗、小儿灵物崇拜和辟邪、启蒙教育家训等方面的专门研究，可以说是比较全面细致透析中国生育礼俗的一部大作。

（2）由上海文艺出版社 1999 年出版、刘锡诚主编，宋兆麟著的《中国生育信仰》一书，在第二章论述了生育诸神，第四章论述了产育迷信，部分论述了中国生育文化。

（3）由社会科学文献出版社 1999 年出版，王晓丽著的《中国民间的生育信仰》一书，则是从民族学的角度，通过对孕体崇拜、生育神坛、生育信仰的社会意志、核心观念及其特征，以及与人口发展的关系几个方面，全面透视了生育信仰问题。

五 道教生育思想研究的思路与途径和主要创获

（一）道教生育思想的研究思路：

（1）认真梳理历代重要道教典籍中的生育思想文化资料并有条理的予以表述；

（2）概括提炼道教典籍中的生育思想文化资料并归纳总结出重要的结论；

（3）结合人类学、社会学、美学、哲学等思想文化资料，在一个广阔的思想视野下，评述并发掘其思想意义及现代价值。

（二）道教生育思想的研究途经：

（1）逻辑与历史相统一的研究方法。既注重理论分析，同时兼顾道教发展历史。

（2）文献考据的方法。力求获得第一手的文献资料并准确深入的予以剖析。

（3）遵循马克思主义一贯倡导的“从个别到一般”“从具体到抽象”的研究方法。

（4）适当运用社会学、人类学、美学和其它学科的思想资料。使本文既能够注重细节的考证，也能够具有深厚广阔的理论基础。

（三）道教生育思想研究的主要创获：

本书从道教丰富深刻的思想原典出发，结合学术界的最新研究成果，史证结合，历史和逻辑相统一，深入挖掘了道教典籍中的生育思想理念及其妇婴禳解护理技术手段。本书的主要创获有以下几点：

（1）本书通过深入研究，从形而上的本体论哲学和形而下的角度探讨了道教对于人类和个体生命起源独特的富含神学特色的理论见解及其思想渊源和发展衍化。道教认为包括人在内的天地万物的生命起源于“道”，当然，有时也用“元炁”称谓或者用太上老君、元始天尊将其予以神格化或人格化。很显然这种思想理论是对道家“道生万物”思想理论和中国古代诸多感生神话传说继承发展、吸收改造的结果。而道教认为一个具体的生命是父精母血孕育和合的产物。

（2）本书总结了道教独特的婚配模式，彰显了道教房中思想中蕴含的深刻生育思想。道教非常重视男女的阴阳和合适时婚配，包括《太平经》在内的许多道教典籍从阴阳术数和道法自然的角度论证了一夫一妻制的合理性，并且出于反对弃杀女婴、缓和社会矛盾、调节人口生态平衡的目的提出了一男二女的理想婚配模式。同时，道教不同时期的丰富的房中理论创造性的把和合阴阳、子嗣生育之术与祛疾养生、延年益寿融为一体。道教房中典籍中不但包含有深刻的生育理念，而且从天忌、地忌到时忌、人忌的诸多性禁忌中，包含有合理的符合优生学的思想理念。

（3）本书深入挖掘了道教典籍中丰富深刻的优生优育思想理念和护理手段。在“杂而多端”的道教养生医学和法术科仪思想典籍中，无论从胎儿孕育、性别判断到转女为男、祈子法术，还是从养胎安胎、胎教的产前护理、产时催生到产难妇婴禳解护理，都从医学护理和符咒治疗两个方面提供了两套相互补充的禳解护理思想理念和技术手段。而且道教对于妇婴的符咒治病术又分为符咒治疗、上奏章表、祈求天医、斋醮科仪四种基本类型。另外，道教强调对于婴幼儿进行宽严适中的中庸教育方法和礼乐文明的教育内容。

（4）本书深入探讨了道教基于道法自然、阴阳平衡的理念反对弃杀女婴，维护人口性别生态平衡的思想。道教既从适时婚嫁、兴国广嗣的高度重视子嗣生育，又从道贵中和、节欲宝精的角度主张养生延年、节制生育，从而使得二者相辅相成、平衡统一。道教还反对歧杀女婴，倡导男女平等，从而形成了难能可贵的注重人口性别比例和强调男女平等的人口生态平衡思想。

（5）本书深入总结了道教生育思想中影响深远的生育神灵信仰的内容、嬗变及其社会影响。从道教的历史发展来看，道教既按照生育的逻辑发展过程，造出了从祈求子嗣，胎儿孕育，养胎护胎到催生助产、护儿除痘等等一系列的生育神灵，后期又造出了以保胎安产、护佑妇婴为主要职能的专业生育神灵。而且这些生育神灵大都经历了从单一功能向以生育功能为主的全能神灵的嬗变过程。这些生育神灵信仰不但满足了普通民众实用主义的功利化的信仰需求，而且使得道教广泛而迅速的得以发展，并以宗教神学信仰的力量促进了社会的道德进步，提升了社会的道德水平。

第一章　道教生育思想的理论基础

道教丰富的优生优育思想和注重人口生态平衡的思想，是在道教乃至中国文化的思想大背景下形成的，因而更进一步深入探讨其理论基础便显的尤为重要。我们认为，道教生育思想是建立在道家、道教乃至中国文化的生命哲学基础之上的，是建立在道教的宗教神学基础之上的，而且，也是建立在道教思想的符号象征基础之上的。让我们首先从其生命哲学基础说起。

第一节　道教生育思想的生命哲学基础

卿希泰、盖建民先生在《道教生育观考论》一文中指出：“正是由于道教这种珍惜生命、乐生恶死的生命伦理观念，使得道教十分关注和重视人类自身的生殖、繁衍问题。”[①] 也就是说，道教之所以非常重视人类自身的生育繁衍问题是与其深层次的珍惜生命、乐生恶死的生命伦理观念密不可分的，是以其为理论基础的。同时，要深刻理

① 卿希泰、盖建民：《道教生育观考论》，《中国哲学史》1998年第2期，第51页。

解为何道教能有既十分重视生育繁衍问题，又主张节欲宝精、适度生育等具体的貌似矛盾实则辩证统一的细微思想观点，我们就不得不从它贵生重命的理论基础研究。而道教生育思想中蕴含的丰富深刻的生命哲学，实质上渊源于道家的生命哲学，渊源于中国文化的生命哲学。

一　中国文化的生命哲学思想

傅道彬在《中国生殖崇拜文化论》中明确指出："从本质上讲，一切具有真正意义的文化都是崇尚生命的文化。"① 西方文化的源头在古希腊，尼采说："真正的生命即通过生殖、通过性的神秘而延续的总体生命。所以对希腊人来说，性的象征本身是可敬的象征，是全部古代虔敬所包含的真正的深刻意义。生殖、怀孕和生育行为中的每个细节都唤起最崇高最庄严地情感。……这一切都蕴含在狄奥尼索斯这个词里：我不知道有比这希腊的酒神象征更高的象征意义。在其中可以宗教式地感觉到最深邃的生命本能，求生命之未来的本能，求生命之永恒的本能——走向生命之路，生殖，作为神圣的路。"② 尼采认为酒神精神集中体现了古希腊文化崇尚生命的底蕴。而中国文化更是崇尚生命本能，只不过是把生命本能或者说生殖崇拜抽象化了，符号化了。无论是"太极生两仪，两仪生四象，四象生八卦"的孕育模式，还是老子说的"一生二，二生三，三生万物"的生成模式，中国文化都没有离开一个"生"字。而这一点，集中体现在中国文化的源头之作《周易》中。

① 傅道彬：《中国生殖崇拜文化论》，湖北人民出版社，1990年，第2页。

② 尼采著，周国平译：《偶像的黄昏》，湖南人民出版社，1987年，第124—125页。

早在20世纪的20年代，一批著名学者就对此进行了阐发。钱玄同第一个提出了这样的看法："我以为原始的易卦，是生殖器崇拜时代底东西：乾、坤二卦即是两性的生殖器的记号。"周予同也发表了相同的见解："《易》的爻就是最明显的生殖器崇拜时代的符号。'—'表示男性的性器官，'－－'表示女性的性器官。"郭沫若则说："八卦的根柢我们很鲜明地可以看出是古代生殖器崇拜的孑遗。画一以像男根，分而为二以像女阴，所以由此而演出男女、父母、阴阳、刚柔、天地的观念。古人数字的观念，以三为最多，三为最神秘。由一阴一阳的一画错综重叠而成三，刚好可以得出八种不同形式。"[①] 这里所说的阴（"－－"）和阳爻（"—"），是八卦的根本，联系到《系辞上》的解释："夫乾，其静也专，其动也直，是以大生焉。夫坤，其静也翕，其动也辟，是以广生焉"。我们便知，阴爻（"－－"），中空而外实，十分形象地表现了女子的性器官——阴户开辟的形状；阳爻（"—"），内实而坚挺，更是非常逼真地表现了男子的性器官——阴茎的勃起形状。由此而衍生出的四象，即太阳、太阴、少阳、少阴，进而又衍生出八卦，即乾、艮、坎、震、坤、兑、离、巽，以及由八卦变化出的六十四卦，都是以阴爻和阳爻，或者说男女的性器官为最基本的形式。它隐晦地说明，由男女阴阳的互相结合交媾而产生了天地万物的宇宙和人类生成思维模式。《易经·系辞上》说："《易》有太极，是生两仪，两仪生四象，四象生八卦，八卦定吉凶，吉凶生大业。"又说："刚柔相摩，八卦相荡，鼓之以雷霆，润之以风雨，日月运行，一寒一暑，乾道成男，坤道成女。乾知大始，坤作成物。"讲的仍然是两性和合之道，进而推演到宇宙万物的变化。这种认识世

① 郭沫若：《甲骨文字研究·释祖妣》，见刘梦溪主编《中国现代学术经典·郭沫若卷》（考古卷），河北教育出版社，1996年，第267页。

界的方法，非常符合宇宙变化和生命起源。八卦为乾、坤、震、巽、坎、离、艮、兑。《说卦传·第十章》诠释时，以乾为父、坤为母之后说："震，一索而得男，故谓之长男；巽，一索而得女，故谓之长女；坎，再索而得男，故谓之中男；离，再索而得女，故谓之中女；艮，三索而得男，故谓之少男；兑，三索而得女，故谓之少女"。以一夫一妇三男三女为一完整的血缘群体，其婚姻目的和生殖本能体现的淋漓尽致。它还要求人们要效法自然，使自己生命中的阴阳两种成分像宇宙运行一样，和谐地发生交合作用，像男女性交一样孕育出新的生命。因此，男女的性交不仅是单纯的欲望发泄，而更是阴阳两种宇宙力量在人类身上的具体展现。天地相交而生万物，男女相交而生子女。在古代的文学作品中把性交称为"云雨之欢"，更是古人"天人合一"思维模式的典型反映。

《易经》甚至谈到了男女的阴阳和合。《易经下·归妹》说："归妹，天地之大义也。天地不交而万物不兴，归妹，人之终始也。"归妹卦的意思是说，男女婚配，是天地之间最正常的事情，天地不交合，就不会生长万物，男女不婚嫁，就不能传宗接代、生育子嗣。《易经·系辞》还说："男女构精，万物化生。"即男女两性的结合、交媾是万物生长、人类繁衍的根源，肯定了只有宇宙间天地、阴阳、男女交媾，才能有新的生命诞生，否则，纯阳、纯阴、纯男、纯女都不足以生产新的生命，这就充分体现了《易经》的生殖崇拜精神或生命哲学底蕴。

《易经·系辞上》对《易经》中乾坤两卦的解释，是在对男女生殖器官长期观察总结后的形象化模拟说理："夫乾，其静也专，其动也直，是以大生焉。夫坤，其静也翕，其动也辟，是以广生焉"。《易经·系辞上》还讲道："男女构精，万物化生"、"云行雨施，品物流形"、"天地感而万物化生。天地不交而万物不兴"。"直"在甲骨文中的字形是男根勃起的形状。“专”在古代为“团”字，意思为“软”。“翕”是“合”的意思，即阴户闭锁之象。“辟”为“开辟”之意，为女阴开辟之状。《易经·系辞上》用“直”和“专”来描述“乾”（天）和“坤”（地）在宇宙时空中的运转变化状态，其中把天地自然运化的过程理解为男女阴阳交合的意图十分明显。正因为如此，“乾”“坤”在古人心目中才具有大生、广生之义。《易经·系辞下》又进一步解释道：“天地絪缊，万物化醇；男女媾精，万物化生。”《大戴礼记·曾子天圆》同样讲道：“天道曰圆，地道曰方。明者，吐气者也，是故外景。幽者，含气者也，是故内景。……吐气者施，而含气者化，是以阴施而阳化。阳之精气曰神，阴之精气曰灵，神灵者，品物之本也。”这种把天地看成具有阴阳二重属性的思想观念，暗含有生殖崇拜的意思，仍然隐晦曲折的表达出了古人的生命崇拜精神。甚至有学者指出，《易经下·咸卦》还讲到性交的过程，我们先看原文：

咸：亨，利，贞，取女吉。

初六：咸其拇。

六二：咸其腓。凶，居吉。

九三：咸其股，执其随，往吝。

九四：贞吉，悔亡，憧憧往来，朋，从尔思。

九五：咸其脢，无悔。

上六：咸其辅、颊、舌。①

我们把它做个解释，大致是说：守正娶个女人，是很吉祥的。初六：碰她的大脚趾。六二：碰她的小腿，不好，不动较好。九三：碰她的大腿，她用手推开他的脚，再下去就不好了。九四：与她交合很

① 黄寿祺、张善文：《周易译注》，上海古籍出版社，2001年，第257—263页。

吉利，不要后悔，来来往往，朋友都顺从你的意思。九五：抱住她的背，没有悔恨。上六：吻她的嘴唇，亲她的脸颊，舐她的舌头。再从卦相来看，下艮上兑，卦象内实外空，表示男女交合状，它详细说明了性交的各个阶段和前戏调情动作，所谓“咸其拇”，“咸其腓”，“咸其股，执其随”，“咸其脢”，“咸其辅、颊、舌”，都是一些准备性的前戏，并且自外而内，步骤分明。黄寿祺、张善文在《周易译注》中总结到：

> 《礼记·乐记》认为，‘人生而静，天之性也；感于物而动，性之欲也。’……并谓‘夫妇之道，不可以不久也。’显然，《咸》卦的主旨，从广义看是普遍阐明事物‘感应’之道，从狭义看却是侧重揭示男女‘交感’之理。卦辞称‘交感’能正必致亨通，又言男子‘取女’可获吉祥，已经明确表露上述意义。①

虽然《彖》辞把其引向了“天地感而万物化生，圣人感人心而天下和平”的抽象说理，但其本来狭义上的，或者表面上以男女性交比喻，则是毋庸置疑的。

同样的以描写男女和合说理的，还有《周易·小畜》，其卦象是乾下巽上。按说卦的解释，乾为男，巽为长女，老男遇长女交欢不悦，所以卦辞谓：“密云不雨，自我西部。”老男人碰上“长女”，不仅不能在交欢中获得快感，而且还会影响到天上降雨的情况，“密云不雨”，其中非常隐晦曲折地表达着曾经盛行在原始时代的，以男女集体性交的巫术方式来挑逗大自然春情的宗教仪式。而《周易·咸卦·彖传》中更是说道：“咸，感也。柔上而刚下，二气感应以相与；止而悦，男下女，……天地感，而万物化生。”这里把男女性交与天

① 黄寿祺、张善文：《周易译注》，上海古籍出版社，2001年，第264页。

地交感及万物化生直接联系起来，也有原始巫术中把人类自身的生殖能力推广到自然界，带动万物生长的思维特征。《周易·泰》曰：“天地交，泰，后以财（裁）成天地之道，辅相天地之宜，以左右民”，亦同此理。

关于古人的这种以集体性交来带动作物畜生生长或求雨的宗教巫术，宋兆林、傅道彬，姜守诚等很多学者都做过深刻论述。例如，姜守诚以《太平经》为例，来考察了部分道教著作中提到房中性交的巫术效应。[①]《太平经》虽然批判那些随便将自己精子撒于野外草木上的恶行，但却承认精子施于野具有促进草木生长的功效。其曰：“父母未生子之时，愚者或但投其施于野，便着土而生草木，亦不自知当为人也……遂成草木。”[②]《太平经》还深信男女能否正常性交生育是祈雨的关键所在。其曰：“右顺天地法，和阴阳，使男女无冤者，致时雨，令地化生，王治和平。”[③]

而蒋朝君等则把这种思维模式追溯到了西方人类学家所提出的“互渗律”上。他说：“按文化人类学家的看法，在原始社会中人们并不把自然界看成是异己的存在物，他们想像在自然与人类社会之间存在着一种‘互渗律’的逻辑关系。按照‘互渗律’，人类的旺盛生命力可以普及推广到自然界，而大自然的繁育能力又反过来加强了人的生殖能力。”[④] 傅道彬也说，原始先民们“一厢情愿地认为自身的性行为是崇高、庄严并且具有魔幻能力的，他们因此而愿意做自然地楷模，通过展示自身的性特征，通过自身的生命冲动和性行为之暴露去

① 姜守诚：《太平经：以生命为中心的综合考察》，社会科学文献出版社，2007年，第195—196页。

② 《太平经合校》，中华书局，1960年，第78页。（下引只注页码）

③ 同上，第39页。

④ 蒋朝君：《道教生态伦理思想研究》，东方出版社，2006年，第76页。

挑动大自然的生命激情，从而达到丰收的目的。"[①] 原始巫术般的宗教仪式到了西汉时仍然存在着，如董仲舒《春秋繁露·求雨止雨篇》记载："四时皆以庚子之日令吏民夫妇偶处。凡求雨之大礼，大夫欲匿，女子欲和而乐。"可见其源远流长，影响深远。

《易经》把男女两性视为自然的一部分，以男女两性的交合来说明自然与人变化的原理，它将自然界被动的力量称为"阴"，将主动的力量称为"阳"，一阴和一阳的交互作用叫做"道"，作用所产生的生生不息过程叫做"易"。它认为阴阳是彼此相反而互补的两种力量，相克相生。例如，在自然现象中，月亮与冬天属于阴，太阳与夏天属于阳；对人类来说，女人属于阴，男人属于阳，阴阳需要互补。这就是《易传》所说的"刚柔相摩，屈伸相感而利生焉"。这都是强调阴阳结合，阴阳互补，男女要"相摩"、"相感"，这样才能"利生"，缺一不可。后来《系辞上》说："一阴一阳之谓道，继之者善也，成之者性也"；《归妹》彖辞说"归妹，天地之大义也。天地不交而万物不兴。"《易》之《咸卦》，首讲夫妇之道。《序卦传》说："有天地，然后有万物；有万物，然后有男女；有男女，然后有夫妇；有夫妇，然后有父子；有父子，然后有君臣；有君臣，然后有上下；有上下，然后礼仪有所措"。结合《礼记·中庸》也说"君子之道，造端乎夫妇，及其至也，察乎天地"来看，这里完全是基于男女性交和婚配来言理的。

《周易》中还有很多明确表明生命崇拜或者生命精神的思想。如，"生生之谓易""生生不息""天地之大德曰生"等等，不一而足。《周易》采取的这种以男女交合与万物化生相类比的说理方式，或者以男女性交带动万物茁壮成长的原始巫术效应痕迹，都透漏浓浓的生殖崇

---

① 傅道彬：《中国生殖崇拜文化论》，湖北人民出版社，1990年，第104页。

拜情结或者生命底蕴。

而这种由《周易》开创出来的生命哲学思想，渗透和浸淫到了中国文化的方方面面。道家道教和儒家无不受其影响，传达着深刻而浓厚的生命哲学思想。很多研究者指出，道家哲学就是女性处世经验和人生法则的哲学化。《老子》说："谷神不死，是谓玄牝。玄牝之门，是谓天地根。"《庄子》说："神鬼神帝，生天生地。"詹石窗教授在《易学与道教思想关系研究》一书中在探讨"道生"功能时，对《庄子》"神鬼神帝，生天生地"中的"神"与"生"子做了训诂学的解释，认为二者不但相同，而且充分说明了先民们重视生命的强烈思想意识。[①]《说文解字》中释"神"字为："神，天神引出万物者也。"而古代"神"通"申"，"申"又从"身"字。《广雅》中释"身"为妇女有孕而生产之意。所以，章炳麟先生在《庄子训诂》中就认为"神"与"生"同义。这样，庄子"神鬼神帝，生天生地"这句话的意思就是讲"道"生鬼生神、生天生地，岂不是明白无误的传达了一种浓厚的生命意识。不仅如此，据郭沫若在《甲骨文研究·释祖妣》中的解释，"祖"和"祝"字，从甲骨文角度看，都传达了原始先民们从母系社会发展到父系社会之后男根崇拜的生命情结。[②]

值得一提的是，《周易》"生生之谓易"的思想精神已经永远的渗透到了中国文化的骨子里面，渗透到了道教思想的深髓之中了。很多道教思想典籍中都有这种生命文化符号化的表述特征。例如，《太上修真体元妙道经》讲道：

> 炁既一分，象随此明。故居其穹者，则曰日月星风雷电，隐其下者，则曰山川草木禽虫之类。始之无情，因动而感，故有情

① 詹石窗：《易学与道教思想关系研究》，厦门大学出版社，2001年，第74页。

② 蒋朝君：《道教生态伦理思想研究》，东方出版社，2006年，第72页。

也。情之一动，性复随焉，在草木则感秀，在渊渎则感炁，皆从阴而生于阳也。既有性则有欲，既有欲则生情。故草木当日至则性成也。柳复为柳，花再成花，昆虫蠢动者即动而化，皆自日至之所肇也。日至者，乃冬日之至也。冬日者，即子也。子者乃一阳始之始也。在卦曰复，复者返也。然后天地万物之性情从兹而通也。万物既如此，人性情自何有也？缘人之自顶至踵一身骨毛炁血动静开阖皆同天地万物也。①

这里讲道，化生天地万物的元炁一分而为阴阳，阴阳和合孕育了万物。阴阳万物因为相互感应而各有性情，因此草木秀丽，深渊负阴而抱阳，花柳昆虫皆自日至开始新一轮的性情成长之路，人也一样，因为人从头到脚一身骨毛炁血和天地万物一样相动相感。因而，人和天地万物无不充盈着生生不息的生命气息。

至于儒家，更是强调生命思想，其生殖崇拜的情结比之道家道教有过之而无不及。周予同先生在《孝与生殖器崇拜》一文中指出："儒家利用当时民众的幼稚思想，将初民生殖器崇拜的宗教加工修正，使成为生殖崇拜的哲学。……儒家思想为其出发于生殖器崇拜与生殖崇拜，所以郊天祀地、祭日配月、尊祖敬宗、迎妻征妾等一套把戏，在思想上都与孝有一贯的关系。""在儒家的意见，以为万物的化生，人群的繁衍，完全在于生殖。……所以生殖，或者更露骨些说性交，在儒家是认为最伟大为神圣的工作。"② 我们举几处原典：

《大戴礼记·曾子大孝》："孝有三，小孝用力，中孝用劳，大孝不匮。"

《孟子·离娄上》："不孝有三，无后为大。"

① 《太上修真体元妙道经》，《道藏》第1册，第861—862页。

② 周予同：《孝与生殖器崇拜》，见《古史辨》第2册，第39页。

《礼记·昏义》："昏礼者，将合二姓之好，上以事宗庙，而下以继后世也，故君子重之。"

《礼记·哀公问》："天地不合，万物不生。大昏，万世之嗣也。"

儒家强调婚姻，强调子嗣传承，强调生殖，因而其实也传达了一种生命哲学精神。所以，《易·系辞下》所说的"天地之大德曰生"，"生生之谓易"，其实开创了一种继往开来的生命哲学精神。

二 道家的生命哲学思想

而要谈道教生育思想的生命哲学基础，除了从中国文化中追溯其思想基础外，还必须从它的主要思想渊源道家的生命哲学思想说起。从道家到道教，都强调贵生重命的生命伦理观。从《老子》所提出的"摄生"、"贵生"、"自爱"和"长生久视"，《庄子》强调的"保生"、"全生"、"尊生"和"尽年"，《吕氏春秋》所说的"贵生重己"，到《太平经》主张的"乐生"、"重生"，以及其它如《老子想尔注》、《老子河上公章句》、《抱朴子内篇》、《西升经》、《度人经》、《养性延命录》等等道书，都始终贯穿着重人贵生的思想传统。

那么何为生命呢？道教对生命是怎么界定的呢？关于生命的本原，孔子说道："死生有命，富贵在天。"可见儒家认为生命的本原在于天命；佛家认为生命形体根本就不是真实存在的本体，四大皆空，因缘和合，所谓"诸法因缘生，缘谢法还灭"；而道教认为生命的本原是"道"所派生之"元气"。元气运化而生阴阳中和之气后产生了人体生命，它是有形有质的真实存在，是精、气、神结合于一体的产物。故而道教认为人体生命的本原是"元气"。而我们这里所说的"生命"，首先是指人的生命，也包括人之外的万物的生命，即是一个大哲学意义上的生命概念。

道家很早就确立了贵生重命的生命本位观。《老子》说："出生入死。生之徒，十有三；死之徒，十有三；人之生，动之于死地，亦十有三。"① 也就是说，这个世界到处埋伏着危险，生命随时受到威胁，维持生命并非易事，故要修炼"深根固柢，长生久视之道。"强昱先生谈道："……而老庄道家早已从逻辑高度论述了只有个体生命存在于世界，才能展开对世界的探索最终实现人生。离开了个体生命的存在，世界的存在就毫无意义。"② 老子生命本位观的基本内容是其贵德、重身、珍生意识。贵德意识所反映的是老子对人的生命力及生命内在特质的珍视。由于这样的"德"对于万物的存在起决定作用，故老子说："万物莫不尊道而贵德，道之尊，德之贵，夫莫之命而常自然。"就人来说，老子贵"德"的实质是珍重人的生命力和生命内在特质。与生命内在特质相对应的是生命外在形体"身"，老子不仅贵"德"，亦重"身"。老子对"身"主张观之、修之、存之、保之、贵之、爱之。观身、修身是老子生命修养论的重要内容，存身、保身是老子生命存在论所要解决的首要问题，贵身、爱身是老子生命价值观的基本取向，这些都是老子重身意识的具体体现。老子将"身"置于很高的位置，在身与名、身与利、身与天下的价值对比中，老子的价值尺度很显然是指向前者的。针对世人以身逐名利、殉天下的做法，老子反问道："名与身孰轻？身与货孰多？""奈何万乘之主，而以身轻天下？"③ 在老子那里，"身"与"德"相结合，构成生命的静态结构。生命不仅有其静态的结构，亦有其动态的存在过程，老子谓之

① 陈鼓应：《老子今译今注》，商务印书馆，2003年，第256页。
② 强昱：《生为第一生道合一》，《中国宗教》2007年第3期，第29页。
③ 陈鼓应：《老子今译今注》，商务印书馆，2003年，第241页。

“生”。老子的珍生倾向同其贵德重身意识一样，反映了他对生命存在的珍重，是其生命本位观的具体体现。

而庄子批判继承，确立了贵生重命的生命价值取向。庄子对当时社会上普遍存在的以身殉利、殉名、殉家、殉天下的价值取向予以否定，认为这样做是“以物易性”，丧失了人之为人的根本。他描述当时的情形说：“自三代以下者，天下莫不以物易其性矣。小人则以身殉利，士则以身殉名，大夫则以身殉家，圣人则以身殉天下。故此数子者，事业不同，名声异号，其于伤性以身为殉，一也。”（《骈拇》）① 庄子认为名利、天下均是身外之物，真正内在于人的只有生命本身，人应该珍重的是后者而非前者。他提出了这样的生命价值观：“道之真以治身，其绪余以为国家，其土苴以治天下。由此观之，帝王之功，圣人之余事也，非所以完身养生也。今世俗之君子，多危身弃生以殉物，岂不悲哉！凡圣人之动作也，必察其所以之与其所以为。今目有人于此，以随侯之珠弹千仞之雀，世必笑之。是何也？则其所用者重而所要者轻也。夫生者，岂特随侯之重哉！”（《让王》）② 这些论述反映出庄子具有浓厚的重生贵生意识。庄子还特别强调全生尽年。庄子认为，人的生命是“道”赋予的，人从“道”那里得到了生命的固有长度即“天年”，便要善待生命以尽其天年，才最大限度地体现了“道”，实现了“道”的生命价值。基于这种认识，庄子着力研究了全生之道，提出了“无用之用”及“缘督以为经”的全生法，前者是指通过对他人表现出一无所用的面目而达到保全自己生命的目的，后者则是指为善无近名、为恶无近刑，避免因走极端而危及生命存在。难能可贵的是，庄子还提出了一整套包括养形、养神、导

① 张耿光译注：《庄子全译》，贵州人民出版社，1991 年，第 146 页。

② 同上，第 517 页。

引、气功、节食、寡欲等的养生方法，其重生贵生意识更为突出。

杨朱侧重从珍重个体生命的角度将老子的重生思想向前大大推进了一步。杨朱认为一毛虽小却是体内之物，天下虽大不过是身外之物，两相比较，自然是一毛为重而天下为轻。所以，杨朱“拔一毛利天下而不为”的实质是将个体生命置于高于一切的位置，是贵己而非利己。先秦黄老道家著作《吕氏春秋》将道家的重生观进一步系统化、体系化，将生命本位意识融入到整部书的逻辑结构中。该书的生命观的特色在于，作者将“贵生”视为衡量人的行为得失的标准以及生死存亡的根本。《清欲》篇说：“由贵生动则得其情矣，不由贵生动则失其情矣。此一者，死生存亡之本。”[①]《重己》篇说：“今吾生之为我有，而利我亦大矣。论其贵贱，爵为天子，不足以比焉；论其轻重，富有天下，不可以易之；论其安危，一曙失之，终身不复得。此二者，有道者之所慎也。”[②]《贵生》篇亦说：“圣人深虑天下，莫贵于生。……天下，重物也，而不以害其生，又况于它物乎？惟不以天下害其生者也，可以托天下。”[③] 类似重生贵生的论述，书中还有很多，表明先秦道家诸子的生命本位观在《吕氏春秋》中得到了集中体现。黄老道家集大成之作《淮南子》继承了先秦道家看重个体生命价值这一思想传统。《原道训》提出了“大己而小天下”“少身得则万物备”的观点，认为“天下之要，不在于彼而在于我，不在于人而在于我身。身得，则万物备矣。”“我身”与天下万物相比，“我身”是第一位的，天下万物与我的关系取决于我能否真正拥有“我身”；只有真正拥有“我身”，天下万物对我才有意义。《精神训》提出了“生尊

① 《吕氏春秋》，北京图书出版社，2005年，第62页。

② 同上，第73页。

③ 同上，第105页。

于天下”的观点，生命比权位更重要。

三　道教的生命哲学思想

道教生育思想是以其丰富的生命哲学为基础的，而这种生命哲学最鲜明的就体现在道教强调贵生重命、仙道贵生的核心伦理观。在被道教奉为万法之宗的《度人经》中，开卷即宣扬“仙道贵生，无量度人”之旨。元始天尊说经十遍，天地开辟，万物长生。至其第八遍时，“妇人怀妊，鸟兽含胎，已生未生，皆得生成”。在这里，生命得到了最美好的歌颂与赞誉，从孕育到诞生，整个过程都是非常神圣的。如人受生于胞胎之中，“三元养育，九气结形，故九月神布气满能声。声尚神具，九天称庆，太一执符，帝君品命，主录勒籍，司命定算，五帝监生，圣母卫房，天神地抵，三界备守，九天司马在庭东向，读《九天生神宝章》九过；男则万神唱恭，女则万神唱奉；男则司命敬诺，女则司命敬顺，于是而生。九天司马不下命章，万神不唱恭诺，终不生也。夫人得还生于人道，濯形太阳，惊天骇地，贵亦难称，天真地祇，三界齐临，亦不轻也。当生之时，亦不为陋也”①。正是在万神唱恭，惊天骇地的庄严而神圣之际，一个个新的生命诞生了。从表面上，这段描述生命孕育产生的过程，似乎充满了神秘的色彩。然而，也正是因为这些包含深切情感的文句，使人们对生命满怀敬畏，充满神圣，从而懂得应该珍惜生命，维持生命，重视一切生命的存在价值。

统观世界的各种宗教，道教对生命价值的肯定是相当高的。道教诸经之论生命，可谓群经一词，无出贵字。《太平经》直言：“要当重

① 《灵宝无量度人上品妙经》，《道藏》第1册，第317页。

生，生为第一"，"天地之性，万二千物，人命最重。"[①] 又说："事阴不得过阳"、"事死不得过生。"[②] 因为《太平经》不承认生命轮回说，认为人的生命只有一次，卷 72《不用大言无效诀》说道："凡天下人死亡，非小事也，壹死，终古不得复见天地日月也，脉骨成涂土。死命，重事也。人居天地之间，人人得壹生，不得复生也。……故凡人壹死，不得复生也。"[③]《唱道真言》讲到："道生天生地，生人生物，而人为最贵。成仙入圣，唯人是赖；参天赞地，唯人是为。"[④]《黄帝阴符经注》谈到："道分而为天地，天地分而为万物，万物之中，人为最灵，本与天地同体。"[⑤]《三天内解经》说："真道好生而恶杀。长生者，道也。死坏者，非道也。死王乃不如生鼠。故圣人教化，使民慈心于众生，生可贵也。"《养性延命录》认为禀气含灵，惟人为贵，人之所贵在于生。还有很多道教典籍中提到这种思想，"道言万物之中，人为最贵；万法之中，唯一是贵；万一之中，唯真是贵；万真之中，唯圣是贵；万圣之中，唯道是贵。"[⑥] "唯人生于胞胎之中，兼天地万物之禀受，所以最灵而独贵，为天地之心也。"[⑦] "夫万物以人为贵，人以生为宝。"[⑧] "老子曰：人头圆法天，足方法地，五藏法五行，四肢法四时，九宫法九州，目法日月，发象星辰，子应天基，故万物之中人最为贵。"[⑨] "天地之间人为贵，然囿于形而莫知其所以

---

① 《太平经合校》，第 34 页。

② 同上，第 51 页。

③ 同上，第 298 页。

④ 《唱道真言》卷 5，《道藏精华录》（下），浙江古籍出版社，1989 年，第 32 页。

⑤ 蔡氏：《黄帝阴符经注》，《道藏》第 2 册，第 779 页。

⑥ 《太上升玄三一融神变化妙经》，《道藏》第 1 册，第 853 页。

⑦ 《洞玄灵宝自然九天生神章经解义》，《道藏》第 6 册，第 395 页。

⑧ 《洞玄灵宝斋说光烛戒罚灯祝愿仪》，《道藏》第 4 册，第 409 页。

⑨ 《太上明鉴真经》，《道藏》第 2 册，第 503 页。

贵也。”[①]《老子想尔注》甚至把生提到了道的高度，生道合一。从贵生角度提出“道大，天大，地大，生大”。并且指出：“四大之中，所以令生处一者；生，道之别体也。”[②] 吴筠《元气论》说：“人常失道，非道失人；人常去生，非生去人。要常养神，勿失生道。长使道与生相保，神与生相守，则形神俱久矣。”司马承祯《坐忘论》说：“养生者慎勿失道，为道者慎勿失生，使道与生相守，生与道相保，一者不相离，然后乃长久，言长久者得道之质也。”《太上老君内观经》说：“道不可见，因生以明之；生不可常，用道以守之。若生亡则道废，道废则生亡。生道合一，则长生不死，羽化神仙。”

道教甚至更进一步，重视胎儿的生命，认为不能随意堕胎伤生。《太上说玄天大圣真武本传神咒妙经》通过两则具体生动的故事，明确反对堕胎：

> 有颖娘者，衒淫忧孕，复厌子多，暗自项胎屡矣。又复有孕，亦用药触之，血遂洞下，伏枕六年，若楚万状。一日，家人明见数个提孩在床，挽撮琅然，叫声曰索命，事颖娘方绝。……《启圣记》载：舒州金部员外郎王尧臣，亲生一女，未婚若妊，二年不产，恒令二婢伺察奸邪，女忿其耻，奔园自缢，忽闻有声自空叱曰，女子未可枉弃其命，婢闻驰救，解绳将归。公主谔讶，召灵仙观道士陈居巽具因申，窗一木家堂真武。间女忽自附神通，说已过，前身乃是药婆，暗货毒药，与人打胎，枉杀贵命，有此罪咎，上帝震怒，罚我今身受耻辱之报，毒气行塞心腹若孕，今得遇上真，脱自缢死，免堕他趣，言讫而更。尧臣即醮

① 《三元延寿参赞书》，《道藏》第18册，第526—557页。

② 饶宗颐：《老子想尔注校证》，上海古籍出版社，1991年，第33页。

谢真武之恩，警播于世。[①]

无论是自己用药堕胎，还是提供堕胎药物，在道教看来，都是罪大恶极的事，都得到了应有的报应。

总之，正如龚鹏程先生在《道教新论》中总结到："道教，是以此（笔者注：指贵生恶死）为核心展开的。……生是快乐的，人均应贵生、尊生、乐生。生本身就是价值，能知此，即得生谛，可以贵生乐生矣。"[②]

道教强调人与自然万物应该和谐相处，进而强调自然万物作为一个生命体是应该被充分尊重的。《太平经》说："夫天道恶杀而好生，蠕动之属皆有知，无轻杀伤用之也。"在《分别贫富法》中，明确指出，所谓"富"，是指万物备足，生命各尽其年，物种延续发展下去而不绝。而《无能子·圣过》说到：天地定位，阴阳气交，于是裸虫、鳞虫、毛虫、羽虫、甲虫生化。"人者，裸虫也。与夫鳞毛羽虫俱焉，同生天地，交气而已，无所异也。"既然如此，人类应该以平等的眼光看待万物，以慈悲的心情去善待生命。正是基于这种认识，道教要求人们爱及昆虫草木鸟兽，爱及山川河流，爱及日月天地，不要无辜伤害任何生命。《素履子·履仁》指出：好生恶杀为仁，爱人利物为仁，慈惠恻隐为仁，拯溺救危为仁，"或救黄雀，或放白龟，惠封于伤蛇，探喉于鲠虎，博施无倦，惠爱有方。春不伐树覆巢，夏不燎田伤禾，秋娠孤寡，冬覆盖伏藏，君子顺时履仁而行，仁功著矣"。《刘子·爱民》亦说："先王之治，上顺天时，下养万物，草木昆虫不失斯所，獭未祭鱼不施网罟，豺未祭兽不修田猎，鹰隼未击不张尉罗，霜露未沾不伐草木。草木有生而无识，鸟兽有哀而无知，犹

① 《太上说玄天大圣真武本传神咒妙经》，《道藏》第18册，第392页。

② 龚鹏程：《道教新论》，北京大学出版社，2009年，第28页。

施仁爱以及之，奚况在人而不爱之乎。”[①]

贵生重命的道德取向，必然导致倡导放生戒杀的行动。《感应篇图说》指出：“大抵慈是善，放生实养慈之术也。”“放生功德浩无边，安得富人不惜钱。寒士寡财须爱物，先持戒杀贵心坚。”《太上宝筏图说》说：“细物宜存保护心，昆虫也解报藏金。初生草木休伐折，麟趾他年送好音。”《全人矩镬》说：“天地好生，征物同一躯命，故人惟兼物性，方为全尽吾性。体此意者，撙节爱养，戒杀放生，自有所不能已也。”《洞真太上八素真经》说到：“仁者好生恶杀，救败护成，禁忌杀伤，隔绝嫉妒，能和合阴阳，放生度死，慈悲慊疑，念念弗忘，积仁成寿，遂登神仙。”《文昌帝君戒杀文》则详细阐述了放生戒杀的因果关系：“动植飞潜，皆含生意；卵胎湿化，具见天心，殊其形，不殊其性；异其类，不异其天。二猪五鸡，王政虽资养老。水师兽吏，条禁具有明文。奈何溺于口腹，勇为残杀，号呼锋刃，宛转砧刀，伐彼命以养我身，心何忍也？忍其心以肥一躯，得偿失乎？天地之大德曰生，斯人之宅心曰仁，冬不启蛰，庭不除草，养得方寸，一块仁慈，一团生气，则此心即天地之心……天心好生，人心好杀，积习一至此乎！今劝仁人君子，破囊财以保物命，甘淡泊以怜众生，坐卧立行，留心爱护；儿顽童耍，诃责伐生，善征福报，予不赘述。”

相反，对于那些暴珍天物，残害生命的各种恶行，道教给予了无情的揭露与严厉的批判。《太上灵宝朝天谢罪大忏》卷三中详细地论述了末世恶人们的所为，他们或杀牛羊驴马猪禽之类，或杀麋鹿虎豹野兽之类，或杀鹊鸿燕雀飞禽之类，或杀虫蛇蜂蝎蝼蚁之类，或杀龟鳖鱼虾水虫之类，或杀蜕螂螟蛉小虫之类，真可谓杀机大发，万物遭殃。其手段亦非常毒辣，或飞鹰走犬，张罗布网；或放火烧山，穷林

---

① 张继禹、李远国：《道教重人贵生的理念》，《中国哲学史》1998年第1期。

竭泽；或持弓矢刀杖，手揉足踏，坐按卧捺；或穿坑出土，折篱作障；或剖胎破卵，热汤泼地；或断其头足，剥裂皮毛；或猛火煎烧，沸汤烹煮；或生分子母，断其胎育；或固绝命根，令其永灭。凡此种种恶行，杀害无数生灵，罪业深重，“长行杀戮，行诸为苦酷，不念慈心，杀害群毛”。如行此类罪恶，皆为逆天叛道，必遭报应，死后堕入九幽地狱，“丰都考罚，万劫方生”。谭峭在《化书》中对人们杀戮动物的行为也进行了猛烈的批判：

且夫焚其巢穴，非仁也；夺其亲爱，非义也；以斯为享，非礼也；教民残暴，非智也；使万物怀疑，非信也。夫膻臭之欲不止，杀害之机不已，羽毛虽无言，必状我为贪狼之与封豕；鳞介虽无知，必名我为长鲸之与巨虺也。胡为自安焉？得不耻吁？直疑自古无君子。①

谭峭从伦理道德的高度，揭示了尊重其它物种的原因和意义。《太上感应篇》中亦指出了种种伤害生命、恶待万物的行为。如“射飞逐走，发蛰惊栖，填穴覆巢，伤胎破卵”，“用药杀树”，“春月燎猎”，“无故杀鱼打蛇。如是等罪，司命随其轻重，夺其纪算，算尽则死。死有余责，乃殃及子孙”。这种依托天道、显现因果的说教，实质上仍然是根基于人间的报应，是人与人之间伦理关系的变相反映，只不过采取了“天道”的信仰化形式而已。其目的还是规劝人们，改正自己的不良行为，多一些爱心，使生命得以保护，使万物得以生存，使人类生存的环境更加美好。

另外，道教许多劝善书中都有戒杀的内容，也有很多关于爱护万物的戒律，还专门制定了一些功过格来通过因果报应的思想激励人们

① （五代）谭峭：《化书》，中华书局，1996 年，第 34 页。

多做善事，救助物命有功；少做恶事，杀害物命是过。这些与西方现代生态伦理学不谋而合的思想引起了西方一些生态伦理家的赞赏，史怀泽评价道：

> 中国道教的规矩至今仍要求道士把善待动物作为他们的义务。例如，他们应该避免用开水浇地，因为昆虫由此可能会被烫死或烫伤。我们乐于承认，与我们相比，在中国和印度思想中，人和动物的问题早就具有重要地位；而且，中国和印度的伦理学原则上确定了人对动物的义务和责任。①

道教并不认可西方人类中心主义的肆无忌惮地为所欲为，或者用蒋朝君先生的话说，就是对人类中心论的超越。② 道教这种从某些感性的因素出发，经过理性评价后满足人类利益和需要的价值理论，是弱化的人类中心主义。这种人类中心主义懂得根据人类价值和经验的变化来认识自然界，因而能够体现人类整体的需要价值和长远利益的统一。

之所以说道教的贵人重生表现为弱化的人类中心论，是因为道教在贵人重生的同时，不认为人是高于自然界的其他存在，不鼓励人与自然的分离，反对把自然界当作掠夺的对象、原料库和垃圾场等只具有工具价值的存在。从道的高度来看，万物是平等的。《太上化道度世仙经》称“道乃天地阴阳之母，五行万物之宗”，世间的一切皆由“道”演变而来。万物皆以“道”为源泉和存在依据，都分享了同一个“道”，孟安排在《道教义枢》中提出“一切含识乃至畜生、果木石者，皆有道性也。”《西升经》也称“道非独在我，万物皆有之”。所以世间万物皆互相依存、不可分离，“天地与我同根，万物与我同

---

① 阿尔贝特·史怀泽：《敬畏生命》，上海社会科学院出版社，1992 年，第 73 页。

② 蒋朝君：《道教生态伦理思想研究》，东方出版社，2006 年，第 135 页。

体”，“人身一小天地，天地一大人身”。由道所化生的万物是平等的，没有贵贱、等级的区别，人也没有凌驾于万物之上的特权。没有理由以人的是非为是非。“故道大、天大、地大、人亦大。域中有四大，而人居其一焉。”人只是万物中的一员，天地和我们的自然环境在道的世界里都有着和人同等的地位。《庄子·秋水》篇借北海神的口讲道：“以道观之，物无贵贱；以物观之，自贵而相贱；以俗观之，贵贱不在己。”在道教看来，人与天地万物不仅是平等的，而目是相互依赖而存在着的。《太平经》说“天人一体”；张洪阳说：“天人一也”；《阴符经》开篇即讲：“观天之道，执天之行，尽矣”，阐述了天地运行与人事之间有着密切的联系，人若动合天机，与天地之运行和谐一致，天下就会太平。《阴符经》进一步指出：“天生天杀，道之理也。天地，万物之盗；万物，人之盗；人，万物之盗。三盗既宜，三才既安”。所以道教极力反对把贵贱观念用于自然界，反对人类妄自尊大，以自己为中心，把大自然当成自己征服和统治的对象。道教把人和宇宙万物视为互相联系、互相补益的一个相互动态系统，把自然宇宙看做一个大系统，把人身看做一个小系统，这种天人合一的思想理念在很多道书中比比皆是。

道教强调人的主体性地位和价值，贵生重命，并从哲学上也强调万物平等的同根同源性；不因强调人的生命价值而使别的物种灭绝，也始终能坚持人类的主体性地位。二者相辅相成、辩证统一的包含在一个大的生命概念下和生态循环圈里面，都是“道”或者上帝的创造物。

第二节　道教生育思想的神学理论基础

我们要探讨的是道教生育思想，而道教生育思想从严格的意义来说，他当属于宗教学的道教和医学中的生育思想的交叉学科，因而它就不可避免的会打上两个学科的烙印，带有两个学科的思想理论基础。而我们的研究，一定是要限定在道教的思想范围之内的，所以，我们所得到的生育思想资料或者优生优育思想，都必然是建立在道教的神学基础之上的。我们将从道教极其独特的成仙宗旨和成仙模式、"以医传教""借医弘道"的传教模式和带有浓厚神学色彩的符咒治病法术等等方面，来探讨道教生育思想的神学理论基础。

一　从道教的成仙宗旨和成仙模式来看

道教是以追求长生久视、羽化成仙为其宗旨的。还早在庄子的著作中，就描写了肌肤若冰雪、绰约若处子的神仙思想。道教吸收了先秦时代神仙家的思想，把肉体羽化成仙作为自己的追求目标。那么，如何才能真正成仙呢？这就涉及到了成仙模式的问题。所谓模式，就是有一定理论雏形的比较成熟的行为范式。前道教时期主张寻找长生不老之药，但基本上无果而终；魏晋南北朝时期道教主张"假求于外物以自坚固"的外炼的外丹成仙模式，其结果是"本欲希生，反之于死！"①，因而道教的成仙模式到了唐宋转变成了以炼养精气神为主的炼养身心的内丹术。而这种内丹炼养的成仙模式，首先要求修炼者要

① 《道德真经广圣义》，《道藏》第14册，第555页。

补益身体中亏损的精、气、神三宝，使之达到精足、气满、神旺的健康状态，还要求修炼者进行诸如去色欲恩爱、断绝恶逆之行的道德修养以及内视存思、收心止念等方面的心理锻炼。

无论是这种追求羽化成仙的宗旨，还是外丹或者内丹的成仙模式，对修道者个人身体的精气神和道德心理控制能力都提出了很高的要求。那么这就对道教的生育思想自然会形成鲜明的道教特色的影响。其结果是，道教非常提倡节欲宝精，甚至特别重视还精补脑之术，认为只有这样才能使身体元气或者真气充沛，达到炼就真丹的目的。尽管我们说在早期道教著作《太平经》等作品中受道教贵生重命的影响很重视“广嗣之术”，甚至还提出了广嗣之法。但受道教主导宗旨和成仙模式的一贯影响，节欲宝精、还精补脑的思想一以贯之，因而这就决定了道教在事实上提倡不同于儒家多子多孙的节制生育的思想主张。这种既重视广嗣，又从节欲宝精的大原则下予以平衡的思想从客观上来说，有助于维持人口的动态平衡。而道教重视生命孕育的思想和其节制生育的思想并不矛盾，有些道教派的道徒本就可以有家室子女，有些道派虽然主张出家修炼，但为了兼顾宗族延续的纲常伦理，也主张道徒在生育了子女之后再出家修炼。这些，可以看做是道教在中国这个重视嗣续的国家纲常下采取的一种妥协态度或者生存之道。

所以，尽管道教重视生命重视生育，但受其成仙宗旨和成仙模式的主导思想的影响，其必然追求节欲宝精、节制生育的理念，这在客观上形成了一种人口生育的生态平衡思想。

二　从道教的传教模式来看

道教历来坚持“以医传教”“借医弘道”的传教模式。盖建民教授在其《道教医学》一书中指出："道教在创教、发展过程中奉行的是一条以医传教、借医弘道的立宗创教模式。"① 这种创教模式、传教模式不但贯穿道教发展历史的始终，而且事实证明确实是一条行之有效，发扬光大道门的有效策略。高扬顺应天心、治疗天地之大病的早期道教，首先需要治疗当时缺医少药的人间万民的切身之苦病。因为只有这样，道教才能被医疗水平差、医疗资源缺少的穷乡僻壤的实用主义的民众所接受和信奉。早期道教"以医传教""借医弘道"，"助道宣教"，使其取得了成功的发展。葛洪宣称："是故古之初为道者，莫不兼修医术，以救近祸焉。"② 上清派、灵宝派借医弘道，全真道把"合药"看做是其立教的一个重要基础，净明道提出"为人子者不可不知医"，等等，都可以充分说明，道教始终把医学看做是救世、救己、度人的一种必须的知识手段。

无论是在传统医学中，还是在道教医学中，都很早就有了妇科、小儿科等的医学分类和相应治疗思想，而我们探讨的生育思想和一系列禳解护理知识和技术，大多数集中在妇科和小儿科之中。正如著名道医孙思邈在《孙真人备急千金要方》中所言"论曰：夫生民之道，莫不以养小为大。若无于小，卒不成大。故《易》称积小以成大，《传》云声子生隐公，此之一义，即是从微知著，自少及长，人情共见，不待经史。故今斯方，先妇人小儿，而后丈夫耆老者，则是崇本之义也"③。孙思邈把在医学治疗中优先考虑妇科和小儿科，特别是小儿科，看做事"崇本之义"，别的道教医家也是接受这个思想观点的。这就充分说明，道教非常重视有关生育的治疗禳解。

---

① 盖建民：《道教医学》，宗教文化出版社，2001年，第41页。

② 王明：《抱朴子内篇校释》，中华书局，1985年，第272页。

③ 孙思邈：《孙真人备急千金要方》，《道藏》第26册，第96页。

所以，因为道教重视通过医学创教传教，加之其崇本重生，所以从这一思想路径和传道模式出发，必然非常重视生育思想，重视与生育有关的妇婴护理思想。

三　从道教符咒治病医学模式来看

道教毕竟是一种宗教神学色彩浓厚的土生土长的宗教。所以，其宗教神学决定了从生育护理的思想理论到治疗手段和病因说等，都必然会受到道教教义的广泛渗透和深入影响。道教生育思想是道教医学的一个分支，其宗教神学基础正与道教医学的神学基础一样。而关于道教医学的宗教神学基础，正如道教医学研究专家盖建民教授在其《道教医学》中所讲："无论是道教医学理论还是治疗方法，其最终目的都是为道教长生信仰服务的，因此不能不打上深深的宗教神学烙印。"① 下面我们从道教生育思想的医学理论、病因说和符咒治病模式三个方面对其宗教神学基础做一论证。

首先，从道教生育思想的医学理论来看，它受到了道教教义的深刻影响。例如，《无上玄元三天玉堂大法宗旨》卷之二十四在"催生治产厄法"中讲到：

> 师曰：母以情欲受胞，子以爱缘托体。盖子非母不能出世，母非父不能施生，子非贪爱因缘不能有体。由是，有因有缘，生果生报。治产之法，非由出也。盖子母合炁育形，及其分形诞育，自非夙昔之恩未断，当生之冤结未知，则不能生也。故子母来以恩，则其子生易长，长而聪明，曰富，曰贵，皆不劳力，而荣归父母也。苟子母以冤仇来，大则有横生逆生之厄，甚则有不

① 盖建民：《道教医学》，宗教文化出版社，2001 年，第 272 页。

生诞之忧。次则将长成已去，否则狼狈以危亲，是皆冤衍之甚者，立之救治之法，保胎中以卫生。次以催生，终于速生，皆有次序。及夫既有之后，以待长成，有镇心符及锁窗符，开胃、安魂、治惊之法，皆具于后，所以示救世之良法也。①

该经在讲“催生治产厄法”前先讲了一段生育思想理论。其中讲到，一个孩子的怀孕到出生，是其母情欲，其父施化，其子爱缘三者因缘和合的结果，缺一不可，正所谓“有因有缘，生果生报”。所以，只有子母之间以往的恩情并未断绝，今生的冤结未结的情况下才有可能顺利产育出生。如果子母恩情未断，则生子聪明富贵，而且容易顺产；但如果宿命中有冤仇，则肯定横生逆生，甚至不能生育，面临产难的可能。即使长大成人，也会危及父母双亲，罪孽甚重。

我们看这段在解释生育为何会出现顺产或产难的生育思想中，其宗教神学色彩特别突出。它把生育这样一件形而下的事则通过“有因有缘，生果生报”的形而上的思想理论来予以解释，其目的是通过对生育的解释和禳解治疗来宣扬因缘说的宗教思想。这样的生育思想理论比比皆是。

其次，道教生育思想在对于病因的探索上也是大多从宗教神学的立场来予以解释。本来道教一贯坚持其所吸收的巫术医学中的鬼神治病说，认为每一种疾病都由一种领鬼所为。例如，《太上元始天尊说北帝伏魔神咒妙经》就分析了养胎不成的原因及其禳解科仪：

北帝曰：下元生世女人，怀孕死损，系嗣十九不成。或怀胎一月二月，或至得生，或于胎中消死，或长成至七岁至十岁，无端夭伤。此皆女人怀此血秽，为六洞天魔女鬼母飞随女人，食女

① 《无上玄元三天玉堂大法宗旨》卷24，《道藏》第4册，第417页。

人精气，胎血频遭损伤。令女人痿黄恶瘦，梦想惊怪。其鬼变形为猫鼠狸狗，梦中食人子息。即当清净堂宇，求诸道师，依科置坛，醮北斗七元君，烧香然灯，诵吾神咒，行道忏谢。①

这段对于各种生育不顺利之事，诸如要么怀胎死损不成，要么怀胎不成，甚至幼儿“无端夭亡”，都解释为“六洞天魔女鬼母”所为，其“飞随女人，食女人精气，胎血频遭损伤”，结果“令女人痿黄恶瘦，梦想惊怪”，因为“其鬼变形为猫鼠狸狗，梦中食人子息”。我们看这种对于生育的解释纯粹是从宗教神学出发。其它诸如对于产难血湖地狱的解释，对于小儿客忤啼哭梦惊乃至诸多病症的解释，对于能否顺利催生产育的解释，对于因属性不合、墓宅不吉、承负罪孽而不育的解释，多都是从宗教神学，特别是道教的因果报应等思想出发所进行的解释。

最后，道教生育的禳解治疗方法深受道教符咒治病术的影响。道教生育的符咒禳解治疗之术，和道教医学的符咒禳解治疗术一样，是道教继承了巫术医学的诸多思想理论和禳解祈祷之术的必然结果。巫术医学中，一般把治病原因归结为先人做祟、鬼神致病和毒蛊作怪，因而一个主要治疗手段就是请求禳解。这一点为道教所继承并广泛发扬。道教中诸多经典的服气术都要配合存思神灵念咒等等进行。例如，《灵宝玉鉴》卷 34 中在祈请了诸多神灵之后，让天医各司其职，明确分工，配合治疗：

谨请天医列职官君，尚药治病仙吏。于凤凰官中取太清五色神药，散布亡魂，拯疗生前一切疾病，分头拯治。木官散药，火官主灸，金官持针，水官主汤，土官和剂，五官医吏，协力同

① 《太上元始天尊说北帝伏魔神咒妙经》卷 1，《道藏》第 34 册，第 395 页。

心，全心复性。如有拳挛跛躃病者，请针灸神将治之。或有疮疖脓血病者，请外科使者治之。或瘖哑末疾死者，请活人天医治之。或证候不明而死者，请拯候功曹治之。或胎产横死者，请玉仙圣母治之。或惊悸霍乱而死者，请安魂定魄童子治之。或饮药食毒而死者，请续命放生真人治之。或患伤寒时气而死者，请发汗神将治之。或首体不完而死者，请续头功曹治之。或身状不完而死者，请聚形功曹治之。或肢体不具而死者，请返魂功曹治之。或丧乱真炁而死者，请全角聚炁功曹治之。其余该说不尽者，请列职仙真，察证候而治之。①

又如，《法海遗珠》卷中的产生符咒禳解，也是典型的宗教神学的禳解之术：

关帅催生符：

明吾奉九老仙都君日月光明普照生掐玉文取东炁關诚魔大神救护群生羽玉皇锡令斩邪保生馬大圣北斗七元君能解产生厄剔入

再念玉诰书

敕咒

天有四时，地有五行。六甲保生，六丁护生。毛发已全，身体已成。子母分娩，天道顺行。上帝好生，火急遵承。急急如监

---

① 《灵宝玉鉴》卷34，《列幙敷化门》，《道藏》第10册，第589页。

生大帝律令。

凡书符，专想一元帅入符，但写马字，务要端楷至诚，不可带笔草书。如马四足伶俐，则验。莫使产妇反遭厄难，最宜老成。符成，用顺流水吞下。若持符，使看男左女右而去。再看出笔，单则是男，双则是女。①

这里请后来入了道教神谱的关帅大慈大悲，保佑产妇能够“如马四足伶俐”一样，“莫使产妇反遭厄难”，顺产催生。我们在前面的章节中，将其对于妇婴的禳解护理之术分为符咒禳解术、上奏章表术、斋醮科仪术和祈求天医术四种法术护理方式，这些都是其宗教神学的具体表现。

当然，这些对于生育思想的宗教神学解释，是为其因果报应，信奉道教，敬天法祖，敬畏神灵等宗教教义来服务的，二者是紧密配合，相得益彰的。

第三节　道教生育思想的符号象征基础

恩斯特·卡西尔把人定义为符号的动物。他在著名的《人论》中说：“与其它动物相比，人不仅生活在更为宽广的实在之中，而且可以说，他还生活在新的实在之维中。存在于新的实在之维中的人类，不再生活在一个单纯的物理宇宙之中，而是生活在一个符号宇宙之中，语言、神话、艺术和宗教则是这个符号宇宙的各部分，它们是织成符号之网的不同丝线，是人类经验的交织之网。……在这种意义上说，人是不断地与自身打交道而不是在应付事物本身。他是如此地使

① 《法海遗珠》卷16，《解二十四厄真符》，《道藏》第26册，第464页。

自己被包围在语言的形式、艺术的想象、神话的符号以及宗教的仪式之中，以致除非凭借这些人为媒介物的中介，他就不可能看见或认识任何东西。”[①] 卡西尔提出了人是创造符号的动物的观点，并认为人事实上生活在一个符号之网中。而且，他明确的指出了“语言、神话、艺术和宗教则是这个符号宇宙的各部分”。而何为象征呢？象征是指用具体事物表现某种特殊意义。黑格尔认为，“象征一般是直接呈现于感性观照的一种现成的外在事物，对这种外在事物并不直接就它本身来看，而是就它所暗示的一种较广泛较普遍的意义来看”。[②] 也就是说，象征思维虽然运用了一个具体的事物，但它真正传达的意义并不是它的表面，而是它所暗示的另一种意义。通过这两位大哲学家的思想，我们可以明确的做出判断，道教生育思想中的诸多意象，特别是其对于妇婴禳解的符咒治病系统和斋醮科仪系统，都非常符合用特定的约定成俗的符号表现某种意义的符号思维和用具体事物表现特殊暗示意义的象征思维。詹石窗教授在其《道教符号刍议》和《道教艺术的符号象征》等文章中，成功的向我们揭示了道教中的符号象征思维及其哲学意蕴。[③] 我们将用这种思维方法来分析道教生育思想中的符号象征意蕴。让我们先来看人类生育文化性符号的创立过程。

一　生育之文化性符号的创立过程

我们通过黑格尔和卡西尔的分思想，不难看出宗教思想和宗教仪式也是一种原始人生命崇拜或生殖崇拜的符号化结果。

---

① ［德］恩斯特·卡西尔：《人论》，甘阳译，上海译文出版社，1985年版，第33页。

② ［德］黑格尔：《美学》第二卷，商务印书馆，1979年，第10页。

③ 詹石窗：《道教符号刍议》，《厦门大学学报》（哲学社会科学版）2000年第2期。《道教艺术的符号象征》，《中国社会科学》1997年第5期。

我们知道，世界各地出土的许多史前文物和人类学家的不懈考察，结果都证明了原始社会各个民族的人们都存在生殖崇拜阶段。现在遗留的文物或者史前绘画上，他们雕刻的女性硕乳豪臀，突出表现女阴三角区，这都是一种生殖崇拜，祈求子嗣多多繁衍的生育思想。但是随着父系文明社会的渐渐确立，人类就使用文化性符号对这种直接的生殖崇拜进行了符号化的过滤过程。符号学派认为，人类使用的所有文化符号都是象征符号。可是象征中又分为不自觉的象征与自觉的象征两种类型。黑格尔认为不自觉的象征的特点就是意义和形象的直接统一，而自觉的象征其意义与形象之间的联系不再是由意味本身决定的，意味通常是曲折隐晦的。从生殖崇拜文化发展来看，生殖崇拜发展的第一个阶段里使用的是这种不自觉的象征方法，意义与形象直接联系，通过赤裸裸的性器官和性交媾的宗教仪式来宣泄生命的激情，祈求子嗣繁衍或作物丰收。到了生殖文化的第二阶段，形式与意味是间接的统一，意味与形式渐渐分离，形式曲折的传达意味。随着人类文明对野蛮的胜利，人类的性本能与性行为被看成是淫秽罪恶，文明让生殖文化或生命崇拜的表现只能通过艺术、宗教、哲学、文学等最隐蔽的形式，经过不断的提纯文饰，成为像佛洛依德所说的集体无意识的存在形式。[①] 傅道彬认为，这种“自然的生命本能转化成文化的生命本能，自然的性符号转化成文化的性符号”主要表现在三个方面：

首先，性欲的本能转化成婚姻的本能。人类文明社会的性道德秩序的法则，要求人类只能通过婚姻这种唯一认可合法的方式来实现性的满足和子嗣繁衍。其次，追求快乐的原则变成追求生育的原则。儒家等把人类原始混沌的追求快乐的性快乐原则变成了强调“非为色

① 傅道彬：《中国生殖崇拜文化论》，湖北人民出版社，1990年，第13—14页。

也，而为后也”的子嗣继承的神圣生育问题。最后，自然的性符号转化成文化的性符号。文明社会以发饰等审美价值替代了原始人对诸如女阴、石祖或交媾行为等的直接崇拜的无序激情的过程。中国古代男女成年行“冠礼”和“及笄”礼，就是用装饰来标志性的成熟和与此相适应的婚姻权利与义务。①

人类对原始生殖崇拜或生育思想的符号化过程还典型的浓缩在考古学家强调的诸如鱼、鸟、蛙、龙等几种代表性的几何图案花纹上。当我们沉浸在原始艺术的美的欣赏时，李泽厚指出：“仰韶、马家窑的某些几何纹样已比较清晰地表明，它们是由动物形象的写实而逐渐变为抽象化、符号化的。由再现（模拟）到表现（抽象化），由写实到符号化，这正是一个由内容到形式的积淀过程，也正是美作为‘有意味的形式’的原始形成过程。……似乎是‘纯’形式的几何纹样，对原始人们的感受却远不只是均衡对称的形式快感，而具有复杂的观点、想象的意义在内。”② 他还说道：“抽象几何纹饰并非某种形式美，而是：抽象形式中有内容，感官感受中有观念，如前所说，这正是美和审美在对象和主体两方面的共同特点。这个共同特点便是积淀：内容积淀为形式，想象、观念积淀为感受。这个由动物形象而符号化演变为抽象几何纹的积淀过程，对艺术史和审美意识史是一个非常关键的词题。”③ 那么原始艺术的动物绘画中所传达的“复杂的观点、想象的意义”究竟是什么呢？

我们以中国人最熟悉的鱼和龙为例来予以说明。原始彩陶盆上，有许多线条优美粗犷的鱼纹图案。他们为什么一定要选择鱼呢？赵国

① 傅道彬：《中国生殖崇拜文化论》，湖北人民出版社，1990 年，第 14 页。
② 李泽厚：《美的历程》，文物出版社，1981 年版，第 18 页。
③ 同上。

华先生在对西安半坡人面鱼纹陶器、祭器、祭坛的研究之后明确得出结论，鱼在上古文化中是被当做女阴的象征来崇拜的。他说："从表象来看，因为鱼的轮廓，更准确地说是双鱼的轮廓，与女阴的轮廓相似；从内涵来说，鱼腹多子，繁殖力强。当时的人类还只知道女阴的生育功能，因此，这两方面的结合，使生活在渔猎社会的先民将鱼作为女性生殖器官的象征。"① 结合闻一多先生的《说鱼》就更清楚了。他认为《诗经》中的鱼是匹偶、情侣、男欢女爱的隐义。鱼即在外形上很像女阴，又据有超强的繁育能力，自然而然就被女阴崇拜阶段的原始人选作象征物了。这种形式不断被抽象概括，由写实趋向写意，最后成为一种只具有均衡对称的美学欣赏价值的几何图饰。而龙则是我们所熟悉的中国人的图腾，因为我们号称是龙的传人。龙的原型是蛇，蛇在原始人的眼中，是一种富于勃起，生命力超强的灵异之物，因此特点常常是男性的象征。因而我们可见，鱼和龙典型的代表了文明时代对女阴崇拜和男根崇拜阶段崇拜物的符号化过程，但其所蕴涵的生命底蕴则是毋庸置疑的。它都是原始人强烈生殖愿望或生育愿望的符号象征思维的隐晦表达。

二 道教生育法术科仪的符号象征基础

既然原始人已经开始了运用符号象征思维表现其生殖或生育精神，那么道教生育思想自然也深深打上了这种符号象征思维烙印。我们已经历数了道教的生育思想，除了其贵生重命，护理妇婴的思想之外，还有很多禳解之术。例如符、箓、咒、告文、章、表、牒、斋醮等等。而这些斋醮科仪中都要用到诸多法器。詹石窗教授指出，"除

① 赵国华：《生殖崇拜文化论略》，《中国社会科学》1988年第1期，第63页。

了仪式坛场准备中所列之旗、幡、剑、灯一类外，最常用的法器尚有香炉、镜子、令牌、钟鼓、木函、木简等。这些器具在仪式活动中既是道教科仪师的操作工具，又是其宗教哲学的形象传达。”① 我们从道教生育禳解术中聊举几例，管中窥豹，以阐发道教生育科仪中所传达的符号文化中，究竟揭示了怎样的生育理念。

首先，我们来看道教禳解术中运用最多的符咒。符咒是符箓和咒语的合称。《道法会元·卷一·道法枢纽》云：“师曰：古云：书符不知窍，反惹鬼神笑；书符若知窍，惊得鬼神叫。”而“符”乃是将文字屈曲作成篆籀星雷之形，书写于纸、木及器物上，用以驱鬼役神，治病延生。“箓”，则是道教记录天曹官属佐吏之名的一种秘文。《太上赤文洞神三箓》引陶弘景曰：“箓者，本曰赤文洞神式。”“赤文”，指的是箓的书写方式，而“洞”通“通”，“洞神”即谓“通神”。因为符和箓的书写方式和基本性质大体相似，故二者合为一类而用。②盖建民先生在《道教符咒治病术的理性批判》一文中的定义是：

> 符咒，道教符箓和咒语的合称。通常认为，符指的是用朱笔或墨笔所画的一种图形和线条，以屈曲笔划为主，点线合用，字画相兼；咒指口中诵、念的带有一定节律的口诀。符和咒既可以各自独立使用，也可以合用，但一般来说，道教施符时常常要配合咒语进行。③

例如绝大多数符图如《灵宝领教济度金书》卷273中所画，是典型的“屈曲笔化”：

---

① 詹石窗：《道教符号刍议》，《厦门大学学报》（哲学社会科学版）2000年第2期，第36页。

② 詹石窗：《道教与女性》，宗教文化出版社，2010年8月版，第43页。

③ 盖建民：《道教符咒治病术的理性批判》，《世界宗教研究》1999年第4期，第70页。

医胎孕不牢符：

①

这种符传达了道教笃信文字魔力，企图人神交感，借助招来的天医等神灵之法力，以文字为媒介，让病人服后产生神奇效果。但是也有更多的符图直接写一个汉字。例如：

催生符咒：

②

这个来自《法海遗珠》卷16的独特的符图，将实实在在的生育事实与典型的文化符号——一个倒写的“生”字联系在了一起。那么“生”的源初意义是什么呢？《广雅·释诂一》释曰：“生，出也”；《吕览·怀宠》释为：“生，活也”；《周礼·大宰》释为：“生，犹养也”；而《说文》则释为：“生，出也。象草木生出土上。凡生之属皆

① 《灵宝领教济度金书》卷273，《道藏》第8册，第394—395页。

② 《法海遗珠》卷16，《解二十四厄真符》，《道藏》第26册，第465页。

从生。”①“生”字古时，是“出”和“土”的上下合写。也就是说，原初的先民们或者说不能很好的解释生命孕育的神奇现象，或者说直观而形象的把一个生命体的诞生的神圣过程看做是如同从土里长出了庄稼一样的过程，所以“生”字本身就传达了先民们的生命崇拜思想及其对生育的朦朦胧胧的认识水平，而道教选用“生”字来作为符图常用之字，更加强化了这种生命崇拜的符号意蕴。倒写“生”字，还传达了先民们对于婴儿在母腹中倒立而育，生育时是先出头、后出脚的倒立生育过程的比较符合科学的认识水平。这一点，在早期道教经典《太平经》中就做了深入论证。《太平经》指出：“故凡怀妊者，在头下足上，中腹而居，微在中和之下。”② 引文中“头下足上，中腹而居”，说明胎儿在子宫中的姿势是乃以头下脚上的倒悬姿势而存活着。

道教符图还有选用更加形象的符号象征的。例如《道法会元》卷193中的“九马催生符”（同样的画有九匹马催生的符图符咒还见于《法海遗珠》卷16中，并被称为“关帅催生符”。）

九马催生符

右符信手书九马围之，念：猛马四张焱火冲，霹雳破石泉源通，涂之，笔直下。一样书二道。依法取罡炁入符，用南斗长生子午诀。书毕，作圆子二颗，用黄蜡封之。存诸符人作监生大神，以顺流水吞一道，候一时再吞一道，即产。如未坐草，只可

① （清）阮元等撰：《经籍纂诂》，中华书局，1982年，第706、718页。
② 《太平经合校》，第676页。

与安胎符，不可用此符。

敕请符人咒

吾今敕汝身，化作监生神。持吾符命去，母子速离分。急急如律令。

师差将监勒司命六神，先与醋炭熏之，仍焚荡秽符于内，务令清净。①

该符图用“马”字作为符号化象征，可谓传神之极。马是古代最主要的交通战争工具，而且也是目前所知古人所用最快的交通战争工具。这道催生符，以九马聚合之力，来形象的象征妇女快速生育的意愿。而且为配合符图，其咒语中还要求当事人同时念“猛马四张焱火冲，霹雳破石泉源通”进行存想，来加快生育和催生的过程。

其次，我们再来看《灵宝领教济度金书》卷239中收录的一则完整的祈请各界神灵监生助产的“监生醮仪”，用斋醮科仪，并行步虚之术，进行禳解。原文如下：

科仪立成品

祈嗣用

监生醮仪

步虚

请称法位

具位某，与临坛官众等，谨同诚上启九天无极大道无上自然生神上帝，诸司真君，九天监生大神，九天卫房圣母，九天司命可马，主录太乙真君，九天定生大神，九天感化大神，九天定胎大神，九天易胎大神，九天顺生君，九天助生君，九天速生君，

① 《道法会元》卷193，《道藏》第30册，第194页。

九天全生六甲符吏，催生童子，保生童子，速生童子，南昌分胎功曹，南昌主产功曹，九天掌胞胎魂魄脏腑窍景神圣众，本家土地，司命六神，醮筵真圣，无鞅主宰。伏闻上帝垂慈，运神风而化育。下民承惠，鼓圣日以生成。胞胎既囿于九霄，形气久资于四象。敬诺敬顺，函三昭经纬之玄。唱奉唱恭，太乙耀雌雄之妙。惊天骇地，负阴抱阳。凡居覆载之中，孰出甄陶之外。今醮官某，年踰知命，嗣未副心。晓夜忧惶，敢建斋而行道。夙宵战栗，庸悔过以祈恩。愿符抱送之祥，早遂继承之望，辄修禴祭，聊寓微衷。伏冀羽葆飘扬，御天风而来下。霓旌晻蔼，乘梵炁以逍遥。不遗方寸之私，式副再三之祝。臣无任恳祈，虔祷之至，稽首再拜，谨当奉请。

请圣　　初献

重称法位

具位某，与临坛官众等，谨焚香上启九天监生司真众，一切应感威灵。伏闻子孙众多，橐钥本由于天锡。门间昌炽，权衡悉自于神休。倘上玄之熊梦未符，则下土之麟儿莫育。仰惟神武，夙挺威灵。蝉联而剑履陆离，鹭立而佩环容与。阴功昭著，善恶皆藉以铨量。隐德周流，予夺悉由于选举。巍巍圣力，赫赫深仁。今醮官某，矍铄将临，宁馨未遂。企虎关而祷尔，久然一瓣之香。瞻狮座以勤祈，愿赐九光之烛。兹朝枫陛，重启芝函。洁己登斋，期龙光之下映。首愆行道，希蚁悃之上通。愿生福慧之男，克绍英明之祖。顾惟画诺，亶藉裁成。欲望啸命玄曹，指挥丹局。申饰六甲之天吏，丙檄五行之神真。即俾醮官妻某氏，脏腑安和，肥胎成就，十月满足，永无灾难之侵凌。晬日周圆，会见精神之长大，光隆门户，荣显宗亲，实依覆载之恩，仰藉帡幪之贶。臣不胜虔切，俟命之至。

亚献

重称法位

具位某，与临坛官众等，谨焚香上启九天监生司真众，一切威灵。伏闻吁天激越，愿神灵之挺生。堕地材华，胥仙真之应运。自匪先世累积之厚，与夫前生种植之深，曷俾投胎，居然得子。今醮官某，既昨非而电扫，何有冤愆。幸今是以云臻，宜膺福庆。仰赖九天锡庆，二极垂怜，诸司溥推戴之功，列职殚佐助之力。即使妻室某氏，彩麟入梦，王燕投怀，易养育而乳哺无虞，乃生男子。无灾害而命身有耀，克胜凡流。撞楼而甲第丰茸，跨灶而高门焕赫。五福俱备，三寿作朋。蒙垂藻鉴之勤，愿灵葵倾之切。上德不德，推诚恪冀于询荛。知恩报恩，励志敢忘于结草。其或孤辰寡宿，六害三刑，多守照于妻官，未移临于妾位。尚祈洪造，曲降玄恩。俾弄璋无嫡庶之分，则倚玉有宗祊之望。是为真祷，匪曰私谈。臣不胜虔祷之至。

终献

具位某，谨焚香上启圣位。伏闻情见乎辞，愧千言而莫罄。仪不及物，幸三献以云周。以今银汉西倾，玉杓东转，鸾旌杳蔼，将返景于霄衢。龙葆葳蕤，行旅班于辇路。臣等无从控挽，惟剧依瞻，不胜依恋，望恩之至，谨稽首再拜奉送。

回轩颂

焚燎[①]

首先我们来看斋醮的含义。《说文》释“斋”为：“斋，戒洁也，从示。”韩康伯说“洗心”为斋，“防患”为戒。而洗心防患的目的正如《礼记·曲礼上》曰：“斋戒以告鬼神”。而醮，一是指古代男子在

① 《灵宝领教济度金书》卷239，《道藏》第8册，第179—180页。

冠婚时所举行的一种礼节，一是指祭祀的仪式。由于斋和醮有很多共同之处，所以遂演化成祭祀神灵的一种综合礼仪。道教斋醮之术，其过程极为繁杂，它包括了清心洁身、设坛摆共、焚香化符、念咒上章、诵经赞颂，并配以音乐灯烛等等。①

这段监生醮仪的开头还提到了"步虚"。步虚是道士在醮坛上讽诵词章采用的曲调行腔，传说其旋律宛如众仙飘缈步行虚空，故得名"步虚声"。据南朝宋刘敬叔《异苑》称：陈思王曹植游山，忽闻空里诵经声，清远遒亮，解音者则而写之，为神仙声。道士效之，作步虚声。现存各地道教仪式中的步虚音乐大多舒缓悠扬，平稳优美，适于道士在绕坛、穿花等行进中的诵唱。要求道士在步虚时安徐雅步，执板当心。宋代道士吕太古则在《道门通教必用集》中称："陆天师曰：诵步虚经词，先叩齿三通，咽液三过；心存日月，在己面上；从鼻孔中入洞房金华宫，光明出项后，焕然作九色，圆象薄入玉枕，彻照十方，随我绕经旋回而行，毕叩齿三通，咽液三过。"大约成书于南朝梁陈时的《洞玄灵宝玉京山步虚经》收有《洞玄步虚吟》十首，当是道教仪式中最早使用的步虚词。其中有的是对天上仙境的描绘，如："骞树玄景园，焕烂七宝林。"有的又是对坛场上道士举行步虚仪式的描绘，如"稽首礼太上，烧香归虚无。流明随我回，法轮亦三周""俯仰存太上，华景秀丹田。左顾提爵仪，右盼携结璘"。隋唐以后，"步虚词"成为一种独立的诗体，隋炀帝作过《步虚词二首》，有曰"俯临沧海岛，回出大罗天""总辔行无极，相推凌太虚"等句。而本文中提到的"步虚"，说明该监生醮仪，同时需要附带道教步虚音乐歌诗以配合神灵，实现祈子禳解的目的。

按照一般的斋醮礼仪，首先要迎请神仙降临，以佑助完成除灾禳

---

① 詹石窗：《道教与女性》，宗教文化出版社，2010年，第45页。

解之事。这则监生仪祈请了众多几乎是专业的生育神灵来助顺产，他们分别是九天无极大道无上自然生神上帝，诸司真君，九天监生大神，九天卫房圣母，九天司命司马，主录太乙真君，九天定生大神，九天感化大神，九天定胎大神，九天易胎大神，九天顺生君，九天助生君，九天速生君，九天全生六甲符吏，催生童子，保生童子，速生童子，南昌分胎功曹，南昌主产功曹，九天掌胞胎魂魄脏肺窍景神圣众，本家土地司命六神，醮筵真圣，等等。透过这些专业的生育神灵，我们就可以看到道教超度人间疾苦，为民除难的恳切心情。这些神灵，一看“生神”“监生”“定生”“感化”“定胎”“易胎”“顺生”“助生”“速生”“全生”“催生”“保生”“分胎”“主产”“胞胎”等等字眼，即可说明道教延请众多上界仙真，为斋官某人祈求子嗣的明显目的和迫切心情。文中提到该人“年逾知命，嗣未副心”，即年过五十，仍然没有男孩，因而家族后继无人，心中日夜惶恐不安，天天祷告神灵，修观建庙，增进福德。他诚恳地祷告天神，能让他的妻子“脏肺安和，肥胎成就，十月满足，永无灾难之侵凌”，愿能够“晬日周圆，会见精神之长大”，马上生个胖大小子来“光隆门户，荣显宗亲”，“愿生福慧之男，克绍英明之祖”，因为“俾弄璋无嫡庶之分，则倚玉有宗坊之望”。“弄璋”即是生男孩之意思。因而仅仅透过这个醮仪的一系列宣辞，即不难发现其所传达的道教重视生育子嗣并为之设立道坛，招诸仙真进行禳解佑助的拳拳之心和为民除难的殷切之情。醮仪宣辞中还对当事人及其妻子，以及未来的孩子，都做出了一个美满的祈祷和展望，这不能不会对那些饱受无子家族压力煎熬的当事人和家庭从精神和心灵上给予一种莫大的宽慰和安抚。

这些蕴含生育理念的斋醮科仪，则无论从其请神、科仪表演、送神的整体流程来看，还是从其特定而具体的科仪表演来看，都充满了符号象征的思维特点。

第二章　道教的生命起源论及婚配模式和房中理论

“我是谁?”“我从哪里来?”，这个关于人类自我认知和生命起源的问题是一切伟大思想文化必须回答的首要问题。道教做为一种土生土长、独具特色的宗教文化，在介绍其丰富深刻的生育思想之前，按照逻辑，必须先探讨其对于人类生命和具体的个体生命起源问题的基本观点。恩格斯和马克思都非常强调个体生命的产生和延续对于人类社会的至关重要性。恩格斯明确指出：“根据历史唯物主义观点，历史中的决定性因素，归根到底是直接生活的生产和再生产。但是，生产本身又有两种。一方面是生活资料即食物、衣服、住房以及为此所必须的工具的生产；另一方面是人类自身的生产，即种的蕃衍。”① 马克思也说：“任何人类历史的第一个前提无疑是有生命的个体的存在。”② 马克思恩格斯这里强调的就是个体生命的持续产生。所以，我们将从形而上的本体论哲学和形而下的角度，来探讨道教对于人类和个体生命起源的独特的富含神学特色的理论见解及其思想渊源和发

---

① 恩格斯：《家庭、私有制和国家的起源》，《马克思恩格斯选集》第 4 卷，人民出版社，1972 年，第 2 页。

② 马克思：《德意志意识形态》，《马克思恩格斯选集》第 4 卷，人民出版社，1972 年，第 2 页。

展衍化。而文明社会大都将生育置于社会伦理认可的婚姻家庭的模式之下，那么探讨道教对于婚配的现实模式及其理想模式的思想便是顺理成章的事了。此外，道教房中术做为一种技术手段，其对于古代社会生育的价值影响及其诸多房中禁忌的优生意义都是需要我们研究道教生育思想时予以厘清和阐明的。

第一节　道教的生命起源论及其渊源和衍化

一　道教对于人类生命起源的理论

道教一贯认为，宇宙中的种种生命乃至万事万物都是起源于“道”。也就是说，“道”孕育产生了一切包括人的生命和万事万物。道教以“道”为最高信仰，继承、吸收、改造了先秦道家的本体之“道”，形成了自己独具特色的生命起源理论。正如陈兵先生所说：“在道教徒看来，天地间只有‘道’这个东西，永恒不变，而又虚通无碍，能生化、主宰一切。”[①] 被看做宇宙万物之“本根”、“总系”的“道”，又被称为“常道”、“无上正真之道”、“真常之道”等等。历代高道在经典道经中对于“道”生万物，或者说万物起源于道做了深刻论证。早期道教经典《太平经》论述道：

> 夫道何等也？万物之元首，不可得名者。六极之中，无道不能变化。元气行道，以生万物，天地大小，无不由道而生者也。[②]

---

① 陈兵：《道教之道》，今日出版社，1995年，第9页。

② 《太平经合校》，第16页。

《太平经》认为“道”是“万物之元首”，化生六极和天地万物。《老子想尔注》认为“道”乃“天下万事之本”，[①]《洞渊集》也说：

道者，天地之父母，万物之灵枢，阴阳之纲纪，五行八卦之璇玑。贤圣之弥纶，神明之正宅，山海之渊源，社稷之大柄，动植性命之根蒂，至尊至贵，今古无穷，而常自然，巍巍乎大矣。[②]

《洞渊集》把“道”看做是天地万物、阴阳五行八卦，大至山海社稷，小至动植物的生命的产生源泉。《灵宝经》曰：

运推数极，三气开光。气清高澄，积阳成天；气结凝滓，积滞成地。九气列正，日月星宿，阴阳五行，人民品物，并受成生。天地万化，自非三气所育，九气所导，莫能生也。三气为天地之尊，九气为万物之根。故三合成德，天地之极也。[③]

《灵宝经》也是认为“道”化生天地，然后是日月阴阳，人民万物。《常清静经》讲道：

大道无形，生育天地；大道无情，运行日月；大道无名，长养万物。……道虽无形，因天地生育其形可见道。虽无情，推日月运行其情可察。道虽无名，穷万物长养其名可立。[④]

这里说的是，“道”正是通过其生育和运行、长养万物而显示了它的真实存在的。《太上洞玄灵宝业报因缘经》曰：

道君曰：天地未分之时，混混沌沌，溟涬无形。元始妙化，

---

① 饶宗颐：《老子想尔注校正》，上海古籍出版社，1991年，第17页。

② 《洞渊集》，《道藏》，第23册，第854页。

③ 《云笈七签》卷2，中华书局，2003年，第18页。

④ 《常清静经》，《道藏》，第11册，第344页。

运转开张，清气上澄，浮而为天；浊气下凝，结而为地；阳精为日，阴精为月；日月之精，为星辰和气，为人旁气，为兽薄气，为禽繁气，为虫附神立象。种类相因，合会生育，各有因缘，随其业报，任命沉浮。或愚或智，或暗或明，或大或小，或独或清，或寿或夭，或陋或贞，千殊万品，禀道生形。①

这里以老君之口讲到了天地日月，人、兽、禽、虫等都是“禀道生形”。《元始天尊说先天道德经注解》讲道：

万物莫不禀道之一以生，及其所禀者杂则死。虽名为生，乃禀道之散至，所谓道则未尝生、未尝死也，由物不能得道之全，故为生死所囿然，依道不灭，故生生死死，相失相生，与道同为出入。②

该经不但谈到了万物禀“道”而生，而且谈到了万物之生死也是由“道”所决定。在谈到人的起源和产生上，谭峭说道：

道之委也，虚化神，神化气，气化形，形生而万物所以塞也；道之用也，形化气，气化神，神化虚，虚明而万物所以通也。③

虚化神，神化气，气化血，血化形，形化婴，婴化童，童化少，少化壮，壮化老，老化死。④

《化书》所开列的这样一个极其精致复杂的万物化生模式，仍然是以“道”为其源头的。《西升经》创造性的继承了老子的“道生万

① 《太上洞玄灵宝业报因缘经》，《道藏》第6册，第202页。
② 《元始天尊说先天道德经注解》，《道藏》第1册，第426页。
③ （五代）谭峭：《化书》，《道藏》第23册，第589页。
④ 同上，第592页。

物”：

天地与人物，本旨道之元，俱出于太素虚无之始端。……道生一，一生二，二生三，三生万物。浑沦既判，清轻者为天，道生一也；浊重者为地，一生二也；冲和气者为人，二生三也，以至万物盈于两间皆自道而生出。①

《西升经》先总说后分说了“道”生天地人物的思想理论，并直接继承了老子《道德经》中的生成模式。唐代高道司马承桢说道：

夫道者，神异之物，灵而有性，虚而无象，随迎不测，影响莫求，不知所以然而然，通生无匮，谓之道。②

这里明确概括了“道”的作用在于“通生无匮”，也就是一切都仰赖“道”而生成。唐代的吴筠在《玄纲论》中也谈到了“道”生万物：

道者，何也？虚无之系，造化之根，神明之本，天地之源，其大无外，其微无内，浩旷无端，杳冥无对，至幽靡察而大明垂光，至静无心而品物有方。混漠无形，寂寥无声。万象以之生，五音以之成。生者有极，成者必亏。生生成成，今古不移，此之谓道也。③

吴筠讲到，“道”是“天地之源”，万象五音都因之而得以生成。并概括出“生生成成，今古不移。”唐代高道杜光庭在“道”生万物时说：

---

① 《西升经》，《道藏》第11册，第496页。
② 司马承桢：《坐忘论》，《道藏》第22册，第896页。
③ 吴筠：《玄纲论》，《道藏》第23册，第673页。

道之起也，无宗无祖，无名无形，冲而用之，渐彰于有其初也，示若无状之状，无象之象，无物之物，无名之名。天地未立，阴阳未分，清浊未判，混沌圆通，含众象于内而未明，藏万化于中而未布。①

杜光庭在描述了“道”的特征之后，把“道”生万物概括为“含众象于内而未明，藏万化于中而未布。”《云笈七签》讲道：

道君曰：元气于眇莽之内，幽冥之外，生乎空洞。空洞之内，生乎太无。太无变而三气明焉。三气混沌，生乎太虚而立洞，因洞而立无，因无而生有，因有而立空。空无之化，虚生自然。上气曰始，中气曰元，下气曰玄。玄气所生出乎空，元气所生出乎洞，始气所生出乎无。故一生二，二生三，三者化生以至九玄，从九反一，乃入道真。气清成天，滓凝成地，中气为和，以成于人。三气分判，万化禀生；日月列照，五宿焕明。上三天生于三气之清，处于无上之上，极乎无极也。②

这里虽然讲了一个相对复杂的生成模式，但仍然“万化禀生”于“道”。陈致虚亦说：

是以三物相感，顺则成人，……何谓顺？一生二，二生三，三生万物。故虚化神，神化气，气化精，精化形，形乃成人。③

根据道教的宇宙创生演化及人体生成说，宇宙和人体生命的起源和产生首先是源自道，无形无象的道化生先天真一之气，先天真一之气再化生神，神又化生气，气再化生精，精最后化生形，形气神具

① 杜光庭：《道德真经广圣义》，《道藏》第14册，第316页。
② 《云笈七签》卷1，中华书局，2003年，第17页。
③ 《金丹大要精气神说下》，《道藏》第24册，第16页。

备，人因而得以产生。

通过以上翔实的道经资料，我们可以看出道教自始至终都以“道”为其本体的最高的信仰，认为万物乃至人的生命孕育都起源于“道”。正如潘显一先生讲道：“‘生’就是唯一的标准、目的，‘生’就是最高尚的情趣和最大的快乐，‘生’就是‘道’的具体体现和最高境界。”① 生命肇始于“道”，生命蕴涵着“道”，生命彰显着“道”。

但是正如许多道教研究学者指出，道教中的“道”往往又等同于具有本源性、本体性的“气”、“元气”、“元气之根”，以“道”为本体性的“气”、“元气”、“祖炁”、“混元一炁”、“真一之气”等等。《元气论》说：

> 道既无生，自然之本，不可名宣。乃知自然者，道之父母，气之根本也。夫自然本一，大道本一，元气本一。一者，真正至元纯阳一气，与太阳合体，与大道同心，与自然同性，则可以无始无终，无形无象，清浊一体，混沌之未质。……道者元气也。②

这里把“道”解释为“一”，把“一”解释成“至元纯阳一气”，最后又做了“道者元气也”的概括。《无能子》曰：

> 天地未分，混沌一炁，一炁充溢，分为二仪，有清浊焉，有轻重焉。轻清者上为阳，为天；重浊者下为阴，为地也。……天地既位，阴阳炁交于是，裸虫、鳞虫、毛虫、羽虫、甲虫生焉。人者，裸虫也，与夫鳞、毛、羽虫俱焉同生天地，交炁而已。无

---

① 潘显一：《大美不言——道教美学思想范畴论》，四川人民出版社，1997年，第28页。

② 《云笈七签》卷3，中华书局，2003年，第1215页。

所异也。[①]

《无能子》中把天地及其裸鳞毛羽甲等虫和人的产生，都归结为“一炁”。《灵宝五经提纲》云：

人之生也，皆受九天之炁以为胞胎魂魄，至于五脏六腑、七窍八景、三万六千神，莫不由其融结而后得生。……夫九天之炁顺而委之，则结凡胎而为人；逆而修之，则结圣胎而为仙。[②]

这里把人和仙的产生都推源于“九天之炁”。陶弘景《真诰·甄命授》说：

道者混然，是生元炁，元炁成，然后有太极。[③]

《真诰》把一切生命的起源归结于“元炁”。唐代高道司马承祯亦将“道”与“气”统一起来，指出二者是事物的一体两面，他说：

夫气者，道之几微也。几而动之，微而用之，乃生一焉！故混元全乎太易。夫一者，道之冲凝也，冲而化之，凝而造之，乃生二焉。故天地分乎极，是以形体立焉！万物与之同察，精神著焉！[④]

司马承祯在这里将“道”体“气”用结合了起来，从而化生万物。

既然“气”、“元气”就是本源性的“道”，那么，“道”创生万物、生命往往又表现为“元气”创造万物、生命。道门中关于“元气”创造万物、生命的论述颇多，“元气者，无中之有，有中之无，

① 《无能子》，《道藏》第21册，第708页。
② 《道藏》第9册，第858页。
③ 《真诰》，《道藏》第20册，第490页。
④ 司马承祯：《服气精义论》，《云笈七签》卷57，中华书局，2003年，第1243页。

旷不可量，微不可察，氤氲渐著，混茫无倪，万象之端兆联于此，于是清通澄朗之气浮而为天，浊滞烦昧之气积而为地，平和柔顺之气结而为人伦，错謬刚戾之气散而为杂类。自一气之所育播，万殊而种分，既涉化机迁变罔穷，然则生天地人物之形者，元气也，授天地人物之灵者，神明也”。[①] “元气濛鸿，萌芽兹始，遂分天地，肇立乾坤，启阴感阳，分布元气，乃孕中和，是为人矣”。[②]

著名道教学者詹石窗先生在《道教文化十五讲》中指出，道教在确立“道”本体的宇宙论时同时也形成了其神学创世论，即将创造万事万物乃至人类的“道”常常人格化、神格化了。这种独特的神创论常常以两种形式表现出来，一种是为了吸引信徒，以太上老君为“道”的形象代表，形成了太上老君创世说；一种是把盘古神话和劫运思想糅合，形成了天尊创世说，后来又称为元始天尊创世说。[③] 其实，“道”与太上老君、元始天尊是互为表里、一体两面，相互同一的。《老子想尔注》称“道”为一，而“一散形为气，聚形为太上老君。”[④] 到了南北朝时期，道教诸派将“道”视为最高神“元始天尊”。《洞渊集》云：

> 元始天尊者，即天地之精极，道之祖炁也。本生乎自然，消即为炁，息即为神，不始不终，永存绵绵。居上境为万天之元，居中境为万化之根，居下境为万帝之尊，无名可宗，故曰天尊，始世人天矣，不可以理测，不可以言筌，生万物而不宰，化万物而不言。至尊至极，乃曰天尊，居玉清圣境清微天宫焉。[⑤]

---

① 《宗玄先生玄纲论·元气章第二》，《道藏》第23册，第674页。

② 《云笈七签》卷56，《道藏》第22册，第382页。

③ 詹石窗：《道教文化十五讲》，北京大学出版社，2001年，第146—147页。

④ 饶宗颐：《老子想尔注校正》，上海古籍出版社，1991年，第12页。

⑤ 《洞渊集》，《道藏》第23册，第854页。

《灵宝度人经》、《九天自然生神章经》等等经典指出，称由“道”生一气，一气分为玄元始三气，产生天宝即元始天尊、灵宝即太上道君、神宝即太上老君三代天尊，分别居于玉清、上清、太清之境，为“三洞尊神”，实际上是将“道”与至上神统一了起来，“道”就是至上神，至上神就是“道”。正如《太上混元老子史略》说道：

> 太上老君乃元气之祖，万道之宗，乾坤之根，本天地之精，源混沌太无之中，凝自然之真而为体。广大无边，应化莫测，非阴非阳，能微能彰，不古不今，不存不亡。常于无量劫运之端，太初太易之前，肇布玄元，始而生太极，判太极于三才，至劫终于六合，俱消混沌为一，又复分判，凝清轻以为天，积重浊以为地。阳精为日，阴精为月，日月之精为星辰，运行四时八节，安镇名山大川。①

隋唐时所出《太玄真一本际妙经》、《道教义疏》等等，则效法佛教的佛有三身说，谓三洞尊神各有三身或四身，而皆以“道”为体，名曰“真身”、“法身”、“道身”。从体相、本迹的角度把“道”与至上神等同为一体两面的东西。唐代杜光庭认为：“道”即老君。他在《释老君事迹氏族降生年代》中说：“老君乃天地之根本，万物莫不由之而生成，故立乎不疾之途，游乎无待之场，御空洞以升降，乘阴阳以陶埏，分布清浊，开辟乾坤，悬三光，育群品，天地得之以分判，日月因之以运行，四时得之以代谢，五行得之以相生。”② 他又说道：

> 老君生于无始，起于无因，为万道之先，元气之祖也。无光无象，无音无声，无色无绪，幽幽冥冥，其中有精，其精甚真，

① 谢守灏：《太上混元老子史略》，《道藏》第17册，第895页。
② 杜光庭：《释老君事迹氏族降生年代》，《道藏》第34册，第171页。

弥纶无外，故称大道。大道之身，即老君也。万化之父母，自自然之极尊也。①

体自然者，大道元气造化自然，强谓之容，及老君也。虚无为体，自然为性；莫能使之然，莫能使之不然；不知其所以然，不知其所以不然，故曰自然而然。……老子体自然而然，生于太无之先。②

凡“道”具有的所有属性，老君同样具有，至上神老君就是“道”。老君“生于无始，起于无因”，为万物之祖，元气之祖。他以虚无为体，自然为性。“莫能使之然，莫能使之不然，不知其所以然，不知其所以不然。”一句话，“大道之身，即老君也”。

关于天地万物的创造者，道教中有的认为是太上老君，有的认为是元始天尊。《九天生神章经》说：三号虽殊，本同一也，都是道的化生。大道或者太上老君创生万物，这是道教不可动摇的基本信念。

道教认为，“道”创造生命也好，太上老君、元始天尊创造生命也好。生命的形成都不是一次性完成的，也不是一种机械式的生成，生命的形成经历了一个辩证发展的过程，它是辩证发展的产物。“道”辨证的创造了万物人类的生命，《太上老君开天经》具体生动的描述了“道”、老君辨证创生万物和人类的过程。先是“洪元”时代：

盖闻未有天地之间，太清之外，不可称计。虚无之里，寂寞无表。无天无地，无阴无阳；无日无月，无晶无光；无东无西，无青无黄；无南无北，无柔无刚；无覆无载，无坏无藏；无贤无圣，无忠无良；无去无来，无生无亡；无前无后，无圆无方。百亿变化，浩浩荡荡。无形无象，自然空玄。穷之难极，无量无

① 杜光庭：《道德真经广圣义》，《道藏》第14册，第316页。

② 同上，第316页。

边；无高无下，无等无偏；无左无右，高下自然。唯吾老君，犹处空玄寂寥之外，玄虚之中。视之不见，听之不闻。若言有，不见其形；若言无，万物从之而生。八表之外，渐渐始分，下成微妙，以为世界，而有洪元。洪元之时，亦未有天地，虚无未分，清浊未判。玄虚寂寥之里，洪元一治，至于万劫。①

“洪元”之世，几乎还是一片混沌状态。之后到了“太初”时代：

洪元既判，而有混元。混元一治，万劫至于百成。百成亦八十一万年而有太初。太初之时，老君从虚空而下，为太初之师。口吐《开天经》一部，四十八万卷。一卷有四十八万字。一字辟方一百里，以教太初。太初始分，分别天地，清浊剖判。溟涬鸿蒙，置立形象，安竖南北，制正东西，开暗显明，光格四维。上下、内外、表里、长短、粗细、雌雄、白黑、大小、尊卑，常如夜行，太初得此。老君开天之经，清浊已分。清气上升为天，浊气下沉为地。三纲既分，从此始有天地，犹未有日月。天欲化物，无方可变，便乃置生日月在其中，下照暗冥。太初时，虽有日月，未有人民。渐始初生，上取天精，下取地精，中间和合，以成一神，名曰人也。天地既空三分，始有生生之类，无形之象，各受一气而生。或有朴气而生者，山石是也；动气而生者，飞走是也；精气而生者，人是也。万物之中，人最为贵。太初一治，至于万劫。人民之初，故曰太初。是时唯有天地、日月、人民，都未有识名。②

“太初”时代，方有天地和人。而人的产生，则具有历史性的意

① 《太上老君开天经》，《云笈七签》卷2，中华书局，2003年，第24页。
② 同上。

义。在《太上老君开天经》中，接下来详细讲述了太始、太素、混沌、九宫、元皇这样几个世纪。太上老君在继创造了天地日月之后，在太初时创造了万物之灵的人类，但一直到了元皇世纪时，人类才真正谈得上进入了文明社会：

> 九宫没后，进入元皇世纪。老君下降为师，吐《元皇经》一部，教元皇治于天下。始有皇化道流后代，以渐成之。元皇之后，次有太上皇；太上皇之后有地皇；地皇之后有人皇；人皇之后有尊卢；尊卢之后有句娄；句娄之后有赫胥；赫胥之后有太连。混沌以来太连以前，名曰中古。太连之时，天生五□，地生五味，人食之乃得延年。在太连之后，进入下古，首有伏羲，老君下为师，曰无化子，一名郁华子，教示伏羲推归法，演阴阳，正八方，定八卦。尔时民有名无姓，世上亦无五谷，皆衣毛茹血，腥臊臭秽，男女无别，不相嫉妒，冬则穴处，夏则巢居。伏羲没后而有女娲，女娲没后而有神农。神农之时，老君下为师，曰大成子。作《太微经》教神农尝百草．得五谷，与人民播植，遂食之以代禽兽之命也。神农没后而有燧人。燧人时，老君下为师，教示燧人钻木出火，续日之光，变生为熟，以除腥臊。燧人没后而有祝融，老君下为师，号广寿子。教三纲．齐七政。三皇修道，人皆不病，作按摩《通精经》。次有高原、高阳、高辛、仓颉、轩辕黄帝。黄帝之时，老君下为师，号力牧子。黄帝以来，始有君臣父子，尊卑以别，贵贱有殊。黄帝之后，次有少昊、帝颛项、帝喾、帝尧、帝舜、夏禹……。①

元皇时代，伏羲、女娲教人脱离原始茹毛饮血的野蛮状态；神农

---

① 《太上老君开天经》，《云笈七签》卷2，中华书局，2003年，第1卷，第24页。

尝百草，教人民得五谷播种；燧人氏教人民钻木取火，始有熟食延长人类寿命；三皇五帝圣人统治，人民终于进入相对文明的社会。而这一切的一切，都是老君在各个不同阶段，传授了不同经典教化培育的结果。所以，《太上老君开天经》详细的讲述了太上老君辩证发展的开辟天地人类的过程，这是道教生命起源论的一大特色。

值得一提的是，道教的很多经典，都谈到了语言文字对于宇宙开创了生命起源的巨大作用。语言文字，在这里似乎具有了本体的作用。例如，《度人经·元洞玉历》清楚的指出了语言文字与天地开创之间的因果关系：

> 龙汉延康，眇眇亿劫。混沌之中，上无复色，下无复渊，风泽洞虚，金刚乘天，天上天下，无幽无冥，无形无影，无极无穷。溟涬大梵，寥廓无光。赤明开图，运度自然。元始安镇，敷落五篇，赤书玉字，八威龙文。保制劫运，使天长存。梵炁弥罗，万范开张。元纲流演，三十二天。①

这里明确讲到了“赤书玉字，八威龙文”这些语言文字使得“万范开张”，“三十二天”得以生成。又如《灵宝无量度人上品妙经》中记载到：

> 百魔隐韵，离合自然。混同赤文，无无上真。元始祖劫，化生诸天。开明三景，是为天根。上无复祖，唯道为身。五文开廓，普殖神灵。无文不光，无文不明，无文不立，无文不成，无文不度，无文不生。是为大梵，天中之天。②

这里把语言文字的本体创生作用提到了无以复加的地步，“无文

---

① 《度人经·元洞玉历》，《道藏》第1册，第1页。

② 《灵宝无量度人上品妙经》卷1，《道藏》第1册，第3页。

不光，无文不明，无文不立，无文不成，无文不度，无文不生”，没有语言文字，则任何东西都不能得以生成。再如《洞玄灵宝自然九天生神章经》中说：

> 人之受生于胞胎之中，三元育养，九炁结形。故九月神布，炁满能声，声尚神具，九天称庆，太一执符，帝君品命，主录勒籍，司命定算，五帝监生，圣母卫房，天神地祇，三界备守，九天司马，在庭东向，读九天生神宝章九过；男则万神唱恭，女则万神唱奉；男则司命敬诺，女则司命敬顺，於是而生。九天司马不下命章，万神不唱恭诺，终不生也。①

人之受生于胞胎之中，神灵的歌颂与言说对于生命之降生起到了重要的促进作用，生男则“万神唱恭”、“司命敬诺”；生女则“万神唱奉”、“司命敬顺”。没有神灵的唱和就没有人之生命的顺利降生，“九天司马不下命章，万神不唱恭诺，终不生也”。没有神灵的语言文字的唱诵，就没有人类生命的生成和孕育。

甚至，更有道经指出，人的生命是在至上神灵“说经”，即言说道经的过程中慢慢孕育而生成的。例如，《灵宝无量度人上品妙经》之《保胎护命品》说道，元始天尊“说经一遍，诸天圣母同时称善，是时一国仙妃神女忆悟往因，见道本元信，知天地未生，元气肇始，神精吸粹，阴阳定胎，九十亿劫，三气混沦；九十大劫，三华始分，五老保胎，三元育魂，七窍洞开，大块乃坼，二仪出胎，始建寰海。说经二遍，胎卵湿生，毛鳞介嬴，无不备成。说经三遍，喙鸣口语，呼应调顺，真协天律。说经四遍，肤革坚完，金真散灵，刚风宛转。说经五遍，道出英妙，才韵秀爽。说经六遍，至巧功成，曲遂天德。

---

① 《洞玄灵宝自然九天生神章经》，《道藏》第5册，第843页。

说经七遍，育婴端就，善慧滋身。说经八遍，妇人怀娠，鸟兽含胎，已生未生，皆得生成。说经九遍，胎脏发泄，内宝露形。说经十遍，道用神化，自然成人。是时一国，是男是女，莫不倾心，保胎护命，咸得长生”。[①] 说经八遍的时候，“妇人怀娠，鸟兽含胎，已生未生，皆得生成。”说经十遍的时候，“自然成人”，“保胎护命，皆得生成。”这种宣扬说经与生命生成的思想，很可能是佛教同类经书长期潜移默化影响的结果。

二　道教人类生命起源理论的思想渊源

道教富含宗教神学特色的人类生命起源理论，是其长期对于中国古代的神话传说和道家生命起源思想继承发展、改造吸收的结果。正如我们前面提到的詹石窗教授的观点，道教生命起源论建立在太上老君创世说和元始天尊创世说的基础之上。显然，元始天尊创世说来源于以盘古开天为主的古代神话，特别是大量的感生神话，而太上老君创世说则是借用道家始祖把“道”生万物人格化、神格化的结果。

让我们先从古代的神话说起。中国古代先民在与大自然做斗争的过程中，一直在思考着人类生命的起源问题，限于当时人们的思维水平，这些可贵的探讨最终以神话的形式曲折的反映了出来。纵观这些关于生命起源的神话故事，有的认为生命来源于女娲抟土造人；有的认为盘古开天辟地，人是盘古身上诸虫所化；还有一些神话，认为人是感应天或者外物而生，是为感生神话。

在人类起源的神话中，流传较多的是女娲抟土造人的故事。《太平御览》卷 78 引《风俗通》曰：

---

① 《道藏》第 1 册，第 286—287 页。

俗说天地开辟，未有人民。女娲抟黄土作人，剧务，力不暇供，乃引绳于絙泥中，举以为人。故富贵者，黄土人也，贫贱凡庸者，絙人也。①

这里讲到了女娲先用黄土造人之时，因不堪其累，遂蘸泥一甩，造出人来。因所用材质不同，人因而有了富贵贫贱之分。

我们再来看盘古创造天地万物和人的过程。盘古首先开天辟地。《艺文类聚》卷一载道："天地浑沌如鸡子，盘古生其中。万八千岁，天地开辟，阳清为天，阴浊为地。盘古在其中，一日九变，神于天，圣于地。天日高一丈，地日厚一丈，盘古日长一丈，如此万八千岁。天数极高，地数极深，盘古极长。后乃有三皇。数起于一，立于三，成于五，盛于七，处于九，故天去地九万里。"② 盘古打破了天地的混沌状态之后，天越来越高，地越来越厚，后来相去九万里。开辟了天地之后，盘古创造了万物及人类。对此《绎史》卷一明确讲道：

元气濛鸿，萌芽兹始，遂分天地，肇立乾坤，启阴感阳，分布元气，乃孕中和，是为人也。首生盘古，垂死化身；气成风云，声为雷霆，左眼为日，右眼为月，四肢五体为四极五岳，血液为江河，筋脉为地里（理），肌肉为田土，发髭为星辰，皮毛为草木，齿骨为金石，精髓为珠玉，汗流为雨泽，身之诸虫，因风所感，化为黎甿。③

原始社会的先民们形象的认为盘古的气化为风云，声音形成雷声，双目形成日月，肢体形成山岳，血液化作江河，筋脉形成地理，肌肉化为泥土，发须化作星辰，皮毛形成草木，齿骨生成金石，精髓

① 袁珂：《中国神话资料萃编》，四川省社会科学院出版社，1985年，第11页。
② 同上，第6页。
③ 同上，第7页。

转成珠玉，汗水形成了雨露，而其身上诸虫，受风感化，最终形成了人类。

而古代许多神话，认为人类祖先是感天或者外物而孕育生命的，我们把这类神话统称为感生神话。在我国古老的生育观念和文化中，感生神话构成了人类历史上一幅独特的画卷。郑晓江在《中国生育文化大观》中对于感生神话的解释是："所谓感生神话，就是上古流传下来的关于人类起源的'感天生人'的信仰，是指人们相信自己最早的祖先是感日、月、云、雷电、风、虹等自然天象和龙、凤、鸟、树等动植物而怀孕的。"① 感生又称为感孕，那么何为感孕呢？黄石在《感孕说的由来》一文中将其解释为："申言之，就是相信超常人（或者一般人）的诞生，不光是由于'父母媾精'，而是妇人——或者处女——受了某种灵物、异象，或神灵的感应的结果。"② 这些形形色色的感生神话事迹源自于早期先民们的太阳即是生命源泉和万物有灵的思想观念，也是他们思维中天人合一观念长期积淀的结果。

中国民间观念一直流传的神话故事中，认为大凡人类祖先，或奇特杰出人物的诞生，是某种灵物的托体降生，或者某某在诞生时天上有什么祥瑞异象，或某某的母亲梦见了某种神异物象，因而得孕。裨官野史自不消说，就是二十四史之首，权威之极的《史记》，例子也是多的不胜枚举。在《三皇本纪》、《五帝本纪》中，几乎每一个人类的祖先都是感灵而生。开文明之先的伟大的孔子，乃其母祷于尼山而孕；道家道教的始祖，元始天尊太上老君老子，乃其母坐李树下而孕。我们在这里从最权威的《史记》中举出一些例子，以作例证：

---

① 郑晓江：《中国生育文化大观》，百花洲文艺出版社，1999年，第99页。

② 黄石：《感孕说的由来》，见高洪兴、张强《妇女风俗考》，上海文艺出版社，1991年，第421页。

伏羲。《史记·三皇本纪》云："太皞庖牺氏，风姓，……母曰华胥，履大人迹于雷泽，而生庖牺于成纪。蛇首人身。"又《钩命诀》有云："华胥履迹怪，生皇牺。"皇牺，即指伏羲。成纪，即是甘肃天水的古称。

神农。《史记》曰："神农氏，姜姓。母曰女登，有娲氏之女，为少典妃，感神龙而生炎帝。人身牛首。长于姜水，因以为姓。"

少昊氏。《帝王世纪》云："少昊帝名挚，字青阳，姬姓也。母曰女节。黄帝时，有大星如虹，下流华渚，女节梦接意感，生少昊，是为元嚣。"

黄帝。《史记正义》云："黄帝，有熊国君，……母曰附宝，之祁野，见大电绕北斗枢星，感而怀孕，二十四月而生黄帝于寿丘。"

舜帝。《正义》曰："瞽叟姓妫，妻曰握登，见大虹，意感而生舜。"

夏禹。《帝王世纪》曰：夏禹"父鲧，妻修己，见流星贯昴，梦接意感，又吞神珠薏苡，胸坼而生禹。"

殷契。《史记·殷本纪》："简狄行洛，见玄鸟堕其卵，简狄取吞之，因孕生契。"又云："殷契，母曰简狄，有娀氏之女，为帝喾次妃。三人行洛，见玄鸟堕其卵，简狄取吞之，因孕生契。"

后稷。《史记》谓："周后稷明弃，其母有邰氏女，曰姜嫄，姜嫄为帝喾元妃。姜嫄出野，见巨人迹，心忻然说，欲践之，践之而身动如孕者，居期年而生子。"

秦的先祖。《史记·秦本纪》云："秦之先帝，颛顼之苗裔，孙曰女修。女修织，玄鸟陨卵，女脩吞之，生子大业。"

这些历史资料，都充分说明人们深信人类的最初祖先是感孕而生的。在人类的历史文化中，后来又出现了帝王将相和道门人物的感孕神话，而这也是中国孕育文化的一大特色。至于封建社会时期帝王将相和道门人物的感生神话，则是统治阶级和道教为了宣扬其“君权神授”和“神功神授”思想，并加强其神秘性的思想工具，是天命论和宿命论的反映，实属感生神话的一种异化或者衍化。以史为证：

刘邦、刘恒、刘彻。《史记·高祖本纪》曰：“高祖……父曰太公，母曰刘媪。其先刘媪尝息大泽之陂，梦与神遇；是时雷电晦冥，太公往视，则见蛟龙于其上。已而有身，遂产高祖。”

高祖之子代王刘恒。《史记·外戚世家》：代王刘恒之母薄姬曾梦“苍龙据腹”感应而生。

汉武帝刘彻。《史记·外戚世家》说其母孝景王皇后怀孕时曾“梦日入怀”。就连在中国被顶礼膜拜，又有超高人气的忠肝义胆的武将代表人物关羽，神话传说他生前本是雷首山中的一条龙。传说说他因为民降雨而得罪天帝，斩首后被和尚超度，龙首投胎而生。[①] 关羽是龙变而成，他很可能是唯一享受了帝王般待遇的武将，被传说成龙种。

而最具神秘主义色彩的感生神话非道门莫属。一些著名的得道人物，或道门领袖，其诞生孕育，怪诞离奇，神妙莫测。例如：

张道陵。在东汉建武十年（公元 34 年）正月十五日夜，浙江天目山旁张大顺家降生了一个男孩。传说一天夜里，他母亲刘氏梦见一身穿绣衣的高大神人，自北斗魁星中足踏金龟降至地上，来到他的居室，将蘅芜香草往她怀里一塞。顿时，刘氏觉得一股异香入了肚腹，感而有孕。第二天刘氏就生下了一男孩。正当这时，天目山的黄云覆盖着张家的房屋，紫气萦府，金光祥云。[②]

---

① 叶镜铭：《关云长是龙血变成的》，中山大学语言历史学研究所编印《民俗》，第 107 期，第 76 页。

② 《历世真仙体道通鉴》卷 8，《道藏》第 5 册，第 341 页。

吕洞宾。吕洞宾无疑是高道中最负盛名的一位，也是八仙中最为神奇的一位。历史上确有其人，关于他的出生，也有一个传说：唐德宗贞元十四年（798年）四月十四日，一群白鹤在河中府永乐县吕家屋舍上空飞翔盘旋着，久久不曾离去；其中的一只穿过屋顶，直插吕母帐中，顿时异香弥漫，一个婴儿也哇哇坠地了。吕洞宾就是这样宣告诞生。按此传说明，吕洞宾当是仙鹤的化身。后来吕洞宾在唐宋之间的一百多年间中，留下了很多神奇事迹。

林灵真。道教神霄派创始人林灵真于北宋神宗熙宁七年（1074年），出生于温州永嘉县一个贫寒的农家。传说中，林灵真的在母亲劳累了一天后，夜里睡得很沉，梦中恍恍惚惚感觉有一朵红云覆盖周身，于是有了身孕。怀胎两年之后又梦见一神人，着绿衣系玉带，目喷金光，手执朱笔，高叫着要来她家借住。次日，惊雷三声，石破天惊，便生下了林灵真。[①]

我们再来看看道教典籍中记载的道教人物的诞生事迹，仅以《云笈七签》为例：

《道教所起》曰：

> 寻老君生于殷末，长自週初。托神玄妙玉女玄妙，处胎八十一载，逍遥李树之下，剖左腋而生。生即皓然，号曰老子。[②]

《灵宝略纪》曰：

> 太上大道君以开皇元年托胎于西方绿那玉国，寄孕于洪氏之胞，凝神琼胎之府三千七百年，降诞于其国郁察山浮罗之岳，丹玄之阿侧。名曰器度，字上开元。[③]

---

① 《历世真仙体道通鉴》卷52，《道藏》第5册，第389页。

② 《云笈七签》卷3，中华书局，2003年，第32页。

③ 同上，第38页。

《唐茅山升真王先生古》曰：

琅琊王远知，陈扬州刺史昙首之子。外祖丁超，梁驾部郎中。其母因梦灵凤有娠，又闻腹中啼。宝志曰："生子当为神仙宗伯也。"年七岁，日览万言，博总群书，心冥至道。①

释《上清高圣太上大道君金玄八景玉箓》曰：

上清高圣太上大道君者，盖二晨之精气，庆云之紫烟，玉晖辉焕，金映流真，结化含秀，苞凝玄神，寄胎母氏，育形为人。讳沇天真，字开元。母妊三千七百年，乃诞于西那天郁察山浮罗岳丹玄之阿。②

《轩辕本纪》曰：

轩辕，黄帝。其母西乔氏女，名附宝，瞑见大电光绕北斗，枢星照于郊野，附宝感之而有娠，以枢星降，又名曰天枢。怀之二十四月，生轩辕于寿丘地名，在鲁东门之外。

帝生而神灵，幼而徇齐疾而速也，弱而能言，长而敦敏，成而聪明。龙颜日角。河目隆颡，苍色大肩，始学于大项，长于姬水。

（禹）女狄暮汲水，得石子如珠，爱而吞之有娠，十四月生子。及长，能知泉源，代父鲧理洪水，三年功成。尧帝知其功，如古大禹，知水源，乃赐号禹。推之，是黄帝玄孙无疑也。③

《金门皓灵老君纪》云：

---

① 《云笈七签》卷5，中华书局，2003年，第42页。
② 同上，卷8，第144页。
③ 同上，卷100，第2156页。

西方七宝金门皓灵皇老君者，本乃灵凤之子也。灵凤以呵罗天中降生于卫罗天堂世界，卫罗国王取而蓄之。王有长女，字曰配瑛，意甚怜爱，常与共戏，于是灵凤常以两翼扇女面。后十二年中，女忽有胎，经涉三月，王意怪之，因斩凤头，埋著长林丘中。女后生女，堕地能言，曰：我是凤子，位应天妃。王即名曰皇妃。生得三日，有群凤来贺，玄哺玉霜，洪泉曲水，八炼芝瑛。年八岁，执心肃操，超拔俗伦，常朝则谒日，暮则揖月。于重宫之内，王设厨膳，物不味口。天作大雪，一年不解，雪深十丈，鸟兽饿死。①

《华阳隐居先生本起录》曰：

母东海郝夫人，讳智湛，精心佛法，及终，有异焉。先是，贞宝携家随萧之郢州，孝建二年，萧亡。其年九月，母觉有娠，仍梦见一小青龙，忽从身中出，直东向而升天，遂视之，不见尾。既觉，密语比丘尼，云：弟子必当生男儿，应出非凡人，而恐无后。尼问其故，以所梦答。尼云：将出家？又答：审尔亦是所愿。时年二十五。其冬，仍随萧部伍还都，住东府射堂前参佐廨中。以孝建三年太岁丙申四月三十日甲戌夜半，先生诞焉。是年乃闰三月，明日朔旦，便是夏至，母即沐浴而起，了无余患。②

那么这些奇异的感孕神话，还有帝王将相和道门人物的感孕事迹如何解释呢？有学者认为早期的感孕神话反映了先民们根深蒂固的“天人合一”观念。他们认为在远古时代，人们依靠大自然提供的一

① 《云笈七签》卷101，中华书局，2003年，第2200页。

② 同上，卷107，第2239页。

切得以生存和繁衍，所以对他们来说，人与自然界的一切是相互依存、合二为一、融为一体的。这样他们就会自然而然的认为他们是从自然界的植物，图腾动物，日月星云等等中感孕而来。至于帝王将相，既然他们认为自己是“真龙天子”、“真命天子”、“龙子龙孙”，那么必然公然在二十四史中进行造神，以宣扬其“君权神授”，代天而言。因为按胡适之先生所言，历史也不过是一个任人打扮的小女孩而已。道门人物的奇异诞生事迹，当与帝王将相如出一辙，也是为了宣扬“神功神授”，代天救苦拯民，也是为了增强其神秘性。[①]

黄石在《感孕说的由来》一文中把对于这种奇异事迹的解释归纳为三说：（一）尊崇说。该论认为“感孕说”源于崇敬圣贤豪杰的心理，以为他们既是非常之人，当有其非常之生。由于惊叹其丰功伟绩，便推想他们必为神灵托生。（二）污秽说。我国向来以生殖器官、机能与其附属物为污秽不洁，以生殖的行为猥琐卑鄙的观念，故那些崇拜圣杰人物的人认为，他们不应由不洁的器官、卑污的动作产生。因而造作神奇传说，以回避其污浊出处，是故老子破胁而生，孔子祷于尼山而孕。（三）超自然说。此说认为天才们的力量断断不是凡胎俗骨所能生育的，其必为天神托生，或神灵感孕。那我们对这个问题如何看待呢？我们认为事实是，这些解释都是以今人之心，揣古人之腹，因而是不准确的。因为原始社会先民认识落后，加上群婚杂交，根本不知道小孩是“男女媾精”的结果，故只有依赖他们自己深信不疑的灵异解释了。著名的宗教学家弗雷泽讲道：

> ……土人（澳洲土人）一方面毫不置疑地，他方面毫不含糊地否认小孩子是两性交接的结果。此种连自然因果也不知道的愚昧，简直是蠢得可惊，只可说极古远的初民才有。可是，这种愚

① 郑晓江：《中国生育文化大观》，百花洲文艺出版社，1999年，第142页。

> 昧，在我们看来似乎奇怪，但很容易从野蛮人思想的习惯与方式得到解释。第一层，授孕的动作与妊娠的第一个征象，其间相隔的太远了，只此已足妨碍他们认知两者的关联了。第二层，野蛮部落有一种通行的风俗，许可成年期以下的两性无检束地放纵性交，因之，他们见惯了性交后不一定就有小孩；由此，他们可以不自然地断定性交与生小孩无关。故此，他们就不得不用别的方法来解释妊娠。中澳洲人所采的理论恰可合乎初民简单的头脑。世界上最通行的信念，无过于说精灵可附于人身，精灵进入了人体，就搅动他的机构，造成肉体与心灵的一种变态状况，如疾病、精神错乱之类。当妇人显出怀了孕的时候，野蛮人据理推想一定有某种东西进了她里面。[①]

弗雷泽的这段精彩的论述是说，我们现代人认为的小孩系两性交合的结果这样一种基本的科学常识，原始初民们简单的头脑是断然不会这样认为的。一者，受孕与妊娠之间有很长的时间间隔。二者，原始部落对于自由性交不一定有小孩出生已经司空见惯了。倒是他们相信精灵附体的思想，认为人的疾病，精神错乱等都是精灵附体的结果。自然而然的，他们也就不假思索的把这种一贯的思维方式，转换到了解释妊娠生育上了。他们认为妇女妊娠怀孕是因为外感了精灵或者图腾等异象的结果。这种从原始人惯常思维方式出发对于感生神话的原因所做的解释，非常符合历史的真相，是比较科学可信的。

道教生命起源思想的另一个重要渊源就是道家“道”生万物的生命起源理论。道家思想本来就是“杂而多端”的道教思想的重要渊源。因而，还在道教产生之前，道家代表人物老子早就探讨了包括人

---

① 黄石：《感孕说的由来》，见高洪兴、张强《妇女风俗考》，上海文艺出版社，1991年，第433—434页。

在内的天地万物的起源问题。他认为，道是天地万物一切生命的本原，天地万物都秉道而生，他说：

> 有物混成，先天地生。寂兮寥兮！独立不改，周行不殆，可以为天下母。吾不知其名，字之曰“道”，吾强为之名曰道。①
>
> 道生一，一生二，二生三，三生万物。万物负阴而抱阳，冲气以为和。②
>
> 道生之，德畜之，物形之，势成之，是以万物莫不尊道而贵德。道之尊，德之贵，夫莫之命而常自然。故道生之，德畜之，长之育之，成之熟之，养之履之。③

老子认为，世界上最根本的存在是道，天地万物都是因道才得以化生，同时万物之灵的人也得以起源和产生。老子说，有一个混混沌沌的，先于天地万物而存在的东西，它不受任何干涉的独自运行着，也不会停止，这个可以被称为“天下母”，即孕育天地万物的母亲一样的东西，我勉强把它称为“道”。这就充分说明“道”不但对于天地万物具有先在性，不受任何时空限制，而且又具有无穷的潜在力和创造力，是自然界中最初的孕育发动者。“道生一，一生二，二生三，三生万物”，“一”、“二”、“三”，即形容“道”创生万物的历程。“一”即是“道”，“道”自本自生。“二”乃“阴”“阳”，即孕育事物的相反相成的两个基本方面。“三”即指的是阴阳和“和气”，正是阴阳合“和气”最终孕育产生了包括人类在内的天地万物。“道”创生万物以后，还要使万物得到进一步的培育和成长，“长之育之，成之熟之，养之履之。”也就是说，“道”生育了万物之后，还要使万物生

---

① 朱谦之：《老子校释》，中华书局，2006 年，第 101 页。
② 《道德真经》第 42 章，《道藏》第 11 册，第 478 页。
③ 朱谦之：《老子校释》，中华书局，2006 年，第 204 页。

长发育，以至成熟，并养育和覆养。因而，“道”为人类万物的创生和发育成长都提供了无穷无尽的动力。

不过，老子有时候也用“无”来指称“道”。老子说：

> 无名，天地始，有名，万物母。①
>
> 反者道之动，弱者道之用。天下万物生於有，有生於无。②

在这里，“无”也和“道”一样，具有先在性和本体性，因而这种绝对性和永恒性的“无”其实就是“道”的别称。老子认为，万事万物乃至人类生命的孕育和形成过程，其实就是就是从“无”到“有”、从“有”到“无”的循环往复的生成过程。

总之，老子认为“道”就是包括人类在内的天地万物的生命的创造者，一切生命的起源都来源于那个本体的、先在的、永恒绝对的“道”。

而庄子则创造性的继承发展了老子的生命起源理论。《庄子》讲道：

> 夫道，有情有信，无为无形；可传而不可受，可得而不可见；自本自根，未有天地，自古以固存；神鬼神帝，生天生地；在太极之先而不为高，在六极之下而不为深，先天地生而不为久，长於上古而不为老。③

庄子首先讲到了“道”的本体性和先在性。他说，“道”是虚无缥缈的，无影无踪、不可捉摸却有迹可察。“道”自己孕育了自己，在没有天地万物之前就本来存在着。“神”在此同“生”，它生育创造

---

① 朱谦之：《老子校释》，中华书局，2006年，第5页。

② 同上，第165页。

③ 郭庆藩：《庄子集释》，中华书局，2004年，第1035页。

了鬼神天地万物。“道”不但就有先于天地万物的先在性，而且是创造生育天地万物的总根源、总依据，它具有永恒性。他接着讲道：

> 且道者，万物之所由也，庶物失之者死，得之者生；为事逆之则败，顺之则成。故道之所在，圣人尊之。①

庄子在这里明确说道天地万物由“道”孕育产生，一切事物失去它就会死亡，得到它就才能存活。做事如果遵循它就会成功，违背它就会失败。所以圣人都很尊崇他。这里不但说明了“道”对于万物的本体性、绝对性和根源性，而且也说明它的内在性。通过《知北游》中庄子和东郭子关于“每下愈况”的一段对话，庄子明确阐述了“道”在万物之中，不分贵贱。

后来的黄老道家，也是秉承了老庄道家关于“道”生育天地万物的思想观点。《管子》认为“道”派生万物，是万物产生的根本原因。其曰：“凡道无根无茎，无叶无荣。万物以生，万物以成，命之曰道。”② 意思是说，“道”无根无叶，但万物都因“道”而得以产生和成长。产生出人之生命。《吕氏春秋》有时将“道”称为“太一”，其曰：“万物所出，造于太一”。③ 也就是认为万物都是由“太一”孕育产生。《淮南子》对“道”生万物做了详尽的论证。《淮南子·原道训》说：“道者，一立而万物生矣。是故一之理、施四海；一之解，际天地。其全也，纯兮若朴；其散也，混兮若浊。浊而徐清，冲而徐盈，澹兮其若深渊，汎兮其若浮云，若无而有，若亡而存。万物之总，皆阅一孔；百事之根，皆出一门。”④ 这里讲到，“道”是万物产

① 郭庆藩：《庄子集释》，中华书局，2004 年，第 1035 页。
② 黎翔凤：《管子校注》，中华书局，2004 年，第 770 页。
③ 《吕氏春秋》，《百子全书》，浙江古籍出版社，1998 年，第 789 页。
④ 何宁：《淮南子集释》，中华书局，1998 年，第 60 页。

生的根本原因，因而四海天地都因“道”而生，“道”若有若无，虚无缥缈，但万物都由“道”而产生。总之，黄老道家也是认为“道”产生并生成了万物。

综上所述，道家以“道”为最高本体，并从发生论和本体论等多个角度论证了“道”产生和生成了包括人在内的天地万物。而道家的这些思想，和古代神话，特别是感生神话一起，构成了道教生命起源理论的丰富的思想渊源。

三　道教对于个人生命起源和孕育的理论

从形而的本体论的角度来看，道教把生命的孕育产生归结于“道”或者太上老君、原始天尊等等。有时也以“元气”称呼“道”，或者也强调语言文字的本体生成作用。那么，从形而下的角度，道教如何看待一个个体生命的具体生成过程呢？一般说来，道教从个体出发，强调生命是由父母炁血和合而成。这从很多经典都能得到印证。《紫文行事诀》云：

> 论神。太上曰：夫人结精积炁，受胎敛血，所以凝骨吐津，散布流液，忽尔而立，兄尔而成，罔尔而具，脱尔而生，于是乃九神来入，五藏玄生。父母唯知生育之始，不觉神适其间也。人体有尊神，其居无常，展转荣输，流注元津。此神外来，内结以立一身，非如三魂七魄，是积灵受炁，生于父母者也。（魂魄皆因父母之津，化胞络以相成也。阳清以成魂，阴浊以结魄，非假外物矣。）①

① 《紫文行事诀》，《道藏》第33册，第502页。

这里明确讲到了人乃“结精积炁，受胎敛血”而得以生成的。这直观的与现代科学认识相符合。当然，这里也强调了神气对于孕育生命的重要性。《素问六气玄珠密语》之“生禀化源纪篇”亦云：

……且夫人者，应土为倮人果虫，如为保虫之长也。始自太初太极，天地初开辟一气，大道自然而成也。当此之时，男女并生，后来因交合而生人也，即以身为造生也，阴气为化源也。（阴气者，即男茎物，女牝所也，为化源也。）即身生阴器，阴器生人，因交合而成也。如万物苗生子，子生苗也。又如鸟下卵，卵自鸟下，鸟自卵生，如此即不可穷其源也。究其始，自天地初分，自然之化下亦然。雌雄并生，后分造化，因交合而成也。卵中生鸟，各有雌雄也。故以形为造生，卵是化源。今说此，即五虫皆如是。即万种生化，皆以天地始也。[①]

这里讲到，人和别的物种，都是雌雄或男女交合而生。“交合生人”，人乃交合而成。自然界的万物也是一样，人的孕育产生就像是苗生子，鸟下卵一样，雌雄和合而成。《上清金匮玉镜修真指玄妙经》曰：

道君曰：天地絪緼，万物化醇。承其宿业，因缘运会。父母和合，人受其生。

故知炁在人中，人在炁中，天地万物莫不由炁以生者也。[②]

“父母和合，人受其生”，一句话点出了人是父母炁血孕育生成的。《上清太上帝君九真中经》卷上云：

太上曰：夫人受生，结精积炁，受胎敛血，黄白幽凝，丹紫

---

① 《素问六气玄珠密语》卷16，《道藏》第21册，第582页。

② 《上清金匮玉镜修真指玄妙经》，《道藏》第6册，第205页。

合烟，所以凝骨吐津，散布流液，四度会化，九宫一结，五神命其形体，太一定其符籍，忽尔而立，恍尔而成，罔尔而具，脱尔而生。①

这里和《紫文行事诀》一样讲到了人乃“结精积炁，受胎敛血”而生育。《元始无量度人上品妙经》谓：

人之生，亦类是也。父母精血相包，自己本有，而成性命。人之结胎，在母腹中，精血未凝，飞潜不定，如珠似露。凝结之后，生形三瓣，头与四肢，男子先生左肾，次生右命门，女则反是。本性继种于两肾之间，次则上生两瞳神水，以至化生五藏六腑，凭母呼吸，气足而生。②

该经把人的孕育归结为父母的精血，认为父母的精血形成了人的头与四肢、五脏六腑等等。并且认为胎儿在母腹中靠母体的气血营养而生存，气足时自然而然的生育。

由此不难看出，道教对于人体孕育的思想带有浓厚的宗教神学特色，谈不上真正严密的科学性，只是一些感性的观察和直观猜测。但道教把具体个体生命的孕育归结为父母炁血和合而成则有一定的科学道理，而且阐述了人体孕育产生的一般过程并且指出了其整个过程与形、气、神的密切联系也有一定的合理价值。道教对于人体的具体孕育过程做了很多论证。《太上九丹上化胎精中记经》云：

阴阳交接，二气降精，化神结胎，上应九天。九天之气，下布丹田，与精合凝，结会命门。要须九过，是为九丹，上化下凝，以成于人。一月受气，二月受灵，三月含变，四月凝精，五

① 《上清太上帝君九真中经》卷上，《道藏》第34册，第132页。

② 《道藏》第2册，第354页。

月体首具，六月化成形，七月神位布，八月九孔明，九月天气普，乃有音声，十月司命勒籍，受命而生。故人禀九天之气，降阴阳之精，名曰九丹，合成人身。既得为人，便应返其本真，通理五藏，解散胞根，断灭死气，自然成仙也。①

这里论述了生育乃阴阳二气结合而成，并分十个月对于人体形成的不同部位做了详尽论述。同样的思想认识也见于《九皇新经注解》和《因缘经》中。《九皇新经注解》说："关尹子妄注曰：此一段人之未生也，无精无血；人之有生也，父精母血；人之已生也，我精我血；人之婚姻也，妻精妻血；人之交媾也，夺精夺血。一月生胞，二月生胎，三月生魂，四月生魄，五月生脏，六月生腑，七月开心七窍，八月八景生神，九月九窍开通，十月形神坚固。"② 《因缘经》谓："人始受身，从虚无中来，回黄转白，构气凝精，承天顺地，合化阴阳。一月为胞，郁单天气下浃身中；二月为胎，无量寿天气下浃身中；三月魂具，须延天气下浃身中；四月魄成，寂然天气下浃身中；五月生藏，不骄乐天气下浃身中；六月具六府，化应声天气下浃身中；七月明窍，梵辅天气下浃身中；八月景附，清明天气下浃身中；九月神降，无爱天气下浃身中；天神一万八千，身神一万八千，共三万六千。神气具足，十月而生。在胞之时，三元养育，九气布化。"③ 而《太上三十六部尊经太清境经》的论述更为详尽：

人物异形，受生惟一气，魂得之于天，体魄得之于地。无形无象，自空中来，但假父母，以无为有，三百日胎完，胎完既足则生，是因无为有。故神以气为母，气以形为舍，炼气成神，炼

① 《无上秘要》卷5，《道藏》第25册，第12页。
② 《九皇新经注解》，《藏外道书》第4册，第92—105页。
③ 《云笈七签》卷29，《道藏》第22册，第211页。

形成气。……男子之生，先生右肾，以外精而内血，阴之裹也。女子之生，先生左肾，以外血而内精，阳之裹也。肾生脾，脾生肝，肝生肺，肺生心，心生小肠，小肠生大肠，大肠生胆，胆生胃，胃生内肾，内肾生膀胱，膀胱生三元，三元生三焦，三焦生八脉，八豚生十二经，十二经生十五络，十五络生一百八十继络，一百八十继络生一百八十缠络，一百八十缠络生三万六千孙络，三万六千孙络生三百六十五骨，三百六十五骨生人万四千毛窍。胎完既足，灵光入体，与母分离而为人也。以内外育之，经络之内而为内，肌肤之外而为外。养命养其五脏，五脏为根，根固叶自茂矣。养形养其五气，五气为源，源深流自长矣。①

该经把人的孕育首先归结为"气"，接着详细论述了如果"外精而内血"则生成男子，"外血而内精"则生成女子，最后还细致的论证了人体的五脏六腑、毛发肌肤等的具体孕育过程。

许多道经都有同样的分析过程。《云笈七签》卷 91 云：

老君曰：人之受天地变化而生也。一月而膏，二月而胞，三月而胚，四月而胎，五月而筋，六月而骨，七月而成，八月而动，九月而躁，十月而生。形体以成，五脏乃形。肺主鼻，肾主耳，心主舌，肝主眼，外为表，中为里。②

《太上老君内观经》曰：

老君曰：天地构精，阴阳布化，万物以生，承其宿业，分灵道一，父母和合，人受其生。始一月为胞精，血凝也；二月为胎形，兆胚也；三月阳神为三魂，动以生也；四月阴灵为七魄，静

---

① 《太上三十六部尊经太清境经》，《道藏》第 1 册，第 576 页。
② 《云笈七签》卷 91，中华书局，2003 年，第 1997 页。

镇形也；五月五行分藏，以安神也；六月六律定腑，用滋灵也；七月七精开窍，通光明也；八月八景神具降，真灵也；九月宫室罗布，以定精也；十月气足，万象成也。①

《道枢》云：

男之右肾先生焉，盖外精内血，以阴为裹者也。于是肾生脾，脾生肝，肝生肺，肺生心，心生小肠，小肠生大肠，大肠生胆，胆生膀胱，膀胱生三元，三元生三焦，三焦生八脉，八脉生十二经，十二经生十二络，十二络生百八十系络，百八十系络生百八十缠络，百八十缠络生三万六千外络，三万六千外络生三百六十五骨，三百六十五骨生八万四千毛窍。②

《文子·九守篇》云：

一月而膏，二月血脉，三月而胚，四月而胎，五月而筋，六月而骨，七月而成形，八月而动，九月而噪，十月而生。③

《太上洞玄灵宝出家因缘经》则有一个更进一步的阐述：

夫人承昔功业资道之力得生，人中寄胎父母，和合善缘，两半成身。法天象地，具足六根，禀受元气，生化百神，运动阴阳，遍满身形，眼耳鼻口，骨节皮肤，脏肺血脉，内外相连，结聚真气，荣卫五神，致得坚固，内本一源，日月流照，生化百神，三元八景，转变无穷，内外相合，三万六千，从初至终，次第有伦，今为汝说，须识之焉。人始受胎，因缘道一，天地阴阳，各以一半，未身之前，寄父母胎，九天构气，三元布神。一

① 《道藏》第11册，第396页。
② 《道枢》卷38《会真篇》，《道藏》第20册，第817页。
③ 萧登福：《道教与民俗》，文津出版社，2002年，第84—86页。

月为脏，脏者包也，元气包裹，结聚混黄，运转生化，中有真精。二月为胎，胎者恢也，神乘宿命，来降父母身中，构造阴阳，恢廓其形。三月为魂，魂者云也，阳之粹精，薄而生神，云云不住，运转经营。四月为魄，魄者泊也，阴之淳气，凝神镇形，泊然安静，以定厥身。五月为脏，脏者藏也，阴阳有象，五行列分，置立五脏，肝心脾肺肾，以藏五神，摄御万灵，生化一身。六月为肺，肺者聚也，积聚淳液，溉灌五神，大小肠胃，胆焦膀胱，消息谷津，百体成焉。七月为窍，窍者通也，出入视听，内外开明。八月为景，景者警也，三部八景，警备人身。九月神具，天地日月星辰，五行四时，生化一切神明，内外相合，出入身中，上下三部，环绕三宫，万有人千，表里影照，一时生身，金堂玉室，十二重楼，紫户玉阁，日月星辰，五岳四渎，象地法天，宛转备其，遍满其身。十月天地神祇，五帝四司，九天司马，十方善神，仙童玉女，一时监临，太一卫轩，玄母守房感天动地，众圣齐欢，司命注籍，天帝定年。①

另外，元代李鹏飞在其所著《三元延寿参赞书》中，就吸收了藏医关于胚胎发育的认识来丰富道教的生命孕育思想，显得更为别致：

按藏教，父母及子相感，业神入胎，地水火风，众缘和合，渐得生长。一七日如藕根；二七日如稠酪；三七日如鞋袜；四七日如温石；五七日有风触胎，名摄提头，及两臂胫五种相现；六七日，有风名旋转，两手足四相现；七七及八七日手足十指二十四相现；九七日眼耳鼻口及下二穴大小便处九种相现；十七日有风名普门，吹令坚实及生五脏；十一七日上下气通；十二七日大

① 《道藏》第6册，第141页。

小肠生；十三七日渐知饥渴，饮食滋味皆从挤入；十四七日身前身后左右二边，各生五十条脉；十五七日又生二十条脉，一身之中共有八百吸气之脉，至是皆具；十六七日有风名甘露，安置两眼，通诸出入息气；十七七日有风名毛拂，能令眼耳鼻口咽喉胸臆一切合入之处，皆得通滑；十八七日有风名无垢，能令六根清净；十九七日眼目鼻舌四根成就，得三种报，曰身命意。二十七日，有风名坚固，二脚二手二十指节至一身二百大骨及诸小骨，一切皆生；二十一七日有风名生起，能令生肉；二十二七日，有风名浮流，能令生血；二十三七日生皮；二十四七日皮肤光悦；二十五七日血肉滋润；二十六七日发毛爪甲皆与脉通；二十七七日发毛爪甲悉皆生就；二十八七日生屋宇园池河等八想；二十九七日各随自业，或黧或白；三十七日黧白相现；三十一七日至三十四七日渐得增长；三十五七日，肢体具足；三十六七日不乐住腹；三十七七日，生不净、臭秽、黑暗三想；三十八七日，有风名蓝花，能令长伸两臂，转身向下，次有趋下风，能令足上首下，以向生门。①

这种认识划分的时间段更加细密，详细论证了人体每一个部位的生成过程。这种认识有一定的科学水平。清代著名道士刘一明则对人体的孕育过程有独特的观点："人当父母未生身以前，男女阴阳二气交感之时，杳冥之中有一点生机自虚无中来，所谓先天真一祖气者是也。此气入於精血之内，陶熔精血，混而为一，无形而即生形，无质而即生质，内而五脏六腑，外而五官百骸，变之化之，皆自然而成全，虽怀胎之妇，亦莫知其所以然也。"② 刘一明虽然强调了"先天真一祖气"

① 《三元延寿参赞书·人说》，《道藏》第18册，第528页。
② 《象言破疑》，《藏外道书》第8册，第176页。

的重要性，但也具体谈到了精血形成人体器官和百骸的过程。

由此可见，道教认为人的孕育是男女阴阳二气交合的结果，父精母血在元气的作用下形成胎儿，于是人就得以在母腹中发育孕育。而一个人的具体产生过程则是，在父母阴阳两性交合之时，由道所化生的元始先天真气，被召摄进母腹之中，与父精母血结合形成胎元，并将性命寓于其中。待十月期满，胎儿长成，出离母腹，分娩时先天祖气断开，呼吸之气入身，后天气生，于是人就来到世上。刘一明说："人在母腹之中，十月胎圆，瓜熟蒂落，破胞而出，足向天，头向地，'哇'的一声，方接后天之气，自口鼻而入，下于气海，与先天元气相合；先天为体，后天为用，后天借先天而呼吸往来，先天借后天而蓄养血脉。不但此也，当'哇'的一声时，历劫轮回识神，亦入于窍，而与先天元神混而为一，元神借识神而存，识神借元神而灵"。[①]刘一明认为当人分娩出母体，实现先后天的有机结合之后，人才能作为真正独立的个体在这个世界上生活。由此可见，道教对人体孕育出生过程的描述虽然直观，但也比较符合现代科学。

第二节　道教对婚配模式的看法

一　中国传统婚姻的意义及其观念

中国古代"崇嫁娶之要"，婚姻具有很高的地位。《礼记·昏义》明确讲到："昏礼者，礼之本也。"这就说明在礼乐时代，把婚姻制度看成是全部社会制度的根基。传统的政治和伦理观念认为，婚姻是一

① 《象言破疑》，《藏外道书》第8册，第177页。

种十分重要的社会行为，作为“人伦之始”的男女婚姻，直接的结果是确立了所谓的“夫妇之义”，而“夫妇之义”则是“纲纪”的起点，《昏义》云：“夫妇有义而后父子有亲，父子有亲而后君臣有正”，是说婚姻关系构成了封建等级秩序的基础。在《礼记·昏义》中，概括了宗法制下婚姻的主要目的，即是“合二姓之好，上以事宗庙，而下以继后世。”事宗庙与继后世两点，普遍地贯彻于整个古代社会的始终。

而宗法制和封建社会极其重视祭祀，所谓“礼有五经，莫重于祭”，“祭者，所以追养继孝也”，说明“上以事宗庙”乃是尽孝道的必需要求。而祭祀是需要“既内自尽，又外求助”，“夫祭也者，必夫妇亲之”，所以，“事宗庙社稷”就成了贵族婚姻的主要目的。《白虎通·考黜》云：“妻者与己一体，恭承宗庙，……上承先祖下继万世。”《唐律疏议·户婚》亦云“妻者，传家事，承祭祀，既具六礼，取则二仪。”这都充分说明了婚姻最实质的目的是“下以继后世”，即蕃衍子孙，传宗接代。事实上，它与“上以事宗庙”，是相辅相承的，子孙不继则如何续宗庙？所以孟子提出了著名的“不孝有三，无后为大”的观点，婚姻“承万世之嗣”的目的再明确不过。《诗经》为何以《关雎》为始？原来所谓“关关雎鸠，在河之洲，窈窕淑女，君子好逑”，意在“正夫妇”之道。还有《螽斯》“螽斯羽，诜诜兮，宜尔子孙，振振兮；螽斯羽，薨薨兮，宜尔子孙，绳绳兮；螽斯羽，揖揖兮，宜尔子孙，蛰蛰兮”，它以繁衍力极强的螽斯比拟，希望子孙“振振”、“绳绳”、“揖揖”、“蛰蛰”，多子多孙，这揭示了中国礼乐时代都非常强调婚姻的子嗣生育、家族延续的作用和目的。

再来看号称中国文化源头的博大精深的《周易》。八卦为乾、坤、震、巽、坎、离、艮、兑。《说卦传·第十章》释乾为父、坤为母后，曰：“震一索而得男，故谓之长男；巽一索而得女，故谓之长女；坎再索而得男，故谓之中男；离再索而得女，故谓之中女；艮三索而得男，故谓之少男；兑三索而得女，故谓之少女斗。”以一夫一妇三男三女为一完整的血缘群体，其所体现的“广继嗣”的婚姻目的，再明显不过了。自给自足的小农经济要求有足够的劳力，而战争和灾荒所造成的高死亡率，又提高了生育的需求，使得“多子多福”“娶妻生子”的思想观念根深蒂固。《易》还把男女婚姻上升到哲学的高度，具体到婚姻关系中，认为男女的交合与天地的交互相适应：天阳地阴，天地氤氲而化生万物；男阳女阴，男女结合而繁衍人类。故婚姻天经地义，道法自然。《系辞上》说：“一阴一阳之谓道，继之者善也，成之者性也”；《归妹》彖辞曰：“归妹，天地之大义也。天地不交而万物不兴。归妹，人之终始也。”《礼记·中庸》亦云：“君子之道，造端乎夫妇，及其至也，察乎天地”；《序卦传》说：“有天地，然后有万物；有万物，然后有男女；有男女，然后有夫妇；有夫妇，然后有父子；有父子，然后有君臣；有君臣，然后有上下；有上下，然后礼仪有所措”。这就清楚的说明了婚姻与宗法制的逻辑关系。没有婚姻的传宗接代“继后世”的作用，哪里能谈得上“事宗庙”的孝亲礼乐，而一切的纲常名教都是纸上谈兵。

二　道教思想里的婚姻基本模式

大抵在文明社会里，人类生儿育女一般都在合法婚姻中进行。所以，婚姻对于社会稳定，家国宗法制的子孙延续以及社会劳动力的及时补充都至关重要。婚姻在文明社会里，既满足了本能的性欲，也延续了社会所必需的劳动力。《诗经·桃夭》云：“桃之夭夭，灼灼其华，之子于归，宜其家室。”，《礼记·礼运》曰：“饮食男女，人之大欲存焉。”《淮南子·泰族训》亦曰：“民有好色之性，故有大婚之礼……因其好色而制婚姻之礼，故男女有别”[①]。《白虎通义·嫁娶》亦云：“人道所以有嫁娶何？以为情性之大，莫若男女，男女之交，人伦之始，莫若夫妇。”[②] 说的都是婚姻满足人类对于异性的渴求的生理本能的功能，婚姻是对人类本能的礼俗规范和公众认可，而两性行为在婚姻框架内才合乎伦理道德，也是人类步入文明社会的标志之一。正如傅道彬在《中国生殖崇拜文化论》中所说：“性的道德秩序的建立，把人类的性的欲望变成了婚姻的欲望，即人的正常的生命冲动只能通过婚姻的方式来实现，一切婚姻之外的性行为都是不道德的，也是非法的。”“因为父系文明确立之后，婚姻就是实现性欲的唯一合法方式。”[③]

另外，婚姻始终担负的最主要的功能，就是繁衍后代。亦即婚姻的生育子嗣的功能。具体说来，生育过程及子嗣抚养必须以家庭为依托才能完成，这样血缘的纯正性才得以保障。所以《礼记·哀公问》曰：“天地不合，万物不生。大昏，万世之嗣也。”[④] 《礼记》把男女婚姻提到了和天地万物相比拟的高度，是从维护封建宗法制以及国家秩序的角度来考虑的。

所以，我们可以如此总结：人类文明社会的生育，一般都在婚姻和家庭的范围内进行。婚姻是社会对人类本能和生育的礼俗规范和公众认可。那么中国古代采取了什么样的婚姻模式来规范这种人类本能和生育双重目的的婚姻生活呢？学术界对于中国古代的婚姻模式究竟是一夫一妻制还是一夫多妻制持有争论，比如江晓原在《性张力下的

---

① 何宁：《淮南子集释》卷20，中华书局，1998年，第1386页。
② 陈立：《白虎通疏证》卷10，中华书局，1994年，第451页。
③ 傅道彬：《中国生殖崇拜文化论》，湖北人民出版社，1990年，第14页。
④ 《十三经注疏》，中华书局，2009年，第106页。

中国人》一书中认为中国古代是实行一夫多妻制的[①]，而潘光旦则认为中国古代实行的是一夫一妻制：

> 一夫一妻在中国也有天经地义的地位。不过因为同时承认妾的制度，此种天经地义的禁锢的力量并没西洋的那般大。……中国的婚姻是始终以一夫一妻为骨干的；一夫一妻是常经，妾制是权变。[②]

也就是说，他们其实都是承认一夫一妻的婚姻模式是基本的古代婚姻模式，而妾制或一夫多妻制也是补充性的。既然婚姻如此重要，那么道教究竟对于婚姻模式持什么样的态度呢？这个问题是我们探讨道教生育思想必须先行予以研究的。我们以《太平经》为例来予以说明。《太平经》用阴阳学说深刻论证了一夫一妻婚姻模式的合理性。其曰："大道以是为性，天法以是为常，皆以一阴一阳为喉衿。"[③]"天阳主生也，地阴主养也。"[④] 阐述了阴阳生养具有普遍性，曰："天下凡事，皆一阴一阳，乃能相生，乃能相养。"[⑤] 强调阴阳相交才能生养，曰："一阳不施生，一阴并虚空，无可养也；一阴不受化，一阳无可施，生统也。"[⑥]《太平经》认为阴阳相交具有重大意义，它可以使天地传统不绝，使宇宙得以永恒。其云："故阴阳者，传天地统，使无穷极也。"[⑦] 它可以使生物种类和人口永远延续，其曰："阴

---

① 江晓原：《性张力下的中国人》，上海人民出版社，1995 年，第 23 页。

② 潘光旦：《性心理学》译注，商务印书馆，1997，第 414 页。

③ 《太平经合校》，第 653 页。

④ 同上，第 220 页。

⑤ 同上，第 21 页。

⑥ 同上，第 211 页。

⑦ 同上，第 44 页。

阳雌雄守道而行，故能世相传。”[1]《太平经》强调天使人分男女两性，成一阴一阳，配成一夫一妻。《守三实法第四十四》中讲道：

> 故天使其有一男一女，色相好，然后能生也。
>
> 何乃正使一阴一阳？
>
> 夫阳极能生阴，阴极能生阳。此两者相得，比若寒尽反热，热尽反寒，自然之术也。故能长相生也，世世不绝天地统也。如男女不相得，便绝无后世。天下无人，何有夫妇父子君臣师弟子乎？以何相生而相治哉？天地之间无牝牡，以何相传？寂然便空，二大急也。故阴阳者，传天地统，使无穷极也。君臣者，治其乱；圣人师弟子主通天教，助帝王化天下。故此饮食与男女相须，二者大急。……所谓天道大急者，乃谓绝灭死亡也，急无过此也。……饮食阴阳不可绝，绝之天下无人，不可治也。[2]

无夫妇婚姻，便不能生育，绝灭无人；“天下无人，何有夫妇父子君臣师弟子乎？以何相生而相治哉？天地之间无牝牡，以何相传？”正所谓亡国灭种。《太平经》在这里把一夫一妻的生育制度从国家社会发展和人类存续上予以论证，并称其为“大急”。《太平经》要求人们顺应天地，效法天地，就是要尽自己的阴阳生养本性，去生男育女。它还不忘从宗教神学的角度，要求人们必须对宇宙和社会尽自己神圣的生育义务，结婚生子。《太平经》对于一夫一妻的婚姻模式的深入论述，大体代表了道教对婚姻模式的基本看法，也是当时社会现实的婚姻模式的真实反映。

---

① 《太平经合校》，第21页。

② 同上，第43页。

三 《太平经》提出一男二女的理想模式及其哲学论证

既然道教把一夫一妻制看做是天经地义的基本婚姻模式，那么道教史上有没有提出一夫一妻制之外的婚姻模式呢？《太平经》有鉴于当时社会人们因为宗族男性继承制度和经济生活压力等原因造成的重男轻女、杀害女婴的恶劣社会风习，提出了极其独特的婚姻制度设想——一男二女法。[①]《太平经》认为“一男得二女”（即一夫二妻制）的婚姻模式能促进人类社会尤其家庭伦理关系的和谐与稳定，并可有效地遏制弃杀女婴之恶俗。如卷三五《分别贫富法》言：“慎吾书言，以示凡人，无肯复去女者也，是则且应天地之法也，一男者得二女也。”[②] 又曰：“凡人亦不可过节度也，故使一男二女也。”[③]

追本溯源，“一夫二妻”制的思想渊源，可以追溯到周代所盛行的媵婚制风俗。《春秋公羊传·庄公十九年》曰：“诸侯娶一国，则二国往媵之，以侄娣从。……诸侯一聘九女，诸侯不再娶。”所谓“九女”是指新娘极其八位陪嫁人员。共计三个国家，每个国家一位新娘，加上她的妹妹（或同父异母妹妹）——“娣”，新娘哥哥的女儿——“侄”，三三得九。《白虎通义·嫁娶》对“侄娣制”的诠释是：“备姪娣从者，为其必不相嫉妬也。一人有子，三人共之，若己生之也。不娶两娣何？博异气也。娶三国女何？广异类也。恐一国血脉相似，俱无子也。”[④] 对于“一娶九女”的生育意义，《白虎通义·嫁

---

① 朱越利：《〈太平经〉的兴国广嗣术与合阴阳法》，《西南民族大学学报》（人文社科版）2006 年第 9 期，第 59 页。

② 《太平经合校》，第 36 页。

③ 同上，第 38 页。

④ 陈立：《白虎通疏证》卷 10，第 470 页。

娶》清楚地解释到："天子诸侯一娶九女者何？重国广继嗣也。适九者何？法地有九州，承天之施，无所不生也。一娶九女，亦足以承君之施也。九而无子，百亦无益也。"[①]"一娶九女"是天子诸侯的婚娶制度，而同时卿大夫和士族阶层允许的妻妾数量也被予以规范。《白虎通义·嫁娶》明确讲到："卿大夫一妻二妾者何？尊贤重继嗣也。……士一妻一妾者何？下卿大夫，礼也。"[②]《太平经》乃民间人士所作，书中不少观点源于民间。一夫二妻制的提出是基于对当时地主阶级、统治阶层中盛行的大肆娶妾及霸占妇女等现象的不满和批判。作者企图缓和现实社会中的性别分配严重不均衡现象[③]。

《太平经》如何论证一男二女法的合理性呢？卷 35《分别贫富法》有云：

> 善哉善哉！然天法，阳数一，阴数二。故阳者奇，阴者偶。是故君少而臣多。阳者尊，阴者卑，故二阴当共事一阳，故天数一而地数二也，故当二女共事一男也。何必二人共养一人乎？尊者之傍不可空，为一人行，一人当立坐其傍，给侍其不足。故一者，乃象天也。二者，乃象地也。人者，乃是天地之子，故当象其父母。[④]
>
> 慎吾书言，以示凡人，无肯复去女者也，是则且应天地之法也，一男者得二女也。故天制法，阳数者奇，阴数者偶。[⑤]

由此可见，《太平经》一男二女的思想主张来自天数一、地数二、

① 陈立：《白虎通疏证》卷 10，第 469 页。

② 同上，第 480—481 页。

③ 姜守诚：《太平经：以生命为中心的综合考察》，社会科学文献出版社，2007 年，第 242—243 页。

④ 《太平经合校》，第 33—34 页。

⑤ 同上，第 41 页。

阳数奇、阴数偶的阴阳学说。其阴阳观念可追溯至《易》，如《系辞下》云："阳数奇，阴数偶。"《周易》中的阴阳观念是一阳配合二阴，即阳爻（—）；阴爻（－－）。据此，《太平经》认为"一男二女"的观念乃源于"天制法"，言下之义就是具有先天的形而上的依据，如云："故天制法，阳数者奇，阴数者偶。"又云："故令一男者当得二女，以象阴阳。阳数奇，阴数偶也。"[①]《太平经》认为一男二女是顺天法地的理想婚姻制度：

> 然，太皇天上平气将到，当纯法天。故令一男者当得二女，以象阴阳，阳数奇，阴数偶也，乃太和之气到也。如大（太）多女，则阴气兴；如大（太）多男，则阳气无双无法，亦致凶。
>
> 何也？
>
> 人之数当与天地相应，不相应，力而不及，故得凶害也。[②]

《太平经》还从天地之境界来分析二阴配一阳的神圣性，卷45《起土出书诀》云："夫天地，乃人之真本，阴阳之父母也。"[③] 这样，"一夫二妻"便具备了因应天地的神圣性特征。

《太平经》接着严厉批评了那些不合阴阳之人：

> 为子言事，无当反天道，而以俗人之言，不顺天意，阴阳所以多隔绝者，本由男女不和。男女者，乃阴阳之本也，夫治事乃失其本，安得吉哉？[④]

《太平经》据此认为，对于帝王而言，一男二女法有特殊的情况：

---

① 《太平经合校》，第38页。
② 同上，第39页。
③ 同上，第123页。
④ 同上，第39页。

夫帝王后宫乃应土地，意云何哉？

今真人所言，即助吾语也。夫女，即土地之精神也。王者，天之精神也。主恐土地不得阳之精神，王气不合也。令使土地有不化生者，故州取其一女，以通其气也。乐其化生者，恐其施恩不及，王施不洽，故应土地而取之也。遍施焉，乃天气通，得时雨也，地得化生万物。令太平气至，不可贵贞人也，内独为过甚深，使王治不和良。凡人亦不可过节度也，故使一男二女也。①

总之，《太平经》提倡的这种婚姻制度有一定的进步意义，正如朱越利先生评价道："一男二女法突破了当时名义上的一夫一妻制，表面看是一种倒退的男尊女卑的主张，但与实际上实行的一夫多妻制相比，自是对上层统治阶级的一种限制。"② 其真正的思想动机在于反对当时社会上盛行的杀害女婴现象。《太平经》卷35《分别贫富法第四十一》严厉批判了这种恶习："今天下失道以来，多贱女子，而反贼杀之，令使女子少于男……今天下一家杀一女，天下几亿家哉？或有一家乃杀十数女者，或有好之未出生，反就伤之者，其气冤结上动天，奈何无道理乎。"③ 从这种意义上讲，《太平经》所主张的这种婚姻制度反对上层社会盛行的一夫多妻制，不但有利于缓和社会矛盾，而且有利于人口性别和数量的动态平衡和国家社会的可持续发展，自然很有价值和意义。④

---

① 《太平经合校》，第41页。

② 朱越利：《〈太平经〉的兴国广嗣术与合阴阳法》，《西南民族大学学报》（人文社科版）2006年第9期，第59页。

③ 《太平经合校》，第34—36页。

④ 参见卿希泰、盖建民：《道教生育观考论》，《中国哲学史》1998年第2期，第56页。

第三节　道教房中生育思想

房中术是研究、指导和调节人类性本能和性行为的技术或者说艺术。两性和合乃是生育子嗣的必然途径，而房中术正是研究两性和合之道的思想理论。人类两性合理的性行为，既能解决人类的性本能，维护社会的稳定和有序发展；又能生育子嗣，延续香火，并且比起人类早期的群婚杂婚时期，更能维护子嗣血统的纯正性，实现家族宗族的继承延续和国家劳动力的及时补充及可持续发展。而文明社会礼俗伦理规范所允许和倡导的繁衍子嗣，只有在婚姻的模式里进行。故此，我们可以得出一个简单的逻辑关系，即一般说来，生育子嗣必须通过性交途径，性交必须在房中术所讲的生子之道下进行，而房中术所言的生子之道大都在一夫一妻制的社会允许的婚姻模式中实现（个别情况下也有一夫多妻制或一夫一妻多妾制）。两性的性行为不一定会生育子嗣，但生育子嗣则必须通过两性的性行为。有人说，上帝是个艺术家，因为他通过快乐的原则无形中实现了生育的目的。由此不难看出，房中术至少为生育提供了有效而且相对科学的技术或者理论层面的支持。而道教典籍中，包含有丰富的房中著作，这些著作包含有丰富的房中思想。探讨道教房中生育思想，就是要深刻研究道教房中术所蕴含的生育理念和房中禁忌所体现的优生意义。

一　道教房中思想综述

中国古代房中思想源远流长，著作丰富，而道教房中术的思想很早就被提出来了。早在先秦，“殷王遣采女从（彭祖）受房中之术，行之有效。”在一些神仙家和方士中间广为流传。《汉书艺文志·方技略》记载的古代方技有四种，一曰医经，二曰经方，三曰房中，四曰神仙。“房中者，情性之极，至道之际。是以圣王制外乐以禁内情，而为之节文。”《汉书·艺文志》提到的房中著作有八种，即：（一）《容成阴道》26卷；（二）《务成子阴道》36卷；（三）《尧舜阴道》23卷；（四）《汤盘庚阴道》20卷；（五）《天老杂子阴道》25卷；（六）《天一阴道》24卷；（七）《黄帝三王养阳方》20卷；（八）《三家内房有子方》17卷①。而马王堆三号汉墓出土的帛书和竹简中，有七种房中著作：（一）《养生方》；（二）《杂疗方》；（三）《胎产书》；（四）《十问》；（五）《合阴阳》；（六）《杂禁方》；（七）《天下至道谈》。这里所谓的“阴道”，是中国古人对房事原理之代称。荷兰汉学家高罗佩（R. H. van Gulik）指出：“在古文献中，‘阴’代表男、女生殖器”②，这与西方人“所用的形容词 sexual（性的）是一致的。……。‘阴道’是指性生活的原理。”③ 由此可见，房中思想及著作在秦汉得到了长足的发展。到了魏晋时，道教理论家葛洪在《抱朴子内篇》中谈到了房中术的奇效：“房中之法十余家，或以补救伤损，或以攻治旧病，或以采阴补阳，或以增年延寿……此法乃真人口口相传，本不书也。……玄、素、子都、容成公、彭祖之属盖载其粗事。”④ 葛洪在书中提到了房中术的流派有十余家，而事实上至少有十七家⑤。到了隋唐之际，房中思想和著作进一步得到了充分的发展。《隋书·经

① 班固：《汉书·艺文志》，中华书局，1962年，第1778—1779页。

② ［荷兰］高罗佩著，杨权译：《秘戏图考》，广东人民出版社，2005年，第8页。

③ ［荷兰］高罗佩著，李零、郭晓惠等译：《中国古代房内考》，商务印书馆，2007年，第96页。

④ 王明：《抱朴子内篇校注》，中华书局，1985年，第150页。

⑤ 李零：《东汉魏晋南北朝房中经典流派考》，《中国文化》1997年第16期，第143页。

籍志》中，载有房中著作十种。分别是：（一）《彭祖养性经》1卷；（二）《玉房秘诀》10卷；（三）《素女秘道经》1卷并《玄女经》；（四）《素女方》1卷；（五）《彭祖养性》1卷；（六）《郯子说阴阳经》1卷；（七）《序房内秘术》1卷；（八）《玉房秘诀》8卷；（九）《徐太山房内秘要》1卷；（十）《新撰玉房秘诀》9卷[①]。一直到了宋元之后，房中思想和著作在宋明理学和道教转向有禁欲倾向的全真道之后，渐渐的走向衰落[②]。

道教房中术尊玄女和素女为始祖，书载黄帝曾向玄女和素女请教过房中之术，“昔黄帝……论道养则资玄素二女”。黄帝、老聃、彭祖、容成公都曾向玄女和素女请教过房中问题。《神仙传》中记载了诸多修炼房中术而得到成仙的人物。例如，“容成公行玄素之道，延寿无极。”“甘始者，……行房中之事，依容成玄素之法，……在人间三百余岁，乃入王屋山仙去也。”道教被称为“杂而多端”，房中术也对儒、墨、医、阴阳、神仙等各家学说广泛吸收。房中术在被道教吸收改造之后，逐渐发展成为比较系统的理论体系，并且有一些道派专门以房中术为修炼内容，称为男女双修的泥水丹法。东晋道教理论家葛洪认为，金丹大药、行气与房中术，是长生成仙的三个主要方术，坚持修炼能够长生不老，返老还童。陶弘景《养性延命录》中也收录了诸多房中思想。唐末五代以来，道教根据外丹修炼理论，继承了房中术并发展为男女双修的阴阳栽接丹法。阴阳派丹法以魏伯阳为祖师，奉《周易参同契》为祖经，钟离权、吕洞宾、陈抟、刘操、张伯端皆精于阴阳双修丹法。阴阳双修丹法需要女鼎，但不同于房中御女

---

① 魏征：《隋书·经籍志》，中华书局，1973年，第1043—1050页。

② 林富士：《中国中古时期的宗教与医疗》，台湾联经出版社，2008年，第335—336页。

之术，其目标不是为了追求性快乐，而是采先天之气以结丹长生，因为阴阳派丹法提倡“男不宽衣，女不解带，敬若神明，爱如父母”的修炼方式。但随着有禁欲倾向的全真道的兴起并一统江山，以神交代替体交广为流传，房中术在道教中终于渐趋衰落。

二 道教房中思想中蕴含的生育思想

道教房中思想中包含有丰富独特的生育思想，探讨这些生育技术和思想对于养生或者子嗣生育，都有一定的价值和意义。我们通过总结，认为道教房中思想中蕴含的生育思想有以下几点：

（一）从整体来看，很多房中思想除了满足人的本能之外，也强调子嗣生育的目的。

台湾学者李建民将房中术从功能上划分为四类：第一，“宜家”；第二，“广嗣”；第三，“养生”；第四，“成仙”。[①] 而林富士认为房中术“大致包括以满足‘生子’‘快乐’‘养生’三大目标为主的性爱之道。”[②] 林富士还把汉代房中书划分为四类：“一、讲述交媾的技术，以达到治病养生、延年益寿、长生不死的目标；二、传授孕育子女的交配原则；三、将性活动和宗教仪式结合，阐述其消除灾祸、度世成仙的功能；四、提供医药之方，做为修行房中术的辅助手段。”[③] 林富士认为汉代房中与后世道教房中术有很大的不同，它以“生子”为

---

① 李建民：《“妇人媚道”考——传统家庭的冲突与化解方术》，台湾《新史学》第7卷第4期，1996年，第1—30页。

② 林富士：《中国早期的道士的医疗活动及其医术考释：以汉魏晋南北朝时期的“传记”资料为主的初步探讨》，《中央研究院历史语言研究所集刊》第73册，1992年，第97页。

③ 林富士：《略论早期道教与房中术的关系》，《中央研究院历史语言研究所集刊》第72册，2001年，第233页。

旨趣，并配以“房中之乐”，他说：“早期道教，……他们所修行的房中术，主要是以‘还精补脑’为核心观念的‘补养’之术，着重于医疗和养生的功能，至于汉代房中术的‘生育’功能，虽然被肯定、接受，却不是道教房中术的主体。至于汉人重视的‘房中之乐’，基本上是被忽略的。”[①] 这就充分说明了汉代的房中术虽然也讲“房中之乐”，但其生育功能一直被“肯定”和“接受”。

所以，古代房中术的功能简单可以归纳成两点：其一，子嗣传承；其二，保健养生。道教房中思想中很多都强调子嗣孕育的目的，如《洞真太上太霄琅书》讲到：“七经者，一曰仁经。男女婚嫁，恩爱交接，生子种人，永永无绝。”[②] 唐代《王屋真人口授阴丹秘诀灵篇》对此做了典型的论证：

> 夫长生之术，如接树焉，以命续命者也。然则接树之法，虽以枝接之，至于妙用之要，假元炁阳和之力。续命之法，有同于此。夫阴门初开，必有血候，初正腠理始通，阴阳相感，此时也者，将有孕也。夫将成后人之命，而续我前命，事既相类，理亦昭然。唯于此时，要在勿泄。然自古道者相传，皆言施之于人则生子，存之于己则生身，此之谓也。[③]

它讲到房中性交兼有双重功能：首先，交媾能使妇女受孕生子，绵延宗族血脉，“夫将成后人之命，而续我前命”；其次，和谐的性交又可使男人采阴以壮阳、女人采阳以补阴，男女俱仙，“假元炁阳和之力”，达到强身健体之功效，事实上是一种“长生之术”。即房中术

---

① 林富士：《略论早期道教与房中术的关系》，《中央研究院历史语言研究所集刊》第72册，2001年，第233页。

② 《洞真太上太霄琅书》卷9，《道藏》第33册，第645页。

③ 《云笈七签》卷64，中华书局，2003年，第393页。

有子嗣（尤指男胤）传承和养生保健双重功能。而这两种功能又是紧密相连的。儒道的分歧正在于此，高罗佩说："儒道两家对待这一问题的不同态度仅仅在于他们的侧重点有所不同，儒家强调优生和得子，而道家强调以性修炼来延年益寿和获取长生不老之药。"[①] 其实，道家道教房中术的内容，也并非高罗佩所讲的益生延年。早期道教的典籍《太平经》便对子嗣孕育非常重视，甚至自称为"兴国广嗣术"，只是到了宋元之后，道教房中术才渐渐淡漠了对子嗣孕育的强调。

（二）从时间上来看，早期道教房中术比较强调子嗣孕育，后期比较强调延年养生。

《太平经》做为早期道教的著名经典，其书中诸多房中思想强调孕育生子，"兴国广嗣"，我们以其为例来予以说明。《后汉书·襄楷传》记载襄楷献书桓帝时曾说道："前者宫崇所献神书，专以奉天地顺五行为本，亦有兴国广嗣之术。"[②] 它认为无论从伦理道德，社会需要，还是宗教神学方面，生育广嗣都是必需的。本来《太平经》主张修道成仙，倡导度世长生之路，出家如何生育呢？二者两相矛盾。但《太平经》卷117《太咎四人辱道诫第二百八》却试图解决这个矛盾。它主张在道成之前，最好住在家里，尽自已的家庭责任，后来慢慢减少夫妻性生活，待道成之后弃家而去。其曰：

（真人曰：）自今以往，求道皆当于何哉？

（天师曰：）皆求之于闲室，无远父母而去妻子。以渐为之，僻漏乃止……

（真人曰：）愿闻僻露得道去云何？

---

① ［荷兰］高罗佩著，李零、郭晓惠等译：《中国古代房内考》，商务印书馆，2007年，第111页。

② （南朝宋）范晔：《后汉书》卷30下，中华书局，1965年，第1081页。

> （天师曰：）然道成，去而已。如道未成，为日守父母，保妻子，日日以渐，清静为之，旦自知其意矣。贤者共策此言。①

《太平经》论述一男一女合乎天地自然之道，并用阴阳学说予以论证。它说唯有生育子女，才能谓之成一家，“比若夫妇子共为一家也，不可以相无，是天要道也。……是天地自然之数也。”它还提出了理想的一男二女法，广行博施。《太平经》认为男子应该把握自己的生育规律。卷59《阴阳施法》把阴阳学说与象数结合，认为男子二十五岁可以放心地生育，三十岁生育能力最强，六十岁以后应该停止生育。其曰：“五五二十五，而五行气足而任施。五六三十而强，故天使常念施，以通天地之统，以传类。会三十年而免，老当衰，小止闭房内。”② 它基本掌握了男人性能力发育和性心理发育的生理过程。《太平经》还认为男子应注意把握女子的最佳生育年龄。天师说，当女子处于玉户张开的生育年龄时，应及时与之交合，容易使之怀孕。如果与超过了生育年龄的老年女子交合，等于白白浪费气力。《太平经·兴帝王篇》分析汉代出生率低的原因是：“但施不得其意耳。如令施其人欲生也，开其玉户，施种于中。比若春种于地也，十十相应和而生。其施不以其时，比若十月种物于地也，十十尽死，固无生者。真人欲重知其审，今无子之女，虽日百施其中，犹无所生也；不得其所生之处，比若此矣。是故古者圣贤不妄施于不生之地也，名为亡种竭气而无所生成。”③

《太平经》中的房中思想，强调男女相悦以和合阴阳，生育子嗣，提高女性的受孕几率。提出“爱气”“尊神”“重精”的原则，以延年

① 《太平经合校》，第666页。

② 同上，第217页。

③ 同上，第71页。

益寿，养生长生。到了道教发展的中后期，特别是成仙模式转换成了内丹之后，非常讲究一个人的精气充足，甚至要求身体虚弱者修道前要“补亏”，这样以来，慢慢就强调了房中的延年养生作用而淡化了生育子嗣的功能。

（三）道教房中典籍大都强调“欲不可绝”，主张适时生育，这在客观结果上有利于生育。

道教从道法自然的角度，认为禁欲违反自然之道，有损健康，明确提出“欲不可绝”。早期道教重要经典《太平经》说道：“顺天地，法合阳阴，使男女无冤者，致时雨，令地化生，王治和平。”① 《太平经》认为男女两性之间组成家庭生儿育女，是人类社会得以繁衍延续的基本前提，所以说：“比若夫妇子共为一家也，不可以相无，是天要道也。……是天地自然之数也。”② 由此它必然反对独身，主张男女适时结婚生育：“故男不能独生，女不能独养，男女无可生子，以何成一家?”③ 而且，《太平经》还从致太平的目的出发，将男女需要，称为“三急”之一。而且认为这事关系天下能否太平：“万物守本，得三急而吉，失三急而有害。”又曰：“男女各出半力，同志和合，乃成一家。……乃成太平之理。”④ 葛洪在《抱朴子内篇》中就明确提出男女不交的危害：“人复不可都绝阴阳，阴阳不交，则坐致壅瘀之病，故幽闭怨旷，多病而不寿也。”⑤ 陶弘景在《养性延命录》中指出禁欲的害处：“男不欲无女，无女则意动，意动则神劳，神劳

---

① 《太平经合校》，第39页。
② 同上，第105页。
③ 同上，第149页。
④ 同上，第715—716页。
⑤ 《抱朴子内篇校释》，第150页。

则损寿。……有强郁闭之，难持易失，使人漏精尿浊，以致鬼交之病。”①《三元延寿参赞书》亦曰：“黄帝曰：一阴一阳谓之道，偏阴偏阳之谓疾。又曰：两者不和，若春无秋，若冬无夏。因而合之，是谓圣度，圣人不绝和合之道。”② 李鹏飞在这里运用了阴阳平衡原理，从人体生理角度论证了房事生活是人的正常生理需求。③

道教典籍中的这种生育观念发端于《道德经》。老子在《道德经》中就以一段隐语的形式表达了这一思想，云：“谷神不死，是谓玄牡。玄牡之门，是谓天地根。绵绵若存，用之不勤。”（第六章）“玄牡”象征着深远的生产万物的生殖器官。老子把母性的生殖器官喻为天地之根，足见其对万物的生殖及人类生育问题的重视程度。在道法自然的思想原则指导下，无论是从人类延续的角度考虑，还是从养生保健的目的出发，道教基本反对绝对的禁欲。因而不难推出，道教反对不育，提倡适时、适度生育，非常强调欲不可绝的子嗣生育理念。

（四）有些道教房中术强调治疗男女不孕不育诸症，从客观效果上有利于子嗣生育。

古人很早就认识到了夫妇双方如果患有性功能方面的疾病或者生殖方面的疾病，则往往会导致不孕不育的后果。因为生育毕竟是要男女双方通过阴阳和合的生殖行为来实现完成的。例如，1972 年甘肃武威县旱滩坡汉墓出土医药简牍九十二枚，其中载有七种性功能障碍及性器疾患、并开列治疗药方，其云：

白水侯所奏治男子有七疾方。何谓七疾？一曰阴寒；二曰阴

---

① 《养性延命录》，《道藏》第 18 册，第 474—485 页。

② 《三元延寿参赞书》，《道藏》第 18 册，第 529 页。

③ 参阅盖建民：《道教房中术的性医学思想及其现代价值》，《宗教学研究》1996 年第 1 期，第 80 页。

> 痿；三曰苦衰；四曰精失；五曰精少；六曰橐下养湿；□不卒名曰七疾。……有病如此，终古毋子。治之方：活楼根十分、天雄五分、牛膝四分、续断四分、□□五分、菖蒲二分，凡六物皆并治。合和以方寸匕一，为后饭愈，久病者卅日平复、百日毋疾。①

引文详细分析了男子“七疾”的症状，并强调若患此类性功能障碍疾病将“终古毋子”，导致不育，并随后开出“治之方”来疗治。

为了解决“不孝有三，无后为大”的宗族延续压力，彻底治疗男女双方的性功能类疾病，古人企图通过房中术来进行治疗。例如，马王堆汉墓帛书《养生方》就记载了一些性功能方面的疾病，如男性病——阳痿、精少、阴囊肿胀等；女性病——阴冷、性冷淡等症。② 而《医心方》卷28《房内部·九法》引述《玄女经》中所载性交媾的九种方法并说明疗效：

> 第一曰龙翻。……百病销亡。第二曰虎步。……百病不发，男益盛。第三曰猿搏。……百病自愈。第四曰蝉附。……七伤自除。第五曰龟腾。……行之勿失，精力百倍。第六凤曰翔。……百病销。第七曰兔吮毫。……百病不生。第八鱼曰鱼接鳞。……治诸结聚。第九曰鹤交颈。……七伤自愈。③

引文中已隐约涉及到了诸如器官性病变、性功能障碍等泌尿生殖性疾病的房中治疗手段，只不过它强调性交体位治疗而已。

---

① 甘肃省博物馆、武威县文化馆编《武威汉代医简》，文物出版社，1975年，第15页。

② 周一谋：《马王堆医学文化》，第256—266页。

③ ［日］丹波康赖：《医心方》，人民卫生出版社，1955年，第639—640页。

《玉房秘诀》提出“阴阳有七损八益”[①]，并对“七损八益”的含义及其在诊治疾病的作用加以解释：

一益曰固精。……令男固精，又治女子漏血，日再行，十五日愈；二益曰安气。……令人气和，又治女门寒，日三行，廿日愈；三益曰利藏。……令人气和，又治女门寒，日四行，廿日愈。四益曰强骨。……令人关节调和，又治女闭血，日五行，十日愈；五益曰调脉。……令人脉通利，又治女门辟，日六行，廿日愈；六益曰畜血。……令人力强，又治女子月经不利，日七行，十日愈；七益曰益液。……令人骨填；八益曰道体。……令人骨实，又治女阴臭，日九行，无日愈。[②]

据上可知，所谓“八益”就是指：固精、安气、利藏、强骨、调脉、畜血、益液、道（导）体。“八益”的治疗对象涉及男女双方，主要以妇科疾病为主，范围很广：“漏血”——崩漏；“女门寒”——胞宫阴冷；“女闭血”——闭经；“女门辟”——子宫肌瘤；“月经不利”——月经不调：“女阴臭——阴道患炎症伴有异味。《玉房秘诀》的这些治疗原则非常符合传统中医学理论。另外，该书还阐述运用性交姿势来治疗“七损”等疾病：

一损谓绝气。……治之法：令女正卧，男担其两股，深案之，令女自摇，女精出止，男勿得快，日九行，十日愈；二损谓溢精。……治之法：令女人正卧，屈其两膝挟男，男浅刺，内玉茎寸半，令女子自摇，女精出止，男勿得快，日九行，十日愈；三损谓杂脉。……治之法：令女人正卧，以脚钩男子尻，男则据

---

① ［日］丹波康赖：《医心方》卷28《房内部·八益》，第642页。
② 同上。

> 席内之，令女自摇，女精出止，男勿快，日九行，十日愈；四损谓气泄。……治之法：令男子正卧，女跨其上，向足，女据席浅内茎，令女自摇，精出止，男子勿快，日九行，十日愈；五损谓机关厥伤。……治之法：令男子正卧，女跨其股，踞前向，徐徐案内之，勿令女人自摇，女精出止，男勿快，日九行，十日愈；六损谓百闭。……治之法：令男正卧，女跨其上，前伏据席，令女内玉茎，自摇，精出止，男勿快，日九行，十日愈；七损谓血竭。……治之法：令女正卧，高抗其尻，申张两股，男跪其间深刺，令女自摇，精出止，男勿快，日九行之，十日愈。①

《玉房秘诀》这段引文首先交代了导致“七损”的症结所在并提出性交治疗手段，经文认为，采用正确的性交姿势和技巧能够治愈诸如“七损”等男性生理疾病，从而解除不育之患。《孙真人备急千金要方》在总结房中宗旨时也强调通过房中来治疗男女性功能类疾病：“然此方之作也，非欲务于淫佚，苟求快意，务存节欲以广养生也。非苟欲强体力，幸女色以纵情，意在补益以遣疾也。此房中之微旨也。”②

（五）道教房中术强调的性愉悦的重要性及其技术，从客观结果上有利于提高女性受孕几率和子嗣生育。

很多道教房中术著作中都提到了男女双方要有性愉悦，并且提到了很多细节和措施。其中以《太平经》中的房中思想最为明确。卷二十二《以乐却灾法》非常重视乐在夫妻性生活乃至日常生活中的巨大作用，说元气乐即生大昌，自然乐则物强，天乐则三光明，地乐则成有常，人乐则不愁易心肠，鬼神乐则利帝土等等。其曰：“乐乃可和

---

① ［日］丹波康赖：《医心方》卷28《房内部·七损》，第642—643页。

② 孙思邈：《孙真人备急千金要方》，《道藏》第26册，第545页。

合阴阳”[1]，又曰：“故举乐，得其上意者，可以度世；得其中意者，可以致平，除凶害也；得其下意者，可以乐人也。”[2] 乐几乎是人生的最高境界。

《太平经》将快乐的重要性扩展到了夫妻的和合生子上。乐可以却灾断刑，可以生子，所以交合必须乐。在《三合相通诀》中说，心同意合则在交合时配合默契，即“男女相通，并力同心共生子”。[3] 在《苦乐断刑罚诀》中要求要选择在双方都欢乐的时候交合，其曰：

> 元气自然乐则合，共生天地。（天地）悦则阴阳和合，风雨调。风雨调。则共生万二千物。
>
> 人莫不悦乐喜，阴阳和合同心为一家，传相生，凡事乐者，无有恶也。凡阴阳乐，则生之始也，万物所受命而起也，皆与人相似。男女乐则同心共生，无不成也。不乐，则不肯相与欢合（交媾）也，怒不乐而强欢合，后皆有凶。
>
> 天地不乐，阴阳分争，不能合气四时五行，调风雨，而盛生万二千物。
>
> 是故阴阳之道，从天上，尽地下，旁行无穷极。牝牡之属，相嬉（喜）相乐，然后合心，共生成，共为理，传天地之统，御无极之术。（指世代繁衍，生生不息。）设使不相嬉，不肯合心为一，（不）肯共生共成共为理，共传天地之统，御无穷之术；（暴力）力以刑罚，威而合之，久久犹败。相背分争，阴阳相克贼害，不可禁止也。正使父子、子母、夫妇极亲，会相害也，共乱天道，断无世也。其大过所致如此矣。

---

① 《太平经合校》，第 13 页。

② 同上，第 634 页。

③ 同上，第 149 页。

天者好生兴物，物不乐，不肯生。[①]

这段引文充分说明《太平经》主张男女双方交合时要心情愉悦，这样才能提高受孕的概率。如果双方“怒不乐”而勉强交合，这样产下后代也会有凶害祸殃。这些思想与现代优生学的科学思想基本是符合的。现代科学研究证明，夫妻双方交合时愉悦，达到性高潮，则精子和卵子的活力和机动性都大大增强，从而提高了受孕概率。同篇还提出了男女房中时都应主动地与对方前戏，引起对方的欢乐情绪，其云：“牝牡之属，相嬉相乐。然后合心，共生成……传天地之统。”《太平经》提倡性愉悦和前戏的思想上承马王堆帛书房中术的合阴阳之方，下启房中前戏思想之先河，影响深远。这在客观上是有利于夫妻交合生育的。

在《孙真人备急千金要方》卷二十七的《房中补益》中，孙思邈对前戏愉悦总结到：“凡御女之道，不欲令气未感动，阳气微弱，即以交合。必须先徐徐娱戏，使神和意感，良久，乃可令得阴气，阴气推之，须臾自强。……情动而止，不可高自投掷，颠倒五藏，伤绝精脉，生致百病。”[②] 孙思邈在这里以医家的身份，讲到了夫妻前戏愉悦对于生育的重要性，否则会致生疾病。

（六）有些道教房中术主观上企图“天人感应”，强调促进生物繁衍的巫术效应。

道教中将房中术与宗教仪式相结合，以实行巫术效应的思想很多。王莽被叛军围攻都城时，曾让众多宫女裸体持弓搭箭，企图用房中巫术效应斥退叛军，在历史上留下了一段笑谈。道教中诸如此类的思想颇多，《太平经》中就有借助房中性力以祈求生物繁衍的巫术思

① 《太平经合校》，第648—649页。

② 孙思邈：《孙真人备急千金要方》，《道藏》第26册，第545页。

想及其记载。卷四十《分解本末法》曰："父母未生子之时，愚者或但投其施于野，便着土而生草木，亦不自知当为人也……遂成草木。及乃得阴阳相合，生得成人，何于成草木乎哉？"[①] 该引文说明当时民间有一种今天看来十分荒唐的求子巫术：夫妇将精子洒落于荒郊野外的土地草木上，试图借助草木旺盛的生命力而求得早日怀孕。这是一种典型的"感应论"思想。《太平经》对此持批判道："今学道者纯当象天为法，反多纯无后，共灭消天统。其贞者，尚天性也，气有不及。其不贞者，疆为之壅塞，阴阳无道，种其施于四野，或反弃杀，穷其妻子而去者，是皆大毁失道之人也。"[②] 这里批判了一些人"种其施于四野"的愚蠢思想行为。不过，《太平经》看起来似乎并不否认将精子"施于野"具有促进草木生长的功效——"着土而生草木……遂成草木"。《钞》丁部《阙题》（据敦煌目似属《阴阳施法》）亦云："天之法，阳合精为两。阳之施，乃下入地中，相从共生万二千物。"[③] 这是说，阳精洒于地，可以促进生命物种的兴旺和繁衍，"相从共生万二千物"。正如朱越利先生所讲，古时有"以性交促庄稼生长，以性交求国富民安等性巫术"[④] 这种"感应论"的性巫术，是从促进生物繁衍，乃至促进早孕为其目的的。

（七）房中术对于男女生殖器官的深入认识和保健思想，对于顺利交合和成功生育客观上起到了一定的推动作用。

生殖器官在性交活动中处于核心地位，它是男女性生理实现的外在工具，与人的性机能密切相连，也是其健康与否的重要指标。所以，性器官的保健始终是房中术的重要内容。马王堆汉墓竹简《十

① 《太平经合校》，第78页。
② 同上，第658页。
③ 同上，第218页。
④ 朱越利：《方仙道和黄老道的房中术》，《宗教学研究》2002年第1期，第5页。

问》谈到：

> 尧曰："人有九缴（窍）十二节，皆设而居，何故而阴与人具（俱）生而先身去?"
>
> 舜曰："饮食弗以，谋虑弗使，讳其名而匿其軆（体），亓（其）使甚多而无宽礼，故兴〈与〉身俱生而先身死。
>
> 尧曰："治之奈何?"
>
> 舜曰："必爱而喜之，教而谋之，饮而食之，使其题□坚强而缓事之，必监之而勿予，必乐矣而勿写（泻），材将积，气将褚，行年百岁，贤于往者。①

尧向舜提到了如何长久地保持人体中最容易衰老的性器官的旺盛生命力的问题。舜说应节制房事、调节饮食、宝精贵施，并提出炼朘的三个措施："必爱而喜之"、"教而谋之"、"饮而食之"。这是比较早的谈论生殖器保健思想的文献。

到《太平经》时，已经对男女生殖器的功能有了比较清晰的认识。卷九十三《阳尊阴卑诀》即用男女生殖器官的先天差别来分析"男尊女卑"的合理性，其中谈到了对于男性生殖器的认识：

> 人所受命生处，是其本也。故男所以受命者，盈满而有余，其下左右，尚各有一实。上者盈满而有余，尚常施与下阴，有余积聚而常有实。上施者应太阳天行也，无不能生，无不能成。下有积聚，应太阴，应地，而有文理应阡陌。左实者应人，右实者应万物。实者，核实也，则仁好施，又有核实也，故阳得称尊而贵也。②

① 马王堆汉墓帛书整理小组：《马王堆汉墓帛书（肆）》，第148页。
② 《太平经合校》，第386页。

《太平经》在这里已经认识到了男子下身的左右两个睾丸是精子的储存场，认识到了精子对孕育新生命的重要作用，并且认识到了男性生殖器的表层分布了众多的毛细血管，“有文理应阡陌”，这些思想见解也基本符合现代生殖科学的理论。后来，《老子想尔注》更进一步，对男精有着深刻的认识：“精白与元炁同，同色，黑，太阴中也，于人在肾，精藏之。”①《老子想尔注》已经认识到了精子的制造地是人身之肾，而非膀胱。这说明道教对于人体生理学的认识已经达到了相当的深度。

其实，早在《道德经》中就提到了对男性生殖器的认识。该经云：“含德之厚，比于赤子。……骨弱筋柔而握固，未知牝牡之合而朘作，精之至也。终日号而不嗄，和之至也。”（第五十五章）老子认为赤子婴儿虽然年幼，但其“朘”——即生殖器却能保持勃发状态，足以可见其生命力和先天精气的充沛具足。

当然，《太平经》也讲到了对“女阴”的结构和功能的认识：

> 阴为女，所以卑而贱者，其所受命处，户空而虚，无盈余，又无实，故见卑且贱也。本名为阴阳男女者，此二事也。其一身上下，既尽无名者也。本名阴阳，以此二事分别之也。②

这里说的“户空而虚”，是说女子阴户呈中空虚张状态，便于承接男性之阳精。新生命就在这虚空的阴户中孕育。《太平经》进一步由男女的孕育，扩展到了万物的孕育：

> 今女之妊子，阴本空虚，但阳往施化实于阴中，而阴卑贱畏阳，顺而养之，不敢去也。……故重尊敬阳之施，因而养之，而

① 饶宗颐：《老子想尔注校证》，第36页。
② 《太平经合校》，第386页。

不敢去也。……然天地之性，万物尽然。……然阳在外之时，凡物尽上怀妊于上枝叶之间，时天阳气在外，未还反下根也，故皆实于表也。蚑行众生人民积聚亦于外，及阳气还反内在地中也。万物之属，上悉空无实，尽下怀妊实于下，地中养根叶，蚑行人民亦入实积聚于内，此即皇天证明阳实核之大明效也。①

“然天地之性，万物尽然”。《太平经》从部分扩及整体，充分说明了女阴对新生命的孕育能力。卷八十九《八卦还精念文》云：“子子孙孙，阳入阴中，其生无已。”② 说的就是男女和合阴阳，从而孕育生命，延续子孙的事。中国古代医学和道教房中典籍中这种论述生殖器保健维护的思想很多，这在客观上对于子嗣的生育起到了推动作用。

（八）房中术对于和合男女双方的先天选择，在一定意义上也符合优生学的科学原理。

从优生学的角度，房中典籍对于交合的男女要求“择人而交”，提出有生殖类疾病的男女不能交合生育，这也符合现代优生学要求的婚前检查，优生优育思想。而且，要得到房中书所讲的“智慧福德之男”，健康聪明英俊，就不能不对房中或婚配的对象有所选择。现代科学证明，一个人的相貌、智商、甚至性情、寿命和部分疾病大都是先天基因遗传的，这样看来，古代房中的“择人而交”除去男女采战类的之外，部分还是有一定的科学道理。例如，对于选择女子配偶而言，明代万全在《万密斋书》中有所谓“五不宜”，即螺（阴户反旋如螺）、纹（石女）、鼓（无窍如鼓）、角（阴阳两性）、脉（先天闭经）。这些缺陷不利于生育和高质量的性爱，因此不宜婚配，也是现

① 《太平经合校》，第387—388页。

② 同上，第338页。

代人婚前检查的范围。为了达到最佳的“采阴补阳”之效果，房中家认为的“入相女人”要年轻貌美，性情温顺，身体健康，否则不仅没有良好的交合效果，反而会损害身体，因此十分慎重。《孙真人备急千金要方》明确讲到：

> 凡妇人不必须有颜色妍丽，但得少年，未经生乳，多肌肉益也。若足财力，选取细发，目睛黑白分明，体柔骨软，肌肤细滑，言语声音和调，四肢骨节皆欲足肉而骨不大，其体及腋皆不欲有毫，有毫当软，细不可极于相者。①

其要选择的交合对象要健康丰满。后来道教房中术发展到道教的阴阳双修丹法，把炼泥水丹时选择女伴称为“择鼎”。而择鼎的标准其实就是孙思邈提出的上述要求。但是也有所谓“坏鼎”“恶女”，《孙真人备急千金要方》进一步讲到：

> 但蓬头垢面、结喉、雄声、大口、高鼻、麦齿、目精混浊、口含有毫、骨节高大、发黄少肉、隐毫多而且强，又生逆毫，此相不可，皆贼命损寿也。②

如为“坏鼎”，不但不能炼丹，而且对身体十分有害，“皆贼命损寿也”。同样，房中术对于男子也有很高的要求，例如，王冰的《玄珠妙语》中说到男子有五种不育症不宜交合，即天（天宫）、漏（早泄漏精）、键（阉割）、怯（阳痿）、变（性变态）。男子若有这些疾病，即不能婚配，也不宜生育。

上述孙思邈等人对于“择鼎”男女的选择，带有一定的阴阳采战的目的，而且过分强调了一个人的外表资质，这一点应该批判。不

① 孙思邈：《孙真人备急千金要方》，《道藏》第26册，第545页。
② 同上。

过，中医学和现代医学证明，一个人的健康与否，往往能从面相或体表得到表征，因而这种对人的选择观察对于孕育优良子嗣不无道理。

三　道教房中禁忌中的优生思想

人类的性行为，对于自身种的繁衍和社会关系的安定，都起着举足轻重的作用。但是人类对于性行为的态度又是矛盾的。费孝通先生讲到："人类必须依赖两性行为的生理和心理机能来得到种族的绵延，社会结构的正常运行以及社会的发展，但是害怕两性行为在男女心理上所发生的吸引力破坏已形成人际关系的社会结构，不得不对个人的性行为加以限制。这就是社会对男女关系态度的两重性。"① 所以人类便从道德、法律，到习俗、宗教，都对性行为进行了一系列的限制，使人类的性行为在良性的秩序允许的范围内进行。中国古代思想文化和道教中流行很多关于性的禁忌。而这些性禁忌，以前或许仅仅被人们看作是一种迷信思想。但是细细推究起来，人们越来越从中发现了这些性禁忌中的优生思想。因而整理提炼这些性禁忌中的优生思想，对于研究和提升生育思想都是极为有益的。而且这种性禁忌思想源远流长。例如，《医心方》卷二十八引《产经》云："夫合阴阳之时，必避九殃。"这"九殃"指的是：

日中之子，生则欧逆。
夜半之子，不喑则聋盲。
日蚀之子，体戚毁伤。
雷电之子，必易服狂。
月蚀之子，与母俱凶。

---

① 霭理士：《性心理学·后记》，三联书店，1988年，第357页。

> 虹蜺之子，若作不详。
> 冬夏日至之子，生害父母。
> 弦望之子，必为乱兵风盲。
> 醉饱之子，必为病癫，疽痔有疮。①

《玉房秘诀》亦云："合阴阳有七忌。""七忌"指的是：

> 晦朔弦望，生子必刑残。
> 雷风天地感动，生子必痈肿。
> 新饮酒饱食，生子必颠狂。
> 新小便，精气竭，生子必妖孽。
> 劳倦重担，志气未安，生子必夭残。
> 新沐浴，发肤未燥，生子必不全。
> 兵坚盛怒，茎脉痛，内伤有病。②

道教中关于性禁忌的思想颇为丰富。例如孙思邈讲到：

> 夫交合之法，则有福德，大智善人降托胎中。仍令性行调顺，所作和合，家道日隆，祥瑞竞集。若不如法，则有薄福愚痴恶人来托胎中，仍令父母性行凶险，所作不成，家道日否，殃咎屡至，虽生成长，家国灭亡。③

这些性禁忌都反映了古人朴素的优生思想和追求优生的强烈愿望。我们试图以独特的生育视角，揭开这些神秘的宗教面纱，揭示其中所蕴含的古人朴素的优生优育思想，下文将对这种性禁忌的优生意

---

① ［日］丹波康赖：《医心方》卷28《房内部·求子》，第647页。
② 同上，第647—648页。
③ （唐）孙思邈著，李景荣等校释：《备急千金要方校释》，人民卫生出版社，1997年，第950页。

义从天忌、地忌、时忌、人忌几点予以深入论述。

（一）天忌

古礼中言，当发生风雨雷电及日月蚀等异常天象时不宜行房中之事。《礼记·月令》载："（仲秋之月）是月也，日夜分，雷乃发声，始电。蛰虫咸动，启户始出。先雷三日，奋（木）铎以令兆民曰：'雷将发声，有不戒其容止者，生子不备，必有凶灾。"'这是我国最早的关于性禁忌的记载。并且"天忌"的出发点是为了更好的优生，可以说明当时的性禁忌达到了相当高的水平。如东汉郑玄（公元127—200年）《正义》对此解释是："言此时人妇交接，生子支节性情必不备，其父母必有灾也。"《论衡》卷二进一步讲到："是月出，雷将发声，有不戒其容止者，生子不备，必有天灾，痞聋跛盲，气遭胎伤，故受性狂悖。"[①]《论衡·命义篇》："遭命者，初禀气时遭凶恶也，妊娠之时遭得恶〔物〕也，或遭雷雨之变，长大夭死。"[②]《医心方》引《产经》言："日蚀之子，体戚毁伤，……雷电之子，天怒兴威，必易服狂"[③]；又引《玉房秘诀》云："雷风天地感动，以合阴阳血脉踊，以是生子，子必痈肿。"[④] "大风之子多病，雷电之子狂颠"[⑤]，"人生颠狂，是雷电之子，四月、五月大雨霹雳，君子斋戒，小人私合阴阳，有子必颠狂。"[⑥]《古今图书集成·艺术典》第404册《医部汇考》卷三八四云：

> 凡求子宜吉辰良日，交会当避丙西及弘晦朔，大风大雾，寒

---

① 黄晖：《论衡校释》卷2，中华书局，1990年，第34页。
② 同上，第53页。
③ ［日］丹波康赖：《医心方》，第647页。
④ 同上。
⑤ 同上，第648页。
⑥ 同上，第648页。

暑雷电霹雳，天地昏冥，日光无关，虹蜺地动，日月薄蚀及日月火光星辰、神龛井灶，圊厕冢墓尸柩之旁，若交会受胎多损父母，生子残疾夭枉愚不孝。若交合如法，则生子福得智慧，验如影响，可不慎哉。①

而道教中《太平经》更是详细讲到：

或当怀妊之时，雷电霹雳，弦望朔晦，血忌反支，以合阴阳。生子不遂，必有祸殃。地气所召，反怨仓狼。为恶报恶，何复所望？不知变易，自职当绝灭无户，死不遇众等。②

上述引文中谈到的风雨、雷电、霹雳等等，都属于一种气候异常，《太平经》的思想充分反映了当时世俗社会的一种看法，即适逢气候异常之时且莫交合，否则对子嗣不利，遭遇“祸殃”，甚至“绝妙无户，死不与众。”同样的思想在道教中还有很多。《养性延命录》云：

彭祖曰：消息之情，不可不知也。又须当避大寒、大热、大风、大雨、大雪、日月蚀、地动、雷震，此是天忌也。③

《三元延寿参赞书》亦云：

“孙真人曰：大寒与大热，且莫贪色欲。”④

《丹亭真人玄谈集》曰：

“生而母子俱死者，是雷霆霹雳日之子”“兵血死者，是月水

① 《古今图书集成·艺术典》第四零四册《医部汇考》卷384。
② 《太平经合校》，第572—573页。
③ 《养性延命录》，《道藏》第18册，第47—485页。
④ 《三元延寿参赞书》，道藏18册，第526—557页。

尽之子，又是月蚀之子”。[①]

从现代医学的视角来看，性交求子，应该有一个宁静温馨的环境，这也是胎教的一个重要内容，同时也是优生学的一个重要要求，而古人很早就明白了这样一个道理。

（二）地忌

古人认为，性交求子不仅应注意天时，还要重视地利。如地震发生、洪水泛滥、神祇庙宇、井灶之旁、柩厕之旁、风露之中、灯火之下，等等。秦代《日书》中有许多地理性禁忌的内容：

反面简8·7·7：“依道为小内，不宜子。”

反面简8·7·6：“井居西北芮，必绝后。”

反面879：“宇多于西北之北，绝嗣。”

反面873：“圈居宇西北，宜子兴。”[②]

道教中，《养性延命录》秉承了这一禁忌：“山川、神祇、社稷、井灶之处，此为地忌也。”[③]《三元延寿参赞书》亦云：

“书云：凡大风大雨大雾，雷电霹雳，日月薄蚀，虹霓地动，天地昏冥，日月星辰之下，神庙寺观之中，井灶圊厕之倒厕，冢墓尸根之傍，皆所不可，若犯，女则损人神。若此时受胎，非止百倍损于父母，生子不仁不孝，多疾损寿。[④]

《古今图书集成·艺术典》第四〇四册《医部汇考》卷三八四《妇女子嗣门》引《千金方》云：

① 傅山：《丹亭真人玄谈集》，《道藏精华》第十三集之五，第52页。
② 云梦睡虎地秦墓编写组：《云梦睡虎地秦墓》，文物出版社1981年，第138页。
③ 《养性延命录》，《道藏》第18册，第474—485页。
④ 《三元延寿参赞书》，《道藏》第18册，第526—557页。

> 男女交媾之际更有避忌，切须慎之。若使犯之，天地夺其寿，鬼神殃其身，又恐生子不肖不寿之类，谨守戒条，可以长生。所忌之要备述于后：天地震地，卒风暴雨，雷电交作，晦朔弦望，月煞日破，大寒在暑，日月薄蚀，神佛生辰，庚申甲子，本命之日，三元八节，五月五日，名山大川，神祠社庙，僧宇道观，圣贤像前，井灶前后，火光闹烘。以上时地禁须慎之，不可交合，犯之者令人大则寿夭，小则生痛，或者生男，令其丑貌怪相，形体不全，灾疾夭寿，诸所禁之敷奏之前，复有五月十八日是天之牝年之日，阴阳交合，世人须避，慎不可行房，犯之重则夺其命，轻则减其寿，若于此时受胎孕，子母难保。①

这里特别强调性交求子应该有所避忌，如果在禁地里交合对于男女双方“大则寿夭，小则生痛”，如果生子则“形体不全，灾疾夭寿”，这里用“天地夺其寿，鬼神殃其身”的威慑来劝导人们应该注意交合的地点，充分体现了《千金方》这种思想的宗教神学特色。这些论述虽然在今天看来不免有些夸大，而且也是随着中国古代封建礼教的逐步强化而确立的，但是却非常符合优生学和胎教的基本精神，也是有一定的价值的。

（三）时忌

古代最突出的时间性禁忌，忌各种神的生日，或者敬神之时。如初一、十五不宜，是因为是敬土地神日；十二月二十五日不宜，是玉帝大帝下凡到人间的“巡察日”；三月九日，过去是贵州龙里的独龙族、瑶族人性禁忌日，因为这天是他们的“杀鱼节”，如果夫妻同房，丈夫外出捕不到鱼，还会出意外。台湾人认为初一、十五是敬土地神、地基神的日子，不能交合。

---

① 孙思邈：《孙真人备急千金要方》，《道藏》第26册，第545页。

除了“毒月”说，在古代，还有“毒日”、“毒时”的讲究。五月，在古代被视为“毒月”。夏至时节以后，天气渐渐炎热，“蛇虫出没，暑毒盛行”。当时人类生存条件恶劣，没有现代的空调、电扇、冰箱等降温防暑设备，生存受到环境的挑战，日子过的很苦，自然觉得五月最糟糕，要说“毒”了。最毒的日子，一年中共有两天，一个日子便是五月初五端午这天，为“毒五”；另一个日子是九月初九重阳节，是“毒九”。端午节为什么男女也不宜有房事？传说这天阴阳之气相互争雄，阴气战胜阳气，阳气受压，危及万物的生命。男、女则分别是阳和阴的代表，如果男女同房，男人的阳气就会让女人压住、吸走。在以男性为中心的社会，这可是不得了的事情，男人自然要躲着女人。正如《四民月令·五月》所言：“是月也，阴阳争，血气散，先后日至各五日，寝别外内。”在“毒日”，如果在毒日赴任，官运会变坏。这一天，连古人看来最开心的添丁增口一事，都不受欢迎。《论衡·四讳》称，“讳举正月、五月子，以为正月、五月子杀父与母。不得（举）也。已举之，父母祸（偶）死，则信而谓之真亦。”王充接着分析了原因：“实说世俗讳之，亦有缘也。夫正月岁始，五月盛阳，子以（此月）生，精炽热烈，厌胜父母，父母不堪，将受其患。传相放效，莫谓不然。”[①] 意思是，正月、五月生的孩子对父母不利，即民间所谓的“克父母”，这月生的孩子最好不要养活。根据这个“原理”，在最毒日生的孩子，自然是“毒子”，命运多很惨，通行的遭遇是被父母溺毙，女婴首当其冲，特别是在早期，这一现象尤其严重。当然，五月初五出生的历史名人并不少，甚至还有皇帝，战国时的孟尝君、北宋的徽宗赵佶，都是“毒日”诞生的。《史记·孟尝君列传》记载到：

① 黄晖：《论衡校释》卷23，第979页。

初，田婴有子四十余人，其贱妾有子名文，文以五月五日生。婴告其母曰："勿举也。"其母窃举生之。及长，其母因兄弟而见其子于田婴。田婴怒其母曰："吾令若去此子，而敢生之，何也?"文顿首，因曰："君所以不举五月子者，何故?"婴曰："五月子者，长与户齐，将不利其父母。"文曰："人生受命于天乎？将受命于户耶?"婴默然。文曰："必受命于天，君何忧焉。必受命于户，则可高其户耳，谁能至者!"婴曰："子休矣。"①

但是，因为出生的日子不好，他们婴孩时代均颇不顺，孟尝君的父亲直接要其母亲不要把他生下来，赵佶则被送到宫外抚养。毒月或毒日"生子不举"，民俗学家宋兆麟认为，来自古人的性禁忌。端午的禁忌很多，其中也包含性禁忌。夫妻不宜同房，"毋躁，止声色"。如果在这一天怀上孩子，孩子不吉，家庭也不吉，要走背运。更有甚者，很多时候人们也不举与父母同月生者。《风俗通义》云："不举父同月子。俗说：妨父也。"②《后汉书·张奂传》亦云："（武威郡）其俗多妖忌，凡二月、五月产子及与父母同月生者，悉杀之。"③

亟斋居士《达生篇》附录《养生节育篇》，对时忌有详细的描述，他将其分为两类：

一类是每月有一定戒期。如五月有十二天，一月有十一天，七月有六天，十月有六天，九月有六天，其他月各有八天，全年共一百零一天。包括每月初一、十五、二十九或三十日，每月二十五日月晦日犯主病，二十八日人神在阴，主夫妇同病。五月十五尤其严重，"前半夜犯之，男死；后半夜犯之，女死；子时犯之男女俱死"。其实，

① 司马迁：《史记》卷75，中华书局，1959年，第2352页。

② （汉）应劭撰，王利器校注：《风俗通义校注》，中华书局，1985年，第561页。

③ （南朝宋）范晔：《后汉书》卷65，第2139页。

这类时忌由来已久。秦代《日书》简 856：“凡且有大行、送行，若饮食、歌乐、聚畜生及夫妻同衣，毋以正月上旬午、二月上旬亥、三月上旬申、四月上旬丑、五月上旬戌、六月上旬卯、七月上旬子、八月上旬巳、九月上旬寅、十月上旬未、十一月上旬辰、十二月上旬酉。”不仅夫妻交合有禁忌，生育子女日期也很讲究，即在忌日生子不能留下，必须溺死，古代称为“不举”。这在上述的日书中也有反映。《日书》简 870：“乙巳生子吉。”简 871：“丙子生子，不吉。”简 1142：“凡己巳生，勿举，不利父母”。这种生子不举的风俗即来自性禁忌。

另一类是每月不定戒期。如立春、立夏、立秋、立冬四天，两分两至日，四绝日，四离日，甲子庚申日，夏至后丙丁日，冬至后庚辛日，社日、腊日、夫妻元辰本命日，大月十七，小月十六日，均为性戒日，以上加在一起一年内共四十天。

而《医心方·禁忌》引《养生要集》云：“房中禁忌：日月晦朔，上下弦望，六丁六丙日，破日、月，廿八日……春秋冬夏节变之日，送迎五日之中，不行阴阳。本命行年，禁之重者：夏至后丙子丁巳，冬至后庚申辛酉。”① 有的古代养生家认为，五月不宜同房的日子不只是 3 天，而有 12 天。这样一说等于五月份有近半个月时间，夫妻之间不能同房。这个月份也是一年中夫妻不宜同房时间最长的一个月，其次是正月，有 11 天不宜；七月、九月、十月，每月各有 6 天不宜；二月、三月、四月、八月、十一月、十二月各有 8 天不宜，全年长达 101 天，有近三分之一的时间，男女不能同房。而且，每月二十五日，夫妻不能同房，否则会影响男人的身体健康；每月二十八日那天，如果同房，则男女都会生病。而有的养生家认为，全年夫妻不

① ［日］丹波康赖：《医心方》，第 650 页。

宜同房的日子“公共遵守”共有40天，如立春、立夏、立秋、立冬；春分、秋风、社日，神日等。需要提醒的是，在古代，男女各自的“本命日”，即与生日干支相同的日子，不能与异性交合，否则个人无好运。

道教中涉及时辰禁忌的例子很多。《三元延寿参赞书·欲有所避篇》：

> 唐魏征令人勿犯长命，及诸神降日犯淫者促寿。及保命诀所载：
>
> 朔日灭一纪，望日减十年，晦日灭一年。初八上弦，二十三下弦，三元减五年。二分二至二社，各四年。庚申、甲子、本命灭二年。正月初三，万神都会，十四、十六三官降，二月二日万神会，三月初九牛鬼神降，犯者百日中恶。四月初四万佛善化，犯之失瘖。初八夜善恶童子降，犯者血死。五月三个五日、六日、七日为九毒日，犯者不过三年。十月初十夜西天王降，犯之一年死。十一月一十五日掠剩大夫降，犯之短命。十二月初七夜，犯之恶病死。二十日天师相交行道，犯之促寿。每月二十八人神在阴，四月十月阴阳纯用事，已上日辰，犯淫且不可，况婚姻乎。①

除上述天气（或天象）呈现异常变化的日子外，一些特殊时日也归入到行房忌日之列。道教中《太平经》专门讲到了“弦望朔晦”和“血忌”、“反支”等特殊日子：

> 或当怀妊之时，雷电霹雳，弦望朔晦，血忌反支，以合阴阳。生子不遂，必有祸殃。地气所召，反怨仓狼。为恶报恶，何

---

① 《三元延寿参赞书》，《道藏》第18册，第532页。

复所望？不知变易，自职当绝灭无户，死不遇众等。[①]

《养性延命录》曰：

房中之事，能生人，能杀人。

大恚怒后交接，令人发痈疽。道机房中禁忌，日月晦朔，上下弦望，日月蚀，大风恶雨，地动，雷电霹雳，大寒暑。春夏秋冬节变之日，送迎五日之中，不行阴阳，本命行年月日忌禁之尤重（阴阳交错不可合，损血气，泻正纳邪，所伤正气甚矣，戒之）。新沐头，新行疲倦，大喜怒，皆不可行房室。

既避此三忌，又有吉日，春甲乙，夏丙丁，秋庚辛，冬壬癸，四季之月戊巳，皆王相之日也。宜用嘉会，令人长生有子必寿。其犯此忌，既致疾，生子亦凶夭短命。[②]

《养性延命录》中的时忌较之《太平经》更多，还讲到了“春夏秋天节变之日”、“本命行年月日”、“王相之日”等等。唐代名医孙思邈在《孙真人备急千金要方》卷之八十三《房子补益第八》讲到：

御女之法，交会者当避丙丁日，及弦望朔晦，大风大雨，大雾大寒大暑，雷电霹雳，天地晦冥，日月薄蚀，虹蜺地动。若御女者，则损人神，不吉。损男百倍，令女得病，有子必颠痴顽愚，瘖痖聋瞶，挛跛盲眇，多病短寿，不仁不孝。[③]

《丹亭真人玄谈集》云：

《老子》云：凡人生多疾病者，是风日之子；能行步有知而餐者，是下旬之子；生而不成者，是平晓之子；意多恐悸者，是

① 《太平经合校》，第572—573页。

② 《养性延命录》，《道藏》第18册，第474—485页。

③ 孙思邈：《孙真人备急千金要方》，《道藏》第26册，第544页。

日出之子；好为盗贼贪欲者，是禺中之子；性行不良者，是日中之子；命能不全者，是日映之子；好诈歹妄者，是晡时之子；不喑必聋者，是人定之子。[①]

又云：

天地闭，气不通，其子死。夜半中合会阴阳，生子上寿贤明；夜半后会，生子中寿聪明智慧；鸡鸣合会，生子下寿克父母，此天地之常理也。[②]

《丹亭真人玄谈集》涉及到了很多时间的禁忌。如风日、下旬、平晓、日出、禺中、日中、日映、晡时、人定等等。综合起来，我们将其归结如下：

其一、弦望朔晦

汉俗讳乳子，道畔建产房，逾月始归。此风盛行于汉代民间，《论衡·四讳篇》对此曾有批评："月之晦也，日月合宿，纪为一月。犹八日，月中分谓之弦；十五日，日月相望谓之望；三十日，日月合宿谓之晦。晦与弦望一实也，非月晦日月光气与月朔异也，何故逾月谓之吉乎？如实凶，逾月未可谓吉；如实吉，虽未逾月，犹为可也。"[③] 据推测，此俗似与性禁忌中避"弦望朔晦"四个特殊时日有关。《医心方》引《产经》云："弦望之子，必为乱兵风盲"[④]，又引《玉房秘诀》云："晦朔弦望以合阴阳，损气，以是生子，子必刑残。宜深慎之。"[⑤] 《丹亭真人玄谈集》云："生而早死者，是晦日之子；

---

① 傅山：《丹亭真人玄谈集》，《道藏精华》第十三集之五，第 52—53 页。

② 同上，第 53 页。

③ 黄晖：《论衡校释》卷 23，第 977 页。

④ ［日］丹波康赖：《医心方》，第 647 页。

⑤ 同上。

在胎而伤者，是朔日之子；能胎不成者，是弦望之子。”①

其二、血忌日

汉人遵行避血忌之习俗。王充《论衡》虽对此有载，卷 24《讥日篇》载：“祭祀之历，亦有吉凶。假令血忌、月杀之日固凶，以杀牲设祭，必有患祸。”② 卷 24《辨祟篇》也说：“血忌不杀牲，屠肆不多祸”③。

道教中，将血忌日列入性禁忌之范畴，《太平经》似属最早。前引文已经述及，后来《医心方》在卷 28《房内部·禁忌》引《玉房秘诀》时即承此说：“建、破、执、定日及血忌日，不可和阴阳。损人。”④ 而道门一贯认为，在血忌日不适宜举行斋醮上章等科仪祈祷活动，例如《赤松子章历》卷 2《血忌》就逐一列出一年中的血忌日，并声称在那些日子里不能举行上章等法术活动，云：“正丑、二未、三寅、四申、五卯、六酉、七辰、八戌、九巳、十亥、十一午、十二子。右十二月血忌日，不可用。”⑤ 所以，在血忌日避免和阴阳，似乎已成了定例。

其三、反支日

同“血忌”一样，“反支”亦属凶煞类。诚如《医心方》引《产经》对“反支”给予解释说：“反支者，周来害人，名曰反支。”⑥ 二说均可推溯至先秦，据学者考证：汉代历谱中已将“血忌”“反支”列入历注项目。⑦ 血忌日的推算事依据每月中某一纪日地支来决定，

---

① 傅山：《丹亭真人玄谈集》，《道藏精华》第十三集之五，第 53 页。
② 黄晖：《论衡校释》卷 24，第 992 页。
③ 同上，第 1013 页。
④ ［日］丹波康赖：《医心方》，第 650 页。
⑤ 《道藏》第 11 册，第 184 页。
⑥ ［日］丹波康赖：《医心方》，第 507 页。
⑦ 江晓原：《历书起源考》，《中国文化》1992 年第 6 期，第 152—153 页。

反支日则由每月朔日纪日干支之地支来决定的。如睡虎地秦简《日书甲种》“反枳（支）”篇记载了推求反支之规律：“子丑朔，六日反枳（支）；寅卯朔，五日反枳（支）；辰巳朔，四日反枳（支）；午未朔，三日反枳（支）；申酉朔，二日反枳（支）；戌亥朔，一日反枳（支），复卒其日，子有（又）复反枳（支）。一日当有三反枳（支）。”[①] 汉代人特别迷信反支，如李贤注引《阴阳书》诠释说：“凡反支日，用月朔为正。戊、亥朔一日反支，申、酉朔二日反支，午、未朔三日反支，辰、巳朔四日反支，寅、卯朔五日反支，子、丑朔六日反支。”[②] 北齐颜之推（公元 531 —约 590 年之后）《颜氏家训》卷 7《艺杂》云：“世传术书，皆出流俗，言辞鄙浅，验少妄多。至如反支不行，竟以遇害；归忌寄宿，不免凶终，拘而多忌，亦无益也。”据上述内容可知，汉代虽流行反支禁忌，但同避血忌日一样，均无证据表明已运用到房事和生育方而。

而在道教中，《太平经》可能首畅其风。后来，孙思邈在《备急千金要方》卷二《产难》中也讲到：“妇人产乳，忌反支月。若值次月，当在牛皮上，石灰上，勿令水恶物著地，则杀人，及浣濯衣水皆以器盛，过此忌日乃止。”[③] 这都说明反支日忌讳和阴阳。

（四）人忌

人忌指的是因为人的年龄、血缘关系、属性、新婚及特殊情况等原因而产生的性禁忌。

年龄性禁忌在人类的历史上是很早很突出的。古人认为人们只有在成年以后才能过婚姻生活，不然会对他们造成伤害。所以成年仪式

---

① 睡虎地秦墓竹简整理小组：《睡虎地秦墓竹简》，第 227 页。

② （南朝宋）范晔：《后汉书》卷 49，第 1640 页。

③ （唐）孙思邈著，李景荣等校释：《备急千金要方校释》，第 63 页。

或者成人礼便成了年龄限制的标志。孔子云："君子有三戒，少之时，血气未定，戒之在色；及其状也，血气方刚，戒之在斗；及其老也，血气既衰，戒之在得。"

血缘关系内部禁止通婚是很古老的禁忌，成为了各个民族共同的禁忌，也是人类文明进步的结果。《左传·僖公二十三年》："男女同姓，其生不繁。"《白虎通》："异类乃相生也。"这条禁忌从很早就被许多民族严格执行，现在则是人类婚姻和性禁忌的基本要求。关于楚止近亲结婚的范围，各国法律都有直系血亲间不得结婚的规定。对于旁系血亲间禁止结婚的规定不尽相同，宽严不等。日本民法禁止三代以内的旁系血亲结婚；罗马尼亚家庭法典禁止四代以内的旁系血亲结婚；中国婚姻法规定禁止三代以内的旁系血亲结婚。

属性关系在我国传统文化中，一直是一项重要的禁忌。孙思邈在《孙真人备急千金要方·求子第一》中云：

> 夫欲求者，当先知夫妇本命五行相生，及与德合并，本命不在于休废死墓中者，则求子必得。若其本命相克，及与刑杀冲破，并在于休废死墓中者，则求子了不可得，慎无措意，纵或得者，于后终亦累人。若其相生并遇福德者，仍须依法如方避诸禁忌，则所生诞儿子尽美尽善，难以具陈。[①]

又引《无子论》："夫无子者原因有三：一坟墓风水不利；二夫妇年龄相克；三夫妇疾病。"[②] 其实前两个原因在今天看来可能不存在，但是古人对此一直很迷信。夫妇疾病，倒是重要的原因。由于以上迷信，很早以来订婚前必看生辰八字，夫妻属性相宜则订婚，相克则不

---

① 孙思邈：《孙真人备急千金要方》，《道藏》第26册，第39页。

② 《古今图书集成·艺术典》第404册《医部汇考》卷384《妇女子嗣门》引《千金翼方》。

能订婚。因而属性实质上成了男女成为夫妇乃至交合生子的一个重要禁忌。

道教中，在《灵台经》“飞配诸宫第十”中，有通过观测星象来占测男女属性及其婚姻般配状况的记载：

是婚姻之年也。此宫唯己心土火，见之必主难婚，或以贱为妻，亦少子。若土见金，又见妻宫，妻多病及不其足。若火见金，妻不良。火在金宫金度，亦同。右会合官。①

新婚时很多地方及民族文化中都有一些性禁忌。而在行房次数上，这种禁忌很多时候是基于男女在不同年龄阶段性交频率的科学考量所形成的传统讲究。例如有民谚讲到：“二更更（二十岁一更行房一次），三暝暝（三十岁一天行一次），四数钱（四十岁每月初五、初十行房），五烧香（五十岁每月平均两次行房），六拜年（六十岁就像拜年一样过性生活了）。”这些流传甚广的民谚，委婉告诫人们要从年龄和体力出发过性生活，不可贪多。而新婚的民俗禁忌在事实上对新婚之后的男女双方进行控制和保护，让他们的性生活次数适当，不可过度。因而这种禁忌有一定的健康价值和追求取向。

也有一些从维护孕妇出发的性禁忌。亟斋居士《达生篇》云：“古者妇人有孕，即居别室；盖有孕而犯之，三月以前者，常致胎动而流产。三月以后者，则致胎衣太厚而难产；曰生子身多浊物，他时多病而少寿。故保胎以绝欲为第一义。”

小孩出痘疹时，也要求夫妻分居，害怕得罪痘神，痘出不顺。道教中养生著作中也有这样的禁忌。元代李鹏飞《三元延寿参赞书·妊娠忌篇》云：“演山翁云：成胎后，父母不能禁欲，已为不可。又有

① 《灵台经》，《道藏》第5册，第22页。

临产行淫，致其子头戴白被而出，病夭之端也。”

还有一些因人处在特殊情况下的性禁忌。例如：人酒醉过饱、遇病之时、临经之时、悲苦之时、产后不久、大喜大怒、丧事服中、等等。《养性延命录》讲道：“醉、饱、喜、怒、忧、愁、悲、哀、恐、惧，此人忌也。”①《三元延寿参赞书》论述道：“书云：忿怒中尽力房事，精虚气节，发为痈疽。恐惧中入房，阴阳偏虚，发厥自汗盗汗，积而成劳。”②《丹亭真人玄谈集》云：“命不长者，是大醉之子；不癡必狂者，是大劳之子。”③

这其中又特别禁酒醉行房。酒醉行房的严重后果，历代医家多有劝诫。《素问·上古人真论篇》云：“今时之人……以酒为浆，以妄为常，醉以入房，以欲竭其精，以耗散其真，不知持满，不时御神，务快其心，逆于生乐，起居无节，故半百而衰也。”④《腹中论篇》亦云：“若醉入房中，气竭肝伤，故月事衰少不来也。”⑤《灵枢·邪气脏腑病形》也论述说：“若醉入房，汗出当风，则伤脾。……若入房过度，汗出浴水，则伤肾。”⑥《医心方》卷28《房内部·七损》引《玉房秘诀》云：“又醉而交接，喘息气乱则伤肝，令人咳逆上气，消渴喜怒，或悲惨惨，口干身热而难久立。”⑦同卷《房内部·禁忌》又引《养生要集》云：“交接尤禁醉饱，大忌也，损人葱也，损人百倍。醉而交接，或致恶疮，或致上气。”⑧概言之，酒醉入房，轻者

① 《养性延命录》，《道藏》第18册，第474—485页。
② 《三元延寿参赞书》，《道藏》第18册，第526—557页。
③ 傅山：《丹亭真人玄谈集》，《道藏精华》第十三集之五，第53页。
④ 郭霭春：《黄帝内经素问校注语译》，天津科学技术出版社，1999年，第1页。
⑤ 同上，第231页。
⑥ 同上，第37页。
⑦ ［日］丹波康赖：《医心方》，第642页。
⑧ 同上，第651页。

伤及已身，重者终生不育；更常见的是，饮酒交媾产子也给子嗣日后之成长埋下祸端，如《医心方》引《产经》言："醉饱之子，必为病癫、疽痔有疮"①；又引《玉房秘诀》言："大醉之子必痴狂"②，这是因为"新饮酒饱食，谷气未行以合阴阳，腹中彭享，小便白浊，以是生子，子必颠狂。"③ 对此，《太平经》也给予说明。如《钞》丁部《阙题》（据敦煌目似属《禁酒法》）"念四海之内，有几何市，一月之间，消五谷数亿万斗解，……或孤独因以绝嗣，……或流灾子孙。"④这些都充分说明，醉饱之后同房，不仅使男女双方很有可能得病伤身，而且很可能生育出有疾病缺陷的子嗣，因而为历代医家和道门中人所严厉禁止中，这也有很大的科学道理。

由于中国古代是一个礼教社会，所以从民俗到律法都严格禁止夫妇在丧事活动的服中同居交合，如果生子则要悄悄的处理掉。《风俗通义》云："服中子犯礼伤孝，莫肯收举。"⑤《医心方》卷28《房内部·求子》引《玉房秘诀》亦云："小人为虎狼所食者，重服之子。孝子戴麻不食肉，君子羸顿，小人私合阴阳，有子必为虎狼所食。"⑥更有因此而获罪者。《后汉书·陈蕃传》记载：

> 民有赵宣葬亲而不闭埏隧，因居其中，行服二十余年，乡邑称孝，州郡数礼请之。郡内以荐蕃，蕃与相见，问及妻子，而宣五子皆服中所生。蕃大怒曰："圣人制礼，贤者俯就，不肖企及。且祭不欲数，以其易黩故也。况乃寝宿冢藏，而孕育其中，诳时

① ［日］丹波康赖：《医心方》，第647页。
② 同上，第648页。
③ 同上，第647页。
④ 《太平经合校》，第214页。
⑤ （汉）应劭撰，王利器校注：《风俗通义校注》卷2，第128页。
⑥ ［日］丹波康赖：《医心方》，第648页。

惑众，诬污鬼神乎？”[①]

赵宣服中生五子，虽剽掠虚名，被人推荐，却被官府严加批评。原来唐律规定，服中生子，十恶之一。《大宋律》、《大明律》都规定服中生子触犯刑律。

古代由于认识不足，往往对对于身体残缺或者异常的人，也实行性禁忌。民间通常把不长阴毛的妇女称为“白虎女”，认为与这种女子交合与己不利。当然，也有可能是由于先天遗传基因突变，是不育症的“石女”。

另外，大量人类学的资料表明，人类社会在进行一些重大活动时，如采集、渔猎、农耕、放牧和其他手工业活动时，往往遵守性禁忌。

综上所述，道教秉承古代文化中因天气异常、特别的地理环境、特殊时间和人的特殊状况下实现性禁忌的思想观念，而且以神的惩治和天谴报应来威慑。这种性禁忌在今天看来，虽不能一概而论，但很多方面确实也符合优生学的要求，因而有一定的价值和思想意义。

① （南朝宋）范晔：《后汉书》卷66，第2159—2160页。

第三章　道教中的优生优育思想

我们探讨了道教关于人类和个体生命起源的理论，道教对于婚姻模式的基本看法和房中生育思想，这些都是研究道教生育思想必须解决的首要问题。那么，我们自然会问，道教生育思想的具体内容究竟是什么呢？我们将用两章的篇幅来详细的探讨道教中的优生优育思想及其从道法自然、阴阳平衡理念出发提倡的人口性别的生态平衡思想。“优生优育”这个名词，本来是近现代发端于欧美妇幼保健和生育科学非常流行且为人所接受的一个学术概念，说的是相对于古代人类生育实践中的粗放护理自然生育状况而提出的主张优化生育的思想理念和行为实践。我们在这里提到的“道教中的优生优育思想”，具体指的是道教典籍中蕴含的符合现代优生科学理念的主张优化生育和精细护理的思想理念和护理措施。

首先我们将按照生育的逻辑先后时间顺序，把生育的整个进程分为种子受胎、养胎及妊娠护理、胎教、产前生产催生及其禳解、产后产妇及婴幼儿的禳解护理、道教及古代的婴幼儿教育六个方面来一一予以深入探索，并就道教对于产难及对产亡婴儿的禳解护理，对不育现象的解释及对策方面也同时做一专门探讨。让我们先从阴阳和合的种子受胎开始说起。

第一节 种子受胎

种子受胎，指的是男女双方和合阴阳，孕育胚胎的通称。这个概念来自于古代医家的诸多文献，例如傅山的在《道藏精华》第十三集之五《丹亭真人玄谈集》中，即有“种子第十”；[①] 在《傅青主女科》中也有“种子”一篇；明代岳甫嘉著《妙一斋医学正印种子编》共十六编，开篇即是《种子编》。[②] 我们在这里综合运用这些称谓，将这个和合阴阳，孕育胚胎的过程通称为“种子受胎”。子嗣，尤指男胤，在宗法制的古代社会显得极其重要，所以几乎全部传世的房中著作和医书中都含有“种子”、“求子”之类的内容，道教重视生命的延续和世俗的幸福，自然会有很多的孕育子嗣、种子受胎的内容和方法。探究这些内容，本身就有一定的价值和意义。

一 胎儿孕育之过程

正如孙思邈在《孙真人备急千金要方》卷二讲到：“产育者，妇人性命之长务。”[③] 生育或者说产育一个神奇的新生命，不仅是基于女人先天本能的义务，而且也是女人实现自己、重塑自己的重要途径。明清之际流传甚广，署名杏溪浣香主人的《紫闺秘书》也是讲到：“帝德曰：生，天命为性，万物芸芸各归其根。化机无息，生意

---

① 《丹亭真人玄谈集》，萧天石主编《道藏精华》第十三卷之五，台湾自由出版社，2000 年，第 50 页。

② 岳甫嘉：《妙一斋医学正印种子编》，中医古籍出版社，1986 年，第 5 页。

③ 孙思邈：《孙真人备急千金要方》，《道藏》第 26 册，第 39 页。

不泯。是故有种必生，无机不继。草木且然，况人道乎。”[①] 在人类早期的漫长历史中，人类对于孕育之谜一直不能解释，因而从信仰的角度认识生育问题。一度形成人类历史上很长时间的生殖崇拜，认为崇拜女性、男性生殖器就能够产育并多产；后来出现了感生神话和图腾信仰，认为生育是女人被外在的神奇事物或图腾感应而有身孕才创造出生命的；直到最后人类才认识到了人类的生育是男女自身两性结合的结果，男女两性的交合是孕育新生命的开始，胚胎着床后在母体子宫内不断发育和成熟，历时十月始现人世，才出现了比较科学的怀孕学说和胎教思想。《易·系辞》曰：“天地絪缊，万物化醇；男女构精，万物化生。”可见在《易传》中就已经认识到了生命孕育乃是“男女构精”，两性和合的结果。

在具体解释一个新生命的孕育时，大致有两种思想倾向。一种是阴阳二气说。《论衡·物势》曰：“犹夫妇合气，子则自生也。非当时欲得生子，情欲动而合，合而生子矣。”《太平经》卷六十七《六罪十治诀》说：“夫物始于元气。”由元气而后生天、生地、生人、生万物。《太平经钞》戊部第十页说：“元气怳惚自然，共凝成一，名为天也；分而生阴而成地，名为二也；因为上天下地，阴阳相合施生人，名为三也。”《分解本末法》第五十三中亦云：“元气乃包裹天地八方，莫不受其气而生。”《上清金匮玉镜修真指玄妙经》曰：“故知炁在人中，人在炁中，天地万物莫不由炁以生者也。”[②]《丹亭真人玄谈集》曰：“种子之法，亦不过一气。故气合则成胎，气不合则不成胎。气虽合焉，间有其人精气衰弱，故虽生而亦不育，虽育而亦不长，虽长

① 杏溪浣香主人：《紫闺秘书》，手抄本，第3页。
② 《上清金匮玉镜修真指玄妙经》，《道藏》第6册，205页。

而亦多疾病”。[1] 但多数持精血说的观点。陈自明《妇人大全良方·胎教门·受形篇》云：“男女之合，二精交畅，阴血先至，阳精后冲，血开裹精，精入为骨，而男形成矣；阳精先入，阴血后参，精开裹血，血入居后，而女形成矣。”而道教思想文化中，多持这种精血说，这样的例子举不胜举。如《九皇新经注解》即持典型的精血说：

关尹子妄注曰：此一段人之未生也，无精无血；人之有生也，父精母血；人之已生也，我精我血；人之婚姻也，妻精妻血；人之交媾也，夺精夺血。[2]

《上清太上帝君九真中经》亦云：

太上曰：夫人唯结精积气，受胎敛血，黄白幽凝，丹紫合烟，所以凝骨吐津，散布流液，四度会化，九宫一结，五神命其形躯，太一定其符籍，忽尔而立，呼尔而成，罔尔而具，脱尔而生，……[3]

《钟吕传道全集》讲道：

人之生，自父母交会而二气相合，即精血为胎胞，于太初之后而有太质。阴承阳生，气随胎化，三百日形圆。灵光入体，与母分离。[4]

大道无形，因彼之所得而为形。……至如父母交会，其父则阳先进而阴后行，以真气接真水，心火与肾水相交，炼而为精华。精华既出，逢母之阴先进，以水涤荡于无用之处。逢母之

---

① 傅山：《丹亭真人玄谈集》，《道藏精华》第十三集之五，第51—51页。
② 《九皇新经注解》，《藏外道书》第4册，第92—105页。
③ 《上清太上帝君九真中经》卷上，《道藏》第34册，第33页。
④ 《钟吕传道全集》，《道藏精华》第一卷之二，第122页。

阳，先进以血，承受于兹官之前。精血为胞胎，包含真气而入母子官。积日累月，真气造化成人。①

《紫文行事诀》对精血说讲的更为详尽：

论神。太上曰：夫人结精积炁，受胎敛血，所以凝骨吐津，散布流液，忽尔而立，兄尔而成，罔尔而具，脱尔而生。②

其它诸如《洞真九丹上化胎精中记经》、《洞真九真中经》、《洞玄九天生神章经》、《太平经》等等，都有诸多精血孕育生命的思想观点。道教这种对于生命孕育原理的思想观念，在今天的科学思维看来，基本是符合科学原理的。

古人的孕育思想中，以今天眼光来看，科学的成分也有，迷信错误的思想观念也有。古人孕育思想的基本观点有：

其一，认为只有正确的交合方式，才能怀孕生子。《孙真人备急千金要方》卷27讲到："彭祖曰：求子之法，当蓄养精气，勿数施(泻)，以妇人月事断洁净三五日而交有子，则生男聪明才智，生女清闲配贵人。"。在明清流传甚广，署名杏溪浣香主人的《紫闺秘书》卷四《种子秘诀神方》也谈到相似的思想：

三十时辰两日半，
二十八九君须等。
落红将尽是佳期，
金水过时徒霍乱。
霍乱之时枉用功，
树头树底觅残红。

① 《钟吕传道全集》，《道藏精华》第一卷之二，第122页。
② 《紫文行事诀》，《道藏》第33册，第502页。

解得花开结结子，
何愁丹桂不成丛。

并且写了解词进一步解释到："一日十二时，两日半总三十时辰，盖女人月信来止解两日半。假如初一日子时月信来，数至初三日巳时是也。当此美之，落红将尽，乃是月信行至二十八九时也。佳期指阴阳交娠也。盖此时子宫开而纳精也。金水即月信。若过此子宫已闭，而不纳精矣。若金水有过不及者，是血脉不调，宜服后各症药饵也矣。"①

其二，反对不科学的婚配交合。《三元延寿参赞书》云："建平孝王，妃姬等皆丽，无子。择良家未算笄女入内，又无子。问褚澄曰：求男有道乎？澄曰：合男女，必当其年。男虽十六而精通，必三十而娶；女虽十四而天癸至，必二十而嫁，皆欲阴阳完实，然后交合，合而孕，孕而育，育而子壮，强寿。今也不然，此王之所以无子也。王曰：善。未再朞，生六男。"② 这里突出了"合男女，必当其年"，认为种子受胎有科学的时间。陈自明《妇人大全良方》云："薛乙曰：经水断后一二日，血液始净，精不胜血，感者成男，四五日后，血脉已旺，血不胜精，感者成女。盖父精母血，由感而会，精之施也。血能摄精故成男，此万物资始于前无也。血之行也，精不能摄故成女也。"《紫闺秘书》也是详细谈到了胎儿孕育的具体细节：

盖阴阳合璧，适有其时，男女受形，各从其候。凡女子经后六日内交者，若阴血先至，阳精后冲，血开裹精，精人为骨，则成男胎。若阳精先至，阴血后恭，精开裹血，血人为本，则成女

① 杏溪浣香主人：《紫闺秘书》，手抄本，第5页。
② 《三元延寿参赞书》，《道藏》第18册，第526—557页。

胎。[1]

其三，有认为生子或多子有遗传因素的思想。《后汉书·冯勤传》记载冯勤曾祖父有八子，“兄弟形皆壮伟，惟勤祖父偃不满七尺，常自耻短陋，恐子孙之似也，乃为子伉娶长妻，生勤劝，长八尺三寸”。

那么以今天的眼光如何看待这些种子受胎的观点呢？我们只能遗憾的看到，这些观点正好与现代科学的常识相反。因为妇女排卵一般是在月经周期的中段，在这时性交才能受孕并种子成功。但古人所笃信的“月经后三（五）日”受孕怀胎，正好是现代“安全期避孕法”所认为的没有受孕之虞的日子。我们在这里可以以顾炎武晚年纳妾求子失败的例子来说明古人这种思想的科学性。下面引述著名学者顾炎武在《亭林文集》卷六“规友人纳妾书”中的自述：

> 炎武年五十九，未有继嗣，在太原偶遇傅青主，浼之诊脉，云尚可得子，劝令置妾，遂于静乐买之。不一二年而众疾交侵，始思董子之言，而瞿然自悔。立侄议定，即出而嫁之。[2]

在这段资料里，顾炎武的顾问是大名鼎鼎的道教医学家傅山。而傅山是何许人也？一般认为傅青主或丹亭真人即是道门隐山派中人，著有《丹亭真人玄谈集》、《傅青主女科》等书，因而是一位著名道医。[3] 而傅山在传世至今的名著《傅青主女科》里，同样是坚定地认为月经后三五日后交而有子。顾炎武纯粹是为了给家族求子才纳妾性交的，结果不但孩子没怀上，“不一二年而众疾交侵”，事与愿违。这就充分说明古人关于受孕日期的思想，在今天看来还值得商榷。

---

① 杏溪浣香主人：《紫闺秘书》，手抄本，第6页。

② 顾炎武：《亭林文集》，《续修四库全书》第1402册，上海古籍出版社，1997年，第398页。

③ 详见盖建民：《道教医学》，宗教文化出版社，2001年，第257—257页。

古人也已经认识到了胎儿发育的各个阶段。例如马王堆汉墓帛书《胎产书》云：

> 一月名曰留（流）刑……二月始膏……三月始脂……【四月】而水受（授）之，始乃成血……五月而火受（授）之，乃始成气……六月而金受（授）之，乃始成筋……七【月而】木受（授）【之，乃始成骨】……八月而土受（授）【之，乃始成肤革】……【九月而石授之，乃始成】豪（毫）毛……十月气陈□□，以为□。①

《胎产书》对于胎儿十个月的形成过程做了详细的描述。同样，道教中也有相同的思想认识。《九皇新经注解》曰：

> 一月生胞，二月生胎，三月生魂，四月生魄，五月生脏，六月生腑，七月开心七窍，八月八景生神，九月九窍开通，十月形神坚固。②

《太上说六甲直符保胎护命妙经》亦云：

> 天尊告真人曰："夫天地媾精，阴阳布化，父母和合，人乃受生。始一月胞精血凝，二月胎形兆胚，三月阳神为魂，四月阴灵定魄，五月分藏安神，六月定腑滋灵，七月开窍通光，八月神具降灵，九月宫室罗布，十月炁足成象。然后百神具体，始乃降生。③

《太平经》对于孕育过程概括道：

---

① 马王堆汉墓帛书整理小组：《马王堆汉墓帛书（肆）》，第136页。

② 《九皇新经注解》，《藏外道书》第4册，第92—105页。

③ 《太上说六甲直符保胎护命妙经》，《道藏》第1册，第878—891页。

又人生皆含怀人气具乃出，头圆……足方……四支……五藏……耳目口鼻……人生皆具阴阳，日月满乃开胞而出户。[①]

那么，胎儿为何须满十个月后才出生呢？《太平经》卷93《国不可胜数诀》还从易学数术、天人感应等角度对于十月怀胎给予了深入的解释：

一凝成人。天有上下八方，故为十也。又有五方，各自有阴阳，故数十也。下因地也，一下因地者，数俱于十乃生，故人象人数，至十月乃生也。一者，正是其施和洞洞之时也。已爱施者，反当象人数，十月乃出，故数终于十。[②]

我们可以看出，《太平经》对于胎儿为何满十个月才出生采取的是阴阳术数的解释法则。《太平经》还直观的表达了胎儿的体位："故凡怀妊者，在头下足上，中腹而居，微在中和之下。"[③] 引文中"头下足上，中腹而居"，说明《太平经》认为胎儿的孕育是在人体"头下足上"的"中腹"位置，即母体的中央部位子宫之内着床发育，而且，胎儿在子宫中的姿势是头下脚上的倒悬姿态。今天看来这一思想与现代科学不谋而合。《太平经》进一步论述了这种胎位的合理性。其曰：

甲子，天正也，日以冬至初还返本。乙丑，地正也，物以布根。丙寅，人正也，平旦人以初起，开门就职。此三者，俱天地人初生之始，物之根本也。初生属阳，阳者本天地人元气。故乾坎艮震，在东北之面，其中和在坎艮之间，阴阳合生于中央。

---

① 《太平经合校》，第676页。
② 同上，第392页。
③ 同上，第676页。

……阳合者生于最先发去，出其形气，投于他方者，此主天地人三气初生之处，物之更始，以上下不可有形杀气居其中也。①

这种解释，仍然不能摆脱道教很多经典中所采取的阴阳八卦术数的路子。当然，这也是当时人们思维水平和认识水平的真实反映而已。

另外，《太平经》还对男女生殖器官的功能和特性做了详尽的阐述：

> “然，夫天名阴阳男女者，本元气之所始起，阴阳之门户也。人所受命生处，是其本也。故男所以受（授）命者（所以受命者，指阴茎），盈满而有余，其下左右，尚各有一实（指睾丸）。上者（阴茎）盈满而有余，尚常施与下阴（女性生殖器），有余积聚而常有实。上施者应太阳天行也，无不能生，无不能成；下（睾丸）有积聚，应太阴，应地，而有文理应阡陌，左实者应人，右实者应万物。实者，核实也，则仁好施，又有核实也，故阳得称尊而贵也。子知之耶？”
>
> “阴为女，所以卑而贱者，其所受命处，户空而虚，无盈余，又无实，故见卑且贱也。本名为阴阳男女者，此二事也。其一身上下既尽，无名者也。本名阴阳，以此二事分别之也。念女之头目面耳支（肢）体，俱与男等耳；其好善尚乃或好于男子，而反卑贱者，此也。男子，其头面肢体，其好善不及女也，而名尊且贵者，正以此也。”②

这种思想虽然意在宣传“男尊女卑”，但却间接地透露出了该书

---

① 《太平经合校》，第676页。

② 同上，第386—387页。

对男女的生理学知识有了一定的思想认识，而这也对于进一步了解生育的过程是有帮助的。《太平经》认为生育的本质就是男施女养：

> 今女之妊子，阴本空虚，但阳往施化实于阴中，而阴卑贱畏阳，顺而养之，不敢去（弃）也。阳乃天也，君也；阴乃地也，臣也。故重尊敬阳之施，因而养之而不敢去也。子欲知其实，比若君王有客，托于小家，小家养之不敢去也，客亦遂得肥巨成人，□□（疑补：阴养）正此也。今俗者言，阳生阴成，但阴随而养成阳实也。①

道教思想中，还提出了男女相悦以促进生育的独特观点。例如《太平经》在《苦乐断刑罚诀》中讲到：

> 人莫不悦乐喜，阴阳和合同心为一家，传相生，凡事乐者，无有恶也。凡阴阳乐，则生之始也，万物所受命而起也，皆与人相似。男女乐则同心共生，无不成也。不乐，则不肯相与欢合（交媾）也，怒不乐而强欢合，后皆有凶。②

还有通过符咒让夫妇相悦和合而生育的巫术，民间非常之多，它们大多都是道家民间化的产物。例如有夫妻和睦符咒曰：

> 普庵祖师敕乾男年月日时和合，扶起女人妻子来合时刻来合，我身时时刻刻合我心阴阳来和合，天地日月来和合，和合仙师来和合，和合童子来和合，和合仙师和合童子到此急急律令敕。③

道教中还把冬季看做是符合天道的主生育繁衍后代的季节。《太

---

① 《太平经合校》，第387—388页。
② 同上，第389页。
③ 张劲松：《中国鬼信仰》，中国华侨出版公司，1991年，第176页。

平经》在《治天为三时念道德诀》中谈到：

然，天有四时三部，朝主生，昼主养，暮主施。故东南生，西南养，西北施。故人象天为行，以东南种而生之，西南养而长之，仲秋已往，夏（杨释为冬）内居嫁娶而施传类（繁衍后代），此皇天自然教令也。故人民嘿自随之，理能常象此者，即得天意矣；不能象此，名为逆天教令，故多伤也。伤少（小）则春物伤，伤丁壮则夏物伤，伤老即秋物伤，伤怀妊即冬物伤，此自然之法也。古者圣王，常思念天道而行，不敢失铢分矣。①

"夏（即冬）内居嫁娶而施传类，此皇天自然教令也。"《太平经》认为冬天是主导结婚嫁娶和繁衍后代的季节，并认为这是法天取象、顺天承命的法则。我们可以大胆推测，这是农业社会人们冬天相对没有农忙，比较清闲，从而有时间婚嫁繁衍所采取的一种阴阳术数的论证而已。

胎儿之孕育非常重要，道教中有专门祈求神灵让胞胎迅速孕育的符咒，在《灵宝领教济度金书》卷 279 中讲到：

胞符敕咒

北帝元君六洞阴神九皇内符暘谷有灵司命司录天洞统兵符招秋夫速成胞形急急如

高上神霄玉清真玉律令

唵比皮薄义吒铃那野诃摄急急

胎符敕咒

扶桑有敕太阴内扶日月二主十二宫神四方力士揭帝将军手执符命急招寅和疾速成形急急如

① 《太平经合校》，第 163 页。

高上神霄玉清真玉律令

曲曲微垣娑伽抹低敕急急

右符红素朱书呼胎神名舍生君字寅和摄掐辰文乃本命诀取元辰炁布入[①]

这两道“胎符敕咒”，都命令神灵早日“速成胞形”，“疾速成形”，并配有咒语，反映了道教对于胎儿形成的关切及其禳解思想。

二 道教对性生理发育和生育理想年龄的认识

古人认为最佳生育时机应选择在双亲的精力和体力都处于最旺盛的年龄段，所以《礼记·曲礼上》曰：“三十曰壮，有室。”就男性而言，三十岁乃属生儿育女的黄金期。《素问·阴阳应象大论》言：“年四十，而阴气自半也，起居衰矣；年五十，体重，耳目不聪明矣；年六十，阴萎，气大衰，九窍不利，下虚上实，涕泣俱出矣。故曰：知之则强，不知则老，故同出而名异耳。”[②] 马王堆汉墓竹简《天下至道谈》亦云：“行年卌而阴气自半也，五十而起居衰，六十而耳目不葱（聪）明，七十下枯上涚（脱），阴气不用，深泣留（流）出。”[③]

而关于男女性生理的发育与生育的关系最经典的思想非《黄帝内经》莫属。《黄帝内经素问补注释文》之《上古天真论篇》谈到：

帝曰：人年老而无子者，材力尽邪？将天数然也？岐伯曰：女子七岁，肾气盛，齿更发长。二七而天癸至，任脉通，太冲脉盛，月事以时下，故有子。三七，肾气平均，故真牙生而长极。

---

① 《灵宝领教济度金书》卷279，《道藏》第8册，第463页。

② 郭霭春：《黄帝内经素问校注语译》，天津科学技术出版社，1999年，第37页。

③ 马王堆汉墓帛书整理小组：《马王堆汉墓帛书（肆）》，第164页。

四七，筋骨坚，发长极，身体盛壮。五七，阳明、脉衰，面始焦，发始堕。六七，三阳脉衰于上，面皆焦，发始白。七七，任脉虚，太冲脉衰少，天癸竭，地道不通，故形坏而无子也。丈夫八岁，肾气实，发长齿更。二八，肾气盛，天癸至，精气溢写，阴阳和，故能有子。三八，肾气平均，筋骨劲强，故真牙生而长极。四八，筋骨隆盛，肌肉满壮。五八，肾气衰，发堕齿槁。六八，阳气衰竭于上，面焦，发鬓颁白。七八，肝气衰，筋不能动，天癸竭，精少，肾藏衰，形体皆极。八八，则齿发去。肾者主水，受五藏六府之精而藏之，故五藏盛，乃能写。今五藏皆衰，筋骨解堕，天癸尽矣。故发鬓白，身体重，行步不正，而无子耳。帝曰：有其年已老而有子者何也？岐伯曰：此其天寿过度，气脉常通，而肾气有余也。此虽有子，男不过尽八八，女不过尽七七，而天地之精气皆竭矣。①

为何《黄帝内经》中女子以七的倍数，男子以八的倍数来论证其发育呢？“老阳之数极于九，少阳之数次于七，女子为少阴之气，故以少阳数偶之”“老阴之数极于十，少阴之数次于八，男子为少阳之气，故以少阴数合之”。② 女子到了十四岁始性生理发育成熟，月经始至，这时和合方能孕育胞胎。“肾气全盛，冲任流通，经血渐盈，应时而下，天真之气降，与之从事，故云天癸也。然冲为血海，任主胞胎，二者相资，故能有子。所以谓之月事者，平和之气，常以三旬而一见也。”③ 王冰在对女子在十四岁性生理发育成熟而能生育注解时说：“然冲为血海，任主胞胎，二者相资，故能有子。”男子到了十

① 《黄帝内经素问补注释文·上古天真论篇》，《道藏》第21册，第5—7页。
② 同上。
③ 同上。

六岁时，性生理发育成熟，“男女有阴阳之质不同，天癸则精血之形亦异，阴静海满而去血，阳动应合而泄精，二者通和，故能有子。《易·系辞》曰：男女构精，万物化生。此之谓也。”① 女子到了七七四十九岁时，月经完全停止，“形坏而无子也”，因为“经水纯止，固定为地道不通。冲任衰微，故云形坏无子”②，王冰注释道：“经水纯止，固定为地道不通。冲任衰微，故云形坏无子。”所以这时生育能力基本结束。男子到了八八六十四岁时，五脏皆衰，精子生育能力消失殆尽，所以基本无子。此后即使偶尔有子，因为父母双方均不是在生育最佳年龄孕育，“所禀天真之气，本自有余也”，禀气虚弱，所以孩子体质极弱，夭命很短。

道教正是基于对男女性生理的相对科学而详尽的认识，因而提出了适合生育的理想年龄。《太平经》在《阴阳施法》第九十一对此提出了深刻见解，如《钞》丁部《阙题》云：

> 人生备具阴阳，动静怒喜皆有时，时未牝牡之合也，是阴阳当主为生生之效也。天道三合而成，故子三年而行。三三为九，而和道究竟，未知牝牡之合，其中时念之，未能施也。天数五，地数五，人数五，三五十五，而内藏气动。四五二十，与四时气合而欲施，四时者主生，故欲施生。五五二十五，而五行气足而任施。五六三十而强，故天使常念施，以通天地之统，以传类。会三十年而免，老当衰小，止闭房内。③

在这里，“时未牝牡之合也”之“未”字当做“来”解。这段文字大意是说，男子而十岁始生欲望渴求与异性交接，但二十五岁后方

---

① 《黄帝内经素问补注释文·上古天真论篇》，《道藏》第21册，第5—7页。

② 同上。

③ 《太平经合校》，第217—218页。

可行交媾生育，至三十岁时体质达到颠峰，此时交配得子之概率最高。尔后三十年即六十岁时，乃当停止交媾，因年老体弱，将不利于子嗣的身体资质。《太平经·兴帝王篇》强调男子除了把握好自身的最佳生育年龄外，还应注意把握女子的最佳生育年龄。其曰：

但施不得其意耳。如令施其人欲生也，开其玉户，施种于中。比若春种于地也，十十相应和而生。其施不以其时，比若十月种物于地也，十十尽死，固无生者。真人欲重知其审，今无子之女，虽日百施其中，犹无所生也；不得其所生之处，比若此矣。是故古者圣贤不妄施于不生之地也，名为亡种，竭气而无所生成。①

天师以耕作播种为喻，说明男子应注意把握女子的最佳生育年龄，当女子处于玉户张开的生育年龄时，应及时与之交合。如果与超过了生育年龄的老年女子交合，白费气力。同样的思想亦见于《医心方》卷28《房内部·求子》中，其引《玉房秘诀》曰："若夫妇俱老，虽生化有子，皆不寿也。"② 老而要么无子，即使有子也是因为所禀资质柔弱，而容易短寿夭折。

《黄帝内经》还从人的生理发育过程的角度对人体的生长发育规律做了更为具体的认识，它对人体生长发育的各个年龄发阶段讲解道：

黄帝曰：其气之盛衰，以至其死，可得闻乎？

岐伯曰：人生十岁，五藏始定，血气已通，其气在下，故好走。二十岁，血气始盛，肌肉方长，故好趋。三十岁，五藏大

---

① 《太平经合校》，第733页。

② ［日］丹波康赖：《医心方》，第648页。

定，肌肉坚固，血脉盛满，故好步。四十岁，五藏六府十二经脉，皆大盛以平定，腠理始疏，荣华颓落，发颇班白，平盛不摇，故好坐。五十岁，肝气始衰，肝叶始薄，胆汁始灭，目始不明。六十岁，心气始衰，苦忧悲，血气懈惰，故好卧。七十岁，脾气虚，皮肤枯。八十岁，肺气衰，魄离，故言善误。九十岁，肾气焦，四藏经脉空虚。百岁，五藏皆虚，神气皆去，形骸独居而终矣。①

这种认识显然是建立在长期的观察研究的基础之上的，因而有很大的科学性。孙思邈还对婴儿的成长过程做了清晰的描述：

凡生后六十日瞳子成，能咳笑应和人；百日任脉成，能自反覆（一作百五十日）；百八十日尻骨成，能独坐；二百一十日掌骨成，能匍匐；三百日膑骨成，能独立；三百六十日膝骨成，能行。此其定法，若不能依期者，必有不平之处。②

总之，道教经过长期的观察思考，对人体性生理乃至生长发育的各个阶段有着清晰的认识，对于适合生育的理想年龄也做出了探讨，而这些认识，都有一定的科学性。

三　子嗣之性别选择

古人对于子嗣性别之选择理论有其独特见解。马王堆汉墓帛书《胎产书》云：

禹问幼频曰：我欲埴（殖）人产子，何如而有？

---

① 《黄帝素问灵枢集注·天年》，《道藏》第21册，第435页。

② 孙思邈：《孙真人备急千金要方》，《道藏》第26册，第96页。

> 幼频合（答）曰：月朔已去汁口，三日中从之，有子。其一日南（男），其二日女殹（也）。①

这是说，欲怀孕产子可于月经净后的三日内交媾。第一天交媾可生男孩，第二天生女孩。这一观念被后代医书多有承袭。如《洞玄子》曰："凡欲求子，候女之月经断后，则交接之。一日、三日为男，四日、五日为女；五日以后，徒损精力，终无益也。"② 又《备急千金要方·房中补益》也说："若欲求子者，但待妇人月经绝后一日、三日、五日，择其王相日，及月宿在贵宿日，以生气时夜半后乃施泻，有子皆男，必寿而贤明高爵也。以月经绝后一日、四日、六日施泻，有子必女。过六日后勿得施泻，既不得子，亦不成人。"③ 无论汉帛中一日为男、二日为女，或是隋唐医书中一三五为男、二四六为女，其观念都是以奇数代表阳，偶数代表阴；故奇日种子为男，偶日种子为女，因而可以断定，这是深受阴阳术数思想影响的结果。此外，《胎产书》又有通过载埋胞衣法来决定男女性别。其曰："字而多男毋（无）女者而欲女，后□□□□包（胞）鲤（埋）阴垣下。多女毋（无）男，亦反〈取〉【胞】鲤（埋）阳垣下。一曰：以甗衣约包（胞），鲤（埋）之。"④ 这是说，将胞衣埋于不同位置可决定下一胎婴儿之性别。若埋于背阴的墙垣下，生女；埋于向阳的墙垣下，生男。当然，这是一种古老的巫术。

《道藏》中亦载有性别判断的相关思想。《太平经》卷九六《忍辱

---

① 马王堆汉墓帛书整理小组：《马王堆汉墓帛书（肆）》，文物出版社，1985 年，第 136 页。

② ［日］丹波康赖：《医心方》，第 648 页。

③ （唐）孙思邈著，李景荣等校释：《备急千金要方校释》，第 950—951 页。

④ 马王堆汉墓帛书整理小组：《马王堆汉墓帛书（肆）》，第 137 页。

象人地至诚与神相应大戒》云："受阳施多者为男，受阴施多者为女"。[①] 即是说受孕的胚胎中阳性成分多者为男孩，阴性成分多者为女孩，这反映了汉代人对男女性别之形成机理的认识。《医心方》引《玉房秘诀》亦云："阳精多则生男，阴精多则生女。"[②] 而孙思邈在《孙真人备急千金要方》中则讲到了所怀男女性别的诊断办法。其曰：

> 论曰：何以知妇人妊娠？脉平而虚者，乳子法也。经云：阴搏阳别，谓之有子，此是血气和调，阳施阴化也，诊其手少阴脉动甚者妊子也。少阴心脉也，心主血脉，又肾名胞门子户，尺中肾脉也，尺中之脉，按之不绝，法妊娠也，三部脉沈浮正等，按之无绝者有娠也。
>
> 妊娠初时寸微小，呼吸五至三月而尺数也。妊娠四月，欲知男女者，左疾为男，右疾为女。左右俱疾，为产二子。又法左手沈实为男，右手浮大为女。左右手俱沈实，为生二男。俱浮大为生二女。尺脉若左偏大为男，右偏大为女。左右俱大，产二子。大者如实状，又法左手尺中浮大者男，右手尺中沈细者女。若来而断绝者，月水不利。又法左右尺俱浮为产二男，不然女作男生。俱沈为产二女，不尔男作女生。又法得太阴脉为男，得太阳脉为女，太阴脉沈，太阳脉浮，又遣妊娠人面南行，还复呼之，左回首者是男，右回首者是女。又看上圊时，夫从後急呼之，左回首者是男，右回首者是女，又妇人妊娠，其夫左乳房有核是男，右乳房有核是女。[③]

孙思邈认为通过脉搏，不但可以判断女子是否怀孕，而且可以判

① 《太平经合校》，第424页。

② ［日］丹波康赖：《医心方》，第531页。

③ 孙思邈：《孙真人备急千金要方》，《道藏》第26册，第43页。

断所怀男女的性别和数量。《黄帝龙首经》中亦有《占怀孕为男为女法》第五十六：

正日时，视时下之辰，与今日比者男。假令甲日时加午，甲午为比，比者生男。

假令今日甲时加未，未为时下之辰无甲未为不比，生女无疑也。

又一法，以天罡占之，天罡加阳为男，加阴为女。旧说云：传送加夫本命，妇人游年上得阳神为男，得阴神为女。①

在明清流传甚广，署名杏溪浣香主人的《紫闺秘书》也讲到了占男女诀：

双岁是双单是单，
乾坤交住两头安。
中间正位玄机事，
产女生男在此间。

并且进一步解释道："上爻为父，下爻为母，中间正位为下种之月。假如父母年俱是单，若单月下种，是得乾卦，为男。父母年俱是双，若双月下种，是得坤卦，为女。余皆仿此。下种之月，以得节气为准。若正月内得二月节，作二月算。若节气交度之际，慎不可交接下种。犯之恐成半阴半阳，损胎夭折也。慎之慎之。"而且，该书还提到了在我国古代流传甚广的一个占男女诀：

七七四十九，
问娘何月有。

① 《黄帝龙首经》，《道藏》第32册，第155页。

除却母生年，
单奇双是偶。
奇偶若不常，
寿命不长久。

该书更进一步举例予以解释：“先下四十九数于算盘，乃加上其母受胎之月数，总之得多少数，是总数中除却母年，单是男，双是女。若单而生女，双而生男，定有夭折之灾。假如，七七四十九数，若值正月受胎，是总数五十。其母年三十一，除都母年，此数是余一十九数。九则为单。单则为男矣。余皆仿此。”[①]

在道教的《灵台经》“飞配诸宫第十”中，通过观测星象来占测男女性别甚至子嗣数量：

白日从木至月，夜生反此，从东出配之善星守之，长命；恶星见之，夭折。但见木月，有寿。若木逆月在同宫末，则短寿……又若生男，后三日及九日，月至火守处。生女，七日后月至土守处，必主撮口，夜生尤甚妙。右寿命官。

昼夜从木至土，从东出配之。若其中有善星，必生好男女。有恶星，必生妨害。如自东出，至加临所至之宫，其中所经历者星跃，是女数。如先见阴星，首生是女。先见阳星，首生是男。以善星为淑善之男，以恶星为凶暴之子。以伏逆为伤害也，以阴阳星定男女力。右男女官。

昼夜从火至木，东出配之。如行年上有金木到，此必有男女。又木到火金元守，有子。又行年至木金元守，火到本元守，亦有子。又土与金水对，少子。若金月与恶星同在翻复，宫绝

① 浣溪杏香主人：《紫闺秘书》，第30页。

> 闹。若星在阳宫，生时属阴，又在双女身官，主双生。如增修宫在高位见月，即男女易养。若金在阴阳宫第二分，绝男女，主不生养。右生育宫。
>
> 昼夜从日至木，东出配之，在有力之位，善星临照，即有好男女。若被恶星克之，即少子难养，有少亦妨之。右男宫。①

这种通过星象决定生育男女的思想非常之独特。而《钟吕传道集》的观点代表了绝大多数道教和中医著作的男女性别观点：

> 钟曰："父母之形交，父精先进而母血后行，血包于精而为女。女者，内阳而外阴，以象母，盖以血在外也；若以母血先进而父精后行，精包于血而为男。男者，内阴而外阳，以象父，盖以精在外也。所谓血者，本生于心而无正阳之气。所谓精者，本生于肾而有正阳之气。"②

即它们大都认为父精与母血的先后顺序与包裹层次决定了男女的性别。

总之，中国古代和道教典籍中这种男女性别的判定办法及其巫术禳解，在今天我们都要以批判继承的眼光予以看待。因为，在文明理性的今天，人们更多的认为生男生女一样。也就是说，人的全面发展决定了子嗣之性别选择再也没有古代那样显得重要。

四　祈男法术

宗法制的古代社会，一直把男性看做是家庭家族的合法继承人。

① 《灵台经》，《道藏》第5册，第22页。

② 《钟吕传道全集》，萧天石主编《道藏精华》第一卷之二，第138页。

基于这样的社会基础，因而形成了种种祈男巫术，甚至换胎巫术。民俗文化中，这样的思想资料甚多。张华《博物志》卷十曰："妇女行娠未满三月，著婿衣冠，平旦左绕井三匝，映祥映而去，勿反顾，勿令人知见，必生男。"① 敦煌出土文书中也有一种换胎术，"凡人纯生女，隐始六十日，取弓弦，烧作灰，取清酒服之，回女为男。"也有来佩萱或所谓男钱来求子的。《太平御览》卷九九六《本草经》曰："萱，一名忘忧，一名宜男，一名歧女。"② 祈男巫术也常见于诞儿礼和洗三礼中。《东京梦华录》卷五《育子》：洗儿时，丢钱、枣于盆内，"盆内有立枣儿，少女妇争取而食之，以为生男之征"。③ 这里取枣谐音"早"，钱谐音"男"之义。还有一种秘密贴于妇女房中的宜男歌。《晒书堂笔记》记载道："或传宜男歌云：'五更风结桃花实，二月春深燕子飞'，用红贴纸一枚，勿念妇人鸡犬见，择其有年德多子孙之人，每一气书一字，向夫妇房中所常坐卧处最上头沾着，沾时勿令妇人知也，士大夫好事者，诚之多有验。"葫芦以其多子而历来被视为祈男首选。《日下旧闻考》卷一四八《风俗》："京师八月秋社，各以社糕社酒相馈送，贵戚宫院多切肉和蔬菜果脯于饭上，谓之'社饭'。人家妇女皆归外家，姨舅辄以新葫芦贴之，云宜外甥。"而在江南佛教盛行的地方则相信以"翻经会"祈男。《中华全国风俗志》下篇卷三《江苏》记载道："又六月六日，诸丛林各以藏经曝烈日中，僧人集村妪，为'翻经会'，谓翻经十次，他生可转男身。"④

中国民间最重要的一种祈男方式就是拜神求子，这种方式从远古就开始了。古人有祷于高禖、祷于尼山的记载。后来由于各个地区信

① （晋）张华：《博物志》，中华书局，1980年，第275页。
② （宋）李昉等撰：《太平御览》，中华书局，1960年，第735页。
③ （宋）孟元老：《东京梦华录注》，中华书局，1982年，第237页。
④ 《中华全国风俗志》，上海书店，1986年，第374页。

仰不同，各有各自信奉的神灵。大致说来，北方祈子于碧霞元君，南方祈子于送子观音，闽粤祈子于金花娘娘和临水妇人，也有祈子于全知全能的妈祖的。古人很早就向自己所信奉的神灵祈子求子。清代顾铁卿在《清嘉录》中“观音生日”一条注释道：“十九日（二月）为观音诞辰，女士骈集殿庭炷香，或施佛前长明灯油，以保安康，或供长幡，云：求子得子。既生小儿，则于观音座下皈依寄名，可保长寿。”关于向神灵祈子的信仰，我们将在第五章“道教生育神灵信仰的内容、嬗变及其社会影响”中详细探讨，在此稍做交代而已。那么道教中除了向生育神灵祈祷外，还有哪些祈子的法术呢？我们将从符咒祈子、上奏章表祈子和斋醮科仪祈子三个方面。来详细论述道教中常见的祈男巫术。

（一）符咒祈子

道教中有很多求子的符咒，企图借助于神灵的超自然的外在力量来保佑那些饱受无子痛苦煎熬的人，让他们通过虔诚的信仰和符咒的禳解来求得子嗣。例如：在《太上老君混元三部符》卷下，有求子安胎符二十八道，首先是十四道求子符（实际上只有十三道符——作者注）：

求子安胎符二十八道：

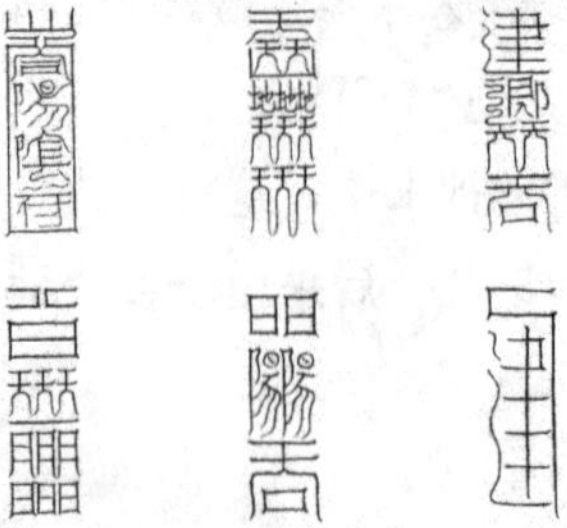

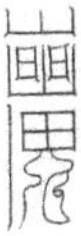    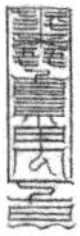 

已上十四符无子吞之吉

妊娠转女为男吞之大吉

妊娠三月书佩两胁下得男吞之吉

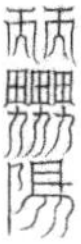妊娠三月书佩胁下得男又吞之大吉

妊娠三月服符转女为男大吉

无子朱书黄素以庚子日佩之大吉

妇人自悲哀不乐乏儿子啼哭如狂书绛五寸系臂或安卧处

大吉利①

我们可以看到，除了祈求法力帮助怀孕之外，在一系列求子符中，还有专门强调求男嗣、转女为男的符，“妊娠三月书佩两胁下得男吞之吉”。也有求子的同时，安抚因无子嗣而悲痛欲绝的妇女的，“妇人自悲哀不乐乏儿子啼哭如狂书绛五寸系臂或安卧处大吉利”。②

道教为了帮助有些人家求得子嗣，还往往举行专门的斋醮科仪法术，《灵宝领教济度金书》卷274就收录了这样的祈嗣斋醮符箓：

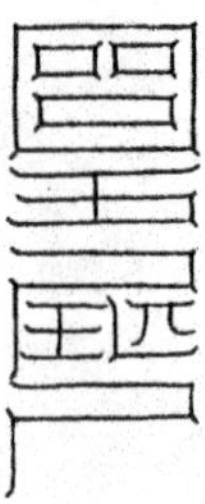
转阴成阳生贵子符

得贵子符

生贵子符

保胎生子符

保生贵子符

保胎及转女为男符③

而民间流传的求子符咒多不胜举，它们基本都是道教民间化的产物。我们可以通过两例窥见一斑。

其一：使不育妇女在庚日或辰日面向正东站立，口中念咒语三

① 《太上老君混元三部符》，《道藏》第11册，第644页。
② 同上。
③ 《灵宝领教济度金书》卷274，《道藏》第8册，第411页。

次："天精地精，雨结成人；天气下降，一物成形，各保安宁。"然后由施术者判符，并将所判之符与香木一起火化后令该妇吞服。

其二：用朱砂二钱，猩红二钱，鸡血二钱，溶合后，在五色绸缎上判符。判符时念道："天圆地方，律令九章，神将感应，小孩吉昌。谨请：南斗六郎、北斗七星、太上老君，急急如律令。"然后用生铁四两，折柳木四两，三家（以有儿为条件）院内土一升，新筷子一根，小儿鞋一双，裹肚一个，茅香一两，安息香三钱，青石、白石各一块同埋于卧室门槛下。同时在该妇梳妆所用的镜子上，画一小儿头符即可。

（二）上奏章表祈子

除了符咒，道教运用最多的祈男之术，就是通过向神灵上奏章表来忏悔罪过，禳解罪孽，从而实现生育子嗣的梦想。例如：由林灵真编著的《灵宝领教济度金书》卷302在"表榜规制品"中有"祈嗣谢过宜男表"：

> 祈嗣谢过宜男表
>
> 具位臣姓　某上言，今月某日，为某崇建某斋几昼夜。祈求贤桐，以续箕裘，谨具表奏闻者。
>
> 臣伏以乾坤孕粹，肇凝紫户之生根。离坎媾精，端结黄房之命蒂。九炁致唱恭之妙，三元昭敬诺之玄。期十月以周圆，藉九光而照耀。俯婵素悃，仰渎清崇。臣诚惶诚恐，稽首顿首。伏念斋主某，幸忝宿缘，明承余庆。宗祊望重，未开熊梦之祥。门户托深，莫产麟儿之瑞。惧夙衍之尚滓，或新障之难清。金井数中，火土计罗而守限。银河局内，刑害孤寡以临身。期藉天休，僮从人欲。
>
> 恭惟太上元形元名虚无自然至真大道元上元尊金阙玉陛下。范围八极，纲纪九霄。化雨涵濡，御方舆而莫际。仁风披拂，穷圆盖以无垠。愿鉴愚衷，曲回圣造。即俾某妻室某，胞胎凝结，

荣卫调和。五帝监生，仙灵执符而勒藉。九天称庆，圣真定算以卫房。诞福德智慧之男，膺富寿康宁之喜。母子昌泰，宗族欢荣。允昭覆育之恩，实拜生成之惠。臣下情无任激切之至，谨奉表奏以闻谨言。

年　月　日具位臣姓　某上表①

这则“祈嗣谢过宜男表”从前到后，都表达了祈求男嗣的殷切心情。希望“胞胎凝结”，“诞福德智慧之男，膺富寿康宁之喜。”从而“以续箕裘”，传宗接代。《道法会元》卷一九三则以“求嗣家书”“祈桐斗表”“太乙火府”向神灵请求禳解形煞生育男嗣。我们先看“求嗣家书”：

求嗣家书

具位嗣教第几代孙姓某，惶恐顿首稽首，再拜上申祖师中天枢相伏魔许真君几前。某不避斧诛，侪陈丹恳，谨据某词称为某事。本命年月日时生，上属北斗某星君主照。切谓祖宗付托，子孙为重，切虑夫妻命中，或临三刑六害，或值寡宿孤辰，子息难育，无后可忧，投丐奏告事。得此，照得来词求嗣以绍祖宗，不敢拒抑，克取今月某日夜就某处，拜奏朱表一通，上闻斗极。特为某夫妻解除星煞，丐赐男嗣。今先发笺奏一函，重封印全，谨上诣北斗九皇尊帝君圣前呈进。伏望师慈，允臣所奏，恭请圣旨，颁降斗中三官五帝，九府四司，解二十四厄灵官，岳府掌子孙等案，城隍社令，合干去处，特为某赦有宿衍，解禳刑煞，布正真之炁，灌胞胎之命元。流衍庆基，早符熊梦。如蒙师允，即赐咸通。干冒师严，某下情无任战栗祈恩俟命之至。谨书。

① 《灵宝领教济度金书》卷302，《道藏》第8册，第639页。

年　月　日具位嗣教几代孙姓某上书[①]

这则“求嗣家书”请求神仙许真君，禳解夫妻命中所遭受的“三刑六害”，“寡宿孤辰”，从而为其“解除星煞，丏赐男嗣”，不负祖宗重托。再看“祈桐斗表”：

祈桐斗表

具位臣姓某诚惶诚恐，稽首顿首，再拜上占言：臣闻无后为不孝之大者，古人格言；秉彝其好德之民乎，天道明察。臣谨据入意。得此，切照某祈求男嗣以绍祖宗。臣领词难抑，取今月某日夜就某处，拜奏朱表一通，上闻斗真，恭祈恩力，锡以嗣缘，俾得刑煞消除，早符悬愿。谨录事由，须至奏闻者。

右臣诚惶诚恐，稽首顿首。再拜上奏中天大圣北斗九晨上道君几前。恭望圣慈，允臣所奏，持降睿旨，告下斗中三官五帝，九府四司，解二十四厄灵官，岳府掌子孙等案，城隍社令，合干去处，特为某夫妻消让命中三刑六害，孤辰寡宿，辟除天狗之妖，早赐维熊之梦，化度金桥，特生男嗣。恭惟众星拱北，匡瑶阙以植干纲，一炁建中，合玉衡而立人极。夫妇之端既重，父子之伦何偏。以伯道之无儿，悔难追驹；苟燕姞之有分，梦斯得兰。情惟宗纪之期，坛启真灵之祷。伏愿广天地生生之德，运阴阳化化之机。徐氏麟儿感哲人之抱送，谢家宝树，固世系之安荣。干冒宸威，臣下情无任瞻天望圣激切屏营之至。谨奉表奏进以闻。臣诚惶诚恐，稽首顿首再拜。谨言。

年　月　日具位臣姓某表奏

牒子孙案[②]

---

① 《道法会元》卷193，《道藏》第30册，第226页。

② 同上。

这则“祈桐斗表”所求神仙众多，“三官五帝，九府四司，解二十四厄灵官，岳府掌子孙等案，城隍社令”等等，专门为某夫妻消除刑害寡宿，以及传说中吃掉子嗣的天狗，来为其“特生男嗣”，以继香火。我们最后再看“太乙火府”：

> 太乙火府
>
> 谨据某词称本命年月日时生，上属北斗某星君主照。切谓祖宗付托，子孙为重，切虑夫妻命中，或临三刑六害，或值寡宿孤辰，子息难育，无后可忧，投丐奏告事。当职得此，照得来词求嗣以绍祖宗，难以抑远。除已笺奏斗官，书闻师治照应外，合行备躁，请详前事，疾速移文合属，互相知委。应某、夫妻命中或有刑害孤寡，及大小冢讼，征呼复连等厄，一一解散，勿为留难。取托生童小姓名照对，有合得受生人世者，注上生籍，授与某氏身中，感帝真之生炁，灌胞胎之命元。即谐熊梦之祥，早应麟儿之瑞。以孚恳悃，用阐玄风。
>
> 须至牒者。
>
> 右牒上岳府掌子孙案主者照验。
>
> 谨牒。
>
> 年　月　日牒。
>
> 具位　　姓某押。
>
> 祖师中天枢相伏魔真君许。①

这则“太乙火府”也是希望仙真消除夫妻二人命中的形害孤寡，大小诉讼冤狱等等，以早育胞胎，生育男嗣，告慰祖宗。

---

① 《道法会元》卷193，《道藏》第30册，第226页。

（三）斋醮科仪祈子

道教还运用了斋醮科仪来为那些祈求男嗣的人家进行禳解祷告，并伴随这些斋醮科仪的还有行步虚之术。例如，《灵宝领教济度金书》在卷237中有一道完整的“祈嗣科仪”，其中首先写了“宣词”和“重称法位”：

宣词

按如词旨，备极忱悃。臣闻九炁氤氲，结生根于紫户。……为斋主某，拜手虔祈，敷心密祷。即生福德智慧之子，九厄无侵。共享富寿康宁之休，千祥允被。克光宗祖，荣绍门闾。实昭拜于鸿休，庸密符于蚁悃。以今清旦行道，运兹初捻上香。愿此香烟腾空径上，供养无上至真道宝。……

重称法位

具位臣某，与临坛官众等，谨同诚上启无极大道虚无自然元始天尊，太上道君，太上老君，昊天至尊玉皇上帝，紫微天皇大帝，紫微北极大帝，后土皇地祇，南极长生大帝，东极青华大帝，好生丈人真君，九天应元雷声普化天尊，长生保命天尊，福生无量天尊，十方灵宝天尊，十方已得道大圣众，至真诸君丈人，诸天天帝，琼阙高真，玄都玉京、金阙七宝琼台、紫微上宫、灵宝至真明皇道君，上相上宰，上保上傅，四司五帝，十二仙卿，三十六部尊经玄中大法师，三天大圣师，灵宝经籍度三师真君，灵宝官属，三界真灵。臣闻蕃衍螽螽，由祖宗积累之功。昌炽绳绳，皆门户兴隆之兆。或降生而享万钟九鼎，或诞弥而膺五福百龄。夫岂人为，本由天授。故善恶有同于影响，而吉凶若契于鼓桴。冥报昭然，阴条焕若。今斋主某，洗心事帝，洁已瞻天。念嗣续之未谐，恐年龄之易迈。兢兢三省，凛凛九思。虑自无始以来，迨至有生之后。六根造恶，叛纲常而不念人伦。三业构非，践名检而罔知天属。射飞逐走，发蛰倾巢，恣鞭朴以伤胎，纵棰筈而损孕。致罹绝续，莫赎前愆，致命犯孤宿寡辰。或运值地殃天贼，劫伤岁月，刃触日时。遂令熊梦之未符，坐使麟儿之莫兆。匪由帝渥，曷副民衷。是以修斋诵经，烧香行道，忏前非于既往，徼后福于方来。伏冀玄极流恩，紫宸锡羡，脱万劫无名之障累，赐三生有造之机缘。早谐抱送之祥，即协倡随之喜。人中殊胜，自髫龀而无难无灾。善地受生，享期颐而有福有惠。光荣宗祖，庆溢门阑。蒙如恳切之祈，允拜提携之造。上愿三光焕耀，四炁朗清，风雨均调，烟云藏静，阴孛阳蚀，四时无挠于黎元。地疠天灾，八节常安于兆庶。鞠圆扉于青草，静方野于绿林。五苦二途，息水火阴阳之考。九幽八难，绝山林刀剑之忧。动植生生，飞潜化化。则上明天尊大慈之化，下副臣等皈命之诚。谨启以闻。①

在“重称法位”中，首先提到了科仪祈请的诸多仙真，从“元始天尊”到“灵宝官属，三界真灵”达数十位之多。然后申明了其人深恐年迈，“念嗣续之未谐，恐年龄之易迈。”“遂令熊梦之未符，坐使麟儿之莫兆”，因而祈求神灵能“即生福德智慧之子”，以便“克光宗祖，荣绍门间”。然后自我“首过”为“六根造恶，叛纲常而不念人伦。三业构非，践名检而罔知天属。射飞逐走，发蛰倾巢，恣鞭朴以伤胎，纵棰筈而损孕。致罹绝续，莫赎前愆，致命犯孤宿寡辰。或运值地殃天贼，劫伤岁月，刃触日时。”自己平时在人伦道德上有罪孽，需要悔过。最后请求神灵禳解施胎。接着该祈嗣科仪有“午朝行道仪”和“晚朝行道仪”，最后以“重称法位”结束。

上述科仪章表中，都集中分析了导致该人家子嗣难继的原因在于

---

① 《灵宝领教济度金书》卷237，《道藏》第8册，第170页。

其作恶甚多，“纵邪淫而亏忠信，弃廉耻而叛纲常，骂雨呵风，怨天詈地，唾流星而视日月，指飞电而谤虹霓。或轻用深刑，致绝人之祭祀；或妄投毒药，遂杀人之子孙；或用刀兵，而飞潜之胎孕不知。或好屠刽，而鸾鱼之卵巢易破，皆绝后嗣；或冒前愆，或命运之刑冲，或夫妻之克战，或未产而遽损，或分娩而遂亡。凡此障缘，悉由业累。”[1] 这种来自于道德的解释，是道教的一贯立场。该经总结到：“故作善者，降祥而致福。为恶者，肆眚以兴灾”。正如最后的“重称法位”讲道：

> 重称法位
>
> 具位臣某，与临坛官众等，谨同诚上启圣位。臣闻父子有亲孝，实原于天属。夫妇有别义，本重于人伦。或男生未期年而伤，或胎结未十月而殒。皆缘宿衅，匪曰今修。故《中诫经》区别于条章，而《感应篇》件分于品目。作善作恶，由践履之纯疵。趋是趋非，本躬行之真妄。下愚冥昧，上圣监观。今斋主某，老大骎寻，宁馨眇莽。每洗心而三叹，惟拊己以再思。深虑浩劫循环，受生轮转。六根三业，每兔逐其行藏。十恶七情，常蚁旋其动静。纲常自毁，禁戒多违。纵弋猎以焚山林，祸延巢卵。设网罗而空泽麓，殃及孕胎。业屠剥于春生，折花果于夏长。致罹罪报，未遂产生。或五行冲犯其命身，或三元战凌其运限。应门未兆继绪，畴依惧如。若敖之馁而甚，至庭坚之不祀。夙宵战栗，昕夕徊徨。自非熏沐以向钧，曷俾感通而降祉。是以修斋行道，祈忏转经。愿蠲已往之愆尤，为降方来之福庆。伏冀威颜在上，灵景居中。许改过以自新，俾知非而求旧。九光童子，为成就其胞胎。六甲直符，即护持其生育。承天而夫妻和

① 《灵宝领教济度金书》卷237，《道藏》第8册，第173页。

合，堕地而子母安和。克昌户门，永承宗祀。蒙监由中之悃，允昭济下之私。[①]

而在同书卷238中，则有完整的“祈嗣醮仪”，其分析的原因和采取的禳解思想与上述科仪基本相同。首先在“请称法位”中表明了祈请的众多仙真包括“太上无极大道虚无自然元始天尊妙元上帝，太上虚皇玉宸大道君灵宝天尊妙有上帝，万变混沌玄元老君道德天尊至真大帝，太上玉皇大天尊玄穹高上帝，紫微中天北极大帝，勾陈上宫天皇大帝，太宁宫后土皇地祇，玉清真王长生大帝，东极青华大帝，东华上相青童道君，西灵金母丹皇道君，九天生神上帝，五灵五老上帝，三十二天上帝，太阳炎光郁仪帝君，太阴皇华素曜元君，五方五德星君，南辰六阙延寿星君，北极九府延生星君，周天二十八宿星君，泰玄枢机三省列相天君，天地水府三官帝君，北极四圣真君，灵宝五师真君，九天诸司真君，九天监生司诸位真君，天曹诸司真君，天曹掌子孙司真君，十方无极飞天神王，三天门下三元真君，上章词表灵官，三洞四辅经箓法科、诸省府司仙灵官君将吏，本靖主将副将，护道监坛将吏，五岳五天圣帝，地府酆都大帝，水府扶桑大帝，本派祖玄真师，经籍度师真人，五岳五府掌子孙案判官，曹掾神吏，城隍社令，里域土地，三界应感，一切真灵。”然后讲明祈嗣的缘由在于“今醮主某，未谐嗣续，莫绍宗祊。庸一念以朝天，敬三熏而事帝。阴功既备，阳育将成”。即殷切希望续嗣圆梦。同样的，在接下来的“重称法位”中醮主某“首过”悔罪“指日月而斥雷霆，怒虹霓而怨寒暑。当春弋猎，有覆巢尘卵之虞。长夜网罗，致损孕堕胎之祸。轻货毒药，妄号神医，致司过于阴曹，莫书功于阳舍”。最后祈

① 《灵宝领教济度金书》卷237，《道藏》第8册，第170页。

请神灵“即诞聪明之子，克昭抱送之祥”。[①]

我们再来看《灵宝领教济度金书》卷239中收录的一则完整的祈请各界神灵监生助产的“监生醮仪”，用斋醮科仪，并行步虚之术，进行禳解。原文迎请的神灵与前面的祈嗣科仪和祈嗣醮仪还有很大的不同，迎请的是“九天无极大道无上自然生神上帝，诸司真君，九天监生大神，九天卫房圣母，九天司命可马，主录太乙真君，九天定生大神，九天感化大神，九天定胎大神，九天易胎大神，九天顺生君，九天助生君，九天速生君，九天全生六甲符吏，催生童子，保生童子，速生童子，南昌分胎功曹，南昌主产功曹，九天掌胞胎魂魄脏腑窍景神圣众，本家土地，司命六神，醮筵真圣，无鞅主宰”。[②] 有何不同？因为该文是供监生助产的“监生醮仪”，因而出现了众多的监生、定生、定胎、易胎、顺生、助生、速生、全生、催生、保生、分胎、主产等神灵，从种子受胎到保胎安胎，从催生顺产到易胎转胎，足见生育神灵之多之全。最后讲明是由，表达祈请心情，“愿生福慧之男，克绍英明之祖。”经文写道：

> 今醮官某，既昨非而电扫，何有冤愆。幸今是以云臻，宜膺福庆。仰赖九天锡庆，二极垂怜，诸司溥推戴之功，列职殚佐助之力。即使妻室某氏，彩麟入梦，王燕投怀，易养育而乳哺无虞，乃生男子。无灾害而命身有耀，克胜凡流。撞楼而甲第丰茸，跨灶而高门焕赫。五福俱备，三寿作朋。蒙垂藻鉴之勤，愿灵葵倾之切。上德不德，推诚恪冀于询荛。知恩报恩，励志敢忘于结草。其或孤辰寡宿，六害三刑，多守照于妻官，未移临于妾位。尚祈洪造，曲降玄恩。俾弄璋无嫡庶之分，则倚玉有宗祊之

---

① 《灵宝领教济度金书》卷237，《道藏》第8册，第176—178页。

② 同上，第179—180页。

望。是为真祷，匪曰私谈。臣不胜虔祷之至。[①]

我们通过上述三则祈嗣用的斋醮科仪来分析其思想意义。首先我们来看斋醮的含义。《说文》释“斋”为：“斋，戒洁也，从示。”韩康伯说“洗心”为斋，“防患”为戒。而洗心防患的目的正如《礼记·曲礼上》曰：“斋戒以告鬼神”。而醮，一是指古代男子在冠婚时所举行的一种礼节，一是指祭祀的仪式。由于斋和醮有很多共同之处，所以遂演化成祭祀神灵的一种综合礼仪。道教斋醮之术，其过程极为繁杂，它包括了清心洁身、设坛摆共、焚香化符、念咒上章、诵经赞颂，并配以音乐灯烛等等。[②]

这段监生醮仪的开头还提到了“步虚”。步虚是道士在醮坛上讽诵词章采用的曲调行腔，传说其旋律宛如众仙飘缈步行虚空，故得名“步虚声”。据南朝宋刘敬叔《异苑》称：陈思王曹植游山，忽闻空里诵经声，清远遒亮，解音者则而写之，为神仙声。道士效之，作步虚声。现存各地道教仪式中的步虚音乐大多舒缓悠扬，平稳优美，适于道士在绕坛、穿花等行进中的诵唱。要求道士在步虚时安徐雅步，执板当心。宋代道士吕太古则在《道门通教必用集》中称：“陆天师曰：诵步虚经词，先叩齿三通，咽液三过；心存日月，在己面上；从鼻孔中入洞房金华宫，光明出项后，焕然作九色，圆象薄入玉枕，彻照十方，随我绕经旋回而行，毕叩齿三通，咽液三过。”大约成书于南朝梁陈时的《洞玄灵宝玉京山步虚经》收有《洞玄步虚吟》十首，当是道教仪式中最早使用的步虚词。其中有的是对天上仙境的描绘，如“骞树玄景园，焕烂七宝林”。有的又是对坛场上道士举行步虚仪式的描绘，如“稽首礼太上，烧香归虚无。流明随我回，法轮亦三周”，

---

① 《灵宝领教济度金书》卷239，《道藏》第8册，第179—180页。

② 詹石窗：《道教与女性》，宗教文化出版社，2010年，第45页。

“俯仰存太上，华景秀丹田。左顾提爵仪，右盼携结璘”。隋唐以后，“步虚词”成为一种独立的诗体，隋炀帝作过《步虚词二首》，有曰“俯临沧海岛，回出大罗天”，“总轡行无极，相推凌太虚”等句。而本文中提到的“步虚”，说明该监生醮仪，同时需要行带道教步虚音乐歌诗以配合神灵，实现祈子禳解的目的。

我们来具体分析一下最后一则“监生醮仪”的思想意义。按照一般的斋醮礼仪，首先要迎请神仙降临，以佑助完成除灾禳解之事。这则监生仪祈请了众多几乎是专业的生育神灵来助顺产，他们分别是醮九天无极大道无上自然生神上帝，诸司真君，九天监生大神，九天卫房圣母，九天司命司马，主录太乙真君，九天定生大神，九天感化大神，九天定胎大神，九天易胎大神，九天顺生君，九天助生君，九天速生君，九天全生六甲符吏，催生童子，保生童子，速生童子，南昌分胎功曹，南昌主产功曹，九天掌胞胎魂魄脏肺窍景神圣众，本家土地司命六神，醮筵真圣，等等。透过这些专业的生育神灵，我们就可以看到道教超度人间疾苦，为民除难的恳切心情。这些神灵，一看“生神”“监生”“定生”“感化”“定胎”“易胎”“顺生”“助生”“速生”“全生”“催生”“保生”“分胎”“主产”“胞胎”等等字眼，即可说明道教延请众多上界仙真，为斋官某人祈求子嗣的明显目的和迫切心情。文中提到该人“年逾知命，嗣未副心”，即年过五十，仍然没有男孩，因而家族后继无人，心中日夜惶恐不安，天天祷告神灵，修观建庙，增进福德。他诚恳地祷告天神，能让他的妻子“即俾醮官妻某氏，脏肺安和，肥胎成就，十月满足，永无灾难之侵凌”，愿能够“晬日周圆，会见精神之长大”，马上生个胖大小子来“光隆门户，荣显宗亲”，“愿生福慧之男，克绍英明之祖”，因为“俾弄璋无嫡庶之分，则倚玉有宗坊之望”。“弄璋”即是生男孩之意思。因而仅仅透过这个醮仪的一系列宣辞，即不难发现其所传达的道教重视生育子嗣并为之设立道坛，招诸仙真进行禳解佑助的拳拳之心和为民除难的殷切之情。醮仪宣辞中还对当事人及其妻子，以及未来的孩子，都做出了一个美满的祈祷和展望，这不能不会对那些饱受无子家族压力煎熬的当事人和家庭从精神和心灵上给予一种莫大的宽慰和安抚。

五　转胎术

转胎术指的是古人认为通过一定的巫术形式，可以达到改变胎儿性别，以实现自己生男或生女愿望的一种方法。虽然在今天现代人的眼光看来，这种思想非常愚昧迷信，但是民间却一直很流行，道教资料中也有所反映。当然，转胎术首先要决定胎儿性别，而绝大多数换胎，在中国古代宗法制讲究男嗣的背景下，又是转女为男。当然，也有非常想生育女儿期盼转男为女的夫妇。

古代很早就开始预测男女性别。《小雅·斯干》曰："下莞上簟，乃安斯寝，乃安乃兴，乃占我梦。兆梦维何，维熊维罴，维虺维蛇。大人占之，维熊维罴，男子之祥。维虺维蛇，女子之祥。"透过古老思想资料，我们不难发现他们认为通过梦兆可以预测婴儿性别，即梦见黑熊能生男子，梦见虺蛇则生女子。

前面引用过的《胎产书》所载埋胞衣法，其实就是一种典型的转胎术："字而多男毋（无）女者而欲女，后□□□□包（胞）貍（埋）阴垣下。多女毋（无）男，亦反〈取〉【胞】貍（埋）阳垣下。一曰：以甗衣约包（胞），貍（埋）之。"这是说，将胞衣埋于不同位置可决定下一胎婴儿之性别。若埋于背阴的墙垣下，生女；埋于向阳的墙垣下，生男。

转胎术在古代是被当成一种医术而广为流传的，因而见诸于许多医书中。隋代巢元方在《诸病源候论》中明确的讲到："欲生男宜佩弦执弓矢，欲生女宜佩韦施环佩，欲子美好，宜佩白璧，欲子贤能，宜看诗书，是谓外象而内感者也。”人们深信在三个月以内，胎儿还未定型，此时采用“外象而内感”，通过外因改变胎儿性别，从而化女为男。《古今图书集成》卷四二一《医部汇考》记载了许多转胎术。取原蚕矢十枚，以井花水服之，连续三天。又取方弩弦一枚，绛囊盛之，戴妇人左臂上，一法系腰下，过百天去之。又以绛囊盛雄黄一两，戴左腰间，可生子。要女儿则戴右腰间。又取一斧柄，放在孕妇床上，刃向下，不让人知之。又拔雄鸡长尾羽三个，置孕妇席下，也不令人知之。还有取夫头发、手指甲、脚趾甲，放孕妇席下，亦不让人知。

道教中类似的思想亦多。孙思邈在《孙真人备急千金要方》中也讲到相类似的转女为男术。

> 论曰，阴阳调和，二气相感，阳施阴化，是以有娠，而三阴所会，则多生女。但妊娠二月，名曰始膏，精气成於胞里，至於三月，名曰始胎，血脉不流，象形而变，未有定仪，见物而化，是时男女未分，故未满三月者，可服药方术，转之令生男也。
>
> 又方取原蚕屎（一作矢）一枚，井花水服之，日三。
>
> 又方取弓弩弦一枚，缝囊盛带妇人左臂，一法以系腰下，满百日去之。
>
> 又方取雄黄一两，缝囊盛带之，要女者带雌黄。
>
> 又方以斧一柄，於产妇卧床闲下置之，仍系刃向下，勿令人知，如不信者，待鸡抱卵时依此置於窠下，一窠儿子尽为雄也。①

---

① 孙思邈：《孙真人备急千金要方》，《道藏》第26册，第42—43页。

孙思邈还专门开列了“治妇人始觉有娠，养胎并转女为男方”的药方“丹参圆”，可见转女为男这种思想在孙思邈的时代已经广为流传并上升到了技术的层面。

道教中也有很多转女为男的符咒，《太上老君混元三部符》即有两符：

妊娠转女为男吞之大吉

妊娠三月服符转女为男大吉[①]

《灵宝领教讲道金书》卷 274 中的转胎符为：

转阴成阳生贵子符

保胎及转女为男符[②]

那么如何看待这些转胎术呢？《丹亭真人玄谈集》中讲道：

养浩生曰：又有转女成男之法，其意何居乎？

真人曰：此皆意外之奇谈，不可以常理测也。……扩而论之，人之阳气旺成男，衰成女，此理甚明。设衰弱之人，总佩仙草，何济于事？[③]

丹亭真人傅山认为这些转胎术“皆意外之奇谈”，不能将其以“常理”对待，因为它们“不可以常理测也”。他认为一个人阳气旺盛

① 《太上老君混元三部符》卷下，《道藏》第 11 册，第 644 页。

② 《灵宝领教济度金书》卷 274，《道藏》第 8 册，第 411 页。

③ 傅山：《丹亭真人玄谈集》，《道藏精华》第十三集之五，第 59—60 页。

则生男，阳气不足则生女。这种批判思想，无疑具有一定的科学价值。

六 择日生子

由于古代医疗卫生水平落后，婴儿的存活率很低，加之分娩难产和新生儿夭亡等现象时有发生，人们只能归因于产子时日的吉凶，并寄托希望能在吉日生子，借此祈求小儿得享健康、平安和富贵。这也充分体现了古人渴望优化生育的心理需求。早在秦汉时期，民间就盛行以生日占测小儿命运的做法。《史记・日者列传》载卜者司马季主谈到当时民众“产子必先占吉凶，后乃有之”。① 《太平经》卷 112《写书不用徒自苦诫》云：“先时为恶，殃咎下及。故令生子，必不良之日；……生子不遂，必有祸殃。”② 又卷 114《不孝不可久生诫》云：“性善之人，天所佑也。子孙生辄以善，日下无禁忌，复直月建，日月星光明之时，用是生者，何忧不寿乎？是为善行所致也。”③ 这是说，恶人遭人惩罚乃使生子于不良之日、尔后长成也将身陷灾祸，而善人为天所佑，生子逢良善之日，将获长寿。

睡虎地秦简《日书甲种》中也有择日生子的详细记载，其中涉及多种不同占法，例如“除”篇谈到一些特殊日子生子的吉凶预测：

> 结日……生子毋（无）弟，有弟必死。以寄人，及人必夺主室。
>
> 达日……生子，男吉，女必出于邦。

---

① （汉）司马迁：《史记》卷 127，中华书局，1959 年，第 3218 页。

② 《太平经合校》，第 572—573 页。

③ 同上，第 599 页。

□□□□□可名曰毄（击）日，以生子，寠孤。

夬光日………以生子，男女比美。

秀日………生子吉，弟凶。①

“稷辰”篇亦云：

秀，是胃（谓）重光……以生子，既美且长，有贤等。……正阳，是胃（谓）滋昌……生子，吉。……危阳，是胃（谓）不成行……生子，子死。……敫，是胃（谓）又（有）小逆……以生子，子不产。……阴，是胃（谓）乍阴乍阳，先辱而后又（有）庆……生子，男女为盗。②

而“星”篇据二十八宿推测小儿未来、“生子”篇以六十甲子推占法测算生子之情况等。③

道教中有《太平经》在《写书不用徒自苦诫》中所言恶人生子“必不良之日”中的“良日”和“不良日”，其实也是一种择日生子的典型思想观念。其曰：

天命此人，不可久活。恶恶相及，烦苦神灵，精气鬼物，各各不得懈息。是非人过所为邪？先时为恶，殃咎下及。故令生子，必不良之日；或当怀妊之时，雷电霹雳，弦望朔晦，血忌反支（血忌反支，忌日。血忌，指忌讳见血的日子。反支，古术数命相之说以每月初一所属的地支为正，初一是戌亥的一日反支，申酉二日反支，午未三日反支，辰巳四日反支，寅卯五日反支，子丑六日反支，反支日也是忌日。），以合阴阳。生子不遂，必有

---

① 睡虎地秦墓竹简整理小组：《睡虎地秦墓竹简》，文物出版社，1990 年，第 181 页。

② 同上，第 184—185 页。

③ 同上，第 191 — 192 页，第 202—205 页。

祸殃。地气所召，反怨仓（苍）狼（苍天）。为恶报恶，何复所望？[1]

在《太平经》看来，生子的“良日”与“不良日”对于子嗣很重要。如果生在“不良日”，则“生子不遂，必有祸殃。”同样的思想，也出现在《养性延命录》中：

> 若欲求子，令子长命，贤明富贵，取月宿日施精大佳（月宿日，直录之于后）。
>
> 天老曰：人生俱舍五常，形法复同，而有尊卑贵贱者，皆由父母合八星阴阳，阴阳不得其时中也。不合宿，或得其时，人中上也；不合宿，不得其时，则为凡夫矣；合宿交会者，非生子富贵，亦利已身，大吉之兆（八星者，室参井鬼柳张心斗月宿，在此星可以合阴阳，求子）。月二日、三日、五日、九日、二十日，此是王相生气日，交会各五倍，血气不伤，令人无病。仍以王相日，半夜后，鸡鸣前，徐徐弄玉泉，饮玉浆戏之。若合用春甲寅、乙卯，夏丙午、丁未，秋庚申、辛酉，冬壬子、癸亥，与上件月宿日合者，尤益佳。若欲求子，待女人月经绝后一日、三日、五日择中王相日，以气生时，夜半之后乃施精，有子皆男，必有寿贤明。其王相日，谓春甲乙、夏丙丁、秋庚辛、冬壬癸。[2]

《养性延命录》不但认为孕子性别及成功与否与选择交孕的日子有关，而且，交孕的日子还决定了子嗣将来的尊卑贵贱和富贵贫穷等等。当然，这种宿命思想在古代似乎根深蒂固，流传已久。

---

① 《太平经合校》，第573页。

② 《养性延命录》，《道藏》第18册，第474—485页。

第二节　养胎及妊娠护理——保胎安胎

道教典籍中的养胎及妊娠护理思想可谓丰富之极，而且从逻辑上讲，包括孕前性禁忌和新婚的注意事项，孕期养胎保胎安胎的药物护理和符咒护理及其强调“妊娠有忌”的孕期禁忌。下面我们分别予以阐述。

一　孕前和合及新婚维护

古人把生育看得既神秘又神奇，是因为生育关系到家族的传承，子孙乃至生命的绵延，所以有别于男女苟合的夫妻正当的性生活叫做“敦伦”，以表明其严肃性和重要性。道教中有专门企图通过祈求神灵而快速怀孕胞胎的符咒：

胞符敕咒

北帝元君六洞阴神九皇内符暘谷有灵司命司录天洞统兵符招秋夫速成胞形急急如

高上神霄玉清真玉律令

唵比皮薄义吒铃那野诃摄急急

胎符敕咒

扶桑有敕太阴内扶日月二主十二宫神四方力士揭帝将军手执符命急招寅和疾速成形急急如

高上神霄玉清真玉律令

曲曲微垣娑伽抹低敕急急

右符红素朱书呼胎神名舍生君字寅和摄掐辰文乃本命诀取元

辰炁布入[①]

这两则符咒请求神灵“速成胞形”“疾速成形”，希望早孕。关于为了生育的性禁忌，或者说性生活指向神圣的子嗣生育时的诸多禁忌，我们在前一节种子受胎里面已经分别从天忌、地忌、时忌、人忌和生产忌等方面做了详细的讲述，不再赘述。

二 孕期养胎、保胎、安胎药物护理

道教的核心伦理观重视生命，故极力主张保护胎儿。《太平经》在《三者为一家阳火数五诀》中谈到：

然天道本末中也。今者，天道初起以来，大周复反，来属人属阳。阳好生而恶杀，生者须乐，乃而合心为一相生，而中有杀气辄伤，不能相生成。子欲知其信实，比若胞中之子，不可有小害，（小害）辄伤死，死不复生，辄弃一人。为是连伤而不止，便绝灭无后世矣，一家无统绝去矣。故尤大急刑罚杀伤也。[②]

与此相应的是，《太平经》在《不忘诫长得福诀》第一百九十中坚决反对随意伤害胎儿，并用承负说的因果报应思想进行威慑劝诫：

万民愚戆，恣意杀伤，或怀妊胞中，当生反死，此为绝命以给人口。当死之时，皆恐惧，近知不见活，故天诫矜之怜愍，为施防禁，犯者坐之。六畜尚去明爱，不忍中伤，人反不自惜，更为贼虏。所取非一，妄行金刃，杀人不坐也？虽不即诛者，天积其过，杀败不止，灭尸（户），下流未生（未出生的子孙），是者

① 《灵宝领教济度金书》卷279，《道藏》第8册，第463页。
② 《太平经合校》，第676页。

亦不得逢吉，鬼神憎之，司（伺）候在前，何有脱时。故记善恶，重之，即不犯耳。①

在此理念的指引下，道教蕴含了丰富的药物及符咒护理胎儿的思想。常言道：怀胎十月，一朝分娩。足见一个新生命来到世间，其间所经历的漫长痛苦和许多意想不到的疾病折磨和以外之故，给孕妇和家人带来了肉体上的痛楚和精神上的折磨，以及心理上的恐慌。所幸中国古代妇科儿科医学资料，特别是道教文化资料中，积累了许多治疗孕期疾病和安抚孕妇精神心理的医术和符咒禳解术，而且古代医书中有道术，道书中有医术，加上道教历来出于讲究欲尽孝道必先懂医的高尚出发点和坚持“以医传道”“借医弘道”的传教模式所形成的“十道九医”的情况，所以道教很重视医术，厘清这些医巫不分的思想资料至今仍然很有价值。

《道藏》第 26 册收录了孙思邈对孕期疾病治疗的思想认识：

论曰，凡妇人虚羸血气不足，肾气又弱，或当风饮冷太过，心下有淡水者，欲有胎而喜病阻。所谓欲有胎者，其人月水尚来，颜色肌肤如常，但苦沉重愦闷，不欲食饮，又不知其患所在，脉理顺时平和，则是欲有妊也，如此经二月日后，便觉不通，则结胎也。阻病者，患心中愦愦，头重眼眩，四肢沉重，懈堕不欲执作，恶闻食气，欲噉咸酸果实，多卧少起，世谓恶食，其至三四月日已上，皆大剧吐逆不能自胜举也，此由经血既闭，水渍于藏，藏气不宣通，故心烦愦闷，气逆而呕吐也，血脉不通，经络否涩，则四肢沉重，挟风则头目眩也，觉如此候者，便宜服半夏茯苓汤，数剂后将茯苓丸淡水消除，便欲食也，既得食

① 《太平经合校》，第 581—582 页。

力，体强气盛，力足养胎，母便健矣，古今治阻病方，有十数首，不问虚实冷热长少，殆死者活于此方，半夏茯苓汤。①

对于妇女怀孕期间的妊娠恶阻诸症，孙思邈从病人的病情到治疗都做了详尽的阐述并精心调配了半夏茯苓汤来治疗。除了半夏茯苓汤之外，孙思邈还调配了黄瘦方，“治妊娠阻病，心中愦闷，空烦吐逆，恶闻食气，头眩重，四肢百节疼烦沉重，多卧少起，恶寒汗出疲极”；调配了茯苓圆“治妊娠阻病，患心中烦闷，头眩重憎，闻饮食气便呕逆吐闷颠倒，四肢垂弱，不自胜持”。对于妇女孕期不思食饮他又调配了橘皮汤来予以调理。更难能可贵的是，作为一代著名道医，② 孙思邈专门整理并梳理了“徐之才逐月养胎方”，提倡从怀孕之始，逐月在饮食、行动、情绪等方面的注意事项，还有伤胎动气之后的药物调理。现辑录如下（以下原文药方省略）：

妊娠一月，阴阳新合为胎，寒多为痛，热多卒惊，举重腰痛，腹满胞急，卒有所下，当预安之，宜服乌雌鸡汤方。补胎汤若曾伤一月胎者，当预服此方。

妊娠二月，始阴阳踞经，有寒多坏不成，有热即萎悴，中风寒有所动摇，心满脐下悬急，腰背强痛，卒有所下，乍寒乍热，宜服艾叶汤方。若曾伤二月胎者，当预服黄连汤方。

妊娠三月，为定形，有寒大便青，有热小便难，不赤即黄，卒惊恐忧愁，嗔怒喜顿，仆动于经脉，腹满绕脐苦痛，或腰背痛，卒有所下，雄鸡汤方。（方略）

茯神汤，若曾伤三月胎者，当预服此方。

妊娠四月，手少阳脉养，不可针灸其经，手少阳内输三焦。

---

① 孙思邈：《孙真人备急千金要方》，《道藏》第26册，第43页。

② 请参阅盖建民：《道教医学》，宗教文化出版社，2001年，第147—154页。

四月之时，儿六腑顺成，当静形体，和心志，节饮食。妊娠四月，有寒心下愠愠，欲呕胸膈满，不欲食，有热小便难，数数如淋状，脐下苦急，卒风寒，颈项强痛，寒热或惊动身躯，腰背腹痛，往来有时，胎上迫胸，心烦不得安，卒有所下。

菊花汤方。调中汤，若曾伤四月胎者，当预服此方。

妊娠五月，有热苦头眩，心乱呕吐，有寒苦腹满痛，小便数，卒有恐怖，四肢疼痛，寒热胎动无常，处腹痛闷顿欲仆，卒有所下，阿胶汤主之之方。安中汤，曾伤五月胎者，当预服此方。

妊娠六月，卒有所动不安，寒热往来，腹内胀满，身体肿，惊怖，忽有所下，腹痛如欲产，手足烦疼，宜服麦门冬汤方。柴胡汤，若曾伤六月胎者，当预服此方。

妊娠七月，忽惊恐摇动腹痛，卒有所下，手足厥冷，脉若伤寒，烦热腹满短气，常苦颈项及腰背强，葱白汤主之之方。杏人汤，若曾伤七月胎者，当预服此方。

妊娠八月，中风寒，有所犯触，身体尽痛，乍寒乍热，胎动不安，常苦头眩痛，绕脐下寒，时时小便白如米汁，或青或黄，或使寒栗，腰背苦冷而痛，目□□。芍药汤主之之方。葵子汤，若曾伤八月胎者，当预服此方。

妊娠九月，若卒得下痢，腹满悬急，胎上冲心，腰背痛，不可转侧，短气。半夏汤方。猪肾汤，若曾伤九月胎者，当预服此方。

妊娠十月，五藏俱备，六腑齐通，纳天地气于丹田，故使关节人神皆备，但俟时而生。①

① 孙思邈：《孙真人备急千金要方》，《道藏》第26册，第44—48页。

孙思邈对于怀胎十月万一伤胎动气所服的药物站在医家的立场，做了详尽的描述，分别是一月“乌雌鸡汤方”，二月“黄连汤方”，三月“茯神汤”，四月“菊花汤”，五月“安中汤”，六月“柴胡汤”，七月“葱白汤”，八月“芍药汤”，九月“猪肾汤”，我们由以上孙思邈所引的逐月养胎方可以看出，孙思邈站在一代著名道医的立场上，对于孕妇逐月的饮食、起居、针灸忌讳、情绪以及万一伤胎时所应服用的药物都做了极为详尽的阐述，充分体现了道教文化思想中重视生命、自度度人的高尚情怀。最后，孙思邈还对胎儿十个月的孕育做了一个全面总结：

妊娠一月始胎，二月始膏，三月始胞，四月形体成，五月能动，六月筋骨立，七月毛发生，八月脏腑具，九月谷气入胃，十月诸神备，日满即产矣，宜服滑胎药，入月即服。[①]

元代九华澄心老人李鹏飞在其所著的著名道教养生著作《三元延寿参赞书》中，也对胎儿的逐月养胎方面做了一个较为简明的概括：

产书云：一月足厥阴肝养血，不可纵欲，疲极筋力，冒触邪风。二月足少阳胆合于肝，不可惊动。三月手心主右肾养精，不可纵欲，悲哀，触冒寒冷。四月手少阳三焦合肾，不可劳逸。五月足太阴脾养肉，不可妄思饥饱，触冒卑湿。六月足阳明胃合脾，不得杂食。七月手太阴肺养皮毛，不可忧郁，抖呼。八月于阳明大肠合肺以养气，勿食燥物。九月足少阴肾养骨，不可怀恐，房劳，触冒生冷。十月足太阳膀脱合肾，以太阳为诸阳主气，使儿咏缕皆成，六腑调畅，与母分炁，神炁各全，俟时而生。所以不说心者，以心为五脏，主如帝王不可有为也。若将理

① 孙思邈：《孙真人备急千金要方》，《道藏》第26册，第48页。

得，宜无伤胎脏。又每月不可针灸其经。如或恶食，但以所思物与之食，必愈。所忌之物，见食物门中。[1]

明清宫廷流传和采用的明嘉靖年间的一位才子“浣溪杏香主人”著述的《紫闺秘书》，是一本难得一见的用诗歌形式总结历代养胎安胎思想的独特著作。从作者的著作思想来看，作者很可能是一位道士或修道有成的高人。因为在该书卷四“十月受胎诀”中有十月养胎的“乌金丸秘诀”：

阿胶十八遇真仙，
净洁龙衣只一联。
谷麦生芽三寸位，
染方败笔数根坚。
五月五日收熟艾，
均等须教分两全。
择日诚心台此药，
免令少妇入黄泉。

在对于这种秘方的解释中作者写道：

专择天德月德天医生磊吉日，凝神虑，洒扫净室，画太极图，两仪定几官而坐八卦。所忌妇人、鸡犬、人声、喊音。要至夜间寂静，斋戒至诚。先念净心、净口、净身、净天地神咒毕，发火炼药。口念咒曰：天精精，地精精，精精灵灵，左朝北斗，右朝北辰，人逢此药，各保安宁，急急如律令。炼成了包收。候五月五日五家角黍煎炼，仝捣前药均匀，为丸如梧桐子大，持献药王药帅傅教药神位前。嘱此乌金丸，但有妇人产前、产后催

① 《三元延寿参赞书》，《道藏》第18册，第532—533页。

生、护产，无不应验如神。[1]

我们从上文不难看出，作者声称的能治妇人产前、产后催生、护产的神奇药方炼制时需要念咒并且要立药王药师诸神位，足以说明作者要么接受了道教思想和符咒疗法并大力运用，要么其人很可能就是一位修道有成的高道。下面我们来看看他运用独特的诗歌形式养胎保胎安胎思想《十月受胎诀》（文中涉及药方略）：

初月胎。诗曰：

初月胎形如珠露，未入宫罗在里户。

犹如秉烛在风中，风紧之时留不隆。

罩胎散知本妇禀气薄及病后受者，须用此方。他或只是气不和，通用安胎和气散：专调理怀胎一月满足。

二月胎。诗曰：

二月胎形北极中，如花初绽蕊珠红。

分枝未在宫罗内，气受阴阳血脉同。

安胎和气散凡惯堕胎者，一月间须两服，保过五个月则不也。专治胎前三二个月，多有人为排砖换石，移床铺席，伤触胎气。不安。虚弱之人多有此征。

三月胎。诗曰：

三月胎形似血凝，有宫无空位无真。

娘思食味千般爱，苦辣酸咸并纳成。

一闻虚弱，胎气不和，恶心呕吐．或触动胎气，兼秋天时，气寒极热相蒸所染，照前次第加减用之。

四月胎。诗曰：

---

① 浣溪杏香主人：《紫闺秘书》，手抄本，第23—30页。

四月胎形入宫室，在娘脐祷内相过。

食忌獐兔并大蒜，免教胎内受邪魔。

活胎和气散专治胎前四五个月，身体困倦，气血急，发热，饮食无味，贪睡头晕，四肢酸软，宜进此药。

五月胎：诗曰：

五月男女分四肢，入宫胎稳始成儿。

男酸女淡思食味，此定阴阳与众知。

瘦胎散专冶胎前五六个月，胎妊困弱，令胎母腹重贪睡，饮食不知味，肚中膨胀，胎有些动，此药前进二三服，养聚胎气精神。

六月胎。诗曰：

六月胎形在腹游，左手男魂似线抽。

女魂右手轻摇动，却在脐中渐渐浮。

调治六个月胎妇。此乃多有瘦弱之妇，可服瘦胎散一服，护其胎母之苦。临产之时，令其脉自然调和，易养易生，更无忧虑之危。又有健壮之妇，免服其药，胎孕安稳，临产之时，自然清爽。

七月胎。诗曰：

七月胎形定不邪，男垂左胁动些些。

女子左手无时动，行步艰难母叹嗟。

知母补胎散阅理胎前七八个月，胎重如石，行步艰难，脾胃虚弱，时有气急冲心，胸前胀满，咳嗽误食热毒，所以胎气不安，名曰子悬证。

八月胎。诗曰：

八月胎形渐见成，毛生发长定精神。

娘眠思食吞难下，困弱忧愁躯闷行。

和气平胃散专治妇人胎前八九个月，胎儿长发，以致胎母脾胃虚弱，而不调和，湿热相攻，五脏六腑不和．或变痢疾杂患之病，此药能安胎和气也。

九月胎。诗曰：

九月胎膜重如山，七精开窍不平凡。

乙夜乙升三合血，母胎欲产得脐全。

保生如意散专治九月胎欲产期，忽然肚痛，先行其水，婴儿不降。为因胎前误食热毒之物，伤胎不顺，婴儿不降，宜服此药。

十月胎。诗曰：

十月满足欲生胎，四肢罅缝骨精开。

产下要紧加防慎，莫令体下客风吹。

活水无忧散专治十月已满，多患情内伤，或园患潮热之疾，义兼胎前多吃热毒之物，瘀血相传，一为情怒气所伤。临产横逆之厄，怆忙不谨，辄使稳婆取时，触死胎儿在腹，不能医治。今备妙方，防此之祸，济急不口丁轻传。但服乙二贴，加乌金九服之，其效如神。[①]

浣溪杏香主人除了用诗歌的形式详细描述了每一个月养胎护胎的注意事项之外，还分别用“罩胎散”，“安胎和气散”，“安胎和气散”，“活胎和气散”，“瘦胎散”，“知母补胎散”，“和气平胃散”，“保生如意散”“活水无忧散”等传统药方进行护理治疗，可谓对生命极其关切。

① 浣溪杏香主人：《紫闺秘书》，手抄本，第36页。

三　孕期养胎、保胎、安胎法术护理

道教声称“道无术不行”，而符、气、药称为道法三大要素，足见符咒在道教禳解术中居于非常重要的核心地位。面对痛苦惊慌甚至生命受到威胁的孕妇，一贯重视生命、自度度人的道教自然要用符咒对其进行禳解。《道法会元·卷一·道法枢纽》云：“师曰：古云：书符不知窍，反惹鬼神笑；书符若知窍，惊得鬼神叫。”那么何为符咒呢？“符”乃是将文字屈曲作成篆镏星雷之形，书写于纸、木及器物上，用以驱鬼役神，治病延生。盖建民先生在《道教符咒治病术的理性批判》一文中对符咒予以了解释，并进一步指出：

> 随着道教与医学关系的日益密切，道门普遍重视符咒治病之术，视其为济世度人的一个主要内容，即所谓行符治病、济物救人。在这一宗教动机的强有力推动之一下，道教医用符咒的品种、功用不断扩充，日趋丰富和完善，最终形成了医用符咒系统。①

道教悲天悯人、慈悲为怀，所以历代道书中对于维护一个新生命的诞生过程所做的努力中，除了医术，还有大量的符咒禳解术。道教中养胎安胎保胎的法术大致可以分为四类：

（一）符咒护理术

《太上元始天尊说北帝伏魔神咒妙经》就分析了养胎不成的原因及其禳解科仪：

---

① 盖建民：《道教符咒治病术的理性批判》，《世界宗教研究》1999年第4期，第70页。

北帝曰：下元生世女人，怀孕死损，系嗣十九不成。或怀胎一月二月，或至得生，或于胎中消死，或长成至七岁至十岁，无端夭伤。此皆女人怀此血秽，为六洞天魔女鬼母飞随女人，食女人精气，胎血频遭损伤。令女人瘘黄恶瘦，梦想惊怪。其鬼变形为猫鼠狸狗，梦中食人子息。即当清净堂宇，求诸道师，依科置坛，醮北斗七元君，烧香然灯，诵吾神咒，行道忏谢。①

该经认为所以子嗣不成或者无故伤胎都是因为“六洞天魔女鬼母”所为。故应请师设坛以禳解。道教保胎安胎的禳解方术中采用最多的是保胎符。《无上玄元三天玉堂大法》所用的保胎符如下：

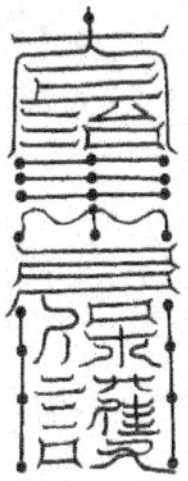
②

而《太上老君混元三部符》中有保胎四符，禳解胎动两符，还有针对胎中疾病和初妊娠专门禳解的符咒：

二符动胎吞之大吉

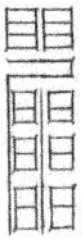
疾病吞之至三日愈产后三日服符吉

---

① 《太上元始天尊说北帝伏魔神咒妙经》，《道藏》第 34 册，第 167 页。

② 《无上玄元三天玉堂大法》卷 10，《道藏》第 4 册，第 419 页。

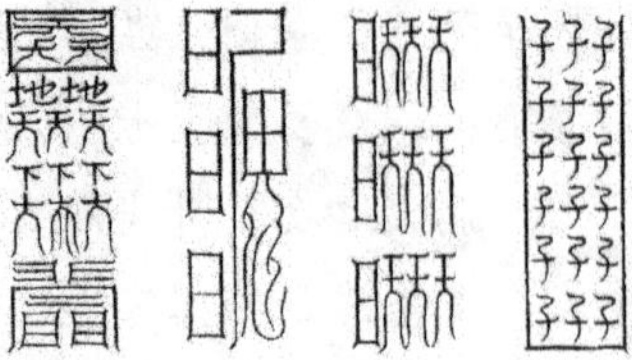
四符保胎吞之大吉

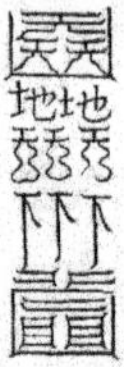
初妊娠佩之大吉①

《灵宝领教济度金书》卷273中的保胎护胎符为：

保胎生子符

②

医胎前产后符

又

---

① 《太上老君混元三部符》卷下，《道藏》第11册，第644页。

② 《灵宝领教济度金书》卷274，《道藏》第8册，第411页。

医胎动不安符

医胎孕不牢符①

该经还有对孕期妇女疾病进行符咒护理的思想：

医月水不调诸异证符

医妇人一切异患符

医血崩符

医经候不调疼符

医脾血炁符

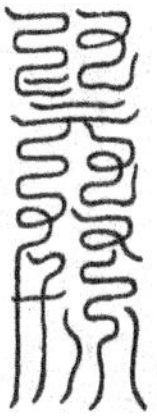
医血块气癖符

医妇人一切冷病符

① 《灵宝领教济度金书》卷274，《道藏》第8册，第394—395页。

医妇人气晕符

医久无子息腹中胀满怀妊不安符[①]

《灵宝领教济度金书》卷之二百八十六中则用符咒对孕期妇女进行了护理疗治，并先讲述了服符法，后讲了所服符咒：

天医治二百四种病符

凡书符，每符三道。一道静室中或坛内香炉上焚之，蛤粉调灰下。又一道在家供养，至二更时用钱马同焚之，其夜天医下看治。又一道吞服，或焚灰皆可，立效。符用薄黄纸朱书，符后批写事意。须其日先焚召符方验，诀以四指勾五指，入中指背，五指压倒中指，曲在掌中，大指压定中指。以后并同此作用。

医久无子息腹中胀满怀妊不安：

唵医达陀明痊急急摄

书符

唵迷那光冰涂尼哩摄

医月水不调诸异证符：

唵计诜尼定光法摄

医经候不调痛疼符：

当归煮酒调灰下。

兹部咤尼通化摄

书符

呼定真利定喃摄

---

① 《灵宝领教济度金书》卷273，《道藏》第8册，第395页。

医妇人一切异患符：
唵明真嘘达哩
书符
唵萨灵应摩摄
医血块气癖符醋淬烧铁槌或铁杵调灰下。
提兹灵喃陁陁尼摄
书符
安友罗定血块摄
医妇人气晕符：
木香汤调灰下。
气友吒那尊真光摄
书符
赤吒吒尊运化灵摄
医妇人一切冷病符：
姜盐汤调灰下。
冷咤嘘灵尊利摄
书符
乌兜那旒毋陁摄①

（二）召请天医术

道教还有一类用途比较特殊的召请天医的符咒。道教符咒治病术的理论认为，符咒的神秘功能就在于它是人与神进行交通、感应的媒介和枢纽，因而道门认为，用符实质上是“以我之精合天地万物之精，以我之神合天地万物之神。精精相附，神神相依，所以假尺寸之

① 《灵宝领教济度金书》卷286，《道藏》第8册，第517—518页。

纸号召鬼神，鬼神不得不对”[①]。道门还认为，咒语也有类似的神秘功能：

> 天上有常神圣要语，时下授人以言，用使神吏应气而往来也。人民得之，谓为种祝也。……祝是天上神本文传经辞也。其祝有可使神伭为除疾，皆聚十十中者，用之所向无不愈者。[②]

道门类比的认为，既然地界存在太医院，那么天界上也应该存在“天医院”。《上清灵宝大法》卷五十八《斋法宗旨门·天医院》讲道：“夫产魂监生解胞既毕，当请天医神吏救度成全。又有亡人生存受疾而殁，随魂有病……当请天医拯治。”而召天医必须如同人间觐见皇帝一样，首先需要投递书表奏章。“焚召天医符，次念召咒”。[③] 所以道教符咒中专门有种召请天医院天医下降祛疾禳解的请天医符。道门认为通过这类召天医符咒就可以让天界医神降临，“疗治世间男妇小儿诸般内外疾病”。[④] 例如：由林灵真编著的《灵宝领教济度金书》卷之二百八十六，就有“天医治二百四种病符”并召请了天医共十三科：

> 召天医一十三科：
>
> 十三科：风科；大方脉；眼科；产科；小儿科；外科；耳鼻科；口齿科；伤折科；金簇科；砭热科；疮肿科；书禁科。[⑤]

原文还有召请产科天医符咒：

> 召产科天医：
>
> 九天监生，注生应灵，祷之急应，普告真尊摄。谨请赵凯、

① 《道法会元》卷 1，《道藏》第 28 册，第 674 页。
② 《太平经合校》，第 181 页。
③ 《上清灵宝大法》卷 58，《道藏》第 31 册，第 244—245 页。
④ 《祝由科诸符秘卷一》，中州古籍书店，1994 年，第 12 页。
⑤ 《灵宝领教济度金书》卷 286，《道藏》第 8 册，第 523 页。

王镇、厉恩光、范仲夷、康和伯，闻今召请，疾降坛前。

次念：

唵拔帝南拔灵咤摄。

唵羯咤利泗部参帝君摄。[1]

同时该经明确要求道：

凡书符，每符三道。一道静室中或坛内香炉上焚之，蛤粉调灰下。又一道在家供养，至二更时用钱马同焚之，其夜天医下看治。又一道吞服，或焚灰皆可，立效。符用薄黄纸朱书，符后批写事意。须其日先焚召符方验，诀以四指勾五指，入中指背，五指压倒中指，曲在掌中，大指压定中指。以后并同此作用。

引文中的“诀以四指勾五指，入中指背，五指压倒中指，曲在掌中，大指压定中指。”其实就是道教中经常采用的被称为“咒动”的配合方术之一——掐诀。那么何为掐诀呢？它的操作过程和真正意义如何呢？

掐诀是施用符咒时应加以配合的一种手势。其作用是可通真制邪。《太清玉册》说：“捏（即掐——引者）诀者，所以通真制邪，役将治事各不一。罡诀有七百余目，今所用者不多。四维，八方，自四指根逐节数共十二，按十二辰分出：八卦、七星、九宫、三台，各主其所行之事。”是说，不同的掐诀手势，在不同的符咒术中具有不同的功用。如召神要用紫微印这种手势。其法为以小指从第四指背过，用中指勾住，大指掐第四指第三节，中指掐掌心横纹，二、四指伸直。它象征着握有紫微大印，据说此印可以“挥一切鬼神及召三十六将”降伏恶鬼。又如拘邪指：左手指平伸，然后先拢第四指、小指从

① 《灵宝领教济度金书》卷286，《道藏》第8册，第523页。

四指背入中指，勾掐掌心，大指压中指，曲转大指头压定二指。其作用是拘妖邪至坛前或立狱焚邪，多用于驱邪压煞。与念咒相配合的动作中有一种被称之为“按山源”的掐诀手势值得一提。这是一种念某些咒语时须配合做的动作之一。方法是以手指压按鼻端下、两鼻孔之间处。古人认为此动作有驱邪镇鬼的作用。《云笈七签》卷四六《秘要诀法·遏邪大祝第九》就谈到：“……又叩齿三通，乃开目。徐去左手按山源则鬼井闭门……鼻下山源，是我一身之灵津，真邪之通府。背真者所以生邪气，为真者所以遏万邪，在我运摄之尔，故吉凶兆焉。”

《灵宝领教济度金书》中的召请天医符有四种。分别为产科医胎前产后符：

医胎前产后符：
唵兹细灵吒婆野摄
书符
唵啼婆明应光杀摄
又符淡醋汤调灰下。
尼陀宾兜尊光摄
书符
尊母陀灵喃部咤摄
医血崩符：
新绵烧灰，同符灰和，用荆芥汤下。
乌罗牟至应血摄
书符
中光卢灵喃咤摄
医胎动不安符：
淡醋汤调灰下。

哒婆帝喃涂急摄

书符

都母咤婆利般摄

医胎孕不牢符：

药枣汤调灰下。

尼那宾都摩达唎摄

书符

尊利般宾兜那摄①

在《灵宝领教济度金书》卷二九零中，林灵真还企图人神感应，向天医或神灵上书以求保佑胎儿。以下是该书的三篇告文：

皆得生成符告文

灵宝符命，普济幽冥已生未生，皆得生成。全阴之粹，受阳之精，根源本始，一时复神。某人灵魂，乘兹符命，荡除垢秽，保命生根，一如告命。

监真度生符告文

灵宝符命，告下奉为某人灵魂，调理阴阳，和合四象，三元森密，九众结形。生官大神，荣卫安宁。天恩下济，监真度生。得复天根，圣母卫宁，一如告命。

永度三途符告文

灵宝符命，告下开度某人灵魂。冤对宿结，母子执连，沦陷秽浊，杳杳重泉。上帝有敕，厚泽昭宣，监生大神，保卫安全。永度三途。逍遥劫年，一如告命。②

---

① 《灵宝领教济度金书》卷286，《道藏》第8册，第517页。

② 同上，卷290，第561—562页。

（三）上奏章表术

道教经常仿照人间臣民向帝王上书，而向神灵上章进表，具陈原委，忏求保佑。这一种方术也被大量应用到了保胎养胎方面。例如，林灵真编著的《灵宝领教济度金书》便有保胎表：

保胎表

具位臣姓某上言，今月某日，为某崇建某斋几昼夜。祈求贤嗣，以续箕裘，谨具表奏闻者。

臣伏以出青入玄，混合九霄之祖炁。回黄抱紫，昭融四极之神先。密凝二五之精，澄寂一三之粹。欲全本始，宜罄悬祈。臣诚惶诚恐，稽首顿首。伏念斋主某，奋志光前，折心裕后。流年荏苒，奈吉梦之未随。俗事周遭，恐彭仇之莫绝。宗祊望重，门户托深。每明发以兴思，惟夙宵而抱叹。近妻某仰依覆焘，已凝结于胞胎，更赖提挠，俾安和于荣卫。诞生男嗣，恪慰私衷。匪上藉于天光，讵下符于人欲。恭惟太上元形无名虚无自然至真大道元上元尊金阙玉陛下，三才宗主，万类权衡。无愿不从，普十华而丕冒。有求皆应，亘九轨以昭因。愿运慈悲，密令化育。俾某妊娠有喜，满十月而母子周圆。障难无侵，历四时而身心宣畅。必遂得珠之望，决符弄璋之期。乳哺调匀，寝食安泰。多材多艺，幼膺家庆之荣；无害无灾，长备席珍之誉。式昭化育，亶拜裁成。臣下情无任激切之至，谨奉表奏以闻。谨言。

年　月　日具位臣姓某上表。①

同样的《赤松子章历》中也有保胎章：

保胎章

① 《灵宝领教济度金书》卷302，《道藏》第8册，第639页。

具法位上言，臣谨按玄科，今据乡贯某即日口辞，自列素以胎生下官子孙，千载有幸得奉大道，被受元恩。某与妻无功可记，有罪斯多，深恐一旦受此冤苦，无所任持，向臣求乞保胎收却河邪乳母产妇怀胎后伤亡容暗鬼贼。谨为拜章一通，上闻天曹，伏愿无上大道太上大道君太上老君上官典者以时平省，谨为上请安胎君二人、万福解厄君二人、官将百二十人，下为某妻防保身命，胎妊易生。又请保胎圣母君二人、官将百二十人为某妻守护三元丹田之中，辟斥邪精魍魉鬼贼，守养赤子，当令某身得安全，免遭难阻，保护胎妊安稳，六甲足满，十月子母相见，并蒙安贴。乞天门大圣拥护某娘身体和释，无生烦恼。当为诸君圣母言功报劳，以为效信，恩惟太上众真分别求哀。臣愚劣谨因同前章，只换直神云。

谨为某妻保胎章一通上诣。

太上某官曹治①

不难看出，两则向神灵的上表中，都祈求神灵保佑他们圆续嗣之梦的胎儿，祈求神灵率天兵天将袪除邪魔，“保护胎妊安稳，六甲足满，十月子母相见”并保佑孕妇“身体和释，无生烦恼”。

（四）斋醮禳解术

我们通过一则由叶明生先生撰述的民间道坛科仪中的所谓“遣霞科”法术，来看道教科仪中对于生育思想的关切和重视及其对于妇女孕育期间的佑助禳解。叶明生是在《妈祖信仰与道教文化》一文中研究妈祖信仰时发现了妈祖的神功在民间道教中渐渐的转向了护胎就产的生育功能，虽然她主要是以一位神通广大的海神形象出现在人们的心目中的。在与寿宁毗邻的浙江省泰顺县民间道坛中，作者发现了道

① 《赤松子章历》卷 4，《道藏》第 1 册，第 206—208 页。

坛中的这种科仪。该科仪盛行于寿宁与浙江省泰顺周边地区的道坛活动中，名为《设霞天姬会全科》。这很可能是该地区历史上受闽东寿宁道教影响的结果。所谓“设霞天姬会全科”，是在民家庭院举行的一种攘灾解厄小型法事。“设霞”即为“遣霞”，法事的内容是为家中妇女身怀有孕，但一直多病服药无效的情况下举行的遣送流霞、保胎护产的科仪法术活动。要迎请天妃圣母、观音、临水夫人“凤辇双双临法会，銮舆对对赴醮筵，龙吟虎啸马哂坐，天姬圣母降华诞”，[1]科仪中的法术性科法项日最重要是宣天妃疏、念北斗咒、为病者藏身、烧盐米、送水霞、锁胎锁魂、焚霞符、遣星煞等等。在科仪中道师有诸多法术性的道教科仪表演，如在二界坛前作藏身、变坛、变伞、变纸人霞精、变水霞、敕火炉、化盐、化扇、敕剪等。其目的为：

> 一解信女么么么氏命中、运中、限中有犯值年值月、值日值时流霞、生产伤流霞、翻身十恶忤逆流霞、金木水火土德流霞、干霞水霞、一切所犯凶霞恶曜，解来便来，解至便至，解至金阙云中[2]。

叶明生在《妈祖信仰与道教文化》中进过认真分析，指出：“由此可见本科之法神‘天姬圣母’并非陈靖姑，而是专指天妃妈祖。有关妈祖之天妃能救胎护产的传说，在明人小说《天妃林娘娘传》之第二十八回《天妃妈莆田护产》中有详细的描述，可见道坛将妈祖引以为救胎护产女神亦有所本。”[3] 我们通过作者的详细记述可以看出其

① 泰顺县长坑村同治五年谢元真抄本《设霞天姬会全科》，第 4 页。

② 同上，第 6 页。

③ 叶明生：《妈祖信仰与道教文化——民间道坛之妈祖信仰相关科仪及文化形态考探》，《福建师范大学学报》（哲学社会科学版）2009 年第 3 期，第 145 页。

科仪中的护胎保孕思想不言自明。具体表现在：

其一，该科仪要救治的对象是身怀有孕，多病久治无效的孕妇。道教历来主张对于一个病人，先进行医治，实在无效时才运用到道教法术等进行禳解。所以，其对象针对的是身怀六甲、疾病缠身的妇女；

其二，其要迎请的神灵分别是：在东南最被崇拜的妈祖，祈子护胎大慈大悲的观音，专业的生育护胎神灵临水妇人陈靖姑。所以，其救治生育病人的意图很突出。

其三，该科仪的目的是借助神力祛除该孕妇身中、命中、运中、限中的一切所谓"霞"灾，以便让病人顺利的实现孕育子嗣的美满目的。

由此关于妈祖救治怀孕多病孕妇的道教科仪法术中，我们不难看出其所传达的道教助产护育、保胎禳解的生育思想。

四　"妊娠有忌"

《三元延寿参赞书》明确讲到："妊娠有忌"。古人把妊娠既看得很神秘，也格外的小心，因而提出许多护理思想，这些护理思想在道教文化中都有深刻的反映。我们大致把它分为三类：行动方面的禁忌、饮食方面的禁忌和冲犯胎神和星煞的禁忌。行动和饮食方面的禁忌我们在此只是出于逻辑的完整性简单的提及，下一节"胎教"一文中将重点论述。

（一）行动方面的禁忌

传统文化和道教思想中都有从保护胎儿和维护孕妇出发的性禁忌。亟斋居士《达生篇》云："古者妇人有孕，即居别室；盖有孕而犯之，三月以前者，常致胎动而流产。三月以后者，则致胎衣太厚而难产；曰生子身多浊物，他时多病而少寿。故保胎以绝欲为第一义。"

道教养生著作中持这种“保胎以绝欲为第一义”的思想观点的也很多。元代李鹏飞《三元延寿参赞书·妊娠忌篇》云：“演山翁云：成胎后，父母不能禁欲，已为不可。又有临产行淫，致其子头戴白被而出，病夭之端也。”“书云：月事未绝而交接，生白驳。又冷气入内身，面萎黄，不产。”① 说明这种孕后不可性交的禁忌不仅对胎儿的健康与顺利产育是一种保护，而且对于怀孕妇女也是一种极大地保护。道教医家认为，怀孕之后夫妇有性行为将引动相火，使先天胎毒加重。这和现代人认为的容易引起流产不谋而合。那么一旦发生了这种行为之后，该如何禳解呢？《洞真太上八道命籍经》讲到：

伤胎失育九

妻妾有胎，伤动堕落，或生旬日，或至少年。罪由不谨，轻忽交会，伤落他孕，厌祷公私。解用香油、金如意、几席祠箄，送诸治舍。②

另外，《云笈七签》提到“凡产妇不可见狐臭人，善令产妇着肿”的观点。③《孙真人备急千金要方》、《三元延寿参赞书》等等许多道教典籍中对于孕妇行动方面的禁忌都有述及。值得一提的是，台湾郭立诚先生在《中国生育礼俗考》中则从民俗学的角度考察了我国很多地方的孕妇行动禁忌，诸如孕妇不许到庙里去，不许看死人入殓，不许在亲友婚礼时进入喜房，也不可以在亲友婚礼时迎娶新娘、抬轿、做新装新被褥等。就连动土上梁、店铺开张等等，孕妇都得避忌。可见古人的避忌实在不少。④

---

① 《三元延寿参赞书》，《道藏》第 18 册，第 526—557 页。

② 《洞真太上八道命籍经》，《道藏》第 33 册，第 502 页。

③ 《云笈七签》，中华书局，2003 年，第 722 页。

④ 郭立诚：《中国生育礼俗考》，台湾文史哲出版社，1979 年，第 76 页。

（二）饮食方面的禁忌

道教对于孕妇饮食的诸多避忌中，以《孙真人备急千金要方》中“养胎第三”最为典型。孙思邈首先提纲挈领的讲到：

> 论曰：儿在胎，日月未满，阴阳未备，腑藏骨节皆未成足，故自初讫于将产，饮食居处，皆有禁忌。

接着具体指出：

> 妊娠食羊肝令子多厄，食山羊肉令子多病。
> 妊娠食驴马肉令子延月，食骡肉产难。
> 妊娠食兔肉、犬肉，令子无音声并缺唇。
> 妊娠食鸡子及干鲤鱼，令子多疮。
> 妊娠食鸡肉糯米，令子多寸白虫。
> 妊娠食椹并鸭子，令子倒出心寒。
> 妊娠食雀肉并豆酱，令子满面多黑子。
> 妊娠食雀肉饮酒，令子心淫情乱，不畏羞耻。
> 妊娠食鳖，令子项短。
> 妊娠食冰浆，绝胎。
> 妊娠勿向非常地大小便，必半产杀人。①

（三）冲犯胎神和星煞的禁忌

旧传妇女孕育由胎神掌管，因为胎神常在妇女身边，所以家里但凡修造动土、穿凿订补等事皆须先查明胎神方位，如若对其有所触犯，轻则或者流产、或者生育残疾儿，重则子母皆亡。如此重要的避忌，民间一直谨慎对待。那么胎神是谁呢？这至今学术界也没有厘清。就连收录神祇比较齐全的《三教搜神大全》都无记载，《封神榜》

---

① 孙思邈：《孙真人备急千金要方》，《道藏》第26册，第44页。

中只是说有胎神叫姬叔礼而已，或有说是床公床母，没有定论。

《古今图书集成·艺术典》卷四零六，讲到了胎杀避忌胎前将护法："受孕之后，宜避忌胎杀所游，如经云：刀犯者形必伤，泥犯者窍必塞，打击者色青黯，击缚者筋拘挛甚至母殒，祸如反掌。"这充分说明胎后触犯胎神的巨大危害。所以民间有游胎杀，十干支游胎杀，十二支日游胎杀，六甲旬游胎杀，太史局日游胎杀等等胎杀避忌法。郭立诚先生在《中国生育礼俗考》中论述道："又有小儿杀及本命三杀及产母身黄定命皆不可犯，凡妊娠之后，将此贴于房内，切不可穿凿修掘移钉击篱壁重物展压之类，犯之重则胎死腹中，母亦不利，轻则子受其殃，成人之后必定破形，拳挛跛缩瘖痖，犯之极验。"①

道教中这样的资料颇多。甚至可以说，民间流传的诸多胎杀避忌法，其思想渊源或许都可以追溯到道教这里来。《黄帝龙首经》中有"占天一日游所在妇人产避法第七"讲道：

> 天一日游，以戊戌日上天，六日以甲辰日下地，中宫居东室，五日以己酉徙居东北。维中六日以乙卯日徙居东方，五日以庚申日徙居东南。维六日以丙寅日徙居南方，五日以辛未日徙居西北。维六日以戊子日徙居北方，五日以癸巳日入中宫居西方。五日又以戊戌日上天游，不在中宫。乳妇要须出，当避之所在之方，莫向之也。
>
> 凡产忌法，常以月将大时，月将下为咸池，神后下为丰隆，大吉下为日大将，功曹下为女蓐，太冲下为宫星，天罡下为天候，太一下为招摇，胜先下为轩辕，小吉下为女夭，传送下为雷

① 郭立诚：《中国生育礼俗考》，台湾文史哲出版社，1979年，第80页。

公，从魁下为月饮，河魁下为日刑。[1]

那么既然既然胎杀如此紧要，如果误犯之后如何禳解呢？郭立诚先生在《中国生育礼俗考》中收录了来自《万法秘籍》第三十一页的误犯胎神禳解的押煞符一道，安胎符一道，又居家必备四符中有安胎符、镇煞灵符各一道。兹述如下：

押煞符：此符能起杀制压土杀神禳胎神，极验极速。若有触犯胎神，可将符贴于动土之处，大吉。

安胎符：如孕妇有犯胎神甚危时，将此符化火调水食，则胎自安。

① 《黄帝龙首经》，《道藏》第 4 册，第 986 页。

以下为居家必备四符，一为镇煞灵符，一为安胎灵符，另两道为保胎灵符：

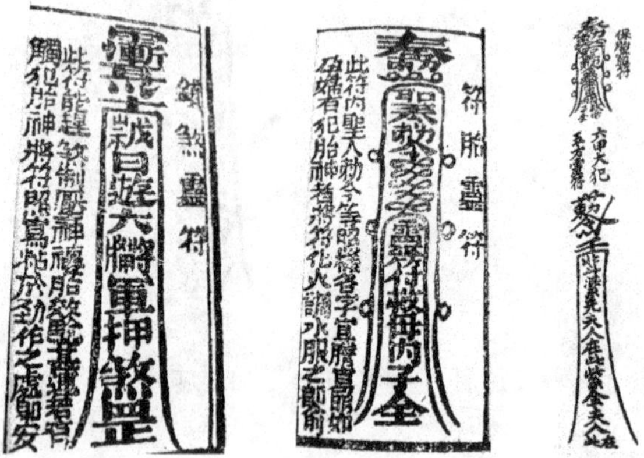

第三节 胎 教

胎教，是指在母亲怀孕期间专门针对胎儿而进行的有目的有意识的教育，是优生学的一个重要组成部分。现代医学、胚胎学、心科学、儿童心理学等学科的发展证实，胎儿不仅可通过母体间接地接受外界的刺激和影响，而且可以直接接受外界的刺激和影响。通过合理的营养搭配，良性的信息刺激，科学证明可以促进胎儿身心的健康生长和发育，胎教无庸置疑地对提高人口质量、改善人口素质具有着不可低估的作用。

一　胎教的重要作用

那么究竟是何时开始实施胎教更为科学呢？说法不一。《大戴礼记》、《新书》和《青史子》主张在怀孕七月以后，而《颜氏家训》则主张在怀孕三月以后，齐人徐之才则认为，胎教不能只局限于怀孕三月或七月之后，而应自始至终，逐月养胎。徐之才的逐月养胎法，为巢元方、孙思邈、陈自明、李挺、方贤等继承和发展，形成为一套完整的逐月胎教胎养法。法国语言心理学教授托马斯在研究中发现，胎儿意识的萌芽是在怀孕后7—8月，此时胎儿才具有思维、感觉和记忆的能力。显然，《大戴礼记》、《新书》和《青史子》所主张的在怀胎七月后实施胎教更为合理，更比较符合现代的优生学思想。

胎教不仅仅是怀胎之后的事儿，还必须注意怀孕前这个环节。陈自明主张男女不可结婚过早，“合男女必当其年，男虽十六而精通，必三十而娶。女虽十四而天癸至，必二十而嫁”，适龄结婚，才能做到“孕而育，育而子坚壮强寿”（《妇人大全良方·求男》）。孙思邈提醒世人，男女双方决定要小孩之前，必须注意身心卫生，坚持锻炼身体，保持精力的充沛和精神的舒畅；夫妇同房之时，还要注意选择好的环境和时间，以及生理卫生，以避免生子先天“癫痴顽愚，瘖痖聋聩”（《备急千金方》）。这些都符合现代优生优育的原则，基本上为现代社会所相信并遵循。

在儒家伦理道德为主宰的传统社会中，士大夫对胎教之道真可谓是重视之极，声称要将其“书之玉板，藏之金匾，置之宗庙，以为后世戒”（《大戴礼记》）。北齐著名文学家颜之推还专门将此内容写入家训，要求后代子孙执行“怀子三月，出居别宫，目不邪视，耳不妄听，音声滋味，以礼节之”的家训。（《颜氏家训》卷一《教子》）平民百姓也以口传身教的方式沿袭着切实可行的胎教之法，自觉遵守着各种禁忌规约。由此，足见胎教作用之大和人们之重视。

二　胎教的历史发展

早在原始社会中期，我们的祖先便发现他们的后代出生以后，有的带着这样或那样的缺憾，不是生理有重大缺陷，就是智力很是低下。于是，他们就希望通过采取一系列的措施，使先天的缺憾在胎儿期就能得以避免，以便生育出健康聪明的后代来。严酷的现实及教训，首先使他们意识到“男女同姓，其生不蕃”的道理，即氏族内部通婚或近亲婚配不利于后代的生长发育。继而认识到孕妇的饮食、言行、情绪等因素对胎儿发育有比较大的影响，认为在这些方面如果稍不注意，就很可能使后代在体格及智力上都不遂人愿。这样，胎教思想便在我们祖先的意识中萌发了，而后经过历代学者，特别是中医学家们的研究和提倡，以及宫廷内外和民间的实际推行，从而就形成了中国古代独具特色的胎教孕育思想。

西汉政治家贾谊可说是中国历史上最早系统论证胎教问题的一位学者。他在自己撰写的《新书》中专设“胎教”一章，认为对胎儿实施多方面的教化是很有必要的，提出孕妇生活中的一切内容都应该符合“礼”的要求和规范。因此，凡孕妇“所求声音非礼乐”、“所求滋味非正味”者均不能迁就。因此，主张妇女怀胎后，必须做到“立而不跛，坐而不差，笑而不喧，独处不倨，虽怒不骂”。认为只有如此才是做到了胎教。西汉另一位学者刘向著有《列女传》，涉及了较多的胎教问题。他认为胎儿能够感知母体内外的一些刺激，指出孕妇的身心卫生对胎儿的生长发育有着十分重要的意义。胎教的目的在于“生子形容端正，才德必过人矣”。为实现这一目的，他认为妇女怀胎之后要注意“慎所感”，即要重视胎儿通过母体对外界事物的感应。他说：“妊子之时，必慎所感，感于善则善，感于恶则恶。人生肖万物者，皆其母感于物，故形音肖之”。怎样才能“慎所感”呢？他认为应该做到“寝不侧，坐不偏，立不跸，不食邪味。割不正不食，席不正不坐。目不视邪色，耳不听淫声。夜则令瞽诵诗，道正事。如此，则生子形容端正，才德必过人矣”。我们看，贾谊和刘向的胎教思想，其实是封建礼乐伦理在胎教领域的映射而已。

东汉杰出的唯物主义思想家王充对胎教也颇有见地。他在《论衡》中认为人之性所以有贤愚善恶，并非天意的结果，而是人在受胎时所察受的天性有厚有薄，“故性有善恶也”。他说：“察得坚强之性，则气渥厚而体坚强，坚强则寿命长，寿命长则不夭死；察性软弱者，气少泊而羸魔，羸魔则寿命短，短则早死。”据此，他提出：“察受其气故巧于御”。即主张在受精怀胎时就要十分注意要使胎儿“察得坚强之性”。如果孕妇不注意胎教，则“生子不备，必有大凶，瘖聋跛盲，气遭胎伤，故受性狂悖，羊舌食我初生之时，声似豺狼，长大性恶，被祸而死”。又“受气时母不谨慎，心妄虑邪，则子长大狂悖不善，形体丑恶”。可见胎教作用之大。

南北朝时期著名教育家颜之推在所著《颜氏家训》中设有“教子篇”，专论家庭教育问题。他认为家庭教育应及早进行，可说是越早越好。具体早到什么时候？他主张应从胎儿开始，要求孕妇安居闲静，谨守礼法，使胎儿受到好的影响。他说：“怀子三月，出居别宫，目不邪视，耳不妄听，音声滋味，以礼节之”。

隋唐宋元之时，中国业已形成了一套完整的胎教学说。隋代的巢元方，唐代的孙思邈都是胎教的大家。唐代王焘《外台秘要》强调孕妇要重视饮食，“妊娠勿食鳖，令儿短项，妊娠食冰浆绝产……”南宋之时，出现了胎教的宏篇巨制《妇人大全良方》，这是一部妇产两科兼备的专著，陈自明（1190—1272）在书中的产科部分全面论述了胎教的要求，例如他讲孕妇的饮食禁忌，“食鸡肉糯米合食令子生寸白虫；羊肝，令子生多厄……食螃蟹，令子横生”；如“欲子美好，玩白璧，观孔雀”；凡妊娠至临月，当安神定虑，时常步履，不可多睡饱食，过饮酒醴杂药。”南宋大学者朱熹将胎教的细则精练地概括为十二个字，即孕妇要时刻注意“一寝一坐，一立一食，一视一听”，以便使胎儿能够“气察正而天理全”（《小学集解·立教》）。

清代政治家、思想家康有为（1858—1927）在他的代表作《大同书》的戊部第一章提到，“盖生人之始本于胎教，成于母训甚多”，并提出，要组建“人本院”（相当于胎教院），还对胎教院的设施提出了具体要求。教育家蔡元培在《美育实施的方法》一文中也明确提出，要为孕妇开办公立胎教院，并提出了胎教院的设施和要求，如胎教院陈列的雕刻、图画都要优美，每日必须播放健康优美的音乐。孕妇要阅读乐观向上、和平宁静的文学作品。近人钱今明尤重胎教，其所著《钱氏儿科学》极力推崇“外象内感”说，“昔人言曰：欲子女之清秀，居山明水秀之乡；子女之聪俊者，常资文学艺书”，孕妇若注意受良好自然环境的熏陶，知识技艺的陶冶，所生子女方能清秀聪俊。

三　胎教的基本内容

综合这些胎教思想，我们将其具体内容总结为以下几个方面：

（1）调性情。妇女怀胎后，因生理上变化所引起的心理反应主要是性情的变化。胎儿借母气以生，呼吸相通，喜怒相应，若有所逆，即致子病。故孕妇宜性情舒畅，遇事乐观，喜怒悲思过度皆能使气血失和而影响胎儿。《增补大生要旨》云：“凡受胎后切不可打骂人。盖气调则胎安，气逆则胎病”。《妇人秘科》云：“受胎之后，喜怒哀乐莫敢不慎”。《傅青主女科》有“大怒小产”之说。《女科广要》则指出：“焚烧名香，口诵诗书及古今箴诫，居处简静，……弹琴瑟、调心神、和性情、节嗜欲、清庶事，则生善良、长寿、忠孝、仁义、聪慧而无疾”。孙思邈在《千金方·养胎》中提出的胎教思想是，“弹琴瑟，调心神，和性情”，“居处简静”，“庶事清净”，“口诵诗书、古今箴诫”，即要求孕妇调摄精神情绪，注意生活起居，进行礼义教育。

（2）谨饮食。孕妇饮食对胎儿有直接影响，故有三忌：一忌饱食。《万氏女科》云：“妇人受胎之后，最宜忌饱食，淡滋味，……常得清纯和平之气，以养其胎，则胎之完固，生子无疾”；二忌生冷之食。孕妇喜吃生冷食物，是因阴下注以养胎儿，以致阴血偏虚、阳气偏旺。但生冷食物吃多了，会使脾胃受损，呕吐、腹泻、痢疾诸症将乘虚而入；三忌乱服药、饮酒。若饮食不合理，甚至无度，可使脾胃运化失常而胎失之所养。徐之才在《逐月养胎法》一书中较为详实地解释了怀胎十月的过程，并提出需逐月禁忌的事项。如：“一月，宜食大麦，毋食腥辛，不为力事，寝必安静，勿令恐畏”“五月，卧必晏起，沐浴浣衣，深其居处，厚其衣服，勿大饥，勿甚饱，勿食干燥，勿自炙热，勿大劳倦。”“八月，和心静息，勿使气极，勿食燥物，勿辄失食，勿怒大起”等等。这些要求都有一定合理性。

（3）慎寒温。妇女怀胎后，因生理上变化，机体抵抗能力降低，易受风寒、六淫（风、寒、暑、湿、燥、火）之侵，易染多病，对胎儿发育极为有害。《大生要旨》云：“胎前感受外邪，或染伤寒时症，郁热不解，往往小产堕胎，悠关性命，故慎之”。所以，孕妇不宜在杂乱嘈闹场所逗留，以免染疾；衣着亦当注意应随季节气候穿戴，勿冷勿热，勿厚勿薄，且须宽大合体，腰带不宜紧束，以免气血周流不畅。

（4）适劳逸。人察气血以生，胎赖气血以养，故劳逸应适量。逸，则要休息好，保证有足够的睡眠时间，以使神情舒畅，太逸则气滞。劳，则要多活动，多散步，适当做些家务，但不能从事过重、过剧烈的活动，太劳则元衰气伤。故中医认为，受胎之后，当宜行动往来，使气血流通，百脉和畅，自无难产。若好逸恶劳，好静恶动，贪卧养娇，使气停血滞，临产多难。宋代《便产须知》中有对孕妇“勿多睡卧，时时行步，勿劳力过伤”的要求。

（5）忌房事。《产孕集》云：“怀孕之后，首忌交合。盖阴气劝而外泄，则分其养孕之力，而扰其固孕之机，且火动于内，营血不安，神魂不定，形体劳乏，筋脉震惊，动而漏下，半产难产，生子多疾而，淫浊而钝。”受孕之后，除严格按照胎教胎养原则行事外，夫妇双方还须注意节制性欲。《广嗣纪要》也明言，“种子之后，男子别寝，不可再交。”尤其是在怀孕的前三个月和临产前的后三个月，要绝对禁止性生活。《女科集略》也规定，“受妊三月，宜合静养，则气血安和，须远七情，亦不得交合阴阳，触动欲火”，并讲明犯忌的危害，“三月前犯，能动胎产；三月后犯，使子不育。慎之慎之。”而清人陈复正在《幼幼集成·护胎》中说：“要知生子之道，精气交媾，熔液成胎。”并更进一步地认识到：“故少欲之人恒多子，且易孕，气固而精凝也。多欲之人常艰子，且易夭，气泄而精薄也。”可见，此时的人已对怀胎生子有较为正确的理解。

四　道教中的胎教思想

而道教思想中也继承了这种礼乐文化为主的胎教文化。概括起来，表现在三个方面：

（一）重视礼乐熏陶。《上方灵宝元极至道开化真经》在对“母之所以畜乎桐也，抱胎而教之以礼。逮乎制之已成也，归之厥仁，而致正以教之。”注释时说到：“畜，养也。男女曰嗣。怀孕曰抱。教之以礼者，言听动观行止坐卧，皆由圣人道德、先王礼乐，胎教如是，生子多聪慧贤俊明文也。逮，及也。嗣之已成者，已成人也。归之厥仁者，归于仁者之师也。致正以教之者，祈师训先王之法也。”① 这里充分强调了礼乐道德文化在胎教中的重要性，“教之以礼者，言听动观行止坐卧，皆由圣人道德、先王礼乐，胎教如是，生子多聪慧贤俊明文也。”同时，《三元延寿参赞书》亦云：“太公胎教云：母常居静室，多听美言，讲论诗书，陈说礼乐，不听恶言，不视恶事，不起邪念，令生男女，福寿敦厚，忠孝两全。”② 这与礼乐文化如出一辙，都讲礼乐熏陶。同样，孙思邈在《孙真人备急千金要方》卷二“养胎第三”中讲到胎教思想：

> 故妊娠三月，欲得观犀象猛兽，珠玉宝物，欲得见贤人君子，盛德大师，观礼乐钟鼓，俎豆军旅陈设，焚烧名香，口诵诗书，古今箴诫，居处简静，割不正不食，席不正不坐，弹琴瑟，调心神，和情性，节嗜欲，庶事清净，生子皆良，长寿忠孝，仁

---

① 《上方灵宝元极至道开化真经》，《道藏》第30册，第717页。

② 《三元延寿参赞书》，《道藏》第18册，第526—557页。

> 义聪惠无疾，斯盖文王胎教者也。[1]

即要求孕妇调摄精神情绪，注意生活起居，进行仁义教育。

道教医学的很多典籍都反复申明孕妇在妊娠其间要注重胎教。《洞玄子》云："凡女子怀孕之后，须行善事，勿视恶色，勿听恶语，省婬欲，勿咒诅，勿骂詈，勿惊恐，勿劳倦，勿妄语，勿忧愁，勿食生冷醋滑热食，勿乘马车，勿登高，勿临界，勿下坂，勿急行，勿眼饵，勿针灸……遂令男女如是聪明智慧，忠真贞良，所谓胎教也。"《傅青主女科》有"大怒小产"之说。

（二）注重饮食禁忌。道教除了强调一般医家的饮食原则之外，更加强调对于孕妇饮食的诸多避忌，《孙真人备急千金要方》在"养胎第三"中首先提纲挈领的讲到：

> 论曰，儿在胎，日月未满，阴阳未备，腑藏骨节皆未成足，故自初讫于将产，饮食居处，皆有禁忌。

接着具体指出了许多饮食中注意的细节，在上一节"妊娠有忌"中已经阐述。

（三）禁止夫妻同房。《孙真人备急千金要方》提出了孕后禁止男女同房，而《三元延寿参赞书》也赞同此说："演山翁云：成胎后，父母不能禁欲，已为不可。又有临产行淫，致其子头戴白被而出，病夭之端也。"[2]

（四）提出逐月养胎。而道教医学家孙思邈在《孙真人备急千金药方》中，元代李鹏飞在《三元延寿参赞书》中，都对逐月养胎进行了深刻论述。前面养胎安胎一节已有论述。

---

① 孙思邈：《孙真人备急千金要方》，《道藏》第26册，第44页。

② 《三元延寿参赞书》，《道藏》第18册，第526—557页。

这些胎教文化中的禁忌内容折射出古人的生命一体化思想和交感思维特征。我国古代的人们从原始初民那里继承了原始的自然观，视自己与自然界的一切事物为同源共存的共同体，万物都有生命且与人类彼此感应，互相托生；同时，在原始混沌状态下，古人的交感思维异常发达，认为某一事物的特征可以通过感官等渠道传染给另一事物。正是这两种原始观念的影响，胎教文化中突出强调了“重感”思想：要求孕妇“慎感”是因为自然界中的事物可通过感觉作用于胎儿，使灵魂互相转换；要求孕妇行为举止端庄是因为这些修养可以感染给腹中胎儿，使其也有类似的素质。例如，孙思邈提出的“故妊娠三月，欲得观犀象猛兽，珠玉宝物，欲得见贤人君子，盛德大师，观礼乐钟鼓，俎豆军旅陈设”，要求孕妇不食兔肉等异物是因为这类事物的特点可通过“吃”这一渠道传染给胎儿，使其有相应的缺陷。如兔子的豁嘴可导致人缺唇，生姜的形状不一可导致人手多指，等等。例如孙思邈提出的诸多饮食禁忌，其思考方式很可能也是交感思维的结果。至今，这些甚为荒诞的不符合科学的某些做法还存在于一些地区的民间习俗中。值得注意的是，中医学家们的眼光不止限于妇女怀胎后的消极的禁与忌，而还极力提倡积极的卫生保健和调养。历代提倡胎教的学者很多，他们对胎教的理论甚至有些观点与现代胎教理论十分吻合，论证时的政治及伦理道德色彩较浓，大概是因为他们都是推崇礼教治国，以“端人之本”。我们要合理地加以扬弃和继承，让祖国这一优秀的文化遗产继续发扬光大。

第四节　产前护理及生产催生

一　产图产阁及产前护理

产育事关人命，因而古人格外小心。产前有一系列准备工作。首先就要在产期将近时按要求粘贴产图。孙思邈在《孙真人备急千金要方》中明确讲到产图的重要性：

> 凡生产不依产图，脱有犯触，于后母子皆死。若不至死，即母子俱病，庶事皆不称心。若能依图，无所犯触，母即无病，子亦易养。①

产图可谓源远流长，在隋《经籍志》卷三子部历数类里已经著录有产图二卷、杂产图四卷。唐《经籍志》、《艺文志》都载有产图。南宋朱端章的《卫生家宝产育备要》一书，收录了很多民间道教的禳解法术或者手段。该书收录有产图十二卷，上面详列八卦方位和十三神名讳以及安产藏衣吉方。还说明了张贴方法："凡产于人月一日贴在卧阁内正北壁上，凡安产藏衣方位并于产阁内分布，凡逐月安产、藏衣、避忌、神煞方位并随气节更候，交得此月节即换次月产图。凡产讫，弃泼秽污不净之水，并随藏衣之所向不拘远近弃之，切忌向闭肚之方也。"该书的十二幅产图，可谓详尽，今节录其中两幅如下：

① 孙思邈：《孙真人备急千金要方》，《道藏》第26册，第54页。

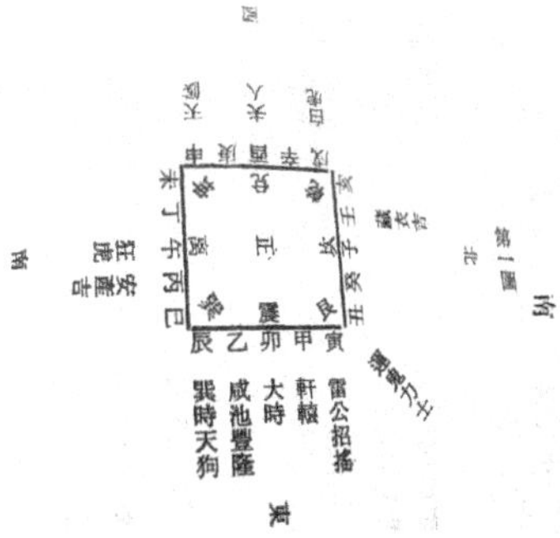

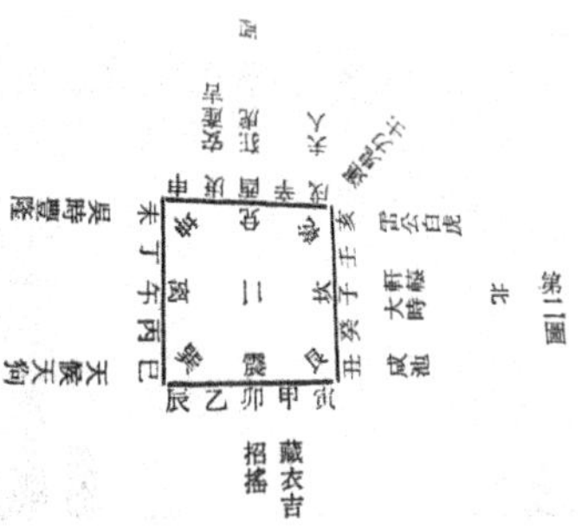

朱端章在《卫生家宝产育备要》里还提到了铺设产阁时须先行借地法："入月第一日清旦先书借地法，贴在产妇房内北壁上，须清心志诚书之，更须避日游月支诸神。"借地法名为"体弦子借地法"，体弦子疑为道门人士或学道有成的方士。朱著卷一所引《体弦子借地法》为："东借十步，西借十步，南借十步，北借十步，上借十步，下借十步，壁方之中四十余步，安产借地，恐有秽污，或有东海神王，或有西海神王，或有南海神王，或有北海神王，或有日游将军，白虎将军，远去十丈，轩辕招摇，举高十丈，天符地轴，入地十丈，令此地空闲，产妇某氏安居无所妨碍无所畏忌，诸神拥护，百邪速去，急急如律令敕。"

那么在向神灵借来产地之后，就要"凡产阁及藏衣之地，并须依方位所利，铺设产阁。"铺设产阁时须在产床下铺些褥草，朱著卷六还特别提到了"禁草法"："禁草法：铺草及毡褥讫即咒曰：铁铁汤汤，非公所当，是王一言得之铜，一言得之铁，母子相生俱篾铁，急急如律令。"①

对于夫妇所在的产房，为保吉祥，道教中有专门的治产镇房符：

---

① 郭立诚：《中国生育礼俗考》，台湾文史哲出版社，1979年，第88页。

符用黄纸，朱书三道，悬贴房帐床卧之地，即得无产育之难。已上诸符，并把斗诀，迎罡炁旺方书之，其应如响。

①

产前除了准备一些婴儿衣服、产妇及婴儿用药及补养食物外，道教经典中还收录了一系列的保产章表和符咒。例如，《太上说六甲直符保胎护命妙经》要求于产前或产时要用法术进行禳解：

天尊言："臣藕见世间女子，怀抱阴阳，生产男女，临欲分解，皆被众邪魍魉妖魅鬼神妄相干恼，或伤杀男女，令其产母妄语、狂乱、心意迷惑，如何救免？唯愿！"

天尊告真人曰："夫天地媾精，阴阳布化，父母和合，人乃受生。始一月胞精血凝，二月胎形兆胚，三月阳神为魂，四月阴灵定魄，五月分藏安神，六月定腑滋灵，七月开窍通光，八月神具降灵，九月宫室罗布，十月炁足成象。然后百神具体，始乃降生。汝前所请，此皆男女生在世间，不信至道，不敬经文，或累业前缘，或今生纵造，不识宿命，不崇正教，信用邪妖，心转迷惑，含受元炁，怀抱阴阳，临至产时，真神不附，致使邪魅魍魉鬼神，妄来干犯。若欲救此产生之难，须信用吾言。世间女子，若始怀胎，未满十月，须预修功德，建立道场，及造此经，一心

① 《无上玄元三天玉堂大法》卷10，《道藏》第4册，第419页。

供养，临至产月，请诸道士三人五人七人十人，或于宫观，或在家庭，悬鲁幡盖，燃灯续明，烧香礼拜，转读此六甲直符保胎护命真经七七遍或百遍乃至千遍万遍，吾当遣六甲直符神将，领诸天兵及神仙玉女无量圣众，持符执节，来降道场，拥护怀胎女子，令无苦恼，母子分解，保命护身，宅舍清净，合家平安。一切妖邪，自然潜伏。”[①]

这则道经在分析了生产不利是由于前缘罪孽之后，要求要建道场禳解，并口诵六甲直符保胎护命真经数遍。

道经中还涉及到了产前对于生产是否顺利的占卜。例如由晋颜幼明注，宋何承天续注的《灵棋本章正经》中之“扶天广圣如意灵签”一些占卜卦辞写道：“婚姻……有成，官事和平生产安好”，或者“婚姻大成（上上卦）……生产有喜……”，或者“婚姻有破（下下卦）……生产难保……”等等。在“四圣真君灵签”中有：“……产孕生分挽难。子母凶，宜作福生男”的注释。而在“大慈好生九天卫房圣母元君灵应宝签”之第二中，原文和注释分别为：

仁慈信善孝翁姑，守一存贞敬重夫，
吾今特赐临盆庆，更宜常服保胎符。

解曰：孝亲敬夫，名达天应。善力保全，皈依道法。常服灵符，临盆有庆。母子双全。[②]

这里分明是说产妇平时积德贤惠，临产更需服保胎符，这样神灵保佑顺产吉祥。另外，同签第二十三的原文和注释是：

楼头金鼓报三更，万象森罗月正明。

---

① 《太上说六甲直符保胎护命妙经》，《道藏》第1册，第878—891页。
② 《灵棋本章正经》，《道藏》第23册，第455页。

二女一男须记取，临益有庆保安宁。

解曰：临盆有庆，坐草无虞。①

该签不但预测了产妇生育二女一男，还表明其产育顺利。

二 生产时的药物护理及符咒禳解

古书记载有许多妇女产育时的禁忌或者迷信，这里面当然也有符合现代医学的方面。汉代王充就对当时的一些产育禁忌提出了质疑。透过王充在《论衡·四讳篇》的记载我们可以知道，古人因疑不吉避忌生产，孕妇不许在家生产，并认为胞衣不洁。至于生产的避忌，孙思邈在《孙真人备急千金要方·产难篇》中论道："产妇虽是秽恶，然将痛之时，及未产已产，并不得令死丧污秽家人来视之，则生难，若已产者则伤儿也。""凡欲产时，特忌多人瞻视，惟得三二人在傍，待总产讫，乃可告语诸人也，若人众看视，无不难产。"② 他还注意到了孕妇情绪对生产的影响："凡产妇，第一不得忽忽忙，怕傍人，极须稳审，皆不得预缓预急及忧悒，忧悒则难产，若腹痛眼中火生，此儿回转，未即生也。儿出讫，一切人及母，皆忌问是男是女。儿始落地，与新汲井水五咽，忌与暖汤物，勿令母看视秽污。"③

禁忌不止这些。《古今图书集成·艺术典》第四〇八册载有诸多禁忌：

推妇人行年法：

生气方：产妇宜向之坐卧及产帐向之开门大吉。

---

① 《灵棋本章正经》，《道藏》第23册，第455页。

② 孙思邈：《孙真人备急千金要方》，《道藏》第26册，第54页。

③ 同上。

反支月：端此月即铺灰上用牛皮或马骡皮讫铺草勿令恶血污地吉。

祸害方：不得于其上产，又不得向之二便，避之大吉。

绝命方：不得于其上产，又不得向之大小便，避之大吉。

悬尸方：遇此日产不得攀绳，宜悬马辔攀之大吉。

闭肚月：临月至满月并不得向之大小便及弃不净之水，谨之吉。

八疰月：产帐不得向之开门，忌之大吉。

这些禁忌涉及到了很多方面。古人的禁忌有些我们今天很可能都想不到，例如临产备用的水，也得行禁水法才能使用。贮水咒文为：“南无三宝水，水在井中为井水，水在河中为河水，水在器中为净水，水在法中为真水，自知非真，莫当真水，以净持浊，以正治邪，日游月杀，五土将军，青龙白虎，朱雀玄武，招摇天狗，轩辕女妖，天吞地吞，悬尸闭肚，六甲禁讳，十二神王，土符伏神，各安所在，不得动静，不得忌干，若有动静，若有忌干，施以神咒，当摄汝形，阿佉尼阿毗罗，莫多梨娑地梨沙诃。”①

而生育时，最重要的一项工作就是当不能顺利产育时的催生术了。催生有用催生医方的，也有用符咒的。孙思邈作为一代道教名医，他还用自己最擅长的医术为产妇开列了诸如“养胎临月，服令滑易产方”的丹叄膏，“令易生，母无疾病，未生一月日预服，过三十日，行步动作如故，儿生堕地，皆不自觉方”的甘草散，“主养胎，及产难颠倒”的千金圆，“治妊娠养胎，令易产方”的蒸大黄圆等药方。② 那么当这些使孕妇易产的药不起作用，或者说真正的产难发生

① 郭立诚：《中国生育礼俗考》，台湾文史哲出版社，1979 年，第 104 页。

② 孙思邈：《孙真人备急千金要方》，《道藏》第 26 册，第 48—49 页。

时，该用何药呢？孙思邈在同书“产难第五”中针对各种具体不同的产难情况，开列了各种相应的用药。例如，“凡产难及子死腹中，并逆生与胞胎不出，诸篇方可通检用之。”“治产难，或半生，或胎不下，或子死腹中，或著脊及坐草数日不产，血气上抢心，母面无颜色，气欲绝者方。”“治产难及日月未足而欲产者方”等等。[①] 一代名医李时珍在《本草纲目》卷卅八器部也有许多催产术：

一、妇人难产及日月未至而产，临时取夫衣带五寸烧为末，酒服之，裩带最好。

二、草鞋：路旁破草鞋一双，洗净烧灰，酒服二钱，如得左足生男，右足生女，覆者儿死，侧者有惊，自然之理也。

三、妇人难产：路旁破草鞋鼻子，烧灰酒服。

四、妇人难产：钟馗左脚烧灰水服。

五、妇人难产：用箭簳三寸，弓弦三寸，烧末酒服。

六、难产三日不出，车轴脂吞大豆许二丸。

另外，朱端章在《卫生家宝产育备要》卷六也收录有治产难方术：

一、取马口衔一枚，觉痛即令产妇左手把之甚效。

二、取东引槐枝手执之。

三、取桃仁，分破书一片作可字，一片作出字，依前还合，令母吞之即产。此天真法也，神效。

四、子母早生，子母早娩，右收五方气饮气书二道，用茅香汤吞之。

五、取大豆一颗擘破，书其夫姓名于上，以酒吞之。

六、雄蛇蜕一条大者，以头按产妇脐中，自腰后左绕转，却以尾

---

① 孙思邈：《孙真人备急千金要方》，《道藏》第26册，第55页。

按脐中，才匝便下，此法极验。[①]

朱著所引诸方，以今人眼光看之，虽自医书，实乃方术。不过在古代的医书中，经常医巫不分。

至于生产时，用符咒进行催生护理禳解，实属道门的一大特色，也符合其宗教神学性质。首先，道教中有召请产科天医或通过对神灵上奏章表从而对产妇进行护佑的。例如，由林灵真编撰的《灵宝领教济度金书》卷二百八十六中便首先“召天医一十三科”，然后召产科天医：

> 召天医一十三科
>
> 十三科：风科；大方脉；眼科；产科；小儿科；外科；耳鼻科；口齿科；伤折科；金簇科；砭热科；疮肿科；书禁科。
>
> 召产科天医
>
> 九天监生，注生应灵，祷之急应，普告真尊摄。谨请赵凯、王镇、厉恩光、范仲夷、康和伯，闻今召请，疾降坛前。
>
> 次念：
>
> 唵拔帝南拔灵咤摄。
>
> 唵羯咤利泗部参帝君摄。[②]

而约出于元明年间，总计四十三卷的《灵宝玉鉴》卷 34 收录有召天医符及请求天医尚药的符：

> 召天医符
>
> 卯文，东炁，诵隐语书之。

---

① 郭立诚：《中国生育礼俗考》，台湾文史哲出版社，1979 年，第 104 页。

② 《灵宝领教济度金书》卷 286，《道藏》第 8 册，第 523 页。

咒曰：

太上九光，真华之炁。流光下临，洞彻九幽。上帝有勅，普救幽魂。出离苦爽，速离寒庭。急急如律令。

天医尚药

符：

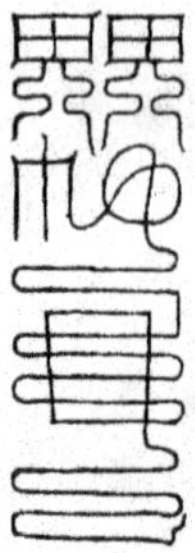

咒曰：

天医大圣，地医元神。灵丹仙药，普救群生。降临真炁，闻召速临。吾奉南极好生大帝律令。

又曰：

天医天医，速降天门。拯救群生，治病消危。上帝有敕，风火急行。急急如律令。

次想亡魂入幕。①

同书卷35中也收录有召请天医的符咒：

召天医符

咒曰：

玉帝玉真，三皇上君。太一司命，桃康大神。呼毒猛虎，掷火天丁。驱兵将士，破鬼灭形。五脏神君，各保安宁。酆都曲府，明立鬼营。大千魔王，统领吏兵。神圣工巧，敷药灵童。天医下降，拯救亡灵。急急如上帝律令。

请天医召万神符

① 《灵宝玉鉴》卷34，《列幙敷化门》，《道藏》第10册，第589页。

咒曰：

天医大圣，地医元神。灵丹仙药，溥救亡魂。降临真炁，闻召速临。急急如律令。

北极上书，掌执枢机。千灵万圣，召出天医。众病摧灭，名达帝知。急急如律令。

紫微郁秀，辅翼万仙。仙源显道，普救民愆。是病除瘥，是恶须蠲。天医灵官，地医神官。仙圣功曹，速降坛前。五元真炁，摄药济缘。急急如上帝律令。①

至于为什么要召请天医下凡，或者说为什么要设立天医院呢？《灵宝玉鉴》卷三十四“列幙敷化门”中专门对设立天医院的必要性和恳切之情进行了详细分析。该经首先说明上奏启请的诸位神灵是“圣祖神农皇帝天医大圣，九天高赐大使神功妙济真君，胗脉真师，尚药灵童，治病功曹，握针童子，卢扁神王，五官医吏，六职治官，五行典吏，验疾博士，审疾真人，九天司马，卫房圣母，监生大神，胎生君，护生君，分生君，速生君，加保之母，浣濯夫人，灵宝局中主产功曹，下死胎功曹，天医合属仙吏。”接着写道：

臣闻二炁运行，尚有否终之理。群生处世，宁无故误之愆。疾恙既缠，死生难愈。臣今摄召六道四生，孤魂滞魄等众。切虑生前妄想，夙世贪求，智巧纷纭，利名缠缚，神亏精散，气耗形凋。生时为病苦所侵，死后乃随魂受疾。复有一切伤亡，及诸横夭，虽为鬼爽，昼夜呻吟。杳杳沉魂，滔滔滞魄，若非经由于拯济，亦难临与于法筵，仰体道慈，依科拯疗。谨请天医列职官君，尚药治病仙吏。于凤凰宫中取太清五色神药，散布亡魂，拯

① 《灵宝玉鉴》卷35，《道法释疑门》，《道藏》第10册，第598页。

疗生前一切疾病，分头拯治。木官散药，火官主灸，金官持针，水官主汤，土官和剂，五官医吏，协力同心，全心复性。如有拳挛跛躄病者，请针灸神将治之。或有疮疖脓血病者，请外科使者治之。或瘖哑末疾死者，请活人天医治之。或证候不明而死者，请拯候功曹治之。或胎产横死者，请玉仙圣母治之。或惊悸霍乱而死者，请安魂定魄童子治之。或饮药食毒而死者，请续命放生真人治之。或患伤寒时气而死者，请发汗神将治之。或首体不完而死者，请续头功曹治之。或身状不完而死者，请聚形功曹治之。或肢体不具而死者，请返魂功曹治之。或丧乱真炁而死者，请全角聚炁功曹治之。其余该说不尽者，请列职仙真，察证候而治之。俾令首断为续，筋断为联，骨伤为补，身碎为全，水腹为去，缢缚为释，枷锁为脱，泥沙为除，虫癞为剥，脓血为净，胎孕为下，蓐损为育，仇雠为解，执对为和，盲者开视，聋者发聪，哑者能言，跛者能履，挛者能伸，悲辛恼乱者应时解释，饮渴焦劳者即得清凉，胞胎散滞者结节疏通，炁体平安，形神整具，克期超化，受炼更生。臣干冒圣威，无任恳祷之至，谨言。①

该经请求天医协力治病，各司其职，“木官散药，火官主灸，金官持针，水官主汤，土官和剂”，诊治各种疑难杂症，并且让一切疾病痛苦都迅速远离人间。特备提到要“胎孕为下，蓐损为育”，即要求顺利产育。这充分表现了道教普度众生的殷切之情和禳解之术。同理，《灵宝领教济度金书》卷303还有专门“开度祈禳通用”的通令神灵的“监生章”：

---

① 《灵宝玉鉴》卷34，《列幙敷化门》，《道藏》第10册，第589页。

监生章

上清灵宝玄坛

恭奉道旨，为斋法弟子某，崇建某斋几昼夜。依按真科，修诸功德。开度同前。祈禳同前。所是灵宝九大监生司诸部仙灵官吏，请在坛听候策役，除别行外，须至榜示者。

卫房圣母。监生大神。阳媾阴凝，结胞命津。冤萦七世，子母难分。神威变化，死胎离身。经络还元，荣卫回春。圆成斋福，帝嘉乃勋。隳功罚事，玉律无亲。一如灵宝玄坛律令。

右榜晓谕各宜知悉。[①]

同样的章表也见于《赤松子章历》卷四中：

催生章

具法位

上言：臣谨按玄科，今据乡贯某即日口辞，自列素以胎生愚昧，荷蒙天地重光之覆，某妻妊娠月数已满，恐临生不安，倍增惶怖，唯用一心上凭大道，告臣求乞章奏上闻天曹，不胜欣荷。臣谨为伏地拜章一通，愿上官主者以时平省，谨为请天门子户君二人，速生君、乳母君、导生君、生母君、天医助生君、催生君各二人，催生黄帝伏在中庭，欲见子母形体，上请监临坐草，六百生父守护某妻身，生产滑利，舍逆从顺，辟斥众忌，岁杀月杀时杀白虎咸池千邪万精一切消灭，母子安全如愿，从心解脱无他，谨为诸君圣母佑助众神言功报劳，以为效信，恩惟太上众真分别求哀。臣愚劣，谨因同前章，只换直神云。

谨为某拜

① 《灵宝领教济度金书》卷303，《道藏》第8册，第644页。

天官催生口启章一通上

太上某官曹治①

而道教中运用最多的，则是大量的各种各样形形色色的催生符咒，具体如下：

（一）《灵宝玉鉴》卷34“列幙敷化门”中收录的催生符为：

咒曰：

元始洞玄，灵宝本章。胎化生根，断除邪秽。百神定命，离合自然。雌一变魄，雄一变魂。混洞变化，中有帝尊。和阳召阴，炼精正胞。升降明堂，晖映景霄。内结流珠，融结万方。紫烟青云，玉婴金光。产亡之鬼，胎根解散，母子速分。太素生五脏，七魄入泥丸。急急如上帝敕。②

（二）《灵宝领教济度金书》中有“监生飞天真文”“催生二符”“出胎符”“皆得生成符”和保育符咒：

监生飞天真文

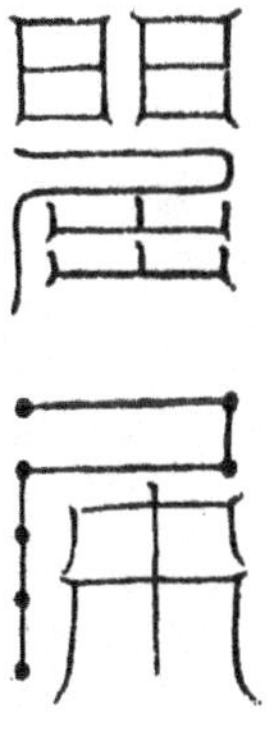
催生二符

① 《赤松子章历》卷4，《道藏》第1册，第206—208。

② 《灵宝玉鉴》卷34，《列幙敷化门》，《道藏》第10册，第589页。

出胎符

皆得生成符[①]

净血尸符敕咒：

四灵四方圜楼在旁净除血秽胎产无伤来朝上帝反复天常急急[②]

（三）《道法会元》卷193收录的关于催生的符咒有：

催生下胎符　保胎及下死胎皆可用符。

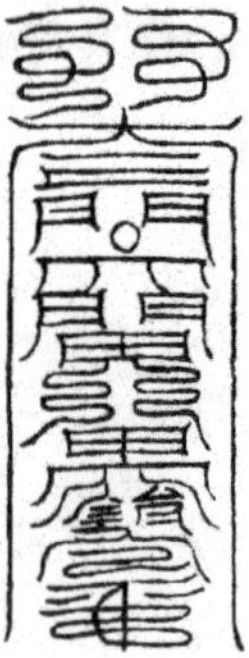

下胎咒：

一炁分天，二合日月。三官勾下。天炁回转，地众肃清。天皇九降，子母安宁。如有干犯，当日某帅监生。速当

① 《灵宝领教济度金书》卷270，《道藏》第8册，第362页。

② 同上，第461页。

如水流落。敕。卯。敕。卯。敕。卯。敕。卯。敕。卯。敕。卯。敕。卯。敕。卯。敕。卯。

九次九掐卯文，面南方取旺炁，归东方取生炁，云敕九诀飞符上，向溪流急水处，顺下取水服之。请符人左手接符，则是男喜，右手接符，则是女。[①]

咒语中除了请某天帅监生，要胎生容易，“速当如流水落”外，还通过请符人接符的方式预测男女性别。

催生符灶中烧

咒曰：

太玄之水，魁罡大神。太玄之火，火急降临。[②]

催生符黄纸朱书

太阴咒炁入，天罡咒炁入，太阳咒炁入。

全形咒：

天有四时，地有五行。日月满足，毛发已成。子在母腹勿伤其母。男左女右，持符而去。[③]

九马催生符

---

① 《道法会元》卷193，《道藏》第28册，第699页。

② 同上。

③ 同上。

右符信手书九马围之，念：猛马四张钦火冲，霹雳破石泉源通，涂之，笔直下。一样书二道。依法取罡炁入符，用南斗长生子午诀。书毕，作圆子二颗，用黄蜡封之。存诸符人作监生大神，以顺流水吞一道，候一时再吞一道，即产。如未坐草，只可与安胎符，不可用此符。

敕请符人咒

吾今敕汝身，化作监生神。持吾符命去，母子速离分。急急如律令。

师差将监勒司命六神，先与醋炭熏之，仍焚荡秽符于内，务令清净。①

（四）《法海遗珠》收录的关于催生的符咒。

1. 催生符

咒曰：

东方九炁，化生南方三炁化生，西方七炁化生，北方五炁化生，中央一炁化生，速生速生，胎衣同生。急急如上清九老仙都律令化生。取卯文青炁入符中

① 《道法会元》卷193，《道藏》第28册，第670页。

又念：

天明明，地冥冥。皇天女子，某娘身怀六甲，虔心祈祷。伏请六甲将军，六甲童子降临，速令化生急生，前月顺生，胎衣急生。大圣北斗七元君，能解产生厄。急急如律令。

敕曰：

日出灵光，遍照十方。兖缨天日，上合太阳。变女为男，女即边强。百神安稳，寿命延长。监生在前，司命在后。手把符出，速生速生。急急如律令。①

2. 催生开锁骨符

咒曰：

骨锁闭，骨锁闭，是男是女降生来。急急如律令。②

3. 玄女催生符

① 《法海遗珠》卷16，《解二十四厄真符》，《道藏》第26册，第465页。
② 同上，第466页。

咒曰：

天有四时，地有五行。六甲阴阳，若男若女。男儿左手抱符出，女儿右手把符行。上属明星，日月已足，毛发已成，毋损父母，不得久停，皇天有令，速把符出。喝云：便下。掐斗诀午文出

右符黄纸书，念大圣北斗七元君，能解产生厄。仍用百草霜、白芷煎汤下。或葵子、菜子、萝葡子煎汤，皆可送下[①]。

4. 催胎符

凡书此符，先凝神定虑，叩齿，密祝云：

谨请九天玄女，催生局九天监生大神，护形圣母，催生神吏。六甲六丁，下符童子，催生童子等。

述意毕，方下笔书符，无不灵应也。[②]

5. 监生大神化生符

① 《法海遗珠》卷16，《解二十四厄真符》，《道藏》第26册，第466页。

② 同上，第464页。

咒曰：

监生大神，掌生之灵。托为此体，变化为身。监生童子，七魄郎中。催生玉女，降魄之神。上帝有敕，救护众生。邪精斩断，疾速催生。急急如律令。

右符黄素朱书，取南炁，掐辰文，再念前咒，书成。凡所催生，先用此四五道，与解冤符，在产房中，用钱马逐道焚化，符起即生。

6. 催生解冤符

随意差某将名字书入符贪巨禄文廉武破承差某将速为某人催生解释冤债之难感爽无凝滞去留如

解带恐产妇某人前生今世有诸冤债及一切下邪祸鬼抱母肝心不肯顺下诚恐意在陷害性命今请某将火急前去解除胎结急解脚手疾速分生急急如上帝律令敕

咒曰：

风雷下降，霹雳交加。神通广大，日月光华。收捉邪鬼，永莫交加。急急如律令。

右符成，咒毕，将自手折身上衣械，折九折，撒去，存落。

7. 关帅催生符

明吾奉九老仙都君日月光明普照生掐玉文取东炁**關**诚魔大神救护群生**羽**玉皇锡令斩邪保生**馬**大圣北斗七元君能解产生厄剔入

再念玉诰书

敕咒：

天有四时，地有五行。六甲保生，六丁护生。毛发已全，身体已成。子母分娩，天道顺行。上帝好生，火急遵承。急急如监生大帝律令。

凡书符，专想一元帅入符，但写马字，务要端楷至诚，不可带笔草书。如马四足伶俐，则验。莫使产妇反遭厄难，最宜老成。符成，用顺流水吞下。若持符，使看男左女右而去。再看出笔，单则是男，双则是女。①

催生加用诀：

师出自己青炁一口，嘘出东南方，炁到处见一殿宇，金钉朱户，于殿下迎见生神童子，穿青衣，同去产妇斗府本命元辰官。禀白事毕，再同生神童子，回奏九天生神上帝。有一青衣童子，

① 《法海遗珠》卷16，《解二十四厄真符》，《道藏》第26册，第464页。

执捧一青生字，即遣九天监生大神，一合下符，一笔直下，念咒书后符诀。

默念感夷无凝滞，去留如解带，述事入符。①

（五）《上清天心正法》卷三有“太上催生符”和“催生雷符”

凡书符催生，先念净天地咒、净身咒。次默告北斗，及九天监生大神、九天卫房圣母、九天托生童子，一一存如目见了。默告书符因依讫，吸炁吹自身，化为监生神，顶力士冠，金甲，全披，皂覆，卓剑而立。次第用左手二指掐大指根，大指指中指节，四指五指拾掌心，行三步，吸罡炁，吹笔了，闭系书之。不得令妇女见，与请符人。看他何手接便知，男左女右。

催生雷符

① 《法海遗珠》卷38，《解二十四厄真符》，《道藏》第26册，第581页。

敕催生符咒：

咄咤。天有四时，地有五行。六甲阴阳，若男若女。正属文星，日月已足，毛发已生，速把符出，不得久停。皇天有令，子随母命，速把符出，莫损母命。急急如律令敕。

圆符咒：

大圣北斗七元君，能解产生厄。一炁七遍圆符，吸北斗炁吹入。①

（六）《无上玄元三天玉堂大法宗旨》卷之二十四收录了两道催生符：

催生符：

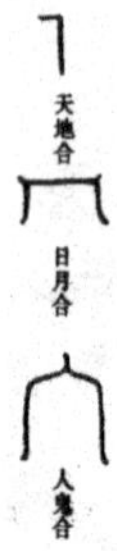

合形

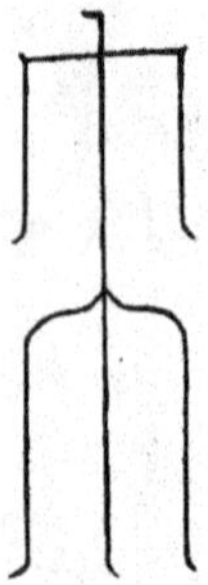

① 《上清天心正法》卷3，《道藏》第10册，第607页。

右符，取本月旺炁书之，孕。在六月、七月服。

速生符：

合形

又符：

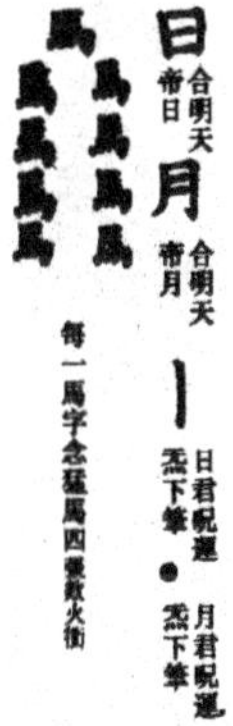

合形

①

（七）郭立诚先生在《中国生育礼俗考》中引述了泰明子《万法秘籍》中的三道催生符并配有说明：

如孕妇因犯胎神，未能顺利生产，可用此符水化调水饮之，并念咒曰："天催催，地催催，催生男，催生女，快落地，麒麟左降生，凤凰右降生，降生凡间好安程，十二生相面前迎来，生落地，生落地，快生落地，吾奉十二婆姐敕命，火急如律令。"

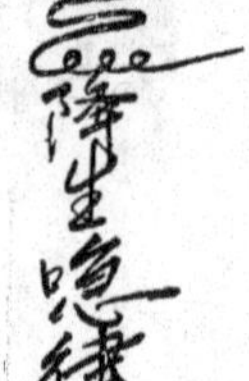

① 《无上玄元三天玉堂大法宗旨》卷24，《道藏》第30册，第480—481页。

另外有神秘催生符：

凡遇怀孕足月，理该瓜熟蒂落，若延至十个月以外不生产，硃书此符，分作九道，用当归二钱煎汤送服，一日服三道，三日服完，定卜呱呱堕地。

该书还有急救横生倒产符：

产妇若遇横生倒产，令产妇不必尤急，将此符化灰，入好黄酒中，以铁秤砣烧红焠酒送服。治难产，取灶心土一钱，水煎去渣，冲符灰服下，即能顺产。

①

第五节　产难及对产亡婴儿的禳解护理

生产不外乎顺利产育和发生产难或产厄。顺利生产后的护理我们在下一节专门予以论述。古人既没有现代科学仪器的检查和指导，孕妇又运动较少，补养过甚，因而常常发生产难或产厄。道教悲天悯人、贵生重命，因而在其典籍中有许多救治产难的法术。

一　道教对于产难的禳解

郭立诚先生在《中国生育礼俗考》中把产难分为六种情形："生产迟慢、横生倒产、胎死腹中、胎衣不下、母死子活或母子俱死。"②道教中对于各种产难方式，都有相应的禳解思想。现列举如下：

（一）《太上老君混元三部符》卷下，收录了产难符25道

这是典型的"辨证施符"，对于产难详细区分了各种具体情况，并且针对各种具体不同的难产情况，分别对症施符，还有各自具体不

① 郭立诚：《中国生育礼俗考》，台湾文史哲出版社，1979年，第103—104页。
② 同上，第115页。

同的服符方式，都对产妇起到了一定的作用。该经有产难符二十五道，涉及横产、逆产、子死腹中、胞衣不出，一般性难产甚至产后疾病治疗，不可谓不全。

（二）《灵宝玉鉴》收录了大量的产难救助符

该经卷7的产难禳解符为：

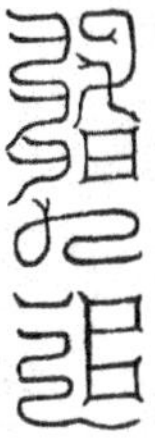
追母丧子存符

出紫英隐书，追摄产亡用，并玉文祖炁。

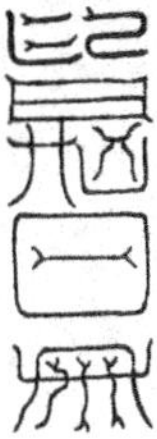
追母存子丧符

追母子俱亡符

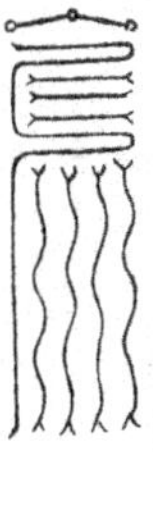
追未产俱亡符

祝咒：

玉清降宝箓，开度产亡魂。普照长夜府，超化上生门。解除累劫罪，削落北都名。受炼得更生，乘符度朱陵。急急如律令。①

同书卷30的禳解符是：

救堕胎落子之符

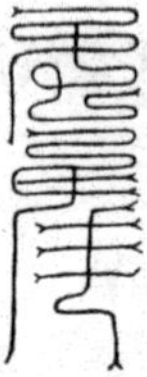
救恶疾血光之符

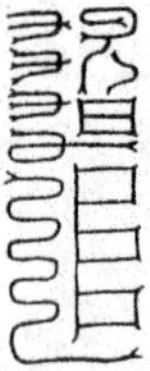
救母丧子存之符

救子丧母存之符

救已产俱亡之符

救未产俱亡之符

总祝咒：

灵宝玉书，拔度真符。流光普照，荡涤秽躯。天符告下，径上南都。急急如元始上帝律令。

右九符兼流光符九道，各狱焚之②。

《灵宝玉鉴》卷34中的产难禳解符咒有：

① 《灵宝玉鉴》卷7，《道藏》第10册，第342页。

② 同上，卷30，第356页。

出胎符二指下节

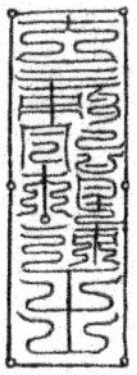

荡胎符二指中节

咒曰：

元始符命，时刻升迁。胎根生化，返灵向真。断除邪秽，变化形营。死魂受符，仙化成人。蓬丁中文黄确酉文，天中之灵。日月俱通，甲乙炁令。五行旺克，八景玉音。守符真形，招灵致真。摄魔符使，速降通灵。承符奉令，辄莫容情。急急如律令。

回骸起死符

众诵灵书三遍，存一炁金光，洞彻十方。

永度三涂符卯文东炁：

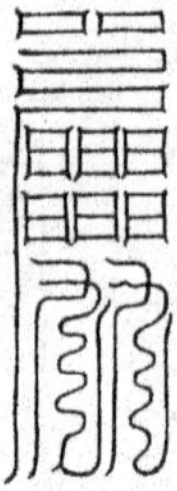

荡秽所

谨召本司坛下官君将吏，请同运秽神君，收秽神君，却秽神君，除秽神君，断秽神君，灭秽神君，洗秽神君，破秽神君，荡秽神君，东西南北四灵解秽神君。将见今已产亡魂，及幽魂中已生未净众魂，同入室中，涤除秽炁。使得受生汝等众魂，已沐生成之恩。仰再入室，涤荡秽炁。①

（三）《灵宝领教济度金书》收录了很可能是数量最多、种类最全的产难符咒。

《灵宝领教济度金书》卷266、267中则对产难的具体情况进行了区分。具体是追怀孕俱亡符、度产亡符、追母丧子存符、追母存子丧符、追已产母子俱亡符、追未产母子俱亡符、解产死免符、医产死魂、医产死子母俱亡、出胎符、下死胎符、荡胎符、净血尸符。②

在《灵宝召二十四类伤亡符》卷278中，有“追产育伤亡符”一道及咒语：

追产育伤亡符：

无义断恩收魔摄精解释追摄大神王志中，字美甫。持剑。

正精火目摄炁聚英解对释衍大神陆茂，字执中。

① 《灵宝玉鉴》卷34，《列幞敷化门》，《道藏》第10册，第589页。
② 《灵宝领教济度金书》卷267，《道藏》第8册，第316—317页，328—330页。

震鼓轰雷闪目生电聚体长肌大神胡敬，字甫之。

各持弓箭条索，并裹青缭巾，衣绯袍，各持三色器械，乘黑云直下血湖而去。

直性梗灵破秽净浊生清大神徐立，字子元。

威灵通感眷义全角洗浣大神周克，字同先。

解释宽衍生精致魄全角复体大神李异，字信中。

解宽释结正魄生形致影长津复体大神冯道，字连卿。

四神并裹青红缭巾，着四色缭袍，各持剑，乘黑云持符而下。

敕符咒：

元始降宝箓，升度产亡魂。拔出长夜府，超上化生门。解除累劫罪，削去宿身衍。乘符往朱陵，变炼度成仙。急急如律令。

追母丧子存符，母存于亡符，已产母子俱亡符，未产母子俱亡符。

已上四符，并同前官将。

敕符咒：

天帝合明，符下幽冥。真炁成象，阴阳附行。宿衍冤对，解结开明。监生速降，卫房急生。玉真灵符，救诸产魂。大道有令，天医全角。急急如律令。①

在该书卷279中，有三道咒语：

出胎符敕咒：

既得为人，未产而亡。承符速出，母子安康。

下死胎符敕咒：

---

① 《灵宝领教济度金书》卷278，《道藏》第8册，第329页。

希夷希夷，生根未离。胎死在腹，速出弗迟。风行电迈，卫房授奇。急急。

荡胎符敕咒：

上帝玉符，荡胎去秽。形神洁清，衣裳整备。度炼登真，三光同位。急急。①

在《灵宝领教济度金书》卷289，有向神灵祈请禳解的“告文”三道：

出胎告文：

太上符命，告下奉为诸类女魂，抱胎身亡，未获分释之众。真符普告，百脉开通，助生速生，密运神功。子胎离体，母身和丰，荡除尸秽，表里俱空。全角复质，解对除凶，元炁飞炼，上朝仙宗，一如告命。

下死胎告文：

太上符命，告下奉为诸类女魂，胎死在身，未由出离之众。速与和合阴阳，疏通炁血，身死胎存，即得破荡，五体安静，秽污澄清，一如告命。

荡胎告文：

太上符命，奉为胎产腥秽一切女魂，洗荡胎秽血腥之炁，沐浴冠带，返形受生，一如告命。②

该书卷290，收录了产难告文七道，分别是“曲赦产魂符告文”、“大赦产魂符告文”、“监生真符告文”、“蓬头破胎符告文”、“出胎符告文”、“医母子俱亡符告文”、“医产死血尸符告文”。③

---

① 《灵宝领教济度金书》卷278，《道藏》第8册，第461页。
② 同上，卷289，第531页。
③ 同上，第561页。

在《灵宝领教济度金书》卷291，在“祈禳符简告文”中有专门禳解产难的告文：

解产生厄告文

玄灵解厄符命，告下解产生厄灵官五人，官将一百二十人，开九宫八卦系属之门，为弟子某解除产生之厄。疾速关告某本命元辰，本命真圣，本命神将，本宿星官。即与和合阴阳，调平经纬。其有身命运限，克害加临，子息战冲，犯产生厄者，速令冤仇解释，子母周圆。即俾弟子某，罪业消除，灾衰洗荡，福寿资命，善果臻身，一如告命。[①]

（四）《道法会元》卷193有《下鬼胎死胎符》及咒语。具体是：

下鬼胎死胎符

咒曰：

金铁前戮，巨天后刑。屠割鬼爽，风火无停。千千截首，万万剪形。急急如律令。

丹天之主，生在太乙。子。火生在内，午。水流在外。子。木客魎魎，寅。火炼斩下。当日某帅，鬼形急斩。巳。人魂长生，卯。火输安镇。五脏安宁。急急如紫虚元君律令敕。运敕字七转，入于符内。

出自己肺系七转在于符上，以印盖之。用桃木板一尺二寸，

① 《灵宝领教济度金书》卷291，《道藏》第8册，第412页。

不拘大小，镇产妇房门外右畔下，紫符细书顺安二字，用磁铃覆之，用大安二字盖面。就一发关门，禁云：

司命六神君，速安速安。鬼胎速离，母身永安。急急如律令。

下死胎咒：

一旋天转，子。二旋地动。寅。五天分归五脏，子。六腑，巳。七政，光映中央。临定四方，辰。变夹为祥。南极灵光，卯。急速下地。卯出。急急如女青丹天律令敕。七转笔，念七编敕字。帝宿中，内，卯。流传下世。巳。能度三涂，子。五苦人难之厄。与削死上生，卯。今总遵符命，午。魂神速下地。急急如南方丹天帝敕。午文。

右解释冤鬼，在腹中死了三日未下者。[①]

（五）《九天普度院摄召三十六类伤亡符》中有“追生产堕胎死魂符”及其咒语。具体是：

第六追生产堕胎死魂符

入门开度真人栢子章。

七星冠，红霞鹤服，长裾玉佩，执上帝牒，牒上出红光。掐中指中文

收魂召魄将军金俊。

裹红包巾，衣皂袍，吊镦靴，执双刀，面黑。掐亥文

敕符咒

唵吽吽皮婆。[②]

① 《道法会元》卷193，《道藏》第28册，第670页。

② 《九天普度院摄召三十六类伤亡符》，《道藏》第8册，第126页。

（六）《法海遗珠》在卷 12 中收有“下废胎符”。具体内容是：

下废胎符：

咒曰：

六丁神将，六甲神将，催生童子，下符童子，九天玄女，官将吏兵。急急如律令。

九天玄女神，童子速降临。龙旗遂象向前引，身带青龙百万兵。雷公电母向前发，九天玄女离乾坤。千万兵马闻天下，一时呵唤透天门。六十甲子随斋发，六丁六甲向前奔。急急如律令。①

（七）在《太上元始天尊说北帝伏魔神咒妙经》中有对发生产难的禳解法术。其内容是：

或一日至七日，吾当使太玄夜光玉女一十二人侍卫女人，令不伤损，一一成就。若有产死急难之时，为鬼母障闭，北陆阴秽鬼求食，啖产母之血，令产母楚痛，一日或七日，受苦难忍，呻吟昼夜。当须清净庭院，建坛作法，诵咒行道。吾当使九玄杀童、六丁玉女拥护产母，无令楚痛，所生男女皆异相，端好聪明贵达。②

① 《法海遗珠》卷 16，《道藏》第 26 册，第 466 页。

② 《太上元始天尊说北帝伏魔神咒妙经》，《道藏》第 18 册，第 45 页。

二 道教超度血湖经忏及产鬼讨替

因为古人认为妇女生育是污秽的，所以据传妇女产亡后要入血湖地狱，为免此厄运，妇女多在生前到寺院宫观消除宿灾，念经行忏。据说提前进行禳解，就很有可能免遭此厄运。因而道教中有很多这样的禳解符咒及其法术。另外，据说一个妇女遭到了产难之后，要去遭受永无光明温暖的血湖地狱之罪，而只有当她到人间重新找到一个正在临产的妇女来到血湖地狱顶替她受罪之后，她才能永脱苦海，重新转世投胎，这个就是产鬼讨替。我们首先来看道教对于血湖地狱的禳解之术。

道教中禳解血湖地狱的符咒法术可谓众多。《道藏》中有《元始天尊济度血湖真经上中下》三卷，《太一救苦天尊说拔度血湖宝忏》一卷，对产亡入血湖地狱的妇女进行了祈祷禳解。在《太一救苦天尊说拔度血湖宝忏》首先描述了血湖地狱的恐怖阴森："独此一狱，又列为五，有硖石无间之号，大小铁围之山，皆分拘带血之魂，腥秽无边之众，以至食胎黄球之鬼，与讼三官青姑黑齿之神，拘魂九地天狼天狗，竞施吞咽之威，六甲六丁莫赐护持之力，动经亿劫，永无出期。"① 那么，为什么有人会陷入如此阴冷恐怖，"动经亿劫，永无出期"的血湖地狱呢？该经进一步分析了原因所在：

自从前世，乃至今生，受身女流，过多罪咎。婚姻之后，聚守成家处事营生，故犯误为之罪。或不净手漱口念经之罪；破斋犯戒不信阴阳之罪；饮酒罪乱心神之罪；己是他非说人长短之罪；重秤大斗入己之罪；轻秤小斗与人之罪；不忌三光节届淫欲

① 《太一救苦天尊说拔度血湖宝忏》，《道藏》第9册，第892页。

之罪；生男育女堕子落胎之罪；憎嫌男女太多用水渰浸弃撇之罪；擅用水浆汙浊江河之罪；呵风骂雨恶寒厌暑之罪；洗米澄泔淘沙落粒之罪；厌贱谷米菜蔬之罪；剪截币帛任意衣著之罪；故杀误杀教杀自杀之罪；热汤泼地损害一切虫蚁之罪；轻凌翁姑父母伯叔兄弟之罪；无辜叫唤鬼神咒诅诬盟之罪；孤贫乞求不与之罪；富贵贪婪不知止足之罪；耕田种作穿坑掘土损害含灵之罪；养育鹅蚕不节之罪；畜养牺牲贪财之罪。①

这些罪孽，涉及到了生活的各个方面。该经又简练总结到为“盖生前多有狼毒，损物伤人，不孝不忠，不仁不义，耽淫五浊灵识，沈迷沦滞三涂，形神散乱。”② 而元明之际的《灵宝玉鉴》则在“专度血湖论”中概叹道“惟妇人自妊娠以至娩乳，苦厄良多”。具体的苦厄是“有怀胎而死，有既产而亡，或母死而子存，或母存而子死，或子母俱殒于临蓐之顷，亦有俱丧于既产之余”。其原因在于“是皆其前生仇雠，托胎报复。至有以药毒自堕其所孕，亦有以多子而不育其所生。”③ 也就是说，要么是其前世承负报应，要么是现世以药堕胎，或者因为生育过多而抛弃子女不尽为人父母的责任而导致的现报。《元始天尊济度血湖真经》在分析了相似的原因之后，严正指出：“七情六欲，三业十缠，营造罪根，结诸恶业，自作自受，犹响应声，终劫说之，亦难穷尽，略具其要。”④ 道教和一切宗教，都宣扬因果报应思想。这些罪恶，必然导致今世或者来时的果报，所以才导致了产难或者产厄，以至遭血湖地狱。《太一救苦天尊说拔度血湖宝忏》历

① 《太一救苦天尊说拔度血湖宝忏》，《道藏》第9册，第896页。
② 同上，第892页。
③ 《灵宝玉鉴》卷1，《道法释疑门》，《道藏》第10册，第133页。
④ 《元始天尊济度血湖真经》卷上，《道藏》第2册，第37页。

述了这些罪恶导致的产育报应：

> 汝等罪魂，以夙生冤对受报，兹身厄难，血尸命绝产死，或怀六甲，命属三元，夺子落胎，因而闷绝；或母存子丧；或母丧子存；或母子俱丧，男女未分而俱死；或胚胎方成遽死；或染患而将临产月；或怀娠而失坠高低；或药饵误毒而中伤；或癰疽痢疾而身损；或崩漏至死；或淋沥而亡；或怀胞胎而竟不分娩；或身男女而月内顷亡；或因血病至死；或被刀刃所伤，未尽天年，乃为夭丧；或身殁干戈之下；魂飞矢石之场；或报恶病而告终；或犯王法而受戮，形躯混浊，神气昏濛。一切血死之众，遍体腥膻，形骸臭秽，千生万劫，无有出期。①

道教讲求自度度人，禳解众生罪恶，特别是通过禳解，让许多怀孕或临产妇女的心理能够得到安慰，消除恐惧心理，以利于生育。那么救赎之道是什么呢？

《灵宝玉鉴》卷一讲到的救赎之道是：

> 非建大斋，莫能超度。故灵宝大法中有玉光一品，专一拔度血湖。拜表上章，行符告简，次第有科。既以天将摄其魂，复以天医疗其疾，神水涤其腥秽，法食消其饥渴，然后释其执着之想，开其超度之方，妙用神功，尽在行持之士也。②

《元始天尊济度血湖真经》在禳解时，要求众生进行道德救赎："告诸众生，能发善心，恭敬三宝，不杀不害，不嫉不妒，不谣不盗，不贪不欲，不憎不□，奉戒冥心。"③《太一救苦天尊说拔度血湖宝

---

① 《太一救苦天尊说拔度血湖宝忏》，《道藏》第9册，第892页。

② 《灵宝玉鉴》卷1，《道法释疑门》，《道藏》第10册，第133页。

③ 《元始天尊济度血湖真经》卷下，《道藏》第2册，第40页。

忏》则要求众生在三清御前忏悔了罪恶之后，便得超度：“今对三清御前一一忏悔之后，即俾生生雪净，世世永清，永消积罪之愆，尚纳平康之庆。”①

《灵宝领教济度金书》运用符咒对于血湖罪恶进行了禳解：

玉元荡涤血湖真符：

玉帝诰律脱释冥关赤天佐助升真紫府。。九天九地俱来合形上帝敕命普度幽冥救苦真人拯济元君神真俱集三台下临九阳焕照广布南宫天真奉命排列帝庭元皇敕命玉皇降宫乾坤抚育速离幽狱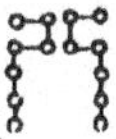众真拱布免滞幽涂玉音振响万劫永离鬼祆灭爽神英自扶

敕咒：

元皇符命，普济幽涂。灵宝内篆，度脱血湖。神清保护，俓上南都。急急如元皇上帝律令。②

该书还收录了对于血湖罪恶超度的斋醮科仪时专用的符咒：

血湖斋用：

① 《太一救苦天尊说拔度血湖宝忏》，《道藏》第9册，第896页。

② 《灵宝领教济度金书》卷276，《道藏》第8册，第431页。

三炁流光符

玉元荡涤血湖真符

元皇净血尸沐浴真符

净血尸清神符

天丁牒内符

血湖大神牒内符

太乙透天关符

敕罡风骑置吏符

大赦产魂符

曲赦产魂符

破血湖狱符①

《灵宝玉鉴》中对于血湖进行禳解的符咒非常丰富。该经卷六“灵旛宝盖门”中的符咒有：

①《灵宝领教济度金书》卷270，《道藏》第8册，第430—431页。

血湖灯旛符九道

救拔血资地狱之符	救拔血污地狱之符	救拔血溋地狱之符 九符并卯文。东炁。
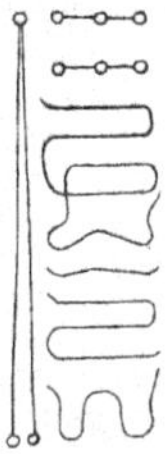	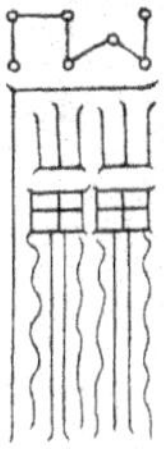	
救拔无间地狱之符	救拔硖石地狱之符	救拔血冷地狱之符
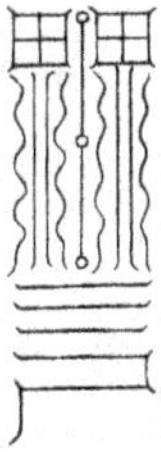	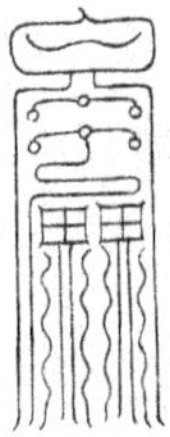	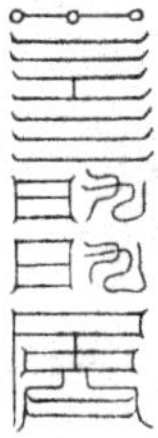
救拔血湖地狱之符	救拔小铁围山地狱之符	救拔大铁围山地狱之符
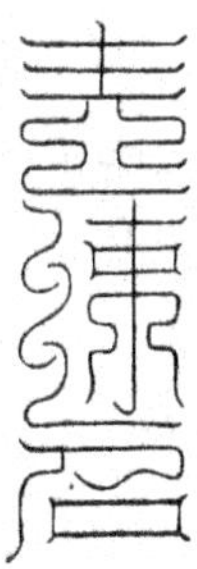	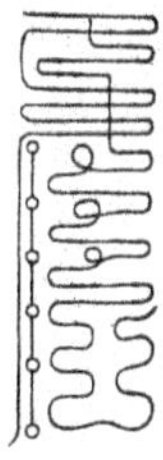	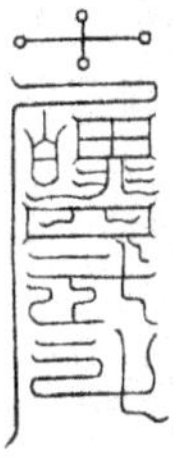①

① 《灵宝玉鉴》卷 6，《灵旛宝盖门》，《道藏》第 10 册，第 217 页。

《灵宝玉鉴》卷七中的禳解血湖符咒有“血湖符”和“净血湖追魂符”及其咒语。[①] 卷34的禳解血湖地狱的符有“元皇净血尸沐浴真符”、“元皇荡血尸清神真符”及其咒语。[②]

当然，道教对于陷入血湖地狱的妇女的超度，也会运用其一贯的向神灵上奏章表告文请求禳解或从血湖地狱释放某人的方式。《灵宝领教济度金书》卷287中收录的禳解血湖告文为：

玉元荡涤血湖真符告文产鬼用此

灵宝符命，普济幽涂，告下翻体大神掷户神，掷尸神王，食心啖脑鬼玉，牛头狱卒。仰上体元皇好生之德，下副斋主哀切之情。承设符命，不得拘留。拔度某人灵魂，及十方一切产死血尸女鬼，出离幽阙，睹见光明，领沾荐悼，免滞血湖，炼质清神，径上南宫。一如告命，风火驿传。

可漏[③]

《灵宝领教济度金书》卷290中有超度血湖之罪的告文有“监察符告文”、“太上破血湖狱告文”[④]、“元皇净血尸沐浴真符告文”、“太上净血尸清神符告文”，其中太上净血尸清神符告文的内容为：

元始净血尸解冤释结真符，告下三界冥曹主者。奉为某人灵魂，削除罪垢，释和宽仇。三生四负，无量愆尤，斋同慈爱，永断执留。子母冤对，从此和休，上登阳境，逍遥无忧，一如告命。[⑤]

---

① 《灵宝玉鉴》卷7，《道藏》第10册，第217页。
② 同上，卷34，第389页。
③ 《灵宝领教济度金书》卷287，《道藏》第8册，第534页。
④ 同上，第560页。
⑤ 同上，第562页。

《灵宝领教济度金书》卷294中的血湖表的内容为：

血湖表

具位臣某上言：今月某日，为斋主某，崇建某斋几昼夜。开度亡过某灵魂，上生仙界。切见本人因产损生，形神腥秽。匪凭圣造，曲为荡除。曷俾气象周圆，营卫平复，谨具表奏闻者。

臣伏以生生大德，夙钦惠下之仁。翼翼小心，爰露由中之恳。黑郁期超于地禁，玄虚嘉被于天光。载拜阵情，一忱请命。臣诚惶诚恐，稽首顿首。伏念臣偶缘宿庆，获际昌期。弘道宪天，几对扬于龙御。承符宣德，誓流演于鸿禧。重念亡过某灵魂，托质女流，谋身世谛。中迷爱纲，易凋玉树之芳；外涉尘机，遂浮金花之粹。九夜沉沦于苦海，一朝陷溺于湖。狱吏权尊，转眼阴阳之考。冥官威童，惊心水火之羁。自非大霈于辰恩，曷克迴跻于阳化。恭惟太上无形无名，虚元自然，至真大道，元上元尊金阙玉陛下道包覆载，德契幽明。仁风鼓舞于八遐，群灵乐意化雨涵，濡于九垒，亿爽欢颜。冀矜激切之衷，嘉沐骐蕃之泽。伏愿肆颁鹤赦，曲降鸾书。飞三系以流光，乘晨有望。烛十华而破暗，离夜不幽。即俾亡过某灵魂，垢秽澄清，身心快乐，朱陵度命，解万罪以清夷。黑郁刊名，散千冤而和合。精神玉洁，步武春融。臣亢任激切，恳祈之至，谨奉表阵启以闻。臣诚惶诚恐，稽首顿首谨言。

年　月　日具位臣姓　某上表①

《灵宝领教济度金书》卷307中还有禳解血湖地狱的牒文：

牒大铁围山无间硖石血湖地狱

① 《灵宝领教济度金书》卷294，《道藏》第8册，第599页。

上清灵宝行司

据同扬州社令司

牒请

大铁围山无间硖石，血湖地狱，主者详前项事，理疾速关报管，内应干合属去处，咸令遵奉，即为见禁产伤女魂，原赦罪愆，解除冤怼，候玄坛移文到日，部卫前来，全质荡形，飡食受炼。以昭宸贶。故牒。

太岁　年　月　日牒

具法师衔位姓押[①]

《灵宝玉鉴》卷30中收录有禳解血湖符咒及其告文[②]，“血湖图”[③]，《灵宝玉鉴》卷32在《玉元追度门》中收录的血湖禳解符咒及其告文有“流光真符”，“灵宝玉元荡涤血湖真符幽赦前用”，“度无间血湖罪魂符”，“玉箓度血湖解冤符取天门炁吹”，“玉箓金书破血湖大赦真符”，“玉箓度血湖破秽开光宝箓”，“元皇荡净血尸符”，“血湖将吏服色”，每一道符咒之后都有告文，向神灵请求超度血湖亡灵，远离罪愆。其中“血湖将吏服色”非常独特，内容如下：

蓬丁面蓝，靛发，青状，似金刚，黄衣白带，腰下青色，手执戈戟，部领兵将一百人，凡存召以中指中文。

黄确面深，朱色，状似天丁，披白袍，脚赤，白带，手执降魔杵，举步指，呼高声，部领百万人，凡存召以酉文。

凡建产室沐浴之处，申天枢院及牒二将军，具说因依行遣。存二将叱出死胎。其出胎荡胎等符，已具敷化品。

---

① 《灵宝领教济度金书》卷307，《道藏》第8册，第680页。

② 《灵宝玉鉴》卷30，《道藏》第10册，第545页。

③ 同上，第545页。

追母丧子存二节

无义断恩收鬼摄精解释追摄大神王志中。

追母存子丧神将

震鼓喧雷闪目生灵聚体长肌大神胡敬。

追母子俱丧神将

正精火目摄黑聚英解对释愆大神陆茂。

以上三将，青绣头巾，绯袍，各持三色器械，黑云中降。

追未产母子俱亡神将

直性梗灵净秽浊破秽生精大神徐立。

威灵感通眷义全角洗浣大神周免。

解释冤愆致魂全角复体大神李兴。

解释冤对正魂生形致影长津复体大神冯遵。

以上四将，并裹红绣巾，着四色袍，各持符而下。①

这道符咒极具特色，它召请神将“蓬丁”、“黄确”二将军专职“叱出死胎”；召请“王志中”、“胡敬”、“陆茂”三将分别专职“追母丧子存”、“追母存子丧”、“追母子俱丧”；召请“徐立”、“周免”、“李兴”、“冯遵”四将“追未产母子俱亡”。在这里仿照人间对于血湖地狱之神的神职进行了详尽分工，这充分说明了道教对于血湖妇女的救赎之心和超度关怀，是道教一贯重视生命和精神感召思想的深刻反映。

古代既然认为产亡是横死，所以民间认为产鬼是要讨替的。何为产鬼讨替？即是说一个产妇因宿命或罪孽落入了万劫不复、阴冷恐怖的阴间血湖地狱之后，阴曹以其平生善恶以判罪，待孽满之后，方准她到人间来寻找一个即将临产的妇女来顶替她，才能得以脱身复见光

① 《灵宝玉鉴》卷32，《玉元追度门》，《道藏》第10册，第578页。

明。郭立诚先生在《中国生育礼俗考》中收录了清人许叔平书中所记的两则产鬼讨替故事。其一大致是讲：一个素以胆大著称的叫毕酉的人，因妻子将产，于月夜急回，途中见一女子，不闻声息，惊问乃一已关押十三年的血湖产鬼，听说毕家妇分娩在即，前去讨替。毕酉惧中生智，诘问了如何逃避产鬼讨替之术，后来成功逃脱产鬼讨替从而挽救了妻子的故事。[①] 透过这则故事，我们可以看到，民间已经深信产鬼讨替之事，并在思考逃脱讨替之术。

三　道教对于产难原因的探索

通过上述“道教超度血湖经忏和产鬼讨替”一节引述的典籍和论述我们不难看出，道教把发生产难产厄，乃至死后坠入血湖地狱的原因大都归结为其人生前作孽太多或为恶不善所受到的因果报应。阴曹据其平生所作善恶之事，判罪长短不等，待其期满，方准讨替。道教认为，尽管有些人在现世没遭到报应，诚如《窦娥冤》唱道：“为善的受贫穷更命短，作恶的享富贵又寿延。”但只要作恶，要么现报，发生产厄；要么来世报，子孙承负。真是天网恢恢疏而不漏。例如在《太上说玄天大圣真武本传神咒妙经》中首先分析了人们的种种罪孽：

> 女正位乎内，慕清洁则闺门肃正也。《孔子家语》云：男子二十而冠，女子十五许嫁，然后道合化成，惟命之端。夫妇者，义属天伦，父父子子也。不谨行藏，亡礼义，欺暗室，荡女厘妇，通私情以偷期为事。女子迷惑，私意交通，怀孕偷生，设殡随之。不惧罪福，不畏恶报，或临生时，多方狙诈，图绝人谤，似此非一。况官刑有禁御男女无别之丑，以防淫乱之奔。又或有

① 郭立诚：《中国生育礼俗考》，第116页。

主婢私通，婢怀娠妊，其子育不育，听主母意，及不与将理产身而亡，非惟主母堕罪，育主亦同。或者厌多儿女，辄轻弃之。[1]

这些罪孽包括，不遵守礼义暗自私通，私生子女后又随意处死，主婢私通生育子女后处死婴孩，子女过多随意抛弃，等等。然后《太上说玄天大圣真武本传神咒妙经》通过三个故事，生动形象的讲到了因果报应：

然则世纲可逃，暗中报冤，鬼责渐至，岂不闻颖娘与王尧臣女孕事，及纪可信女诫世乎。有颖娘者，衔淫忧孕，复厌子多，暗自项胎屡矣。又复有孕，亦用药触之，血遂洞下，伏枕六年，若楚万状。一日，家人明见数个提孩在床，挽撮琅然，叫声曰索命，事颖娘方绝。按《普州记》，纪可信一女，小名曰引凤，偶病入冥，经日而还魂，告其父曰：儿初被二吏押入一城，两畔数处庭落，门上皆有牌额，及见一所门内，无数罪人，男子缚抱出火铜柱，妇女压龄大炙铁床，众多牛头马首之卒，持载监押，绕赴者苦声悲惨。儿不忍观闻，遂问立吏，答云此偿生前尚淫伤生之报也。又拘儿行至一殿，见殿中坐一王者，左右紫袍牙笏，班从殿下。俄顷，押至众多荷枷妇女，各被婴孩扯拌，有冤声云索命事。王者诘由不都辍，须臾皆断结讫。儿闻，送还生人道骨肉聚散，贫穷困苦，分裂绝嗣，淫秽之报。纪可信闻，依语书为世诫矣。《启圣记》载：舒州金部员外郎王尧臣，亲生一女，未婚若妊，二年不产，恒令二婢伺察奸邪，女忿其耻，奔园自缢，忽间有声自空叱曰，女子未可枉弃其命，婢闻驰救，解绳将归。公主谔讶，召灵仙观道士陈居巽具因申，窗一木家堂真武。间女忽

① 《太上说玄天大圣真武本传神咒妙经》，《道藏》第18册，第38页。

自附神通，说已过，前身乃是药婆，暗货毒药，与人打胎，枉杀贵命，有此罪咎，上帝震怒，罚我今身受耻辱之报，毒气行塞心腹若孕，今得遇上真，脱自缢死，免堕他趣，言讫而更。尧臣即醮谢真武之恩，誓播于世。《生神章》曰：夫人得还生于人道，濯形太阳，惊天骇地，贵亦难胜，于尔何负，而乃肆杀之，弃人及厌多生也。①

我们不难看出，《太上说玄天大圣真武本传神咒妙经》充分发挥了因果报应的神学思想，对于产难的原因归纳为："不惧罪福，不畏恶报"的肆意淫乱，坐视产亡，轻弃儿女，以及随意堕胎、用药堕胎。道教更谴责向他人提供堕胎药物的行为。该经还运用三个典型的例子，来生动的对于世人进行劝诫引导。颖娘随意堕胎，自己差点因大出血而殒命；纪可信女亲历阴曹地府，见证刑罚及索命报应；王尧臣女为自己贩卖堕胎药物的行为付出了代价。道教的这种思想，其目的还在于劝诫世人敬畏生命，道德生活。

总之，道教把人们遭受血湖产难的原因归结为前世或现世的罪孽报应，特别是私通违背夫妇之礼、主婢之义，或者随意堕胎处死婴孩，或者抛弃子女不尽抚养义务的罪孽。这些原因分析显然表现了道教对于产育方面的独特关怀以及对于世间生命的珍惜爱护，这些包括反对随意堕胎在内的思想理念有一定的进步意义。

四　道教对于产亡婴儿的超度——超婴魂

在古代医学不发达的年代，民间常说生儿育女就是和阎王打交道的事，可见其危险。由于种种原因，常会出现母存子亡、母亡子存、

① 《太上说玄天大圣真武本传神咒妙经》，《道藏》第18册，第38页。

母子俱亡的产难情形。道教中出于悲天悯人的普度情怀，不但有对于产亡妇女血湖地狱的超度经忏，使她们永脱三途，重返光明；而且有对于产亡婴儿的超度科仪，其目的乃是超度亡魂，早日脱难投胎重生。这充分表现了道教贵生重命和普度一切的思想底蕴。下面我们选取徐宏图、薛成火所著的《浙江苍南县正一道普度科范》中的浙江苍南为个案，具体深入的剖析道教超度产亡婴儿科仪的具体流程和思想底蕴。

透过《浙江苍南县正一道普度科范》中对于婴魂超度的斋醮科仪的描述，我们能够管中窥豹，见微知著，了解道教超度婴魂的一般流程。浙江省苍南县位于浙江省的最南端，南邻福建省福鼎县。“苍南民间的丧葬仪式隆重，始终离不开道士与阴阳先生。”① 其地供奉多位神灵，但最有名的地方神是陈十四娘娘，即陈靖姑。当地虽然有全真道、正一道和闾山道三派，但其斋醮科仪思想一般是以水南先生林灵真撰述的道教中科仪思想最丰富的《灵宝领教济度金书》为主。

该书详细记录了当地这种超度婴魂的科仪流程。“超婴魂”又称为“殀亡转世奶娘醮”，是超度早殀婴儿灵魂的一种法事。先要起句唱偈，后要入情旨，即启请诸神。唱偈道：

> 奉送符官驾云程，虔诚启请诸圣真。启请三清三境主，叩请三官大帝尊。启请道经师宝主，叩请太乙救苦尊。拜请观音大菩萨，拜请皇宫奶娘神。拜请度亡诸圣众，拜请临水三夫人。拜请张萧洪法主，拜请本靖列圣神。拜请琉璃药师祖，拜请注生注命星。拜请南门注生宿，拜请北门解厄星。拜请元辰本命主，拜请五方五德星。拜请东岳仁圣帝，拜请掌案注命神。拜请天师大法

① 徐宏图，薛成火：《浙江苍南县正一道普度科范》，香港天马出版社 2005 年 10 月，第 4 页。

主，拜请教主许真君。拜请三界诸圣帝，拜请地府丰都神。拜请功曹师尊主，拜请历代众师尊。拜请送生奶姆主，拜请抱儿花婆神。一十二宫花婆主，二十四宫奶姆神。三十六宫花婆主，四十九宫奶姆神。正二三月花婆主，四五六月奶姆神。七八九月花婆主，十月十一月十二月奶姆神。内监注生花婆主，抱送婴儿奶娘神。保胎度产花婆主，拔生护命奶娘神。交生托生花婆主，送魂护魄奶娘神。住宅土地福德神，司命六神众威灵。众圣斯时闻拜请，顷刻之间赴华筵。安奉。神威自在天尊！①

在这段启请诸神降临的偈文中，让符官驾云快去，拜请包括三清三境主、三官大帝、救苦天尊、观音菩萨、临水夫人、地府丰都神在内的从天上到地下数十位神灵，阵容可谓强大。前面拜请的是一些全能神，如救苦天尊、三官大帝等，后来拜请的则是一些相对比较专业的生育神灵。如管注生的、抱送婴儿的、乃至保胎、拔生、交生托生、送魂护魄等等诸神。

值得一提的是，该书还完整的提供了一道上表神灵的文书——超婴疏：

伏以迹显，闾山授道经以济世，法昭临水，演秘范而度幽。大德无私，皇恩广覆。叹婴魂之失所，难独正身；嗟幼魄之无依，奚由超度。全仗皇恩之道法，惟赖圣母之提携。今据浙江省×县×乡×村居住奉道报本下民×××（入情旨）……为超幽拔滞赈济植福事。切××氏门中始祖××公派下历世婴魂幼魄等众，乃思成人终殁，已觉可怜，转念婴孩遭殇，更堪悲痛，绿叶成荫之候，黄杨阨润之嘉，不遗余力。认舍环于邻树，前生之慧

① 徐宏图，薛成火：《浙江苍南县正一道普度科范》，香港天马出版社 2005 年 10 月，第 283 页。

叶都休；望磷火于空山，若谷之成灰何恨。昙花遍树，倏忽云亡。落日挥戈，定无知补。第名年似久，生何时殁何日，无由悬揣而知，而幽关可繁歌，有思泣有忏，未免中伤抱痛。爰仗玄科之便，藉求济度之方，用是今月×日就×启建冥阳水陆普度功德道场，仰祈慈尊俯垂拯拔，伏望陈氏皇君、林李夫人质临如在，陟降匪遥，歆享微诚，宏施法力，驾慈航而超苦海，吹画角而破幽关，俾诸婴魂获登彼岸，环寻再世，快睹重圆，长驱黑暗洞云，永生光明世界，从此乡方宁靖，里社和平。谨具疏中闻者。是日虔备

清香茶果　　　信钱云马

右具进　　　　上伏祈

签表中超婴仙官司下　　恭望

真慈俯垂

昭格文疏

天运×年×月×日百拜上叩①

迎请完诸神之后，献酒，宣意，即陈述情况，道士说到，诸位神灵已赴筵中列座，等待招摄婴魂托生。这时道士诵道：

志心奉请，请临水宫中陈、林、李三位皇君降赴灵坛，助吾摄召男女婴魂赴坛受度，以遂超升。坛官手执华幡，坛前志心初召，再召，三召请生乡死府远化近亡殀折伤残婴魂幼魂男女等众，惟愿承三官皇母元君力，示法超度，时刻升迁。克于今日斯

---

① 徐宏图，薛成火：《浙江苍南县正一道普度科范》，香港天马出版社2005年10月，第364—366页。

时来临坛所，受此斋坛，召婴功德。受此斋坛，召婴功德。①

这段诵辞透漏出当地超度婴魂的主要神灵是受福建影响较大的闾山派的陈靖姑和她的两位姐妹林、李二夫人。“生乡死府远化近，亡殀折伤残婴魂”，即是说醮主殷切希望能让殀亡婴儿从遥远的死府地狱走向生涂，并“时刻升迁”，予以超度。诵辞完了之后，道士还要吟道：

> 灵幡飘动本因风，风动幡飞凌太空。返本无身魂自降，魂转魄回与幡同。冥冥莫染发来路，杳杳方知色是空。认者本来真面目，此幡正是主人翁。坛官手执纸幡召婴魂，魂在泉台你知闻。或在九泉路上召你转，冥府狱司召你回。或在他乡故里召魂转，或在墓冢荒圻召魂回。或在族亲旁边召魂转，水边路尾召魂回。双手拔开生死路，双脚跳出鬼门关。灵幡朵朵随风飘，千朵莲花万朵桥。花婆桥头来接引，奶姆官中把笔超。不可思议功德力，宝幡接引大天尊。②

透过以上经文，我们不难发现其超度婴魂的迫切心情。他们把随风吹动的灵幡幻化成一座座联通地狱与人间的桥梁，具有神奇功德法力的花婆奶姆在桥头迎接一位位魂魄或在泉台，或在九泉路上，或在异乡漂泊，或在墓冢荒丘，或在族亲旁边，或在水边路尾的亡婴“魂转魄回”，从而“双手拔开生死路，双脚跳出鬼门关”，实现超度转生。紧接着道士讲道陈林李三位元君要将“十方三界内，六道四生中一切有灵无祀、先亡后化男女婴魂等众”一一超度，“转生度世全赖元君，抱孩投胎惟凭圣母。”即要一切男女婴魂转生出世，投胎超度。

---

① 徐宏图，薛成火：《浙江苍南县正一道普度科范》，香港天马出版社 2005 年 10 月，第 284 页。

② 同上。

接着唱偈对陈林李三位元君一一颂道：

稽首陈元君，发誓度婴魂。能救诸厄难，孕育保安全。发愿大慈悲，开度诸婴魂。所荐幼魂礼元君。

稽首林元君，发愿救幼魂。催生真感应，救产显威灵。发愿大慈悲，开主诸婴魂。所荐幼魂礼元君。

稽首李元君，发誓度婴魂。桥头度男女，游行救万民。发愿大慈悲，开度诸婴魂。所荐幼魂礼元君。①

拜谢完了三位神灵之后，又唱了一段充满人生感慨的文辞精彩、荡气回肠的诗歌：

南柯一梦属黄粱，嗟叹人生不久长。
有生有死皆由命，无夭无寿亦无穷。
人生在世如风雨，老少同归一凡中。
生寄死归千古有，延龄夭命世间多。
去到阴司人何在，杳杳茫茫总是空。
魂飞魄散归何处，等即心空望故乡。
坛前神幡召婴魂，魂在阴间悉知闻。
吾今引汝随幡转，听师言语表殷勤。
汝等出世父母当，望汝成人养老终。
只望长大成人早，谁知寿夭早年亡。
三年哺乳空劳力，十月怀胎苦心肠。
与你父母恩爱断，不识不知落阴空。
当时父母痛心苦，手提衣衫泪汪汪。

① 徐宏图，薛成火：《浙江苍南县正一道普度科范》，香港天马出版社 2005 年 10 月，第 285 页。

长绳难系少年子，可怜夭折少年亡。
怀胎哺乳愁千般，洗浣提撕梦一场。
世间人事你未懂，怪你自己寿不长。
三魂七魄泉台去，魂魄无依渺茫茫。
已被拯拔亦甚有，尚待超生非少众。
斋主怀着恻隐心，爰藉道力度幼亡。
愿汝婴魂承道力，早离幽暗睹阳光。
汝等就此朝圣母，乞判超升快乐乡。[①]

该段经文哀叹人生如风雨飘摇，转瞬即逝。已到阴间的婴魂早点超度，母亲十月怀胎，父母三年哺育，万千辛苦，等汝养老送终，岂想孩儿早亡。希望承神灵无尽法力，诸婴魂能永脱幽暗地狱，超升快乐之乡。然后讲道：

当愿婴魂男女等众，少年未成长大，不幸夭折身亡，实属可怜。古人云，花开花谢花不香，草木无根不成丛。水若无源流不远，人生无寿早年亡。你等出世无好日，致此今日夭折亡。又说汝既已命短，就坛礼拜。元君赐汝宜速前去再度娘胎，出世必得长命富贵。今圣付汝经书笔墨银钱谷米为记，给你带去将来托生获得聪明智能、荣华富贵之福果，汝等当坛记住，切勿忘言。度人无量天尊！[②]

这里讲到了元君和度人天尊让这些殀亡婴孩终得超度，再投娘胎，转生出世，并会获得经书笔墨银钱谷米以及长命富贵的来世福报，可谓贵生重命之极。最后，当花婆抱送婴魂之百花桥上时，道士

① 徐宏图，薛成火：《浙江苍南县正一道普度科范》，香港天马出版社 2005 年 10 月，第 285—286 页。

② 同上，第 286 页。

总结性的吟道：

天生烝民有物质，人间世上百般形。也有神佛也有鬼，也有山水也有人。也有人生也有死，也有长命短命人。亦有好心行好事，亦有偏心作恶人。好心便是天生水，偏心便有天来惩。初生便是初出世，再生便须度胎身。度胎须请花婆送，护送汝魂早超生。度人娘身能出世，出世便获智能人。判下冥司奶姆众，同心同意一般情。各展神通抱送去，阴阳魂魄抱起程。护送婴魂人间上，早度娘身投胎生。送婴使者神通显，赐汝婴魂出生灵。听吾言因行好事，神功妙法度众生。金纸银钱度汝用，收纳享受得长荣。花婆奶姆听吾因，即便起程抱送生。钦奉天公承敕令，如风火急莫迟行。①

意思即是奉天公急令，“抱送婴魂人间上，早度娘身投胎生”，并送金纸银钱，长生荣华富贵。最后将婴魂炉、幡、大银等送路口烧化，法事即行结束。

通过对在浙江苍南这样一个深受闾山派陈靖姑神迹影响的地区法师所行超度婴魂的科仪流程的比较完整的回顾和评析，我们可以明确的看出其过程包括迎神、宣辞陈情、超度、送神等环节，其整个流程和一般的斋醮科仪所用法器如设案贡奉、龙角、高功率众道士禀圣跪拜，有内坛外坛，幡，婴魂炉等等一样，其斋醮科仪的目的即在于安顿和超度亡魂，让其三魂七魄在元君法力下早日永脱幽暗三途，重见光明，投胎转生出世，并永得长命富贵。这充分表明了道教斋醮科仪对于生命的深度关怀超度，贵生重命，普施济度。在客观效果上确实能对失去婴儿的家庭起到心理安慰的社会作用，是一种重要的社会关

① 徐宏图，薛成火：《浙江苍南县正一道普度科范》，香港天马出版社 2005 年 10 月，第 286 页。

怀。

我们再来看看道教中别的经典中对于产婴魂的超度法术。《灵宝玉鉴》卷三十五中也收录有专门超度婴童幼时身亡的符咒：

度婴童在幼身亡未解脱符

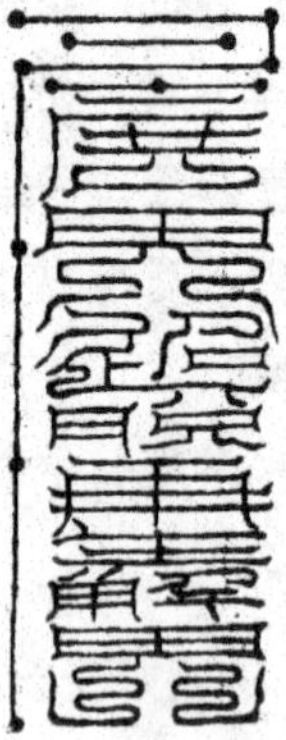

咒曰：

灵宝大慈尊，升度幼亡魂。超度三界难，托仙贵人身。解释前缘债，变炼化成真，急急如上帝律令。①

而《法海遗珠》卷十六“雷霆诸帅秘要”中有祈祷专用的斋醮禳解婴童的符咒：

附童摄亡坠旛秘字：

① 《灵宝玉鉴》卷35，《道法释疑门》，《道藏》第10册，第389页。

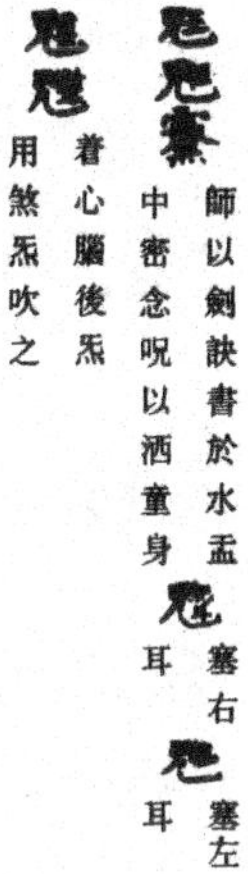

蒙童坠瘔：

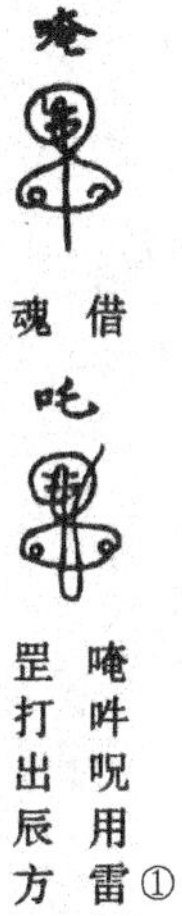

总之，这些超度婴魂脱离苦海、投胎转世的斋醮科仪等法术确能对那些失去婴孩的家庭带来情感安抚和心理希望，从而对社会起到一

① 《法海遗珠》卷16，《解二十四厄真符》，《道藏》第41册，第464页。

定的安抚和救治作用。

第六节 道教对于产后产妇和婴幼儿的护理禳解

一 产后婴幼儿及产妇的护理

贵生重命的道教在对于婴幼儿的哺育上可谓是十分重视，正如孙思邈在《孙真人备急千金要方》卷八“少小婴孺方上”中讲道：

> 论曰：夫生民之道，莫不以养小为大。若无于小，卒不成大，故易称积小以成大，诗有厥初生民，传云声子生隐公。此之一义，即是从微至著，自少及长，人情共见，不待经史，故今斯方先妇人小儿而后丈夫耆老者，则是崇本之义也。[①]

这种“以养小为大”，并把此举看作是“崇本之义”的思想可以说一直以来，得到了中华民族的一致认可。孙思邈还进一步就婴幼儿的年龄阶段进行了划分。他说：

> 小品方云：凡人年六岁已上为小，十六已上为少（《巢源》、《外台》作十八已上为少），三十已上为壮（《巢源》、《外台》作二十已上为壮），五十已上为老。[②]

这种认识阶段的区分对于正确而科学的哺育及护理婴幼儿具有一定的意义。他还对婴儿的成长过程做了清晰的描述：

> 凡生后六十日瞳子成，能咳笑应和人；百日任脉成，能自反

① 孙思邈：《孙真人备急千金要方》，《道藏》第 26 册，第 96 页。
② 同上。

覆（一作百五十日）；百八十日尻骨成，能独坐；二百一十日掌骨成，能匍匐；三百日膑骨成，能独立；三百六十日膝骨成，能行。此其定法，若不能依期者，必有不平之处。①

又云：

凡儿生三十二日一变，六十四日再变，变且蒸；九十六日三变，一百二十八日四变，变且蒸；一百六十日五变，一百九十二日六变，变且蒸；二百二十四日七变，二百五十六日八变，变且蒸；二百八十八日九变，三百二十日十变，变且蒸。积三百二十日小蒸毕后，六十四日大蒸，蒸后六十四日复大蒸，蒸后一百二十八日复大蒸。凡小儿自生三十二日一变，再变为一蒸。凡十变而五小蒸，又三大蒸，积五百七十六日，大小蒸都毕，业乃成人。②

下面将道教中对于婴幼儿及产妇的护理分为以下八个方面：

（一）埋藏胞衣。古人认为产后首先要做的事是埋藏胎衣。古代医家认为胎衣是滋补的良药，特别是头胎胎衣。李时珍在《本草纲目》卷52讲到，胎衣又名“紫河车”，有益气补精之效。既然如此珍贵，胎衣若是被人捡取配药吃掉，据说婴儿就会遭遇不幸。所以埋藏胎衣成了产后第一要事。而埋藏胎衣自有许多迷信讲究，朱端章《卫生家宝产育备要》卷六就有十二月产卧藏衣吉凶方位图。

（二）处理脐带。产后婴儿的脐带仍需谨慎处理。脐带不但要长短留的非常合适，而且要挤掉里面的水，免得引起“脐风”。正如孙思邈指出：

---

① 孙思邈：《孙真人备急千金要方》，《道藏》第26册，第97页。

② 同上。

乃先浴之，然后断脐，不得以刀子割之，须令人隔单衣物咬断，兼以暖气呵七遍，然后缠结，所留脐带，令至儿足趺上。短则中寒，令儿腹中不调，常下痢。若先断脐，然后浴者，则脐中水，脐中水则发腹痛。其脐断讫，连脐带中多有虫，宜急剔拨去之。不尔，入儿腹成疾。断儿脐者，当令长六寸，长则伤肌，短则伤藏。不以时断，若挼汁不尽，则令暖气渐微，自生寒，令男脐风。①

（三）剃胎头。古人虽然留发，但对于小儿为防污秽，皆须剃胎发，而剃胎发亦须择吉日而行。《卫生家宝产育备要》卷六云："京畿初剃小儿头不择日，皆于满月日剃头，盖风俗所尚，前此产妇未得出产房，满月即与儿俱出，以谓胎发秽恶，多触胎神，小儿不安，故此日必剃头而出。"崔氏《外台》初剃儿头吉日："寅丑日吉，丁未日凶。"《玉匣记》载小儿初剃头吉日："忌丁火日初五日剃胎头主儿黑，三十日剃胎头主儿夭。"唐代以来，京畿一带一直形成了满月剃胎头的风俗。②

（四）沐浴着衣。古人对于小儿沐浴着衣亦有讲究。孙真人云：

浴儿法：凡浴小儿，汤极须令冷热调和。冷热失所，令儿惊，亦致五藏疾也。凡儿冬不可久浴，浴久则伤寒；夏不可久浴，浴久则伤热。数浴背冷，则发痫。若不浴，又令儿毛落。

新生浴儿者，以猪胆一枚，取汁投汤中以浴儿，终身不患疮疥，勿以杂水浴之。儿生三日，宜用桃根汤浴：桃根、李根、梅根各二两，枝亦得，㕮咀之，以水三斗，煮二十沸，去滓，浴儿良，去不祥，令儿终身无疮疥。治小儿惊，辟恶气，以金虎汤

① 孙思邈：《孙真人备急千金要方》，《道藏》第26册，第98页。
② 郭立诚：《中国生育礼俗考》，台湾文史哲出版社，1979年，第107—108页。

浴：金一斤，虎头骨一枚，以水三斗，煮为汤浴，但须浴，即煮用之。[①]

这里讲到了小儿沐浴的必要性及时间不可太长，冷热适度。至于用桃根、李根、梅根法，结合盖建民先生的考证，可以发现古人的做法也有一定的科学性：

但另一方面，道门之所以对桃木格外青睐，个中原因还在于桃木本身所具有的药用价值上。桃皮，即桃茎白皮，又名桃树皮、桃白皮，是桃树干的韧皮部，可治水肿、卒心痛、痞气腹痛、喉痹等症，桃皮含袖皮素、香橙素、桃昔元等多种有机成份，煎水含漱可治牙痛。此外，桃树的桃仁、桃叶、桃花、树根皆可入药。桃仁能活血行疲、润燥滑肠，煎剂有抗炎作用；桃叶具有解毒、祛风杀虫功效，中医用桃叶治痛疖初起、湿疹、尊麻疹、痔疮、疟疾。……道门常用桃汤作净秽沐浴之用，其医学底蕴就在于此。[②]

至于小儿穿衣，更有学问：

生儿宜用其父故衣里之，生女宜以其母故衣，皆勿用新帛为善。不可令衣过厚，令儿伤皮肤，害血脉，发杂疮而黄。儿衣绵帛，特忌厚热，慎之慎之。凡小儿始生，肌肤未成，不可暖衣，暖衣则令筋骨缓弱。宜时见风日，若都不见风，则令肌肤脆软，便易中伤。皆当以故絮衣之，勿用新绵也。凡天和暖无风之时，令母将儿于日中嬉戏，数见风日，则血凝气刚，肌肉牢密，堪耐

---

① 孙思邈：《孙真人备急千金要方》，《道藏》第26册，第100页。

② 盖建民：《道教符咒治病术的理性批判》，《世界宗教研究》1999年第4期，第73页。

风寒，不致疾病。若常藏在帏帐之中，重衣温暖，譬犹阴地之草木，不见风日，软脆不堪风寒也。[1]

小儿穿衣不可用新棉，不可太热，太热生“黄疸”。而且孙真人提倡逐步提高小儿的适应力，见风日锻炼，这样才能“肌肉牢密”，否则肌肉脆弱不堪。还有，十岁以下小儿夜间衣被不可外露：

《玄中记》云：天下有女鸟，名曰姑获（《肘后》、《子母秘录》作鸟获），一名天帝女，一名隐飞鸟，一名夜行游女，又名钓星鬼，喜以阴雨夜过飞鸣，徘徊人村里，唤得来者是也。鸟淳雌无雄，不产，阴气毒化生，喜落毛羽于人中庭，置儿衣中，便令儿作痼病，必死，即化为其儿也，是以小儿生至十岁，衣被不可露也，七人月尤忌。[2]

（五）哺乳饮食。常言道：民以食为天。护理小儿最重要的也莫过于哺乳饮食了。孙真人讲到：

论曰：小儿初生，先以绵裹指，拭儿口中及舌上青泥恶血，此为之玉衔。若不急拭，啼声一发，即入腹，成百病矣。儿生落地不作声者，取暖水一器灌之，须臾当啼。儿生不作声者，此由难产少气故也。可取儿脐带向身却捋之，令气入腹，仍呵之至百度，啼声自发。亦可以葱白徐徐鞭之，即啼。儿已生，即当举之，举之迟晚，则令中寒，腹内雷鸣。[3]

小孩初生，先要擦掉口中青涎。如不做声，要灌暖水。如不哭，以葱白轻敲。

① 孙思邈：《孙真人备急千金要方》，《道藏》第26册，第99页。
② 同上，第107—108页。
③ 同上，第98页。

儿洗浴断脐竟，棚抱毕，未可与朱蜜，宜与甘草汤，以甘草如手中指一节许，打碎，以水二合，煮取一合，以绵缠沾取，与儿吮之。连吮汁，计得一蚬壳入腹止，儿当快吐，吐去心胸中恶汁也。如得吐，余药更不须与。若不得吐，可消息计，如饥渴，须臾更与之。若前所服及更与并不得吐者，但稍稍与之，令尽此一合止。如得吐出恶汁，令儿心神智慧无病也。饮一合尽，都不吐者，是儿不含恶血耳，勿复与甘草汤，乃可与朱蜜，以镇心神，安魂魄也。儿新生三日中，与朱蜜者不宜多，多则令儿脾胃冷，腹胀，喜阴亡瘤气急变，噤痉而死。新生与朱蜜法：以飞炼朱砂如大豆许，以赤蜜一蚬壳和之，以绵缠筋头沾取，与儿吮之。得三沾止，一日令尽。此一豆许，可三日与之，则用三豆许也。勿过此，则伤儿也。与朱蜜竟，可与牛黄，如朱蜜多少也。牛黄，益肝胆，除热，定精神，止惊，辟恶气，除小儿百病也。①

小儿初生，并不能马上哺乳，而是先以甘草汤“吐去心胸中恶汁也”，后以朱蜜（朱砂与蜂蜜的混合物）“镇心神，安魂魄也”，再以牛黄“除小儿百病也”。所有这些小儿护理思想，都充分体现了孙思邈的医学家本色。

新生三日后，应开肠胃，助谷神。可研米作厚饮，如乳酪厚薄，以豆大与儿咽之，频咽三豆许止，日三与之，满七日可与哺也。儿生十日始哺如枣核，二十日倍之，五十日如弹丸，百日如枣。若乳汁少，不得从此法，当用意小增之。若三十日而哺者，令儿无疾。儿哺早者，儿不胜谷气，令生病，头面身体喜生疮，

① 孙思邈：《孙真人备急千金要方》，《道藏》第26册，第99页。

愈而复发，令儿尫弱难养。三十日后虽哺，勿多。若不嗜食，勿强与之，不消复生疾病。哺乳不进者，腹中皆有疾癖也。当以四物紫丸微下之，节哺乳，数日便自愈。小儿微寒热，亦当尔利之，要当下之，然后乃瘥。凡乳儿不欲太饱，饱则呕吐。每候儿吐者，乳太饱也，以空乳乳之即消，日四。乳儿若脐未愈，乳儿太饱，令风中脐也。

凡新生小儿，一月内常饮猪乳大佳。凡乳母乳儿，当先极挼散其热气，勿令汁奔出，令儿噎。辄夺其乳，令得息，息已，复乳之。如是十返五返，视儿饥饱节度，知一日中几乳而足，以为常。又常捉去宿乳。儿若卧，乳母当以臂枕之，令乳与儿头平，乃乳之，令儿不噎。母欲寐，则夺其乳，恐填口鼻，又不知饥饱也。①

孙真人认为，小儿初生三日后喂以米羹少许，开肠胃，七日始可哺乳，但须让小儿慢慢适应从依赖母体过渡到依赖外物的新情况，不可量多。如小儿不欲食或有点寒热，需服紫苏汤。哺乳小儿还须注意防噎，让小儿头与乳平。切记“捉去宿乳”，即第二天早上哺乳时必须把前天晚上的乳汁挤掉，用新乳哺育小儿。母欲睡，取出乳头，免得窒息小儿。这些细致入微的护理思想，对于小儿防止意外，健康成长都有非常重要的作用。

孙真人在这里特别强调了喂养小儿时注意不可太早，否则“儿哺早者，儿不胜谷气，令生病，头面身体喜生疮，愈而复发，令儿尫弱难养”，亦不可太多，“勿多”“每候儿吐者，乳太饱也”。这种谨慎科学的哺育思想与《三元延寿参赞书》不谋而合：

① 孙思邈：《孙真人备急千金要方》，《道藏》第26册，第100页。

书云：小儿多因缺乳，吃物太早，又母喜嚼食喂之，致生疳病。羸瘦腹大，发坚萎困。

《养子直诀》云：吃热莫吃冷，吃软莫吃硬，吃少莫吃多。真妙法也。①

《三元延寿参赞书》坚决反对喂食婴儿，提倡让婴儿食热、食软、食少，这样易消化吸收。孙真人又云：

夏不去热乳，令儿呕逆；冬不去寒乳，令儿咳痢；母新房以乳儿，令儿羸瘦，交胫不能行；母有热以乳儿，令变黄，不能食；母怒以乳儿，令喜惊，发气疝，又令上气癫狂；母新吐下以乳儿，令虚羸；母醉以乳儿，令身热腹满。②

孙真人在这里强调了哺乳的母亲对于胎儿健康与否的重要性。母亲乳汁冷热适度，情绪平静，不能喜怒无常，母亲腹泻、大醉、交合，都令儿羸弱或病。而《三元延寿参赞书》"婴儿所忌"则把小儿无故夭亡的原因归结为父母的种种之过：

或曰：婴孺之流，天真未剖，禁忌饮食，又无所犯，有至夭枉者，何欤？曰此父母之过也。为父母者，或阳盛阴亏，或阴盛阳亏，或七情郁于内，或八邪袭于外，或母因胎寒而饵暖药，或父以阴萎而饵丹药，或胎云既充，淫欲未已，如花伤培，结子不实，既产之后，禀赋怯弱，调养又失其宜，骄惜太过，睡思既浓尚令咀嚼，火合既暖犹令饮酌，厚衾重复且令衣着，抚背拍衣，风从内作。指物位虫，惊因戏谑，危坐放手，我笑渠恶。欲令喜笑，肋肋指趢，雷鸣系鼓且与掩耳，眠卧过时不令早起，饮食饱

① （元）李鹏飞：《三元延寿参赞书》，《道藏》第18册，第533页。
② 孙思邈：《孙真人备急千金要方》，《道藏》第26册，第99页。

淤不与戒止，睡卧当风，恐吓神鬼，如此等事，不一而已。斯言也，演山省翁之至言也。父母者因是而鉴之，则后嗣流芳，同此一寿，岂不伟欤！①

这些原因在今天看来不无道理：父母先天亏虚或孕期交合而伤胎，或诸种护理不当，过分娇惯，边睡边吃，过饱过暖睡眠过度，迎风惊吓，雷鸣惊惧，睡卧当风，神鬼恐吓。这种细腻的护理思想体现了道教对于生命的珍视和呵护。《三元延寿参赞书》还提到了夫妇要拉开生育间隔的必要性："书云：儿未能行，母更有娠，儿饮妊乳，必作魅病，黄瘦骨立发热发落。"该书进一步指出：

书云：母泪勿坠子目中，令子目破生翳。

《锁碎录》云：小儿勿令指月，生月蚀疮。勿令就瓢及瓶中饮水，令语讷。又衣服不可夜露。②

"小儿勿令指月"的忌讳在《云笈七签》"杂戒忌禳灾祈善"中也有反映：

凡小兒不用令指月，两耳后生疮欲断，名月会疮，捣Ð麻末傅即差，并别余疮并不生。③

（六）产妇护理。产妇生育之后，身体羸弱，也是护理的重要对象。孙真人非常强调产妇产后护理的重要性：

论曰：凡妇人非止临产须忧，至于产后大须将慎危，笃之至其在于斯，勿以产时无他，乃纵心恣意，无所不犯。犯时微若秋毫，感病广于嵩岱。何则产后之病难治于余病也？妇人产讫，五

① 《三元延寿参赞书》，《道藏》第18册，第526—557页。

② 同上。

③ 《云笈七签》，中华书局2003年12月版，第722页。

脏虚羸，惟得将补，不可转泻，若其有病，不须駃药。若行駃药，转更增虚，就中更虚，向生路远，所以妇人产后百日已来，极须殷勤忧畏，勿纵心犯触，及即便行房，若有所犯，必身反强，直犹如角弓反张，名曰蓐风，则是其犯候也，若似角弓，命同转烛。凡百女人，宜好思之，苟或在微不慎，戏笑作病，一朝困卧，控告无所，纵多出财宝，遍处求医，医者未必解此，纵得医来，大命已去。何处追寻，学者于此一方，大须精熟，不得同于常方耳，特忌上厕便利，宜室中盆上佳。①

"犯时微若秋毫，感病广于嵩岱"，可见产妇月子病的致命。产妇需要"坐月子"，进行各种保养，坐在叫做"暗房"的产室，忌生冷、忌吹风、不可洗头洗澡、不可穿针引线，等等细节，不一而足。产妇百日内慎忌行房，"凡产后满百日，乃可合会，不尔至死，虚羸百病滋长，慎之。""凡妇人皆患风气脐下虚冷，莫不由此，早行房故也。"② 还要吃几剂由"桃仁、红花、当归、益母"配成的平安药，以便下淤血、去恶露。由于流血过多，加上需要充沛而营养丰富的奶水哺乳，产妇都要吃各种既有营养又利于下奶的诸如鲫鱼、猪蹄、肘子、核桃、黑糖、芝麻等食物补养。孙真人还站在一个医学家的高度，对于产后产妇诸症开列了十二道药方进行治疗护理：

桃人煎，治妇人产后百疾，诸气补益悦泽方。
治妇人虚羸短气，胸逆满闷，风气石斛地黄煎方。
治妇人产后欲令肥白，饮食平调，地黄羊脂煎方。
治产后虚羸喘乏，白汗出腹中绞痛羊肉汤方。
治产后虚羸喘，乍寒乍热，病如疟状，名为蓐劳猪肾汤方。

---

① 孙思邈：《孙真人备急千金要方》，《道藏》第26册，第59页。
② 同上，第59—60页。

鹿肉汤，治产后虚羸，劳损补乏方。

当归芍药汤，治产后虚损，逆害饮食方。

治产后虚气杏人汤方。

治产后七伤，虚损少气，不足，并主肾劳寒冷，补益气，乳蜜汤方。

治产后虚羸盗汗涩涩恶寒，吴茱萸汤方。

治产后体虚寒热自汗出，猪膏煎方。

鲤鱼汤，主妇人体虚，流汗不止，或时盗汗方。[①]

（七）相儿命长短法。《孙真人备急千金要方》中收录了独特的“相儿命长短法”，迷信与科学混杂，例如：

儿初生，叫声连延相属者，寿；声绝而复扬急者，不寿。

啼声散，不成人；啼声深，不成人。

脐中无血者，好。脐小者，不寿。

通身软弱如无骨者，不寿。

……

身不收者，死。鱼口者，死。

股间无生肉者，死。

颐下破者，死。阴不起者，死。

阴囊下白者，死；赤者，死。

卵缝通达，黑者，寿。[②]

该书又以三至十岁小儿性气及骨法，比附历史人物，预知小儿寿夭：

① 孙思邈：《孙真人备急千金要方》，《道藏》第26册，第60—96页。
② 同上，第100—101页。

论曰：儿三岁已上，十岁已下，视其性气高下，即可知其夭寿大略。儿小时识悟通敏过人者多夭，大则项橐、颜回之流是也。小儿骨法，成就威仪，回转迟舒，稍费人精神雕琢者，寿。其预知人意，回旋敏速者，亦夭，即杨修、孔融之徒是也。由此观之，夭寿大略可知也。亦犹梅花早发，不睹岁寒；甘菊晚成，终于年事。是知晚成者，寿之兆也。①

（八）生子不举。所谓“生子不举”，即指把新生儿弃掉不养育。郭立诚先生在《中国生育礼俗考》中把古人“生子不举”的原因归纳为三点：一是为了名誉与面子弃掉非婚生子；二是贫寒人家受经济状况限制，溺杀生育过多的儿女，特别是被称为“赔钱货”的女孩。《颜氏家训》谈到：“世人多不举女，贼行骨肉，岂当如此。吾有疏亲，家饶妓媵，诞育将至，便遣阍竖守之，体有不安，窥窗倚户，若生女者，辄持将去，母随号泣，莫敢救之，使人不忍闻也。”可见生产效率不高、自给自足的农业社会这种情况不少。三是古人认为不吉祥的日子或生产时情形特殊的生子不育。② 关于第三种情形中的不吉祥日子生子不举在本章第一节“择日生子”和“性交禁忌中的优生思想”中之“时忌”中已经谈过，不再赘述。关于生产时情形特殊的生子不举在汉代应劭《风俗通义》里有讲到：

一、不举并生三子，俗说生子至于三，似六畜，言其妨父母，故不举之。

二、不举寤生子，俗说儿堕地便能开目视者谓之寤生，举寤生子妨父母。

三、不举父同月子，俗云妨父也。

---

① 孙思邈：《孙真人备急千金要方》，《道藏》第26册，第101页。

② 郭立诚：《中国生育礼俗考》，台湾文史哲出版社，1979年，第110页。

四、不举鬓须子，俗说人十四五乃当生鬓须，今生而有之，妨碍父母。[①]

二 婴幼儿哺育及其疾病的符咒护理

道教中对于婴幼儿借助神力进行禳解护理的思想很多。下面我们分一般禳解、止小儿夜啼符咒、客忤符咒、安魂收土、小儿摔伤符咒、小儿出门符咒、节胞胎死结保育法等几个方面予以详细论述。

（一）一般禳解

《灵宝领教济度金书》卷之二百八十六中在“召天医一十三科”中就有“小儿科”：

召天医一十三科

十三科：风科；大方脉；眼科；产科；小儿科；外科；耳鼻科；口齿科；伤折科；金簇科；砭熱科；疮肿科；书禁科。

召小儿科天医

乾元法象，一炁流明，合真应感，真光降灵摄。谨请贺从辉、戴同心、何明晦迪，闻今宣召，疾降坛庭。次念：

唵喃唎啼伽吒耶摄。[②]

召小儿科天医符：

① （汉）应劭撰，王利器校注：《风俗通义校注》，中华书局，1985年，第237页。
② 《灵宝领教济度金书》卷286，《道藏》第8册，第523页。

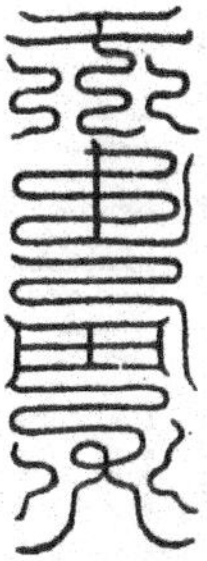①

《道法会元》卷217有“保小儿灶箓，玄灵延生度厄散祸宝箓”：

又保小儿灶箓

玄灵延生度厄散祸宝箓：

雷霆都司今据某乡贯某询情，伏为男女孩某本命某年月日时建生，上属北斗某星主照，入意。见行皈投道法，求为解禳。本司领词难抑，理在宣行。符闻司命府君受命北极，通忱斗真，司造化之枢机，掌吉凶之录籍，凡有灾祸，悉禁主维。为此特与颁降九天转煞破关符命，并特儿符，奉为某孩解释灾虞，浍禳关煞。即卑病根消散，气脉调和，长大成人，利益父母。所有符箓，谨当告行。

咒曰：

天是父，地是母。金桥上，乞得汝。铜作心，铁作柱。兄弟家，好相顾。莫容神，莫容鬼。若见时停牢扯住。急急如律令。②

《法海遗珠》在卷16“解二十四厄真符”中有“治鹘孙骨符”：

---

① 《灵宝领教济度金书》卷286，《道藏》第8册，第402页。

② 《道法会元》卷217，《道藏》第30册，第317页。

治鹘孙骨符：

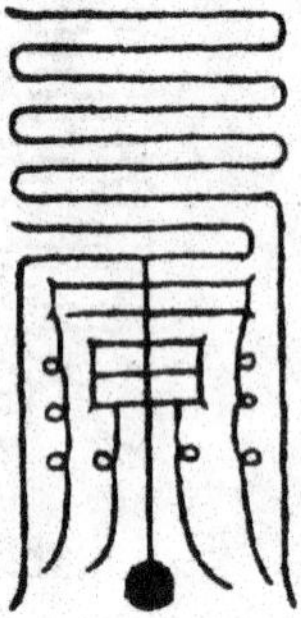

咒曰：

唵。咭唎咜咭唎吒摄。一炁七遍。

右法先办香油，烧碱令红放冷，次筛细检灰铺于卓上，令抱小儿对灰坐，伸手，男左手，女右手，印在灰上。未印前先看小儿中手脉。次以前所烧布碱，向小儿中节碱入二分，拔出，看所出一点毒汁，有丝粘手，水红色是雌，白色是雄，仍用五色线一条，长三尺许，就香炉上熏，存火铃将军在头上火云中，左铃右火索，存将军抛下五色线，上合成铁索，少顷将铁索围过小儿项颈中，如法缚住。缚时须自小儿额门上结下。次烧前符一道，用艾丸于灰上手逃印中，取中指印下中节，点香油灯，炎七壮。每壮念一遍魁魡魋旧魟魓魈魒，一切狐孙万病灭。右手提小儿索，拍在斗煞上指灰。又念魁魡魋魟魓魈魒，取火铃将军手中火炁，吹在灸穴中，口念摄字一声，念七遍七摄字，艾灰采傺在小儿中指碱穴中，病立可。①

《灵宝领教济度金书》卷 273 中收录了治小儿疾病的符箓八道：

---

① 《法海遗珠》，《道藏》第 26 册，第 464 页。

小儿科：

医惊吊痫病符

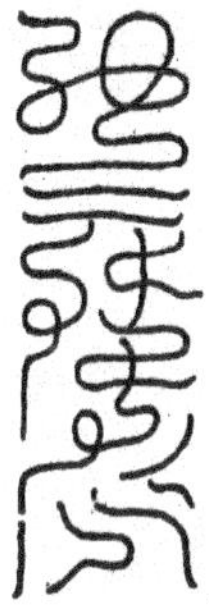
又

医杂病符

医嗽小肠及吊痛角弓反张符

医乳胸中痞塞符

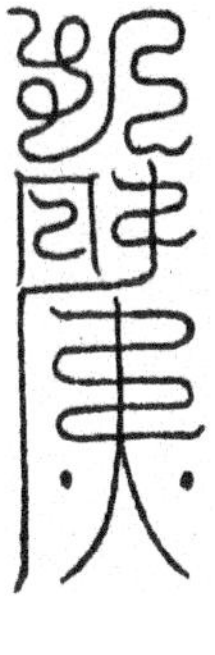
医泻痢符

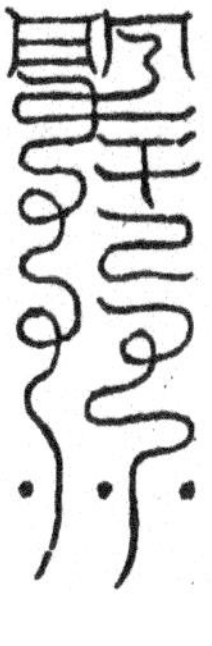
医潮热惊疳符

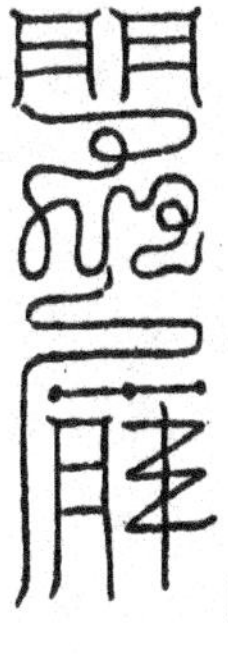
医热病符

医小儿恶疮符[①]

该书卷286中，还有专门的治小儿科符咒：

小儿科医惊吊痫符

唵提光尊哩吽吽摄

书符

唵尊利喃并从厄摄

又符枣汤调灰夜啼涂顶心

唵㗭⿰口恒吒乌耽摄

书符

唵通吒嘘惊搠摄

医小儿喘嗽小吊痛角弓反张符枣汤调灰下

唵尊利南真光部摄

书符

唵尊吒唎般应吒摄

医小儿杂病符

调安用药发施养炁摄

书符

① 《灵宝领教济度金书》卷273，《道藏》第8册，第397页。

唵帝友吒灵母陁光摄

医小儿吐乳胃中痞塞符白术汤调灰下

唵吒婆嘘咛尊光摄

书符

唵普帝迷灵摄

医小儿泻痢符枣汤调灰下

唵尊部灵婆帝吒摄

书符

唵提尊南定正利摄

医小儿潮热惊疳符枣汤调灰下

唵哒婆灵南尊摄

书符

唵吒唎喃啼婆摄

医小儿杂病符随证用汤调灰下

唵尊母陁宁利赤摄

书符

唵乌光灵部急急摄

医小儿恶疮符轻粉和灰调涂

唵帝飘隆通利摄

书符

唵帝明婆吒那般摄[①]

当然，道教还神道设教，向上天神灵上奏章表禳解小儿灾难，祈求福禄。《赤松子章历》在卷四有“小儿上光度化章”：

---

① 《灵宝领教济度金书》卷286，《道藏》第8册，第519—522页。

小儿上光度化章

具法位上言，云某即日居某村坊叩头，自列宿缘有幸得奉大道，欣庆无涯。但某凡愚，信奉多违，招延考气。顷者已来，有男某梦想纷纭，恐以不为祥瑞，四只虚弱，虑染沈痾。莫知何功可以防保，今赍法信投诚委质，上凭大道告诉，向臣求乞寿命延长上光度化增算益年扶衰度厄。臣谨为拜章一通，上诣三天曹，伏愿太上高尊无上元君慈父圣母上官典者，特乞平安，上请天地五光君、日月星宿五光君，东方请日光，西方请月光，南方请火光，北方请水光，中央请土光，上请寿命长生付着某身形，上请寿命君五人、火炬君五人、三魂七魄君五人，各官将百二十人，下为流布天仙妙药太和之气入某身中，还颜复色，精光悦豫。是诣天官与落死籍荡涤故气注上生名，六腑调和，五脏安稳，光益寿命，一切精祟，并令消灭，梦想真正，饮食甘美，长保安全，以为效信，恩惟太上众真分别求哀。臣愚劣，谨因二官直使正一官曹左右官使者阴阳神决吏科车赤符吏刚风骑置驿马是章吏飞龙骑吏官各二人出操。臣某谨为某拜请天官上光度化口章一通，上诣太上某官曹治。①

这则“小儿上光度化章”，是向神灵请求为某小孩延命度厄的章表。其目的非常明确，就是某小儿身体染病极其虚弱遂请求“寿命延长，上光度化，增算益年，扶衰度厄”“六腑调和，五脏安稳，光益寿命，一切精祟，并令消灭，梦想真正，饮食甘美，长保安全。”该经中还有“保婴童章”，其曰：

保婴童章

① 《赤松子章历》卷4，《道藏》第1册，第206—208页。

具法位上言：谨按文书，某夙生庆幸，得奉大道，从来荷恩，实为无量，但某信敬多违，男女若干岁，今在童儿，未有所识，今日忧惶，恐为故气邪精，非尸暗秽，乳母化神，天地河伯钩星血没之鬼，承暗构祸侵斥身，求臣保佑。伏地拜章上闻天曹，特从太上老君、诸君大人、天师君门下主者五气君、垂恩省理是请阳仙护魂君、阴仙护魄君、天养生君，按摩某身，消除脾肝肾中大小肠胆，上下幽都气海，道气宣布，百脉通利，病厄消除，颜华光泽，与日月同辉。上请太皇万福君、解患君、东王父、西王母君各五人，官将百二十人，三天久官甲子甲午官君，一切鬼毒并不侵损，仰荷鸿恩，以为效信。恩惟太上分别云云。为某拜请天官保婴童章一通，上诣太上某曹云云①

这则“保婴童章”，是为一“气邪精非，尸暗秽乳，母化神天地河伯钩星血没之鬼，承闇构祸侵斥”的小儿，请求神灵让其“消除脾肝肾中，大小肠胆，上下幽都，气海道气。宣布百脉通利，病厄消除，颜华光泽，与日月同辉”。最终使其“一切鬼毒，并不侵损。”达到延命保生的目的。

（二）止小儿夜啼符咒。民间认为，小儿夜间啼哭，被认为是遭夜啼鬼纠缠所扰，须施法捉鬼。其法以烧过火的柴头，削平一边，用朱砂写上咒拿夜啼鬼文：“拨火杖，天上五雷公，差来作神将，捉拿夜啼鬼，打杀不许放，急急如律令敕。”晚间将柴头置于小儿床头，明早用宝烛送出门外，谓夜啼可止。

道教典籍中也多有这样的资料。《道法会元》卷 193，用《六洞捉鬼符》治小儿夜啼，并配有咒语：

---

① 《赤松子章历》卷 4，《道藏》第 1 册，第 206—208 页。

六洞捉鬼符治小儿夜啼：

玉清勋命，速召某将，当日符吏，随符收捉魆魆邪神，不得干犯皇民魂神，日下安宁。急急如雷霆都司律令。

咒曰：

吾有符命，六洞安镇。天真皈依，下镇岳渎。倚草斩化，火灭微尘。四渎肃清，人海寒冰。玉清勋令，急急如雷霆律令敕。

奉上帝命，卯。诛斩邪精。子。丹为烧空，午。斩灭鬼形。丑。雷光照彻，寅。命奏天廷。卯。当日某帅。巳。照敕扫除。辰。急急如大赤天帝君律令敕。①

《道法会元》卷211中亦有“治夜啼”符咒：

治夜啼：

法师令投坛人将瓦一口，去十字路头打碎，捡三角者，秉笔凝神书符。

△背押心印，取三光□入。令投坛入于灶中云：张天师传语司命府君，莫令小儿夜啼。

(咒)又以黄纸乎书，用六诀念：大圣北斗七元君，能解男女

① 《道法会元》卷193，《道藏》第30册，第371页。

厄，七次。仕形，念秘咒七遍。

敕煞摄吃鬼血。令乳母烧成灰，以津液涂小儿脐上，即止。

敕符咒云

小儿小儿休要啼，正是老君下马时。尹喜真人门外待，好将田字贴腹脐。

急急如律令。

仍依前法，取罡炁入符。[①]

《太上助国救民总真秘要》卷二有“止小儿夜啼法”：

止小儿夜啼法：

用一小火，烧残柴尾，长六寸，削尖。烧处去灰皮，面南变神，掐本师诀，取南方火星真炁，吸入口中一炁，吹于柴尾上。再吸闭炁，书下二十字于其上，令于床下，向月破上钉之。切防动触。

我有拨火杖，将来作门将。捉着夜啼鬼，彻晓终不放。有符，口传心授。[②]

《无上玄元三天玉堂大法宗旨》中的治小儿惊啼符为：

治小儿惊啼符：

① 《道法会元》卷193，《道藏》第30册，第371页。

② 《太上助国救民总真秘要》卷2，《道藏》第32册，第53页。

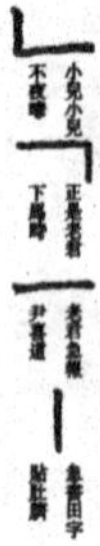

合形

治小儿惊符：

以柴头一段，黄纸朱书书符，将符安房门上。用三光炁。[1]

《孙真人备急千金要方》中有治小儿夜啼药方：

小儿夜啼：龙角圆，治小儿五惊夜啼方。

芎藭散，治小儿夜啼，至明即安寐方。

一物前胡圆治少小夜啼方。等几十方。[2]

（三）客忤符咒。《孙真人备急千金要方》“少小婴孺方”之“客

---

① 《无上玄元三天玉堂大法宗旨》卷24，《道藏》第4册，第481页。

② 孙思邈：《孙真人备急千金要方》，《道藏》第26册，第109—110页。

忤第四”首先讲到了客忤的各种情形：

> 论曰：少小所以有客忤病者，是外人来气息忤之，一名中人，是为客忤也。虽是家人或别房异户，虽是乳母及父母，或从外还，衣服经履鬼神，粗恶暴气，或牛马之气，皆为忤也。执作喘息，乳气未定者，皆为客忤。其乳母遇醉及房劳喘后，乳儿最剧，能杀儿也，不可不慎。凡诸乘马行，得马汗气臭，未盥洗易衣装，便向儿边，令儿中马客忤。儿卒见马来，及闻马鸣惊，及马上衣物马气，皆令小儿中马客件，慎护之，特重一岁儿也。
>
> 凡小儿衣布帛绵中不得有头发，履中亦尔。白衣青带，青衣白带，皆令中忤。凡非常人及诸物从外来，亦能惊小儿致病。欲防之法，诸有从外来人及有异物入户，当将儿避之，勿令见也。若不避者，烧牛屎，令常有烟气，置户前则善。①

孙真人还提到了夏末秋初，人们常把客忤与小儿因壮热下痢相混淆的情况：

> 小儿中客为病者，无时不有此病也。而秋初一切小儿皆病者，岂是一切小儿悉，中客邪？夫小儿所以春冬少病、秋夏多病者，秋夏小儿阳气在外，血迹嫩弱；秋初夏末，晨夕时有暴冷，小儿嫩弱，其外则易伤，暴冷折其阳，阳结则壮热，胃冷则下痢，是故夏末秋初，小儿多壮热而下痢也，未必皆是中客及魅也。若治少小法，夏末秋初，常宜候天气温凉也，有暴寒卒冷者，其少小则多患壮热而下痢也，慎不可先下之，皆先杀毒，后下之耳。②

---

① 孙思邈：《孙真人备急千金要方》，《道藏》第26册，第107—108页。

② 同上。

孙真人进一步分析了小儿客忤的脉象、症状及其治疗措施及十四道药方：

凡中客忤之为病，类皆吐下青黄白色，水谷解离，腹痛大纠面色变易，其候似痸，但眼不上插耳，其脉急数者是也，宜与龙胆汤下之，加人参、当归，各如龙胆，秤分等多少也。小儿中客，急视其口中悬痈左右，当有青黑肿脉，核如麻豆大，或赤或白或青，如此便宜，用针速刺溃去之，亦可爪摘决之，并以绵缠钗头拭去血也。少小中客之为病，吐下青黄赤白汁，腹中痛，及反倒偃侧，喘似痸状，但目不上插，少睡耳，面变五色，其脉弦急。若失时不治，小久则难治矣。

欲疗之方：用豉数合，水拌令湿，捣熟，丸如辫子大，以摩儿颅及手足心各五六遍毕，以丸摩儿心及脐上下行转摩之。食顷，破视其中，当有细毛，即掷丸道中，痛即止。[①]

孙真人又用符咒等治疗禳解小儿客忤之症：

咒客忤法：

咒曰：摩家公、摩家母，摩家子儿苦客忤，从我始，扁鹊虽良，不如善唾良。

咒讫，弃丸道中。

又法：

取一刀横着灶上，解儿衣，发其心腹讫，取刀持向儿，咒之唾，辄以刀拟向心腹，啡啡曰煌煌，日出东方，背阴向阳。葛公葛公，不知何公，子来不视，去不顾，过与生人忤。梁上尘，天之神；户

① 孙思邈：《孙真人备急千金要方》，《道藏》第26册，第109页。

下土，鬼所经。大刀镮犀对灶君，二七唾客愈。儿惊，唾啡啡如此。二七啡啡，每唾以刀拟之，咒当三遍乃毕，用鼓丸如上法，五六遍讫，取此丸破视，其中有毛，弃丸道中，客忤即愈矣。

小儿魅方：

论曰：凡小儿所以有魅病者，是妇人怀娠，有恶神导其腹中胎，妒嫉他小儿令病也。魅者，小鬼也。妊娠妇人不必悉招魅魅，人时有此耳。魅之为疾，喜微微下痢，寒热或有去来，毫毛鬓发发击不悦，是其证也。宜服龙胆汤。[①]

（四）安魂收土

无论是民间还是道教，这种安魂收土的符咒法术都很多。例如其一：小孩病时，从睡梦中吓醒来，或身热吵闹，就去叫会收惊或收土的老妇来。她认为有土，就用米一碗，碗里放入水缸脚下的泥及银、铜、铁器各一，用小孩穿过的衣服包好，交转时，在小孩的头上、身上、脚上摇，口里说：

> 南方甲乙木，西方丙丁火，东方庚辛金，北方壬癸水，中央戊巳戊土，
>
> 土公、土婆、土爹、土娘、土子、土孙，我家何方？诸神回避，天无忌、地无忌，阴阳无忌，百无禁忌，有土收土，没土收五方恶气！

这么念几遍，将碗翻转来看，米少在哪一角，则土即是从那一角惹来的，将缺的地方拿几粒放在一碗水里，拿几粒丢掉，说："土公土婆驼得去。"于是再用米将缺的地方补满、包好，翻转来摇着说，一直弄到不缺，然后将这碗米放在小孩睡觉的地方。收惊所用的东西

---

① 孙思邈：《孙真人备急千金要方》，《道藏》第26册，第109页。

同前，唯将说话改为：天惊，地惊，神惊，鬼惊，念念惊，小人勿晓得，脚底板里出一惊。

收毕，这碗也放在小孩睡的地方。水碗里的米连水泼在狗身上，收土的那碗水米也如此，意思是将病过给狗。

其二：受惊大体多为幼儿孩童，此符能整煞收惊，应验极速，若有着惊，可将符贴于案前，神案前点蜡烛，施术（男女均可）时烧香，以茶杯装盐米，在患者前告诸患症，后念收惊咒三篇。

咒曰：

> 祖师助吾来收惊，本师助吾来收惊，仙童玉女助吾来收惊，合坛官将助吾来收惊，王仙元帅助吾来收惊，太上老君助吾来收惊，清水祖师助吾来收惊，普庵教主助吾来收惊，观音佛主助吾来收惊，腾麒圣者助吾来收惊，保生大帝助吾来收惊，谢府元帅助吾宋收惊，中坛太子助吾来收惊，五府千岁助吾来收惊，菩萨祖师助吾来收惊，现坛官将助吾来收惊，黑虎大将助吾来收惊，空中元帅助吾来收惊，三百六十员官将助吾来收惊。师三童子，三师三童子，弟子炉前献香念咒请，仙师到坛前助吾。
>
> 正寅二卯惊无惊，三辰四巳惊无惊，五午六未惊无惊，七申八酉惊无惊，九戌十亥惊无惊，十一子十二丑惊无惊。
>
> 鼠惊无惊，牛惊无惊，虎惊无惊，兔惊无惊，龙惊无惊，蛇惊无惊，马惊无惊，羊惊无惊，猴惊无惊，鸡惊无惊，狗惊无惊，猪惊无惊。东方路头，西方路尾，跋倒惊无惊。南方路头，北方路尾，跋倒惊无惊。中方路头，五方路尾，跋倒惊无惊。东西南北，担横斜角，路头路尾，路边路角，跋倒惊无惊。庭头庭尾，巷头巷尾，床头床尾，跋倒惊无惊。爬上高，跋落低，爬上坎仔顶，跋落坎仔下惊无惊。眠床顶，跋落眠床下。椅子顶，跋落椅子脚惊无惊。大惊、小惊，汝无惊。男惊、女惊，汝无惊。

父惊、母惊，汝无惊。公惊、婆惊，汝无惊。厝边隔壁，大大小小惊，汝无惊。正月失一娘，二月曾二娘，抢治无惊。三月李三娘，四月阮四娘，抢治无惊。五月王五娘，六月蔡六娘，抢治无惊。七月钱七娘，八月印八娘，抢治无惊。九月陈九娘，十月狄十娘，抢治无惊。十一月温十一娘，十二月抢治无惊，十二青惊娘抢治总无惊。收着头，好离流，收着耳，好离离，收着眼睛，好细腻，收着面，好到无得坟着肚，好好无事路，收到清清气，怜无事至，食饱饭，睡饱觉，百病消除，好离离。

用法：此符贴于移动之处即灵验，贴之前用二次清米水将有动之处用水散之后贴之更灵验。①

（五）小儿摔伤符咒

对幼儿跌跤碰撞时常用的手法是：一边抚揉伤痛处，一边念口诀："揉揉，散散，不让老娘看见。"然后对伤痛处吹口气，说"不疼了"。此法往往能制止儿童的哭号。

（六）小儿出门符咒

用锅底黑灰在额门上打点或画"×"，或在帽上别一根带线的针，或以茅草、稻草五根、十根、十一根作避鬼物，一边拿草在手掌上比划掐断，一边念咒：

一根草，一根生，两根草盖我身；盖我手，盖我脚，龙脉必上身。天脉黑，地脉黑，日脉黑，时脉黑，人见人怕，鬼见鬼怕，吾奉太上老君切切如令。

扯把草，白汪汪，左手拎来右手量，别人拿来无用处，弟子拿做草鬼王。插在河中鱼不走，插在路头鬼不行，插在人身分百

① 张劲松：《中国鬼信仰》，中国华侨出版公司，1991年，第239页。

鬼，百鬼不敢近郎身，吾奉太上老君切切如令。①

（七）解胞胎死结保育法

道教认为人都由胞胎化成，而胞胎内有结节盘固，如果不解，则人必死无疑。所以道教中有许多解胞胎死结从而保命延年的思想。例如，《上清太帝君太丹隐书解胞十二结节图诀》讲到：

> 夫人生由胞胎以自变，禀血精以自成，故既生而胞胎更结，既成而血液不留。不留者，帝君混合则已留住之矣。胞胎有十二结节，盘固五内，五内滞碍，结不可解，节不可除，故人之病也，由节滞也，人之死也，由结固也。常以本命日，若八节日，上请帝君与太一混合，约制百神，而解胞中牢坚之结，盘根之死节也。胞有十二结，内又有十二节，节在结内，人不知解胞结节者，亦不免死矣。恒解之者长生。②

该经讲到，人都是由炁血孕育，由胞胎化育。但是人的胞胎内有十二结，每个结内又有十二节，相互缠绕，人之疾病与死亡都是由结节所致。所以，常常选本命日、八节日请神灵解除结节，从而使人健康。而这十二结节的位置在人体哪里呢？

《上清太帝君太丹隐书解胞十二结节图诀》讲道：

> 胞上结，一在泥丸中，二在口中，三在颊中，四在目中，此胞之四结在上部。
>
> 胞中结，一在五藏中，二在太仓中，三在大肠中，四在小肠中，此胞之四结在中部。
>
> 胞下结，一在膀胱中，二在阴中，三在后门中，四在两足

① 张劲松：《中国鬼信仰》，中国华侨出版公司，1991年，第273页。
② 《上清太帝君太丹隐书解胞十二结节图诀》，《道藏》第34册，第96页。

中，此胞之四结在下部。[1]

这里把结分为胞上结、胞中结和胞下结三类，并分别指出了所在人体位置。《大洞雌一哺养帝君太一百神上仙法》也有同样的思想：

> 哺养百神雌雄解结之道曰：兆之身中，有胞胎死结十二，又有血滞死节十二，凡合结节二十四。上结节在泥丸中，中结节在五藏中，下结节在膀胱中。节在结内，结在节外，结节相似，亦谓之二十四结焉。人不知解脱结节者，亦不免死矣。常能解之者，得长生久视。又常能哺养百神者，必得神仙，而身生日月之光华。[2]

该经认为，人体有胞胎死结十二个，又有血滞死结十二个，合称二十四结。人如果不解除这些死结，则会导致死亡。如果能常常解除这些死结，则能长生久视、羽化成仙。《云笈七签》中的专门的“解胎十二结法”，其曰：

> 凡人生在胞胎之中，皆禀九天之气，凝精以自成人也。既生而胞中有十二结节，盘固五内。五内滞拥，结不可解，节不可灭。故人之病，由于节滞也；人之命绝，由于结固也。兆能解结于胞中十二结节，则求死亦不得也。[3]

这些结节盘固体内，致人死病，所以必须解除。而解胞胎结节之法很多，多为召上界仙真存想法：

> 解结之法，入室闭户存思，先读帝君以下百神名字，再过毕，乃按次解结。此法是帝君太一混合二十四神，解结除尸气之

① 《上清太帝君太丹隐书解胞十二结节图诀》，《道藏》第34册，第96页。
② 《大洞雌一哺养帝君太一百神上仙法》，《道藏》第33册，第381页。
③ 《解胎十二结法》，《云笈七签》，中华书局2003年，第659页。

道也。兆以本命日，若八节日，日中夜半时任意也，正坐向本命之方，接手端心，叩齿二十四通，曰：

男生某甲，上启胞父胞母，始生之日，三积留血，化为十二大结，今本命之日，谨请三九之神，二十四真人，解三关十二结。请言所召：

上胎内真等，有九人，外合九气，是为九君，为甲上解结。结在上关，四结解散，津血流源，长上生籍，永为帝仙。

中胎九真，是为九君，回灵九气，化入降宫，五藏大结，大肠小肠，皆当化散，四结分昌，中关调利，流注太仓，千夹万祸，一时灭亡，记上生录，永无夹殃。

下胎九君，胞胎内真，生化九气，是为九魂，九魂精结，胞中节坚，使甲不寿，中年陨颠。今日本命，如往初生，乞得解散，十二死根，名上玉籍，五符入身，下镇九气，永得缠绵，上开九宫，下开九关。①

该经明确讲到了解除之法，先要在本命日、八节日之夜半，正坐向本命之方，叩齿二十四通，存思二十四神，然后向神启奏事由，启请神灵从上胎开始，解甲上之结，次及中胎，化解五脏大肠小肠各结，最后解除下胎结节，从而“千夹万祸，一时灭亡，记上生录，永无夹殃”，甚至“长上生籍，永为帝仙”。②

至于解除结节之法，还有细微的差别。《五老雌一解胞胎死结上仙法》虽是运用了存想法，只不过最后存想成大火烧化结节：

存帝以一八结付紫素元君，又以一八结付黄素元君，又以一八结付白素元君。其三素元君，并以此结各付三八景真人，三八

① 《上清太帝君太丹隐书解胞十二结节图诀》，《道藏》第34册，第97页。

② 《灵宝领教济度金书》卷237，《道藏》第8册，第176—178页。

景真人各解一结。存见二十四结都散而解。毕，即又存此结散，三赤丝郁然化为一大火，以烧兆一身，一身之内外皆然，如生炭之状，炯炯照彻，良久都讫。

所以为火者，人之一身有胞胎大结二十四，又有血滞诞中细结，乃有百二十结，布在肌血之间，九关之内。故为此火，以烧散荡灭之，以炎火开解之耳。①

而《上清九丹上化胎精中记经》和《上清胎精记解结行事诀》中的解胞胎结节法则有所不同，为一般的忏谢法：

胞上部有四结，一结在泥丸中，二结在口中，三结在颊中，四结在目中。欲解上部四结，当以本命之日平旦，入室烧香，向西北九拜，朝九天元父，叩齿九通，三呼元父讳遵回；向东南三拜，三呼九天玄母讳沌还。②

胞上部有四结，一结在泥丸中，二结在口中，三结在颊中，四结在目中，欲解上部四结，当以本命之日平旦，入室烧香，向西北九拜，朝九天元父，叩齿九通，三呼元父讳导回。③

总而言之，道教普遍认为人初生之际炁血滞留，遂使胞胎结节缠绕，使人或病或亡，危害极大。所以要在本命日或八节日等时，要么存思神灵，要么忏谢仙真，解除人体之结节，从而百病消除，长生久视，羽化成仙。

---

① 《五老雌一解胞胎死结上仙法》，《道藏》第 33 册，第 92 页。

② 《上清九丹上化胎精中记经》，《道藏》第 34 册，第 82 页。

③ 《上清胎精记解结行事诀》，《道藏》第 6 册，第 557 页。

第七节 道教对不育现象的解释及其对策

如前所述，生育在中国有着至高无上、无与伦比的意义。“天地之大德曰生”“生生不息”等思想，无不彰显着中国文化思想的底蕴是一种生殖文化。数千年的农业文明中，生育不仅是世系嗣续的需要，而且是家国昌盛的标志。因而，生育对于农业文明的中国人，是在一种信仰图腾，乃至精神寄托意义上的祖宗大事。那么，对于相关的家庭和当事妇女而言，不育或无男嗣所构成的压力和痛苦不言而喻。宗教虽然是现实世界的虚幻反映，沉湎于超自然的神灵世界，但是，土生土长的道教注重今世幸福，贵生重命。其典籍中针对夫妻不和，无子孙或无男嗣，或子孙不旺，或人丁稀少的现象，多有论述及禳解之术，其目的就是促进夫妻和谐，子孙兴旺，添丁进口。

例如，由林灵真编撰的《灵宝领教济度金书》卷291，在“祈禳符简告文”中就有专门的禳解告文：

保夫妻告文

灵宝三景玉符，告下为斋主某，保护夫妻，唱随协吉。起居康适，出入利安。玄虚翊扶，福敦寿水。长迎吉庆，千夹不干，一如告命。

保子孙告文

灵宝三景玉符，告下为斋主某，保护子孙，荣进光显。诗书有耀，英俊满前，衍庆流祥，云仍昌显，连荣七叶，门户光华，一如告命。

进人口告文

灵宝三景玉符，告下为斋主某，增进人口，光辉门户。子孙男女，宜室宜家，万神翊从，起居亨利。千指不霄，富贵荣华，一如告命。[①]

道教对于不育现象有自己的一套解释体系及其相对应的禳解思想。基本可以归纳为四种：墓宅不吉导致的不育；属性不和或交合不当导致的不育；疾病导致的不育；承负罪孽导致的不育思想。道教科仪中有相应的禳解对策，下面分别予以论述。

一　墓宅不吉导致的不育及其禳解

中国道教典籍中有大量的关于墓宅堪舆之术的资料。其中很多都谈到了墓宅风水的重要性及其与子孙生育的关联性。例如：《无上玄元三天玉堂大法》卷十“禳诞育嗣续法”中明确讲道：“师曰：凡后嗣续难得，或久年不孕，或孕而不育，育而不长，长而不慧，皆由先世风水暗犯关煞，断绝生炁。”[②]《黄帝宅经》卷上就谈到了墓宅堪舆的重要性：

夫宅者，乃是阴阳之枢纽，人伦之枢纽，非夫博物明贤，无能悟斯道也。就此五种，其最要者，唯有宅法而真秘术。凡人所居，无不在宅，虽只大小不等，阴阳有殊，纵然客居一室之中，亦有善恶，大者大说，小者小论，犯者有灾，镇而祸止，犹乐病之效也。

故宅者，人之本。人以宅为家，居若安，即家代昌吉；若不安，即门族衰微，坟墓川冈，并同兹说，上之军国，次及州郡县邑，下之村坊署栅，乃至山居，但人所处，皆其例焉。目见耳

① 《灵宝领教济度金书》卷291，《道藏》第8册，第563页。

② 《无上玄元三天玉堂大法》，《道藏》第30册，第419页。

闻，古制非一。①

既然墓宅为“人之本”，居若安则“家代昌吉”，若不安则“门族衰微”。那么判断宅地或墓地吉凶的标准是什么呢?《黄帝宅经》卷上讲到：

> 《易诀》云：阴得阳如暑得凉，五姓咸和百事俱昌。所以德位高壮蔼密即吉，重阴重阳则凶。阳宅更招东方、北方，阴宅更招西方，南方为重也，……三度重入阴阳，谓之无魂。四入，谓之无魄。魂魄既无，即家破逃散子孙绝后也。《经》云：连犯不止，灭门绝桐，此之谓也。若一阴阳，往来即合天道，自然吉昌之象也。设要重往，即须逐道住四十五日、七十五日、往之无咎，仍宜生气、福德之方始吉。更犯五鬼、绝命、刑祸者，尤不利。诀云：行不得度，不如复故。斯之谓也。②

透过这段资料我们可以看出，宅基吉祥的关键在于阴阳相配得宜。那么如果重阴重阳或者说阴阳不配，则如同人之无魂无魄一样，其结果则“家破逃散子孙绝后也”，该经还转述道：“连犯不止，灭门绝桐。”“桐”是古人对男嗣的代称。那么我们通过诸如此类的大量典籍分析得出结论，古人认为人们不育的一个重要原因即是宅地不符合风水。《黄帝宅经》卷上对于宅地与子孙生育与否的关联性进行了深入论证：

> 又云：刑祸之方缺，复荒福德之方连接，长古也。又云：刑祸方，堵舍位宜狭薄，诚之高壮也。福德方及堵舍人家宜连接壮实也。又云：刑祸之方缩复缩，犹恐夹殃枉相逐。福德之方拓复

---

① 《黄帝宅经》卷上，《道藏》第4册，第979页。

② 同上。

拓，子子孙孙受荣乐。刑祸之方戒侵拓也，不得太缩，缩即气不足，不足则损财禄。一祖德之方宜戒侵拓也，亦不得太过，太过即戒福会至微，不消厚福所临也。凡事足太过，所侵拓之数过于本宅，名曰太过。又云：宅有五虚，令人贫耗；五实，令人富贵。宅大人少一虚，宅门大内小二虚，墙院不完三虚，井富不处四虚，宅地多、屋少、庭院广五虚。宅小人多一实，宅大门小二实，墙院完全三实，宅小六畜多四实，宅水沟东南流五实。又云：宅乃渐昌，勿弃宫堂，不衰莫移，故为受殃。舍居就广，未必有欢，计只半造，必得寿考。宅不宜广。又云：其田虽良，薅锄乃芳，其宅虽善，修移乃昌。宅统之宅墓，以象荣华之源，得利者所作遂心，失利者妄生反心。①

宅基的吉凶，表现为“五实”“五虚”，“宅有五虚，令人贫耗；五实，令人富贵。”在刑祸之方则子孙遭殃，在福德之方则子孙荣乐，最后，该经对墓宅与生育子孙兴旺与否的关联性总结为正比例关系：

墓凶宅吉，子孙官禄。

墓吉宅凶，子孙衣食不足。

墓宅俱吉，子孙荣华。

墓宅俱凶，子孙移乡绝种，先灵谴责，地祸常并，七世亡魂，悲忧受苦，子孙不立，零落他乡，流转如蓬，客死河岸。

青乌子云：其宅得墓，二神渐护，子孙禄位乃固。得地得墓，龙酿虎步，物业滋川，财集仓库，子孙忠孝，天神佑助。子夏云：墓有四奇，商角二姓，丙壬乙辛，宫羽徵三姓，甲庚丁癸。

得地得官，刺史王公，朱衣紫绶，世贵名雄。

---

① 《黄帝宅经》卷上，《道藏》第4册，第980页。

得地失官，有始无终，先人受苦，子孙当凶。

失地得官，子孙不穷，虽无基业，衣食过充。

失地失官，绝嗣无踪，行求衣食，客死万蓬。

子夏云：人因宅而立，宅因人得存，人宅相扶，感通天地。故不可独信命也。[①]

如果墓宅俱吉，则“子孙荣华”；如果失地失宫，则“绝嗣无踪”，不能生育。对于墓宅，不仅修造之初要讲究堪舆风水才能生育顺利，子孙兴旺。而且，平时动土都要严格依堪舆之术进行，否则不是子孙不育，就是生育子孙了也会伤亡。《黄帝宅经》卷上有“凡修宅次第法”讲道：

又云：凡欲修造动治，须避四王神。亦名帝车、帝辂、帝舍。假如春三月，东方为青帝木王，寅为车，卯为辂，辰为舍，即是。正月、二月、三月不得东。户经曰：犯帝车杀父，犯帝辂杀母，犯帝舍杀子孙。[②]

《黄帝宅经》卷下也详细分析了宅地犯命之后的报应，其中很多地方涉及到了“伤胎”或伤亡：

壬为大祸，母命，犯之，害命、坐人，有飞灾、口舌。

子为死丧，龙右手，长子妇命座，犯之，害命、坐人、失魂、伤目、水灾、口舌。

癸为罚狱勾陈，次子妇命座，犯之，害命、坐人、口舌、关讼等灾。

丑为县狱，少子妇命座，犯之，鬼魅、盗贼、火光、怪异等灾。

---

① 《黄帝宅经》卷上，《道藏》第4册，第980页。

② 同上，第981页。

寅为天刑，龙背，玄武，庶养于妇、长女命座，犯之，伤胎、系狱、被盗、亡败等灾。

甲为宅形，次女、孙男等命座，犯之，害命、坐人、家长病头项、诸伤折等灾。

卯龙右脸，刑狱、少女孙命座，犯之，害命、坐人、火光、气满、刑伤、失魂。①

既然墓宅不吉会导致“伤胎”或“灭门绝桐”，即会导致不育，或者即使生育了子孙也会殒命。那么道教是如何借助神秘的超自然力量进行禳解的呢？道教中对墓宅不吉进行禳解安镇的思想很多。例如，有专门安宅而保子孙兴旺的“锁凶朱陵符”：

锁凶朱陵符：

合形

炎神炎神，火铃火铃。上通紫府，下彻幽冥。斩妖煞鬼，无不当行。火铃帝君，火铃帝君，急急如律令。

① 《黄帝宅经》卷下，《道藏》第4册，第982页。

以柴头一段，黄纸朱书。用三光系书符，将符安房门上。[1]

《灵宝领教济度金书》卷291有安宅的告文符咒：

安宅安镇九宫符告文

某宫某符某大神，安镇某宫，祛除袄氛。唵吽吽。众神稽首，邪魔皈正，敢有恶逆，化为微尘。太岁尊神，准此奉行。某年月日告下。

右安镇用之，每宫一道。乾宫，昊成大神；坎宫，暗冲大神；艮宫，遇意大神；震宫，明一大神；巽宫，直举大神；离宫，大威大神；坤宫，明上大神；兑宫，仁王大神；中宫，普明大神。书告文毕，后一行书具位承诺奉行，如常式。

安镇五宫符式

上帝玉符，安镇本家。宫卦干支，方隅禁忌，一百二十神煞，身黄命黑，游魂撞命，一切神君，仰遵依太上符命，镇守禁方，和安身家，和合长幼，断除障恼，成就吉祥。其或兴造填凿，触犯天上明星，地下暗煞，官符独火，空亡金神，九良三灾，凶神恶煞，并仰收敛威烝，镇守宅庭。太岁尊神，部领众煞，潜伏袄害，呵禁不祥。如有土公土鬼，土箭土袄，妄兴邪怪，眩惑阴阳，一依女青天律诏书，治罪毋赦。[2]

《上清灵宝大法》卷二十一中有专门镇墓以保子孙的符箓：

---

① 《无上玄元三天玉堂大法宗旨》卷24，《道藏》第4册，第417页。
② 《灵宝领教济度金书》卷291，《道藏》第8册，第568页。

梵度運上

右符镇墓坎方，梓木書，令子孫田蠶熟，免刑傷。①

而《无上玄元三天玉堂大法》卷十“禳诞育嗣续法”中的禳解之道是“当醮祭六甲直符，请颁符命，孕育元炁，生长灵根，则子孙昌炽矣”，即举行专门的醮仪之外，并以一道孕育佩符予以禳解：

孕育佩符

此符主妇人绝产不孕。宜建六甲道场，望本命方书符，佩之，百二十日有验。

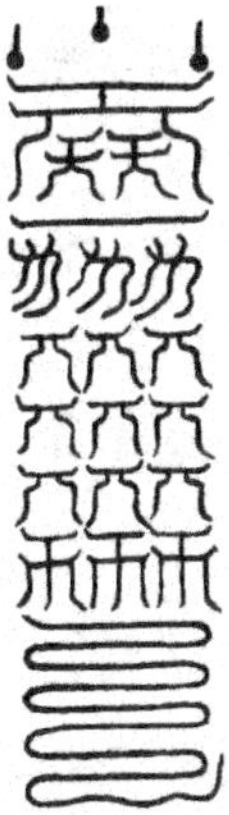

②

① 《上清灵宝大法》卷 21，《道藏》第 30 册，第 671 页。

② 《无上玄元三天玉堂大法》，《道藏》第 4 册，第 419 页。

二 属性不合或交合不当导致的不育及其禳解

古代男女婚前都要请人算命看生辰八字，以和属性。道教中也有对于男女属性不和进行禳解的符咒或告文。例如：由林灵真编著的《灵宝领教济度金书》中即有“解夫妻厄告文”“解男女厄告文”：

解夫妻厄告文

玄灵解厄符命，告下解夫妻厄灵官五人，官将一百二十人。开九宫八卦系属之门，为弟子某解除夫妻之厄。疾速关告某本命元辰，本命真圣，本命神将，本宿星官，即与和合阴阳，调平经纬。其有身命运限，刑克加临，寡宿孤辰，犯夫妻厄者，速令冲战解释，唱随利宜。即俾弟子某，罪业消除，灾衰洗荡，福寿资命，善果臻身，一如告命。

解男女厄告文

玄灵解厄符命，告下解男女厄灵官五人，官将一百二十人，开九宫八卦系属之门，为弟子某解除男女之厄。疾速关告某本命元辰，本命真圣，本命神将，本宿星官。即与和合阴阳，调平经纬。其有身命运限，克害刑杀，守卫犯男女厄者，速令争门解释，子女繁滋。即俾弟子某，罪业消除，灾衰洗荡，福寿资命，善果臻身，一如告命。[①]

解夫妻厄的目的在于“和合阴阳，调平经纬”，“罪业消除，灾衰洗荡”，而解男女厄的目的则是“速令争门解释，子女繁滋。”总之，解夫妻厄与男女厄，其主要目的都是为了让他们和合阴阳，交媾生

① 《灵宝领教济度金书》卷291，《道藏》第8册，第565页。

育，“子女繁滋”。

该经卷 274 中收录的禳解夫妻男女的符箓为：

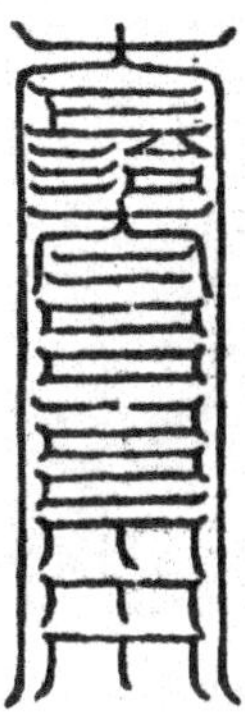
解夫妻厄符

解男女厄符[①]

在同书卷 272 中则有禳解夫妻刑害相克，谐和夫妻的符：

二十八宿符：

申金目　治夫妻相刑害

利夫妻符

而《法海遗珠》中禳解夫妻男女的符箓为：

夫妻厄　　男女厄：

① 《灵宝领教济度金书》卷 291，《道藏》第 8 册，第 404 页。

蔡斗成 蔡斗用 蔡斗從
蔡斗立 蔡斗平

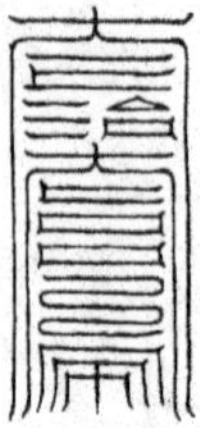

林挺 林扛 林拱
林托 林扎①

另外，古人的房中思想中很早就认识到了交合不当导致的不育。马王堆汉墓帛书《养生方》云：

禹问曰："我欲合气，男女蕃兹，为之若何?"

少河答曰："凡合气之道，必□□□□□□□□□□□□□"②

这说明，可以通过交合之道来治疗禹的不育之症并实现其"男女蕃兹"的愿望。《太平经》中也有交合不当导致不育的思想。《兴帝王篇》讲到：

(真人）又问曰："今何故其生子少也?"

天师曰："善哉子之言也，但施不得其意耳。如令施其人欲生也，开其玉户，施种于中。比若春种于地也，十十相应和而生。其施不以其时，比若十月种物于地也，十十尽死，固无生者。真人欲重知其审，今无子之女，虽日百施其中，犹无所生也；不得其所生之处，比若此矣。是故古者圣贤不妄施于不生之地也，名为亡种，竭气而无所生成。③

① 《法海遗珠》卷12，《道藏》第26册，第723页。

② 马王堆汉墓帛书整理小组：《马王堆汉墓帛书（肆)》，第118页。

③ 《太平经合校》，中华书局1960年版，第733页。

《太平经》在此把不育的原因归结为“但施不得其意耳”，即交合时机和方法不当。如果是十月严冬播种，或者播种于“不生之地”，则会“竭气而无所生成”。

《丹亭真人玄谈集》亦批判了一些因无嗣而错误的交合方式：

> 今人或因无嗣，广置侍妾，以致真阳之炁，因过于交合，胎愈不成。或服热药过多，烧竭真气，枯渣之质，胎亦不长，悲哉！求嗣首于寡欲，寡欲则相火伏，而君火用事。精壮气盛，更选经调脉和之女，一交必成胎也。螽斯之法，此其宜焉。[①]

三　疾病导致的不育及其对策

中国古代的中医著作多在妇科中涉及到了疾病所导致的不孕不育及其治疗思想。例如：《广嗣纪要·择偶篇》指出有五种性器官发育异常的女性不宜性交及不能生育，言及五种不宜为：“一曰螺，阴户外纹如螺蛳样，旋入内；二曰文，阴户小如箸头只可通溺，难交合，名曰石女；三曰鼓，花头绷急似无孔；四曰角，花头尖削似角；五曰脉，或经脉未及十四而先来，或十五、十六而始至，或不调，或全无。此五种无花之器，不通难合太阳，焉能结仙胎也哉！”此五种不宜颇似现代医学所称阴道闭锁、先天性无阴道、阴唇粘连、处女膜肥厚、真假两性畸形、先天性闭经等病。如果有这些异常或疾病，则“焉能结仙胎也哉！”这些充分说明古人对于妇科不育的认识达到了很高的水平。

道教中探讨不育思想的典籍颇多。《三元延寿参赞书》在“欲有所忌”篇中讲到：“书云：月事未绝而交接，生白驳。又冷气入内身，

① 傅山：《丹亭真人玄谈集》，《道藏精华》第十三集之五，第53—54页。

面萎黄，不产。”[①] 又在“嗣续有方”篇中讲道：

建平孝王，妃姬等皆丽，无子。择良家未笄女入内，又无子。问褚澄曰：求男有道乎？澄曰：合男女，必当其年。男虽十六而精通，必三十而娶；女虽十四而天癸至，必二十而嫁，皆欲阴阳完实，然后交合，合而孕，孕而育，育而子壮，强寿。今也不然，此王之所以无子也。王曰：善。未再期，生六男。

书云：丈夫劳伤过度，肾经不暖，精清如水，精冷如冰，精泄聚而不射，皆令无子。

近讷曰：此精为伤败。

书云：女人劳伤气血，或月候衍期，或赤白带下，致阴阳之气不和，又将理失宜，食饮不节，乘风取冷，风冷之气乘其经血，结于子脏，皆令无子。

书云：月候一日至三日，子门开，交则有子。过四日则闭而无子。又经后一日、三日、五日，受胎者皆男，二日、四日、六日受胎者皆女，过六日胎不成。

凌霄花，凡居忌种此，妇人闻其气不孕。[②]

除了最后讲到妇女因闻凌霄花而不孕是一种迷信思想外，别的方面都有一定的科学性。例如讲到女方月经未绝交接不育，女方怀孕年龄太小而生理未完实而不育，没在合适的日子交媾而不育。最为难能可贵的是，《三元延寿参赞书》并没有一味从女方探讨不育原因，而是从男女双方进行思考，指出男方“劳伤过度，肾经不暖，精清如水，精冷如冰，精泄聚而不射，皆令无子。”女方“劳伤气血，或月候衍期，或赤白带下，致阴阳之气不和，又将理失宜，食饮不节，乘

① 《三元延寿参赞书》，《道藏》第18册，第531页。
② 同上，第532页。

风取冷，风冷之气乘其经血，结于子脏，皆令无子。”这种对于不育的原因分析及其探讨问题的角度都比较符合现代医学。

《孙真人备急千金要方》更是以一代著名道医的角度开列治疗不孕的药方九道（涉及药方略）：

> 论曰：凡人无子，当为夫妻俱有五劳七伤，虚羸百病所致，故有绝嗣之殃，夫治之法，男服七子散，女服紫石门冬丸，及坐药荡胞汤，无不有子也。
>
> 七子散治丈夫风虚目暗，精气衰少无子，补不足方。
>
> 朴消荡胞汤治妇人立身已来全不产，及断绪久不产三十年者方。
>
> 紫石门冬圆，治全不产及断绪方。
>
> 白薇圆主令妇人有子方。
>
> 庆云散，主丈夫阳气不足，不能施化，施化无成方。
>
> 承泽圆，主妇人下焦三十六疾，不孕绝产方。
>
> 大黄圆，治带下百病无子，服药十日下血，二十日下长虫及清黄汁，三十日病除，五十日肥白方。
>
> 吉祥圆治女人积年不孕方。
>
> 秦椒圆治妇人绝产，生来未产，荡涤腑藏，使玉门受子精。①

孙思邈也采用了独特的针灸方法治疗不育：

> 妇人绝子，灸然谷五十壮，在内踝前直下一寸，妇人绝嗣不生，胞门闭塞，灸关元三十壮报之。
>
> 妇人妊子不成若堕落，腹痛，漏见赤，灸胞门五十壮，在关

---

① 孙思邈：《孙真人备急千金要方》卷2，《道藏》第26册，第26—42页。

元左边二寸是也。右边二寸名子户。

妇人绝嗣不生，灸气门穴，在关元傍三寸各百壮。

妇人子藏闭塞，不受精疼，灸胞门五十壮。

妇人绝嗣不生，漏赤白，灸泉门十壮，三报穴在横骨当阴上际。①

《紫闺秘书》对于不孕的原因进行了综合分析：

世有男女不生育者，是其阴阳之常理，赋于之本然哉。惟其交媾失时，发泄无度，精未通而御女，淫始动而近男，或虑合而易失，用他术以强制其精，或恐交而弗强服烈剂，以助长其物，未获中其育縏，岂能遂其生成。故交而弗孕，孕而弗育，嗣续欲繁不可得矣。②

古代医术中有很多对于这种不育的治疗思想。《胎产书》治疗不育的途径有从女方入手的，“凡治字者，以清【水】澣包（胞）□”③；也有从男女双方入手的，“求子之道曰：求九宗之草，而夫妻共以为酒，饮之。”④《黄帝内经》在《素问·骨空论篇》中谈到：“此生病，从少腹上冲心而痛，不得前后，为冲疝；其女子不孕，癃痔遗溺嗌干。”⑤《神农本草经》中把治疗“无子”的药物归为玉石类、草木类、虫兽类和果菜类。

这些思想也充分说明古人很早就认识到了夫妇双方如果患有性功能方面的疾病或者生殖方面的疾病，则往往会导致不孕不育的后果。

① 孙思邈：《孙真人备急千金要方》卷2，《道藏》第26册，第42页。
② 杏溪浣香主人：《紫闺秘书》手抄本，第25页。
③ 马王堆汉墓帛书整理小组：《马王堆汉墓帛书》（肆），第137页。
④ 同上，第139页。
⑤ 郭霭春：《黄帝内经素问校注语释》，天津科学技术出版社，1999年，第323页。

因为生育毕竟是要男女双方通过阴阳和合的生殖行为来实现完成的。如1972年甘肃武威县旱滩坡汉墓出土医药简牍九十二枚，其中载有七种性功能障碍及性器疾患、并开列治疗药方，其云：

> 白水候所奏治男子有七疾方。何谓七疾？一曰阴寒；二曰阴痿；三曰苦衰；四曰精失；五曰精少；六曰橐下养湿；□不卒名曰七疾。……有病如此，终古毋子。治之方：活楼根十分、天雄五分、牛膝四分、续断四分、□□五分、菖蒲二分，凡六物皆并治。合和以方寸匕一，为后饭愈，久病者卅日平复、百日毋疾。①

引文详细分析了男子“七疾”的症状，并强调若患此类性功能障碍疾病将“终古毋子”，导致不育，并随后开出治疗药方。

为了解决“不孝有三，无后为大”的宗族延续压力，彻底治疗男女双方的性功能类疾病，古人企图通过房中术来进行治疗。例如，马王堆汉墓帛书《养生方》就记载了一些性功能方面的疾病，如男性病——阳痿、精少、阴囊肿胀等；女性病——阴冷、性冷淡等症。② 而《医心方》卷28《房内部·九法》引述《玄女经》中所载性交媾的九种方法并说明疗效，有关资料见于第二章“道教房中思想中蕴含的生育思想”一节中的第四部分之中。该文中已隐约涉及到了诸如器官性病变、性功能障碍等泌尿生殖性疾病的房中治疗。《玉房秘诀》提出“阴阳有七损八益”③，并对“七损八益”的含义及其在诊治疾病的作用加以解释，该段解释史料见于第二章第三节“道教房中思想中蕴含

① 甘肃省博物馆、武威县文化馆编：《武威汉代医简》，文物出版社，1975年，第15页。

② 周一谋：《马王堆医学文化》，湖南科学技术出版社，1979年，第266页。

③ ［日］丹波康赖：《医心方》，第642页。

的生育思想”一文中。据该文可知，所谓“八益”就是指：固精、安气、利藏、强骨、调脉、畜血、益液、道（导）体。“八益”的治疗对象涉及男女双方，主要以妇科疾病为主，范围很广：“漏血”——崩漏；“女门寒”——胞宫阴冷；“女闭血”——闭经；“女门辟”——子宫肌瘤；“月经不利”——月经不调；“女阴臭”——阴道患炎症伴有异味。《玉房秘诀》的这些治疗原则非常符合传统中医学理论。另外，该书还阐述运用性交姿势来治疗“七损”等疾病，该段史料亦见于第二章第二节“道教房中思想中蕴含的生育思想”中《玉房秘诀》这段引文首先交代了导致“七损”的症结所在并提出性交手段，经文认为，采用正确的性交姿势和技巧能够治愈诸如“七损”等男性生理疾病，从而解除不育之患。《孙真人备急千金要方》在总结房中宗旨时也强调通过房中来治疗男女性功能类疾病：“然此方之作也，非欲务于淫佚，苟求快意，务存节欲以广养生也。非苟欲强体力，幸女色以纵情，意在补益以遣疾也。此房中之微旨也。”①

而道教则主要立足于神学思想，为妇女的不育进行禳解。由林灵真编撰的《灵宝领教济度金书》卷286中则用诸多符咒对妇女不育进行了疗治，这些符咒见于第三章“孕期养胎、保胎、安胎法术推论性理”一节，在此从略。

该书卷273还有通过治疗妇女疾病从而改变不育状况的符咒，来自于《灵宝领教济度金书》卷273的这段专门标明为治疗“产科”不孕疾病的符咒禳解之术，从治疗“久无子息腹中胀满怀妊不安”，到一切“冷病”一切“异患”，从“月水不调”或“经候不调”到“脾血”“气血”“血崩”，这不但说明了高道在充分吸收当时先进医学水平基础之上能够做到辨症施药、对症下符的专业治疗禳解精神，而且

① 孙思邈：《孙真人备急千金要方》，《道藏》第26册，第545页。

说明了道教对于自度度人的崇高情怀。正如道教医学研究专家盖建民教授所说："道医为病人制作道符时首先要辨别病人的症状，根据不同病情，制作不同的专科病符。"①

四　承负罪孽导致的不育及其禳解

道教典籍中把不育归结为其人自己作恶或者承负先辈罪恶的思想可谓源远流长，颇为丰富。早在《太平经》中就把不育或生子少归结为承负罪孽所致。如卷三十七《五事解承负法》曰："今交阴阳，相得尽乐。有子孙祭神求吉，而自若不能生子，岂有解哉？……此尽承负之大效也。"② 一个人不育，全是因为承负罪恶所导致的报应。《大圣上章诀》第一百八十云：

> 天上诸神闻知，言："此人自责自悔，不避昼夜，积有岁数，其人可原。"白之天君，天君言："人能自责悔过者，令有生，录籍之神移在寿曹，百二十，使有续世者，相（反映命运的骨相）贫者令有子孙。"（此下《钞》作：天以灭绝者为恶不止，转易更伤害物，故令绝之。）得富贵，少命，子孙单，所以然者，富贵之人有子孙，家强自畜，不畏天地，轻以伤人以灭世，以财自壅，杀伤无数。故天不与其子孙。为恶不息，安得与善而寿乎，此为知不乎？大神遣小神下令，各受其命，长短之事从出，无所疑也。③

《太平经》充分发挥了这种天谴报应的宗教神学思想，认为一个人如果犯了错能够自责悔过，天神不仅让其长命百岁，而且"相贫者

① 盖建民：《道教医学》，宗教文化出版社，2001年，第301页。
② 《太平经合校》，第60页。
③ 同上，第544页。

令有子孙”。反之，有些富人“以财自壅”，即敛财而不回馈于社会，又“杀伤无数”“为恶不息”，则天神不但夺其寿命，而且令其子孙孤单或绝灭。所以《钞》指出：“天以灭绝者为恶不止，转易更伤害物，故令绝之”。同样的思想见于《太平经》《写书不用徒自苦诫》第一百八十七：

> 天命此人，不可久活。恶恶相及，烦苦神灵，精气鬼物，各各不得懈息。是非人过所为邪？先时为恶，殃咎下及。故令生子，必不良之日；或当怀妊之时，雷电霹雳，弦望朔晦，血忌反支，以合阴阳。生子不遂，必有祸殃。地气所召，反怨仓狼。为恶报恶，何复所望？①

该节讲到，为恶之人不但“不可久活”，而且“先时为恶，殃咎下及”，天神要么让其生子于“不良之日”，要么怀妊于“雷电霹雳，弦望朔晦，血忌反支”等不吉之日，要么“生子不遂”，这是一种典型的承负思想。

甚至，《太平经》把胞胎未及出世夭亡也归结为是承负所导致的报应。《钞》乙部《解承负诀》曰：“胞胎及未成人而死者，谓之无辜承负先人之过。”② 卷一百一十二《衣履欲好诀》曰：“先古之人，万无一人相得，其贪财色，不顾有患，灾及胞中，不见日月星，何惜痛哉!”③

《太平经》之后，道教中这种道德善恶更相承负，并与子孙的生育及其数量相关的思想贯穿始终。《赤松子章历》曰：“五百四十过为一凶，凶者令人损胎伤子。”④ 《太上洞玄灵宝业报因缘经》讲到：

---

① 《太平经合校》，第571页。
② 同上，第23页。
③ 同上，第564页。
④ 《赤松子章历》卷2，《道藏》第11册，第191页。

“受生孤寡无男女，堕胎害子得此报。”[①]《云笈七签》卷19曰：

> 经曰：天都京兆，合在勾陈之左端，号曰安德君，主与天太一北君共缸计说诸神，主人魂魄，会于南极。有录者延寿，众神共举之；无录者终矣，司命绝去之人，魂魄会于北极。有功德于人、天地、万物者，子孙富贵，寿考鲜明，身得封侯，复出为人。无德者有三：一曰残贼酷虐、害逆天地四时；二曰咒诅嫉妒淫泆，慢易天地神灵；三曰不忠、盗窃阴贼、推埋杀人。犯此三者，子孙绝灭。人生自有三命，至娶妇嫁女，复定其一命；移徙葬埋，复定其一命。得吉身者寿考，子孙富贵；得凶者死，子孙贫困。[②]

《云笈七签》明确指出：“有功德于人、天地、万物者，子孙富贵，寿考鲜明，身得封侯”，而三类无德之人则“子孙绝灭”。同样，《云笈七签》大戒上品云：

> 戒曰：劝助国王父母，子民忠孝，令人世世多嗣，男女贤儒，不受诸苦。[③]

《太上感应篇》中亦指出了种种伤害生命、恶待万物的因果报应。如“射飞逐走，发蛰惊栖，填穴覆巢，伤胎破卵”，“用药杀树”，“春月燎猎”，“无故杀鱼打蛇。如是等罪，司命随其轻重，夺其纪算，算尽则死。死有余责，乃殃及子孙”。又云：

> 传曰：按太上保嗣章，但凡嗣续衰绝，皆是往世覆巢毁卵，焚山竭泽，堕胎落子，犯一千六百二十条章之人。然则巢可覆

---

① 《太上洞玄灵宝业报因缘经》，《道藏》第6册，第129页。

② 《云笈七签》第1卷，中华书局2003年12月版，第451页。

③ 同上，第837页。

乎？大抵众生若大若小，莫不各有其所依止，其中敷乳产生，各自藏护，今覆其巢，即是夺其依止之所生，莫遂不绝嗣乎？①

道教中更有大量对于这种承负报应的禳解思想。《洞真太上八道命籍经》在“无子多女八”中讲到：

妻妾积多，不经有子，或有男则死，有女则生。罪由不顺，逆忤尊上，断人血嗣，通同女淫。解用金银珠玉，投之流水，祠无后亲贤，继绝世道德。②

《无上玄元三天玉堂大法宗旨》卷之二十四在“催生治产厄法”亦云：

师曰：母以情欲受胞，子以爱缘托体。盖子非母不能出世，母非父不能施生，子非贪爱因缘不能有体。由是，有因有缘，生果生报。治产之法，非由出也。盖子母合炁育形，及其分形诞育，自非夙昔之恩未断，当生之冤结未知，则不能生也。故子母来以恩，则其子生易长，长而聪明，曰富，曰贵，皆不劳力，而荣归父母也。苟子母以宽仇来，大则有横生逆生之厄，甚则有不生诞之忧。次则将长成已去，否则狼狈以危亲，是皆冤衍之甚者，立之救治之法，保胎中以卫生。③

这里宣扬了“有因有缘，生果生报”的因果报应思想并予以禳解。《太上助国救民总真秘要》卷一曰：

祈请嗣息：

一祈求制息，若人婚娶多年，不生男女，或乳产不育，或多

① 《太上感应篇》卷12，《道藏》第27册，第61页。

② 《洞真太上八道命籍经》，《道藏》第33册，第502页。

③ 《无上玄元三天玉堂大法宗旨》卷24，《道藏》第4册，第417页。

女无男，或幼年早夭，盖为六害相刑，或值孤辰寡宿，或先缘积恶，嗣续难成。凡似此类当具夫妇生年月日时，飞奏上天，及申监生注生案，仍申东岳，特与注一男与某人。仍付符与吞佩，须令预作功德，及修圣像之事，伺候感应。蒙恩之后，当设斋醮，以谢上真所赐之恩。[①]

《无上玄元三天玉堂大法》卷十用符咒禳解：

师曰：凡后嗣续难得，或久年不孕，或孕而不育，育而不长，长而不慧，皆由先世风水暗犯关煞，断绝生炁。当醮祭六甲直符，请颁符命，孕育元炁，生长灵根，则子孙昌炽也[②]。

符咒禳解的思想同样见于《法海遗珠》[③] 和《灵宝领教济度金书》[④] 和《太上元始天尊说北帝伏魔神明妙经》中[⑤]。

《灵宝领教济度金书》卷 272 中还有专门的禳解灾难保佑人口符箓：

利人口符[⑥]

---

① 《太上助国救民总真秘要》卷 1，《道藏》第 32 册，第 55 页。

② 《无上玄元三天玉堂大法》卷 10，《道藏》第 30 册，第 419 页。

③ 《法海遗珠》卷 12，《道藏》第 26 册，第 723 页。

④ 《灵宝领教济度金书》卷 274，《道藏》第 8 册，第 404 页。

⑤ 《太上元始天尊说北帝伏魔神明咒妙经》，《道藏》第 18 册，第 38 页。

⑥ 《灵宝领教济度金书》卷 272，《道藏》第 8 册，第 383 页。

道教中还有向神灵上奏章表告文从而对于不育进行禳解的思想。在《灵宝领教济度金书》卷302在“表榜规制品”中有“祈嗣谢过宜男表”：

祈嗣谢过宜男表

具位臣姓　某上言，今月某日，为某崇建某斋几昼夜。祈求贤桐，以续箕裘，谨具表奏闻者。

臣伏以乾坤孕粹，肇凝紫户之生根。离坎媾精，端结黄房之命蒂。九炁致唱恭之妙，三元昭敬诺之玄。期十月以周圆，藉九光而照耀。俯婵素悃，仰渎清崇。臣诚惶诚恐，稽首顿首。伏念斋主某，幸忝宿缘，明承余庆。宗祊望重，未开熊梦之祥。门户托深，莫产麟儿之瑞。惧夙衍之尚滓，或新障之难清。金井数中，火土计罗而守限。银河局内，刑害孤寡以临身。期藉天休，亶从人欲。恭惟太上元形元名虚无自然至真大道元上元尊金阙玉陛下。范围八极，纲纪九霄。化雨涵濡，御方舆而莫际。仁风披拂，穷圆盖以无垠。愿鉴愚衷，曲回圣造。即俾某妻室某，胞胎凝结，荣卫调和。五帝监生，仙灵执符而勒籍。九天称庆，圣真定算以卫房。诞福德智慧之男，膺富寿康宁之喜。母子昌泰，宗族欢荣。允昭覆育之恩，实拜生成之惠。臣下情无任激切之至，谨奉表奏以闻。谨言。

年　月　日具位臣姓　某上表[①]

《道法会元》卷一九三则以“求嗣家书”“祈桐斗表”向神灵请求禳解形煞解除不育之患，史料见于第三章第一节第四部分“祈男法术”中，对于不育的解释和禳解之术与《灵宝领教济度金书》大同小

① 《灵宝领教济度金书》卷302，《道藏》第8册，第639页。

异。

同样，《灵宝领教济度金书》卷237中也把不育男嗣的原因归结为为恶甚多所带来的因果报应，“故作善者，降祥而致福。为恶者，肆眚以兴灾。”该经具体分析了不育的原因并用科仪禳解：

> 今斋主某，明发关怀，崇朝注念。惟男嗣之未育，恐宗祀之无依。深虑劫始劫终，生前生后，六因十习，跋疐其精神。三业六情，缠萦来其步武。纵邪淫而亏忠信，弃廉耻而叛纲常，骂雨呵风，怨天詈地，唾流星而视日月，指飞电而谤虹霓。或轻用深刑，致绝人之祭祀；或妄投毒药，遂杀人之子孙；或用刀兵，而飞潜之胎孕不知。或好屠刽，而鸢鱼之卵巢易破，皆绝后嗣；或冒前愆，或命运之刑冲，或夫妻之克战，或未产而遽损，或分娩而遂亡。凡此障缘，悉由业累。自匪籥关而拜手，何由造几以敷心。是以烧香散花，修斋行道。忏前愆而不犯，徼后祉以斯临。所冀仙圣垂慈，真灵锡佑。命卫房圣母，早凝结于胞胎。遣监生大神，即产生于胤嗣。选日古时良而降诞，俾福高禄厚以期颐。子子孙孙，式宴熙朝之日月；夫夫妇妇，相欢暮景之春秋。蒙赐帡幪，允臻快乐。上愿经法流演，洞辅开明，草木蕃鲜，烟云澄敛。室家胥庆，四时无札瘥之虞；人民协昌，五谷有丰登之庆。卿云耀彩，瑞露凝甘。夜壑寒庭，均被灵光之照。冥关幽路，悉承道炁之敷。则上明天尊大慈之化，下副臣等皈命之诚。谨启以闻。①

另外，道教中还有对生育异常现象的宗教性解释，并将此原因归结为承负报应：

---

① 《灵宝领教济度金书》卷237，《道藏》第8册，第173页。

人头上生头，天下有兵。人死而复生，如此多者，民饥，有兵乱。人生而言，国有谗贼。人生而不见形者，王事急，民流亡。人生龙蛇，国有伐。童女产者，男士口女凶。人生鼠者，其地被夺。人生野兽，一年夷狄动。人生牛马，兵动。人生犬家，君失道。人生鱼头者，有大水。人生有四目，国衰。人生目在腹，五谷贵。人生闭口者，天下饥荒。人生无头及手足，君失朝政。人生无耳鼻者，君昏不明谏。人生多足，流民四出。人生手如足，国生奸臣。人生一头两身者，君忧失权柄。人生无足者，有兵丧乱世，又主国基虚。人生有翼而飞去，主大旱。人生夜叉者，起奸雄。人生牛角者，主兽争。人生飞鸟者，二年流亡。人生无二臂，国失辅佐。人生一臂，国失忠贤。人生一足，国失贤谍。人生十子，诸侯竞位。人生三子，主太平。人生三女，国淫失政。人生肉块，天下饥荒。人生无阴，国无朝典。人生赤发如朱，主旱，又主绝门。人生反胁必奸雄。人生无发，主凶年。人生眉长过足，国有寿。人生满面有毛，国有多事。人背生面，国生背臣。人生四足，天下鼎沸。人生有毛如猴，天下搅抢。人生头如驴，直臣不佐。人生有尾，民灾害。人生二口，五谷不收。人生鼻有二柱三窍，国生嘉庆。人生目有二瞳子，乃上瑞之兆。人生目中七瞳子，天下多事。人生四乳，天下吞并。人生三目，天下进昌。人生犬头，君心不正。人生羊头，淫荒失政。人生猪头，奸淫女人权正。人生猴头，外臣不忠。人生无九窍，天下不通，君不明。人生面颅背，国不祥。人生三头，国有争。人生驴唇，国生逆臣。人生鸟卵，国不进贤。①

其实这种对于生育异常情形的记载及其解释很早就有了。例如郭

① 《素问六气玄珠密语》卷16，《道藏》第21册，第582页。

立诚先生在《中国生育礼俗考》中讲到“生子不举”问题时引用汉代应劭《风俗通义》，该段资料列举到生三子、小孩一生下来即睁眼、与父同月生者、生有鬓须者皆视为异常，一并不举。

第八节 道教中的婴幼儿教育思想

古人在育儿的医书等著作中，就提到了关于婴幼儿的教育。追本溯源，其实早在《礼记·内则》就已经讲到了这种思想：“异为孺子室于宫中，择于诸母与可者，必求其宽裕慈惠温良恭敬慎而寡言者，使为子师，其次为保母，皆居子室，他人无事不往。”这里提到了贵族子弟要有自已独立的房间，并要有子师、慈母、保母照顾教育他，还提到了要选择子师的标准，即“宽裕慈惠，温良恭敬，慎而寡言者”，可见《礼记》对于婴幼儿教育的要求很高。《礼记》传达的婴幼儿教育思想不止于此，其曰：

> 子能食食，教以右手；能言男唯女俞，男鞶革，女鞶丝，六年教之数与方名，七年男女不同席，不共食，八年出入门户即席饮食，必后长者，始教之让，九年教之数日，十年就外傅，居宿于外……女子十年不出。

这里按照礼制和男女成长的不同阶段，对于男女不同年龄的教育提出了具体明确的要求。

那么，道教中究竟传达了什么样的婴幼儿教育理念呢？我们先来看《太平经》在《戒六子诀》中讲到的一段话：

> 夫道乃洞（透彻），无上无下，无表无里，守其和气，名为神。子近求则大得，远求则失矣。故古君王善为政者，以腹中始

起，真能用道，治自得矣。……故古者大圣教人深思远虑，闭其九户（七窍加大小便处），休其四肢，使其浑沌，比若环无端，如胞中之子而无职事也，乃能得其理。吾之道悉以是为大要，故还使务各守其根也。夫天将生人，悉以真道付之，物具，故在师开之导之学之，则可使无不知也；不闿其门户，虽受天真道，无一知也。比若婴儿生，投一室中，不导学以事，无可知也。①

这里首先从大道的角度谈了一段学习真道的思想。然后在讲到大道时，谈到了老师对于婴幼儿教育开导的重要性，“故在师开之导之学之，则可使无不知也”，如果老师不帮助其开导学习，则“无一知也”，这就充分说明了其重视老师对于婴幼儿教育的重要性。而且，《太平经》也隐约谈到了人是社会的人，环境和教育对于婴幼儿的至关重要性，“比若婴儿生，投一室中，不导学以事，无可知也”。如果把一个婴孩，投入一个没有老师的环境中，不教给其知识事情，终究一无所知，一无所懂。因为没有开启他学习的门户，即使先天再好，也是一无所知。这里已经比较明确谈到了环境和教育对于婴幼儿获得认识的至关重要性。

另外，一代著名道医孙思邈在《千金翼方》中讲道：

文王父母有胎教之法，此圣人之道未及中庸，是以中庸养子，十岁以下依礼小存，而不得苦精功程，必令儿心惊惧，及不得苦行杖罚，亦令儿得癫闲，此事大可伤怛，但不得大散大慢，令其志荡，亦不得称赞聪明，尤不得诽毁。小儿十一以上，得渐加严教，此养子之大经也，不依此法，令儿损伤，父母之杀子也，不得怨天尤人。②

① 《太平经合校》，第68页。

② （唐）孙思邈：《千金翼方》，人民卫生出版社，1955年，第139页。

孙思邈的教育之道可谓科学。他说十岁以下依照礼法教育，但是不得强行要求，使小孩苦不堪言；也不得严厉之极，让小孩惊惧害怕；更不得打骂杖责，这样很可能使小孩得癫痫诸症，大者可能伤胆。但是，也不能“大散大慢”，毫不管教，散漫成性，使其从小就稀里糊涂，毫无志向，也不得夸奖表扬，使其骄傲自满；也不能诽谤诋毁，使婴孩手足无措。到了十一岁以上，就得用不同的方法，渐渐严加教育，培养成才。他总结道，这就是宽严适中的“中庸养子”之法。他还告诫道，如果不依此法，要么打骂杖责，拔苗助长，要么宠爱过度，散漫成性，这两种极端化的极严极宽的养子之法，对于婴幼儿其实是一种不负责任的“损伤”，事实上是“父母之杀子也”，并“不得怨天尤人”。这充分反映了其传达的宽严适中的先进教育理念。

那么具体对于婴幼儿教育什么内容呢？我们先来看《上方灵宝元极至道开化真经》在对“匪失师范，孰弗偁之，可谓慈亲之道矣。”的诠释中讲到：

> 匪，不也。失，弃也。斯范，此法也。孰，谁也。弗，不也。偁，称也。言母之养乎嗣者，当抱胎训之以礼也。若生嗣也，贤秀昭文其成形也。饲浆举衣，无伤其身，无残其气。及成人，躬当归师也。教之以道德，无失斯礼，谁不称之为仁母矣。洞曰：元精之晶而为真血之母，真血之魂而为神明之母，神明之神而为肌肉之母，黄戊之英而为魄气之母。此之五母，而为精血神肌气也。此者为神，故曰母。胎仙为气，故曰子。胎仙者，元炁之子也。常使母抱其子，而用礼也。夫礼者，勿令神非礼言听动观也。故令神以礼者，乃不失其元炁也。[1]

---

[1] 《上方灵宝元极至道开化真经》，《道藏》第30册，第718页。

《上方灵宝元极至道开化真经》则强调了对于婴幼儿进行礼乐教育的重要性，“言母之养乎嗣者，当抱胎训之以礼也。若生嗣也，贤秀昭文其成形也”，而礼则“勿令神非礼言听动观也”，只有这样，才能“不失其元炁也”。所以，“教之以道德，无失斯礼，谁不称之为仁母矣。”这里充分论述了对于婴幼儿坚持礼乐教育的重要性，至于这样，才能称得上是“仁母”。

综上所述，我们可以简单的对道教关于婴幼儿的教育思想做一个总结：

其一，从婴幼儿教育的主体来看，道教强调老师和母亲在早期教育中的主体作用；

其二，从婴幼儿教育的方法来看，道教强调宽严适中“中庸养子”的教育方法；

其三，从婴幼儿教育的内容来看，道教秉承传统观念，强调礼乐文明教育的重要性。

第四章　道教中的人口生态平衡思想

道教中的生育思想除了其优生优育的思想之外，还有基于道法自然和阴阳平衡精神而倡导的人口生态平衡思想。人口作为一个动态的社会系统，也有一个生态平衡问题。所谓的人口生态平衡思想，指的是“人口的性别构成、年龄构成、地区分布构成以及健康构成相对平衡，符合人口自身持续发展的内在要求。从根本上讲，首先要两性人口均衡发展，才有可能实现人口的生态平衡。”① 如果人口性别比例失衡或者生态失衡，将不仅是一个单纯的人口问题，而是一个综合性的社会问题。因而，探讨道教典籍中的人口生态平衡便显得非常具有现代价值和深刻意义。而道教的人口生态平衡思想是建立在适时婚嫁、兴国广嗣的思想和节欲宝精、节制生育的的思想二者的统一的基础之上的。

---

① 朱步楼：《树立人口生态观，促进出生人口性别比平衡》，《红旗文稿》，2006 年第 24 期，第 63 页。

第一节　适时婚娶、兴国广嗣

一　道家道教的广嗣思想

傅道彬在《中国生殖崇拜文化论》中，认为中国哲学不同于西方的一个极其重要的方面在于中国哲学不是建立在自然本体论的基础之上，而是建立在生命本体论的基础之上。他认为儒、道两家哲学里面都有生殖崇拜的生命哲学的思想底蕴。[①] 自然而然，土生土长，秉承中国文化精神的道家道教中也有诸多广嗣生育的哲学思想。

老子的《道德经》暗含着生殖崇拜重视生命孕育的思想。其第六章讲到："谷神不死，是谓玄牝。玄牝之门，是谓天地根。绵绵若存，用之不勤。""牝"指的是一切动物的母性生殖器官，"玄牝"象征着深远幽深的生育万物的生殖器官。老子在这里把母性的生殖器官比喻为天地之根，足见其对万物的生殖及人类生育问题是非常重视的。

后来的道教继承了老子重视生命孕育的思想，而这其中尤其以《太平经》最为典型。它从从黄老思想、神学目的论、儒家伦理道德和社会需要等各个角度出发，详细而深刻的论述了兴国广嗣的神圣性、合理性与重要性，并对后世道教的生命孕育思想起到了巨大而深远的影响。

《太平经》讲生育，首先从宇宙生成论的本体论哲学的高度谈起。它说："元气恍惚自然，共凝成一，名为天也；分而生阴而成地，名

① 傅道彬：《中国生殖崇拜文化论》，湖北人民出版社，1990年，第313页。

为二也；因为上天下地，阴阳相合施生人，名为三也。”[①] 这一思想其实是《老子》“道生一，一生二，二生三，三生万物”的演化，这说明它继承了《老子》的宇宙生成模式，只不过把起点换成了元气。《太平经》后来解释了人的孕育产生，认为人与天地同生于元气，其曰：“人本生受命之时，与天地分身，抱元气于自然。”[②]《太平经》又运用阴阳学说来予以论证，它认为阴阳和合生养是大道的本性。其曰：“天阳主生也，地阴主养也。”[③]“天下凡事，皆一阴一阳，乃能相生，乃能相养。”[④] 强调阴阳相交才能孕育，传天地统，使人类实现物质生产与人口生产的协调和可持续发展。其曰：“一阳不施生，一阴并虚空，无可养也；一阴不受化，一阳无可施生统也。”[⑤]“故阴阳者，传天地统，使无穷极也。”[⑥]“阴阳雌雄守道而行，故能世相传。”[⑦]《太平经》认为天使人分男女两性，成一阴一阳，男女阴阳和合而生育子嗣后代，是顺承天道。其曰：“故天使其有一男一女，色相好，然后能生也。”[⑧]

《太平经》进而要人们效仿天地，进行交合，以传承天地之统。其曰：“天统阴阳，当见传，不得中断天地之统也，传之当象天地一阴一阳。”’[⑨] 如果人们不效法天地交合生育的话，则会得到上天的报应，酿成凶灾大难。其曰：“男不以施生，为断天统，地不以受化，

① 《太平经合校》，第305页。
② 同上，第43页。
③ 同上，第220页。
④ 同上，第21页。
⑤ 同上，第211页。
⑥ 同上，第44页。
⑦ 同上，第21页。
⑧ 同上，第43页。
⑨ 同上。

为断地统。阴阳之道绝灭无后，为大凶。”① 为了增进生育，《太平经》甚至要求国君在尽生育义务方面为万民做出表率，其曰：“夫王者静思道德，行道安身，求长生自养，和合夫妇之道，阴阳俱得其所，天地为安。”②

《太平经》特别抨击了那些自我绝后的“贞男”“贞女”，其曰：“今学者纯当象天为法，反多纯无后，共灭消天统。其贞者，尚天性也，气有不及；其不贞者，强为之雍塞，阴阳无道，种其施于四野，或反弃杀；穷其妻子而去者，是皆大毁失道之人也。”③ 又曰：“夫贞男乃不施，贞女乃不化也。阴阳不交，乃出绝灭，无世类也。二人共断天地之统，贪小虚伪之名，反无后世，失其实核，此天下之大害也。汝向不得父母传生，汝于何得有汝乎？而反断绝之，此乃天地共恶之，名为绝理大逆之人也。”因为《太平经》把生育男女看成是一件头等大事，所以对这些“贞男”“贞女”极力批判，称他们是“天下之大害”“绝理大逆之人”。这些所谓的“贞男”“贞女”，其实就与我们现代社会里追求个人享受、不要孩子的丁克家庭一样。

那么为什么《太平经》如此重视生育子嗣的问题并把它看做是所谓“三急”之一呢？其实还是为了解决宗法制社会中治国兴国方面的实际问题，与统治阶级追求“广土众民”的思想路径如出一辙。其曰：“如男女不相得，便绝无后世。天下无人，何有夫妇、父子、君臣、师弟子乎……天下无人，不可治也。”④ 无人继承帝位，成了东汉皇室的大事；无人延续后代，夫妇、父子、君臣关系岂不成了一纸空文。《太平经》这种思想的源头来自于《礼记·哀公问》，其曰：

---

① 《太平经合校》，第 221 页。
② 同上，第 97 页。
③ 同上，第 658 页。
④ 同上，第 44 页。

"天地不合，万物不生。大昏，万世之嗣也。"当然，《太平经》呼吁"天下无人不可治"的思想，也是由于考虑到了人口与经济的关系："理国之道，多人则国富，少人则国贫。"并看到了当时由于战乱、灾荒、疾病流行、弃婴等经常造成了人口负增长的不利局面。人口史专家的研究告诉我们，中国在汉代中兴时，人口增至 6000 万，而到汉末战乱又减少至不足 800 万。[①] 因为当时的人口急剧减少，故《太平经》治国最急迫的三件事之一。其曰："故阴阳者，传天地统，使无穷极也。君臣者，治其乱，圣人师弟子主通天教，助帝土化天下。故此饮食与男女相须，二者大急。"[②]

而此后道教的孕育思想中，都受到了《太平经》的影响。道教一贯从道法自然的原则出发，主张男女适时和合才能身心健康，反对违反自然之道的禁欲思想。东晋葛洪在《抱朴子内篇》中说道："人复不可都绝阴阳，阴阳不交，则坐致壅瘀之病，故幽闭怨旷，多病而不寿也。"[③] 陶弘景在《养性延命录》中指出禁欲的害处："男不欲无女，无女则意动，意动则神劳，神劳则损寿。……有强郁闭之，难持易失，使人漏精尿浊，以致鬼交之病。"[④]《三元延寿参赞书》亦曰："黄帝曰：一阴一阳谓之道，偏阴偏阳之谓疾。又曰：两者不和，若春无秋，若冬无夏。因而合之，是谓圣度，圣人不绝和合之道。"[⑤] 李鹏飞在这里运用了阴阳平衡原理，从人体生理角度论证了房事生活是人的正常生理需求。

所以，不论是从养生延年出发，还是从人口延续出发，道教大都

① 潘纪一、朱国宏：《世界人口通论》，中国人口出版社，1991 年，第 53 页。
② 《太平经合校》，第 44 页。
③ 《抱朴子内篇校释》，第 150 页。
④ 《养性延命录》，《道藏》第 18 册，第 474—485 页。
⑤ 《三元延寿参赞书》，《道藏》第 18 册，第 529 页。

主张“欲不可绝”。基于这一理念，故道教反对不育，提倡适时、适度生育，从而形成了欲不可绝的生育观念和兴国广嗣的思想。

二 古代提倡早婚的生育制度及历代生育法定婚龄

道教思想中提倡广嗣生育的思想渊源，除了道教一贯重视生命思想底蕴的原因之外，也与历代封建王朝出于实现广土众民、国家富庶的目的，一般都通过行政和经济等手段促民早婚早育，增加丁口的指导思想有关。

陶毅、明欣在《中国婚姻家庭制度史》中通过翔实的资料，说明了历代封建统治者通过倡互助之法，资贫者成婚和强制早婚两项主要举措，来实现国家增加人口的目的。[①] 关于前者，如唐贞观元年太宗曾诏：“若不申之以婚姻，明之以顾复，恐中馈之礼斯废，绝嗣之衅方深；既生怨旷之情，或致淫奔之辱，宪章典故，实所庶几。宜令有司，所在劝勉，其庶人男女无室家者，并仰州县官人，以礼聘娶，……若贫窭之徒，将迎匮乏，仰于亲近乡里，富有之家，裒多益寡，使得资送”。并宣布刺史县令所治之地，鳏寡少者按增加户口论奖，鳏寡多者以减少户口贬黜。[②] 又如明洪武二十八年太祖谕户部：“婚姻、死丧、疾病、患难，里中富者助财，贫者助力。”[③] 关于鼓励婚育，强制早婚，早在春秋时期，为繁育人口，越王勾践就令国内女子年十七不嫁者罪其父母，《国语》有载。后来的封建社会若干朝代予以效法，对婚姻采取强制措施。有的采取经济强制手段，如汉惠帝六

① 陶毅、明欣：《中国婚姻家庭制度史》，东方出版社，1994年，第182页。
② 见《唐会要》卷八三，中华书局，1985年，第347页。
③ 《明史·太祖纪》，中华书局，2000年，第476页。

年令“女子年十五以上至三十不嫁，五算”①。算即算赋，亦即人口税。五算的意思，是将女子由十五岁至三十岁划为五个段次，每拖延一段（三年）不嫁，加征一个人口税，至三十未嫁者，累计加征五个人口税。有的采取行政强制手段，如西晋初年武帝令：“女年十七，父母不嫁者，使长吏配之”②。意即女子年届十七岁而父母未使其出嫁者，由地方官吏乱点鸳鸯，强行指配。这一法令肯定促进了早婚。有的封建王朝又以减轻赋役等办法对结婚和生育给予奖励。如：《后汉书·章帝纪》引汉令：“（元和）二年春正月乙酉，诏曰：“《令》云‘人有产子者复，勿算三岁’。今诸怀妊者，赐胎养谷人三斛，复其夫，勿算其岁，著以为令。”③《南齐书·明帝纪》：“诏民生产子者，蠲其父母调役一年，又赐米一斛；新婚者蠲夫役一年”；在唐朝，女子不授田，结婚不加赋，娶妻可免租调之累，故民愿意婚娶。由此可见，历代统治者通过多种手段，促民早婚早育，增加丁口。

陶毅、明欣在《中国婚姻家庭制度史》中进一步考察了中国古代的法定婚育年龄，这个更能说明中国古代统治者促民早婚早育的事实。关于以西周为代表的适婚年龄，历史上持晚婚说者最多，多言“男三十而娶，女二十而嫁”，其根据是礼乐治国时代的《礼记·内则》：男子三十而有室，始理男事”，女子“二十而嫁，有故，二十三年而嫁”。后来《白虎通》的《嫁娶》也谓：“男三十而娶，女二十而嫁何？阳数奇、阴数偶也”；“男三十筋骨坚强，任为人父；女二十肌肤充盛，任为人母，合为五十，应大衍之数，生万物也”。但陶毅、明欣先生经过详细考证认为，这只是男女成婚的最高年龄规定，而不

① 《汉书·惠帝纪》，中华书局，1962年，第197页。
② 《晋书·武帝纪》，中华书局，1974年，第327页。
③ （南朝宋）范晔撰，（唐）李贤等注：《后汉书》卷3，中华书局，1965年，第148页。

是最低年龄规定。他说："综上所述，西周女十五、男二十即行成年礼，一俟成年便可婚嫁，并在礼制中确定了婚龄上限。这与它所处的历史时期和宗族制度的要求是完全一致的。"①

统治阶级的大力干预，加上民间深信早生贵子早得福，其导致的结果便是，在我国古代，早婚早育习俗历史悠久，现象突出，古时女子十三四岁，男子十四五岁结婚生育的现象十分普遍。以史为证：

《梁书·后妃传》载：梁武帝纳丁贵嫔时，年仅十四岁，丁贵妃也只有十四岁。

《北齐书·武成十二王传》载：琅玡王高俨谋反被诛时，年仅十四岁，死后在各妃中竟然有遗腹子五人，男四人，女一人。

《梁书·张缅传》载：梁朝张缵十一岁就同梁武帝之女富阳公主成婚。

《魏书·穆崇传》载：后魏穆绍十一岁时，与琅玡王长公主成婚。

《陈书·后妃传》载：沈皇后嫁陈文帝时才十岁。

《魏书·孝文帝纪》载：后魏献文帝十三岁时，其妃子生孝文帝。

魏晋南北朝以后，尽管结婚年龄有所提高，但"早生贵子"已成为一种普遍的心态，早婚早育现象依然十分突出。人口的众多不仅是长期落后封闭的小农经济的客观需要，也是战时充足兵员的保证。所谓"王者也，势之众也"。在古代社会，地广人稀，有了封疆，还必须有人民。人多则势众，人少则势微，所以历代统治者，无不鼓励百姓早生子女。

① 陶毅、明欣：《中国婚姻家庭制度史》，东方出版社，1994年7月，第196页。

婚龄由礼的规范而变为法的强制形式，始于春秋之际。《韩非子·外储说右》：“齐桓公下令于民曰：丈夫二十而室，妇人十五而嫁”。这是中国史上关于法定婚龄法令的最早记载。越王勾践命男二十而娶，女十七而嫁。贞观元年有诏云：“男年二十、女年十五以上，……并须申以婚媾，令其好合”。宋代司马氏《书仪·婚仪》以“男子年十六至三十，女子十四至二十”为适婚时期。明初，《大明会典》载“凡男年十六、女年十四以上，并听嫁娶”。清制与同。综观这前后从春秋到清代二千余年的法定婚龄，除唐初外，大概可分两大阶段，宋以前为男十五女十三，明以后为男十六女十四，差别仅一岁①。陶毅、明欣补充讲到：“以上所言为可资稽考的婚龄制度。由于古代通行仪式婚制，缺乏国家的监督，早于法定婚龄而成婚者当所多有。”② 但婚姻再早，也不能超过其本身所必需的生理条件，女十三至十四，男十五至十六，应是婚姻关系得以实际形成的最低年龄下限了。当然，皇室中的极度早婚，那是出于政治交易的考量，另当别论。

第二节　道贵中和、节欲宝精

一　节欲宝精、节制生育

尽管我们前面讲过包括《太平经》在内的很多道教典籍中都有广嗣思想及其技术。但是它们所说的广嗣并不是毫无节制，没有上限

---

① 陶毅、明欣：《中国婚姻家庭制度史》，东方出版社，1994年，第197页。

② 同上。

的。它们主张“欲不可绝”，适度生育，但是在他们的著作中也同时大力强调“欲不可早”“欲不可纵”，即从房室养生的角度主张节欲宝精，道贵中和。它们认为过度的纵欲和过度的生育必然会导致人体肾精的损耗，导致人身体的虚损。所以，提倡行房有度、节制生育，即绝大多数道教思想家主张在纵欲和禁欲之间找到一个平衡点。这种节制生育、宝精贵施的思想，在现在看来非常符合现代社会所提倡的优生优育理念，符合人体的养生健康和社会的平衡发展，因而非常有借鉴价值。

早在老庄道家时，就有这种节欲宝精、节制生育的主张。《道德经》讲到：“含德之厚，比于赤子。毒虫不螫，猛兽不据，攫鸟不搏。骨弱筋柔而握固，未知牝牡之合而朘作，精之至也；终日号而不嘎，和之至也。知和曰常，知常曰明，益生曰祥，心使气曰强。”老子认为，生命是由牡牡之合产生的，其生命之源在于精。老子通过观察发现，小小婴儿无知无欲，无畏无惧，“毒虫不螫，猛兽不据，攫鸟不搏”，虽然筋骨柔弱，可是小拳头却握得很坚固，柔中带钢。他虽然不知道牝牡交合之事，但外生殖器翘起，这说明他生命力非常旺盛，精气非常充沛，“精之至也”。所以，老子总结养生之道就是要平和无欲、爱惜精气、节制房事。后来汉代刘向在《列仙传））中就称老子“好养精气，贵接而不施。”卿希泰、盖建民教授还注意到了老子所讲“益生曰祥”所传达的节制生育思想。他说：“尤为值得人们重视的是，老子在这里还提出了一个重要观点——‘益生曰祥’。益，多也；祥，作妖祥解；益生，注家多解为贪生多欲。但如果结合上下文及老子素来提倡的‘小国寡民’的主张来考证，‘益生曰祥’引申为贪图多欲、过度生育会带来祸害则更为合理。这一新解与老子极力主张的小国寡民的社会政治理想似乎更为切合。故笔者认为，老子是人类历史上最先提出节育思想的先贤。”①

庄子也讲到了宝精养生的思想。《庄子·在宥》云：“必静必清，无劳女（汝）形，无摇女（汝）精，乃可以长生。”庄子认为长生的要诀在于清清静静，固精守形。

后来道教养生家们充分继承了道家节欲宝精、节制生育的思想主张。这从早期道教三部重要经典《老子道德经河上公章句》、《老子想尔注》、《太平经》就能得到明证。

汉代河上公在诠释《道德经》时，将老子的“道可道，非常道”中的“常道”解释为“自然长生之道”，具有节欲养生的意义。另外，该书中多次强调节欲宝精思想：

> 爱精重施，髓满骨坚。②
>
> 贪淫好色，则伤精失明。③
>
> 治身者却阳精以粪其身。④
>
> 修道于身，爱气养神，益寿延年。其德如是，乃为真人。⑤
>
> 治身者当爱［惜］精气，不［为］放逸。……人能以气为根，以精为蒂，如树根不深则拔，［菓］蒂不坚则落。言当深藏其气，固守其精，无使漏泄。深根固蒂者，乃长生久视之道。⑥
>
> 人不畏小害则大害至。［大害者］，谓死亡也。畏之者当爱精［养］神，承天顺地也。……自爱其身以保精气。⑦

---

① 卿希泰、盖建民：《道教生育观考论》，《中国哲学史》1998年第2期，第53页。

② 《老子道德经河上公章句》卷1，第11页。

③ 同上，第45页。

④ 同上，卷3，第181页。

⑤ 同上，第207页。

⑥ 同上，第232页。

⑦ 同上，卷4，第279页。

治身者嗜欲伤神，贪财杀身。①

《老子道德经河上公章句》在道教典籍中具有十分重要的地位，其地位仅次于《老君道德经》而先于《老君道德经想尔训》，因而《老子道德经河上公章句》爱精重施的思想对道教生育观具有重要的影响和意义。

《老子想尔注》明确指出："精"堪称"生死之官也"②，"古仙士实精以生，今人失精以死"③，故而"宝精勿费，令行（缺）也。"④《老子想尔注》把"精"的地位看的很高，甚至将"精"与"道"等同，称之为"道精"，声称"万能含道精。"又云：

古仙人宝精以生，今人失精以死，大信也。……所以精者，道之别气也，入身中为根本。⑤

阴阳之道，以若结精为生。……年少之时，虽有，当闭省之。一能用此道，应得仙寿，男女之事，不可（不）勤也。⑥

道贵中和，当中和行之。志意不可盈溢，违道诫。⑦

精结为神，欲令神不死，当结精自守。⑧

精结成神，阳熙有余，务当自爱，闭心绝念，不可骄欺阴也。⑨

《老子想尔注》在这里分别提出了精"入身中为根本"，"当闭省

① 《老子道德经河上公章句》卷4，第285页。
② 饶宗颐：《老子想尔注校证》，第27页。
③ 同上。
④ 同上，第46页。
⑤ 同上，第27页。
⑥ 同上，第9页。
⑦ 同上，第7页。
⑧ 同上，第9页。
⑨ 同上，第12页。

之”“中和行之”“结精自守”，告诫人们房事不可过度，即所谓“男女之事，不可勤也。”还明确指出阴阳交合要守道贵中和，事实上要求人们要行房有度、节制生育。

《太平经》的房中养生理论明确提出了“爱气”、“尊神”、“重精”的基本原则。《钞》癸部《令人寿治平法》云：“人欲寿者，乃当爱气尊神重精也。”① 它又从精、气、神三位一体的人体医学模式出发，强调了重精的必要性。其曰：“三气共一，为神根也。一为精，一为神，一为气。此三者，共一位也……故人欲寿者，乃当爱气、尊神、重精也。”②

《太平经》还对精神气（或称精神形）三者之关系也给予论述，如《钞》癸部《还神邪自消法》云：

> 神者主生，精者主养，形者主成。此三者乃成一神器……故心神动摇，使形不安，存之不置。利其可安即留矣，不用其可安即去矣。……阴气阳气更相摩砺，乃能相生。人气亦轮身上下，神精乘之出入。神精有气，如鱼有水，气绝神精散，水绝鱼亡。……人不守神，身死亡；万物不守神，即损伤。③
>
> 夫人本生混沌之气，气生精，精生神，神生明。本于阴阳之气，气转为精，精转为神，神转为明。欲寿者当守气而合神，精不去其形，念此三合以为一。④

这两段引文着重说明了精气神三者合一对生命体的积极意义。它认为生命是由精气神这三者共同维系，要达到“守气而合神，精不去

① 《太平经合校》，第728页。
② 同上。
③ 同上，第727页。
④ 同上，第739页。

其形”的境界，才能养生延年。最后，《太平经》又探讨了气与神、精与神之关系。其曰：

凡事人神者，皆受之于天气，天气者受之于元气。神者乘气而行，故人有气则有神，有神则有气，神去则气绝，气亡则神去。故无神亦死，无气亦死。”[①] 又说：“失气则死，有气则生……真人积气，聚神明，故道终常独行，万民失气故死。[②]

道之生人，本皆精气也，皆有神也。假相名为人，愚人不知还全其神气，故失道也。能还反其神气，即终天年。[③]

需要指出的是，虽然《太平经》也像别的房中家一样提出了重精节欲的主张，但《太平经》所说的“重精”意在要求人们不妄施，而并非“不施”，其房中理论是以子嗣延续的“广嗣”为前提和目标的，这和当时业已经流行的那些主张固精不施、追求个人长生成仙的房中派别不同。

《太平经》把精、气、神看成是构成人体生命系统的“三宝”，认为人之生老病死、寿命长短皆取决于人体精气神。《太平经》的这种重精、爱气、尊神的思想主张，成为后来道教房中、行气、存神这三大养生方术的理论基础，也对节欲宝精、节制生育的思想起了推动作用。

道教房中养生强调节欲宝精，贵在有“节”。如果无节制的生育会耗费人体内的元精即肾精，伤人元气，伐人年命。《黄庭内景经》强调到：

呼吸元气以求仙，仙公公子似在前，朱鸟吐缩白石源，结精

① 《太平经合校》，第96页。
② 同上，第309页。
③ 同上，第723页。

育胞化生身，留胎止精可长生。（《黄庭内景经·呼吸章》）

急守精室勿妄泄，闭而宝之可长活。（《黄庭内景经·常念章》）

长生要慎房中急，弃捐淫俗专守精。（《黄庭内景经·长生章》）

南北朝时的陶弘景在《养性延命录》中的“御女损益篇”中讲道：“道以精为宝，施之则生人，留之则生身。”① 又引彭祖之言曰：“凡精少则病，精尽则死，不可不慎。数交而时一泄，精气随长，不能使人虚损；若数交接则泻精，精不得长益，则行精尽矣。”②

隋代房中书《洞玄子》也很重精：“女当津液流溢，男即须还，不可死还，必须生返。如死出，大损于男，持宜慎之”③

《三元延寿参赞书》总结性的讲道：

彭祖曰：上士异床，中士异被。服药千里，不如独卧。

全元起曰：乐色不节则精耗，轻用不止则精散。圣人爱精重施，髓满骨坚。

《元气论》曰：嗜欲之性，固无穷也。以有极之性命，逐无涯之嗜欲，亦自毙之甚矣。

《仙经》云：无劳尔形，无摇尔精。归心静默，可以长生。经颂云：道以精为宝，持宜秘密。施人则生人，留己则生己。结婴尚未可，何况空废弃。弃损不觉多，衰老而命坠。

书云：欲多则损精。人可保者命，可惜者身，可重者精。肝精不固，目眩无光；肺精不交，肌肉消瘦；肾精不固，神气减

① 《道藏》第18册，第483页。

② 同上，第484页。

③ ［日］丹波康赖：《医必方》卷28，第638页。

少；脾精不坚，齿发浮落。若耗散真精不已，疾病随生，死亡随至。①

《三元延寿参赞书》虽然似乎是着眼于养生而谈节欲，但事实上节欲宝精和节制生育是相通的思想主张。

《孙真人备急千金要方》卷27《房中补益》进行了总结："夫房中术者，其道甚近，而人莫能行。其法一夜御十人，闭固为谨。此房中之术毕矣。兼之药饵，四时勿绝，则气力百倍，而智慧日新。……故年未满四十者，不足与论房中之事。欲心未止，兼饵补药，倍力耗丧，不过半年，精髓枯竭，惟向死近，少年极须慎之。""然此方之作也，非欲务于淫佚，苟求快意，务存节欲以广养生也。"②

中国古代的房中家无一例外的强调宝精贵施。例如，《医心方》卷二十八《房内部·至理》说："法之要者，在于多御少女而莫数泻精，使人身轻，百病消除也。"③ 孙思邈著《备急千金要方》卷27《房中补益》亦言之真切："凡精少则病，精尽则死。不可不思，不可不慎之也。"④ 为此他们还提出通过交接来汲取女性阴气以补阳的思想。《医心方》卷二十八《房内部·养阳》说："欲行阴阳取气养生之道，不可以一女为之，（得）得三若九若十一，多多益善。采取其精液，上鸿泉还精，肌肤悦泽，身轻目明，气力强盛，能服众敌。老人如廿时，若年少，势力百倍。"⑤ 但采阴补阳更要"爱啬精气"。《后汉书·甘始传》讲道："甘始、东郭延年、封君达三人者，皆方士也。

① 《三元延寿参赞书》，《道藏》第18册，第530页。

② 孙思邈：《孙真人备急千金要方》，《道藏》第26册，第545页。

③ ［日］丹波康赖：《医心方》，第633页。

④ 孙思邈：《孙真人备急千金要方》，第545页。

⑤ ［日］丹波康赖：《医心方》，第635页。

率能行容成御妇人术……爱啬精气，不极视大言。”[①]《列仙传》、《神仙传》所载资料能说明这些房中养生家是多么的爱惜精气：

容成公者……能善补导之事，取精于玄牝。其要谷神不死，守生养气者也。发白更黑，齿落更生。[②]

老子姓李名耳，字伯阳，陈人也。，……好养精气，贵接而不施。[③]

彭祖曰："欲举形登天，上补仙官者，当用金丹……其次当爱精养神，服饵至药，可以长生……不知交接之道，虽服药无益也。……爱精养体，服气炼形，万神自守。其不然者，则荣卫枯瘁，万神自逝，非思念所留者也。"（《神仙传·彭祖》）

北极子者，姓阴名恒，其经曰："治身之道，爱神为宝。养性之术，死入生出。常能行之，与天地毕。因生求生真生矣。以铁治铁之谓真，以人治人之谓神。"（《神仙传·北极子》）

甘始者……善行气，不饮食。又服天门冬，行房中之事，依容成、玄素之法，更演益之，为一卷，用之甚有近效，治病不用针灸汤药。（《神仙传·甘始》）

这些房中养生家，甚至传说中的神仙，大都宝精贵施、惜精如命。

为了宝精固精，让精气转化为对人体有益的补养成分，道教还提出了独特的"还精补脑"之术。《抱朴子内篇·微旨》对此概括说："善其术者，则能却走马以补脑，还阴丹以朱肠，采玉液于金池，引

① （南朝宋）范晔：《后汉书》卷82，第2750页。
② 《道藏》第5册，第65页。
③ 同上。

三五于华梁，令人老有美色，终其所禀之天年。”[①]《医心方》卷二十八《房内部·还精》对“还精补脑”的具体步骤进行了说明：

还精补脑之道：交接精大动欲出者，急以左手中央两指却抑阴囊后、大孔前，壮事抑之，长吐气，并啄齿数十过，勿闭气也。便施其精，精亦不得出，但从玉茎复还上入脑中也。[②]

又曰：

若欲御女取益而精大动者，疾仰头张目、左右上下视、缩下部、闭气，精自止。……能一月再施，一岁廿四施精，皆得寿一、二百岁，有颜色，无病症。[③]

该引文要求男性修炼者在濒临高潮时通过指法、意念、叩齿、调息等手段缓解兴奋度，从而实现射精的自我控制，达到补养身体的效果。

而《孙真人备急千金要方》对“精上补脑”讲道：

凡欲施泻者，当闭口张目闭气，握固两手，左右上下缩鼻取气。又缩下部及吸腹，小偃脊膂，急以左手中两指抑屏翳穴，长吐气并琢齿千遍，则精上补脑，使人长生。若精妄出，则损神也。[④]

孙思邈认为房中修炼者可借助运气调息等技术手段，将精液由督脉上溯至脑海，从而补益人身流失之髓液，养生延年。

总之，道教无论是从养生延年和长生成仙的角度，都强调了节欲

---

① 王明：《抱朴子内篇校释》卷6，第129页。
② ［日］丹波康赖：《医心方》，第643页。
③ 同上，第643—644页。
④ 孙思邈：《孙真人备急千金要方》，《道藏》第26册，第545页。

宝精，甚至还精补脑的重要性。这种节欲宝精与节制生育的思想脉络是一贯相通的。为此，道教反对早婚早育。

二　道教反对早婚早育

我们从道教的发展史的回顾中看到了绝大多数道教典籍要求宝精养生、节制生育，那么要保精固精、节欲养生，必然反对早婚早育，主张行房有度，节制生育。

李鹏飞明确提出欲不可早，主张男女适龄婚嫁，反对早婚。在《三元延寿参赞书》中明确指出：

> 齐大夫褚澄曰：羸女则养血，宜及时而嫁；弱男则节色，宜待壮而婚。
>
> 书云：男子破阳太早，则伤其精炁；女破阴太早，则伤其血脉。
>
> 书云：精未通而御女以通其精，则五体有不满之处，异日有难状之疾。
>
> 书云：未笄之女，天癸始至，已近男色，阴气早泄，未完而伤。①

这里都通过人体健康的角度，谈了早婚的危害。男子伤其精炁，女子伤其血气，并会落下病根。《三元延寿参赞书》还间接讲到了早婚的危害：

> 建平孝王，妃姬等皆丽，无子。择良家未笄女入内，又无子。问褚澄曰：求男有道乎？澄曰：合男女，必当其年。男虽十

---

① 《三元延寿参赞书》，《道藏》第18册，第530页。

六而精通，必三十而娶；女虽十四而天癸至，必二十而嫁，皆欲阴阳完实，然后交合，合而孕，孕而育，育而子壮，强寿。今也不然，此王之所以无子也。王曰：善。未再朞，生六男。[①]

孙思邈在《备急千金要方》中强调房中之事“少年极须慎之”，甚至主张“年未满四十者，不足与论房中之事。”[②] 道教这些反对早婚早育的节育主张，也非常符合现代科学理念。[③]

综上所述，道教生育观中的节育主张有其深刻的思想根据，为了防止人体肾精的损耗，导致人身体的虚损，道教必然反对无节制地纵欲，提倡行房有度、节制生育。

但是我们在这里也做一点补充，由于一些妖妄之徒假借修房中之术，恣情纵欲，正如《老君音诵诫经》所言“妄传（张）陵身所授黄赤房中之术，授人夫妻，淫风大行，损辱道教。”致使道教房中术在金元时期的全真道兴起时，王重阳等人便走向了另一个禁欲极端，斥责房中术为旁门小术，严格要求道徒出家住观，彻底断缘世俗的生儿育女。全真道以成仙证真为其宗教信仰追求之目标，视家庭为修行之牢狱，夫妇关系为“金枷玉锁”，将生儿育女予以彻底否定。但这只占了道教发展史上的一小段时期，并不能代替全部的思想走向。

三　交合频率

道教和房中养生家都强调要宝精贵施，甚至要采阴补阳，还精补

---

① 《三元延寿参赞书》，《道藏》第18册，第532页。

② 《备急千金要方校释》，《道藏》第26册，第545页。

③ 参阅盖建民：《道教房中术的性医学思想及其现代价值》，《宗教学研究》1996年，第1期，第81页。

脑，又要求兴国广嗣，其平衡的关键点即体现在对性交频率的把握和遵守上。我们经常看到道教经典中说某某神仙家御多少女而不泻，那果真如此，人类岂不灭绝了，亡国灭种了。正如林富士在《中国中古时期的宗教与医疗》一书中说道：

> 就现有文献来看，六朝道教徒所传习的房中书，其内容似乎偏重于以“还精补脑”或“固精”为基本的交媾原则，并以治病去疾、延年益寿、长生不死为修炼目的。不过，果真严守“不洩”的立场，必然会引起两项后遗症，第一，无法生子；第二，对于男性而言，几乎没有快乐可言。①

他还提到，就连当时的某些房中家，都提出了疑惑，例如：

> 黄帝问素女曰：“道要不欲失精，宜爱液者也。即欲求子，何可得泻？”②
>
> 采女问曰：“交接以泻精为乐，今闭而不泻，将何以为乐乎？”③

其实不然，这个答案在道教养生家或房中家的著作里面就能找到。他们认为，既然作为一个修道者，那就必须在不同的功能之间有所取舍。《养性延命录》讲到：

> 道以精为宝，施之则生人，留之则生身。生身则求度在仙位，生人则功遂身退。功遂而身退，则陷欲以为剧。何况妄施而废弃，损不觉多，故疲劳而命坠。④

---

① 林富士：《中国中古时期的宗教与医疗》，台湾联经出版社，2008 年，第 347 页。
② ［日］丹波康赖：《医心方》，第 644 页。
③ 同上，第 643 页。
④ 《养性延命录》，《道藏》第 18 册，第 481 页。

陶弘景显然认为，“不泄”最好，能成就仙位；泻了能生育子嗣；最差的就是“妄施”纵欲，结果是“疲劳而命坠”。事实上，包括《太平经》在内的道教典籍既讲广嗣孕育的求子之法，也讲节欲宝精的房中养生之术，关键就在于在禁欲和纵欲之间找到一个合理的平衡点。而这个合理的平衡点就是——性交频率。

关于合理的性交频率，《医心方》卷二十八《房内部·施泻》引《玉房秘诀》详细地界定了各个年龄段交媾射精之合理频率为：

> 黄帝问素女曰：“道要不欲失精，宜爱液者也。即欲求子，何可得泻?”
>
> 素女曰：“人有强弱，年有老壮，各随其气力，不欲强快，强快即有所损。故男年十五，盛者可一日再施，瘦者可一日一施；年廿岁者日再施，羸者可一日一施；年卅，盛者可一日一施，劣者二日一施；卌，盛者三日一施，虚者四日一施；五十，盛者可五日一施，虚者可十日一施；六十，盛者十日一施，虚者廿日一施；七十，盛者可卅日一施，虚者不泻。”①

《玉房秘诀》的说法与《备急千金要方》卷八十三《房中补益》中的说法有所差异：

> 御女之法，能一月再泄，一岁二十四泄，皆得二百岁，有颜色，无疾病。若加以药，则可长生也。人年二十者，四日一泄。三十者，八日一泄。四十者，十六日一泄。五十者，二十日一泄。六十者，闭精勿泄。若体力犹壮者，一月一泄。②

对比这两段资料可以发现，《医心方》的记载显得更为详尽，在

① ［日］丹波康赖：《医心方》，第644页。

② 孙思邈：《孙真人备急千金要方》，《道藏》第26册，第545页。

年龄段划分上更为细致和具体，涵盖了更多的不同人群；而且意识到人的体质存在差异，由此应该给予区别对待。此外，从交媾频率上看，《医心方》比《备急千金要方》周期缩短。

值得一提，封建社会中夫妻交合频率或多或少带有封建礼教的强制色彩。基于封建社会里有很多一夫多妻制或一夫一妻多妾制这样的家庭，为了调和矛盾，照顾女性，孕育子嗣，有关性交方面的礼仪规范就被制订出来并希望士人予以遵守。例如，《礼记·内则》载："夫妇之礼，唯及七十，同藏无间。故妾虽老，年未满五十，必与五日之御。"《白虎通·嫁娶》亦言："妾虽老，未满五十，必与五日之御。满五十不御。"这就是说，丈夫不能厚此薄彼，定期要与妻妾有频率的同房。那么对于"一娶九女"的诸侯而言，该如何安排性交频率才符合礼制准则呢？郑玄注《礼记·内则》是讲到：

> 五日一御，诸侯制也。诸侯取九女，侄、娣两两而御，则三日也；次两媵，则四日也；次夫人专夜，则五日也。

事实上，民间流传的交合频率，也说明古人早就认识到了性交要节欲宝精的要旨，实质上也起到了节制生育的客观效果。

四　附谈：全真道之禁欲思想

我们谈到了性交频率时，不得不专门辟文来谈谈做为中国封建社会后期影响深远的道教派别——全真道比较例外的除情去欲的禁欲主义思想倾向。李道纯在《中和集》中对全真道含义的解释历来被很多人赞同。他说：

> 全真道人，当行全真之道。所谓全真者，全其本真也。全精、全气、全神，方谓之全真。才有欠缺，便不全也；才有点

污，便不真也。①

这样一来，从王重阳创教伊始，便把不断修炼到能够完全调控自己的情欲作为首要目标。本来做为正常人，家庭既是充满归属感与爱的需要的物质生活产品生产单位，也有马克思所讲的两种生产的另一种——生育繁衍后代的功能。但是做为追求修道成仙的道门中人，从王重阳开始对待情欲的态度很明确很坚决，就是要忍辱含垢、除情去欲，并要出家入观，过道门生活。王重阳写到：

一身无可脱，被家缘、火院驱驰。爱欲猛掮样下，怎奈向、那妻儿。②

全真道要修炼内丹，而内丹的开始功夫便是炼己筑基，要把生殖之精转化为体内真气，这样一来就要求要彻底杜绝性生活和性欲。王重阳讲到：

色，色。多祸，消福。损玉精，伤玉液，摧残气神。败坏仁德。会使三田空，能令五脏惑。亡损一性灵明，绝尽四肢筋力。不如不作永绵绵，无害无灾常得得。③

而做为后期龙门中兴的领袖丘处机，更是认为戒色欲是胜过其它百种戒的重要品质，它是是否真正入道的标志。他在《示众戒色》中写到：

劳生有万种，最大莫过色。
不唯丧命根，复乃消阴德。
还能戒此一，酷胜其他百，

① 《中和集》，《道藏》第4册，第501—502页。
② 《磻溪集》，《道藏》第25册，第754页。
③ 《重阳全真集》，《道藏》第25册，第696页。

慕道修仙人，从来是标路。[1]

至此，全真道磨砺身心，除情去欲的坚决态度可见一斑。正是由于这些修道真人近乎极端的严厉态度，才造就了全真道乃至道门的星火燎原，中兴辉煌的局面。不过这里应该指出的是，全真道是道教生育思想方面的一个例外。既然要全面的了解道教生育思想，我们就有必要向人们交代清楚像全真道这么影响深远的重要派别在情欲和生育方面的基本观点和态度。

第三节　道法自然、阴阳平衡——道教的人口生态平衡思想

一　从“弄璋弄瓦”说起

何为“弄璋”、“弄瓦”？中国古代儿童的启蒙读物《幼学琼林》有“生子曰弄璋，生女曰弄瓦”之句，即是说古代的人，生了儿子，便给他璋玩；生了女儿，便给她瓦玩。“弄璋”、“弄瓦”语出《诗经·小雅·斯干》：

乃生男子，载寝之床，载衣之裳，载弄之璋。

……

乃生女子，载寝之地，载衣之裼，载弄之瓦。

“璋”是上好的玉石，顶端作斜锐角形，是古代贵族在举行朝聘、祭祀、丧葬时所用的礼器。给儿子“璋”玩，一方面是希望他有玉一

① 《磻溪集》，《道藏》第25册，第823页。

般的品德，一方面又希望他成为贵族，可以“光宗耀祖”，后来就把生下男孩子称为“弄璋之喜”；“瓦”是纺车上的零件，《小雅·斯干》“载弄之瓦”句，唐孔颖达《疏》：“瓦，纺砖，妇人所用。”“纺砖”，纺轮也。朱熹《诗集传》解“瓦”用意：“弄之瓦，习其所有事也。”即从小就教女孩知道纺线一类的事，“养舅姑、缝衣裳”，乃闺内本份，所谓女子无才便是德也。所以，“弄璋”指的是生了儿子，“弄瓦”指的是生了女儿。这充分说明了中国社会自古及今重男轻女的思想之根深蒂固，源远流长。早在《诗经》的时代，就有了重男轻女的观念。我们来看看原文，生了儿子，把他放到床上，穿上华美的衣服，给他晶莹剔透的美玉把玩，谓之“大喜”；生了女儿，把她随便发到地上，盖个包被，给她给个纺车的纺轮玩玩，谓之“小喜”。这就再形象不过的说明了中国社会自古及今的重男轻女思想观念之根深蒂固、源远流长。鲁迅先生在文章中曾揭露和批判过这种重男轻女的做法。甚至有史记载，苏洵在二十六岁其妻生第二胎女儿后，其友刘骥醉后吟“弄瓦”诗来戏谑和调侃：“去岁相邀因弄瓦，今年弄瓦又相邀。弄去弄来还弄瓦，令正莫非一瓦窑？”这说明宋代重男轻女风仍很严重。我们取同时代的资料为证：《东坡集·与朱鄂世书》：“岳鄂间田野小人，例只养二男一女，过此辄杀，尤讳养女，以故民间少女多鳏夫，初生辄以冷水浸杀，其父母亦不忍，率常闭目背面，以手按之水盆中，咿婴良久，乃死。”重男轻女之风，到了经常弃杀女婴的情况。

古代社会由于生产力比较低下，经济状况落后，赋税徭役沉重，在老百姓中不但重男轻女，而且弃杀女婴的现象非常普遍。我们以宋兆林先生《中国生育信仰》中引用的历史资料为证：

《韩非子·六反篇》：“产男则相贺，产女则杀之，此俱出父母之怀衽，然男子受贺，女子杀之者，虑其后便，计之长利也。”

秦代《法律答问》："今生子，子身全毁，毋怪物直以多子故，不欲其生。则弗举而杀也。"①

《南史·刘湛传》："每生女，辄杀之。"

《吕东莱文集》卷一：严州"民间既无避免之路，生子往往不举，规脱丁口，一岁之间，婴驱夭阙，不知其几。"

《南涧甲乙稿》卷二十一《方滋墓志铭》："湖州丁捐最重，至生子不敢举。"

《龟山集》卷三："闽之八州，惟建、剑、汀、邵武民多计产育子，习之成风，虽士人亦为之，恬不知怪。"

王得臣《尘史》卷上："闽人生子多者，至第四子率皆不举，其为资产不足以赡养也。若女则不待三。"

《默堂先生文集》卷十九："不举之子之羽，惟闽中为甚。"

《文定集》卷十三："福建一路，不举子之风最甚。"

郑太和《郑氏规范》："世人生女往往多沦没。"

丘浚《大学衍义补》卷五："浙东有溺婴之风，男子往往三、四十岁而无妻，甚有终身不识女色者。"

清朝《续文献通考·赈恤》："近年广东、浙江、福建、山东省仍有溺婴之风，恐他省亦有所不免。"②

这样导致的结果，除了使底层社会人道主义精神丧失之外，一个最大的恶果便是，男女比例严重失调，男多女少，历史资料证明，中国社会自古及今，男的总比女的多出好几千万。人口长期的生态失衡，是中国社会一贯的一个大问题，在古代社会尤为突出造成了男女无法正常婚配。上述丘浚《大学衍义补》卷五所说的"浙东有溺婴之

① 《睡虎地秦墓竹简》，文物出版社，1988年，第181页。

② 宋兆麟：《中国生育信仰》，上海文艺出版社，1999年，第281页。

风，男子往往三、四十岁而无妻，甚有终身不识女色者。”便是明证。即使到了今天，仍然存在这种情况，同龄男子无法婚配到足额的同龄女子，往往只能从比自己小很多的，甚至是下一代的女子里面去找，社会学家把这种情况叫做“下借”。造成这种情况的原因，主要在于当时中国古代宗法社会早在夏商周时期便确立的父权制男性嗣继法则，后来经过儒家的继承与发展，逐步形成早婚早育、多生多育、重男轻女、多子多福的正统生育观念。

二 道教反对弃杀女婴，追求人口生态平衡的思想

道教作为一种土生土长的社会意识形态和思想资源，其中包含有合理科学的生育思想，对社会生育率有一定的影响和启发借鉴价值。尤其突出的是，建立在道法自然、阴阳平衡哲学思想基础之上的道教，明确主张反对歧视妇女、残杀女婴的陋习，注重人口生态平衡，构建了一种不同于正统儒家社会的富有人道主义正义感的理性生育思想。对于道教坚持人道主义精神，慈悲为怀，反对弃杀女婴的思想，我们准备从道教对这种丑陋现象的深入批判和原因分析及其提出的解决之道三个方面来讨论。

（一）道教对弃杀女婴现象的批判

这种反对弃杀女婴、注重人口性别平衡的思想集中体现在早期道教经典《太平经》里面。《太平经》首先以阴阳平衡理论展开论证：“天地之性，半阴半阳，”① “故男不能独生，女不能独养”②，认为基于天道的阴阳，人类也应该男女婚配生育。孤阳不生，独阴不成。男

① 《太平经合校》，第702页。

② 同上，第149页。

不能独生，女不能独养。男施女化方能传类相生、承继天地之统，否则“绝灭无后，为大凶”，必有因果报应。对此，《钞》丁部《阙题》（据《敦煌目录》疑似《解天鼋九人决》）论述道：

> 男子，阳也，主生；女子，阴也，主养万物。……天下凡事，皆一阴一阳，乃能相生，乃能相养。一阳不施生，一阴并虚空，无可养也；一阴不受化，一阳无可施生统也。阳气一统绝灭不通，为天大怨也。一阴不受化，不能生出，为大咎。天怨者，阳不好施，无所生，反好杀伤其生也。地所咎，在阴不好受化，而无所出养长，而咎人，反伤其养长也。……男不以施生为断天统，女不以受化为断地统。阴阳之道，绝灭无后，为大凶。①

所以，《太平经》对当时歧视妇女、残杀女婴的陋习展开了猛烈批判：“今天下失道以来，多贱女子，而反贼杀之，令使女子少于男，故使阴气绝，不与天地法相应……灾害益多，使王治不得平。”②

“女”字，《说文》训曰：“妇人也。”段玉裁注曰：“男，丈夫也；女，妇人也。立文相对。《丧服经》每以丈夫妇人连文。混言之，女亦妇人；析言之，适人乃言妇人也。《左传》曰：‘君子谓宋共姬女而不妇。’女待人，妇义事也。此可以知女道、妇道之有不同者矣。言‘女子’者，对男子而言，子皆美称也；曰‘女子’，‘子’者系父母而言也。”这里明确指出，“女子”有两种含义：相对男性而言，是对女性的专称；其二，针对父母而言，是专指未成年的女孩子。《太平经》全书中，“女子”一词共出现6次，指未成年的女孩。所以，《太平经》所说的“贼杀女子”，特指杀害未成年的女婴或女孩，而非泛

---

① 《太平经合校》，第220—221页。

② 同上，第34页。

指对女性的残害。[1]

《太平经》认为贼杀女子，将使“阴气绝”，“王治不平”。其曰：

> 今天下失道以来，多贱女子，而反贼杀之，令使女子少于男，故使阴气绝，不与天地法相应。天道法，孤阳无双，致枯，令天不时雨。女者应地，独见贱，天下共贱其真母，共贼害杀地气，令使地气绝也不生，地大怒不悦，灾害益多，使王治不得平。何也？夫男者，乃天之精神也。女者，乃地之精神也。物以类相感动，王治不平，本非独王者之过也。乃凡人失道轻事，共为非，其得过非一也，乃万端；故使治难平乖错也。天地之性，万二千物，人命最重，此贼杀女，深乱王者之治，大咎在此也。[2]

《太平经》是从天人感应的路子上论证的，认为女子代表地的精神，杀女乃是断绝地统，除了使人类男女不交外，更使天地阴阳不交，必然造成灾祸报应。另外，《太平经》说“万二千物，人命最重”，充分体现了道教一贯的人道主义贵生重命的核心伦理观念。道教徒“扫地恐伤蝼蚁命，爱惜飞蛾纱罩灯”，更何况人呢。《太平经》从天谴论的角度继续论述道：

> 然，子说是也，可谓知之矣。今天下一家杀一女，天下几亿家哉？或有一家乃杀十数女者，或有妊之未生出，反就伤之者，其气冤结上动天，奈何无道理乎？故吾诚□□重知之也。夫人各自衣食其力，则令妇人无两心，则其意专作事，不复狐疑也。苦而无功，则令使人意常不和调。此者，乃天性自然之术也。真人

---

① 姜守诚：《太平经：以生命为中心的综合考察》，社会科学文献出版社，2007年，第237—238页。

② 《太平经合校》，第34页。

慎之，无去此书，以付仁贤之君，可以除一大冤结灾害也。①

《太平经》一再强调男女分别承继天地之统，才使得生命传承不息，人类社会持续发展。遗憾的是，“大中古以来，人失天道意，多贼杀之，乃反使男多而女少不足也。大反天道，令使更相承负，以为常俗。后世者剧天下恶过，甚痛无道也。”② 这些无道的人们残杀女子，本来人类生命繁衍本身需要男女性别保持“生态平衡”的，但是这个自然的过程却因为弃杀女婴的行为而无情的打破。“乃反使男多而女少不足也”，人为地性别选择使女性数量急剧减少，从而就使得男性出生相对多于女性，两性数量不均衡，这将直接造成大批成年男性无法寻找到合适的配偶，造成社会伦理纲常的混乱。承负报应，恶性循环，恶恶不止。“故天久久绝其世类也。”③

道教善书中也对溺杀女婴的现象进行了强烈抨击和谴责：

溺女一事，罪孽甚大。迷者不晓，未有警醒之言动其听耳。尔之母亦人之女也。尔之妻亦人之女也。若无女，尔乌得有母，尔乌得有妻。尔杀尔之女，并未杀尔之母与妻。然充尔杀女之心，不啻杀尔之母，杀尔之妻。人伦之祸至此极矣。④

道教中所意识到的男女性别失衡，如前所述，在中国古代已经基本成了常态。

《太平经》论述了人类这种短浅目光的恶果报应：

夫人者，乃天地之神统也。灭者，名为断绝天地神统，有可伤败于天地之体，其为害甚深，后亦天灭煞人世类也。为人先生

① 《太平经合校》，第34页。
② 同上，第36页。
③ 同上。
④ 《全人钜镬》，《藏外道书》第28册，第400页。

祖父母不容易也，当为后生者计，可毋使子孙有承负之厄。……所以然者，乃为后生计也。①

并论述“孤阳无阴”的严重后果：

三阳者应天阳地阳人阳。三尽阳也，无一阴……三尽男也，无一女；名为灭亡之路，无后之道也。不敢复传类，不而复相生成，故凶也。②

（二）道教对弃杀女婴原因的分析

那么，中国古代社会长期弃杀女婴的社会原因是什么呢？原因大致有二。其一，由于多子女养不起，故实行杀婴，而贫困又源于封建社会赋税太重，苛政剥削。在溺杀女婴最严重的宋代，范成大《宋会要·食货》卷十二中分析到：“丁钱太重，遂有不举子之风。”留正《皇宋中兴两朝政变》卷二十二：“生子女例不举，诚有赋役繁重。人不聊生所致也。”吴曾《能改斋漫录》卷十二：“虽至穷下之家，但有二丁，则以一丁催科，既力所不办，又无以偿补，类皆卖鬻之女，狼狈于道……”，“差役之法，不及单丁，比年以来，欲免徭役者巧伪滋生，或亲在而析居，或子生而补举，唯恐其丁之多也”。赋税过重，劳动人民“人不聊生”，无法生存，自然危及婴儿生命，“类皆卖鬻之女”，从而有杀子之风。其二，民间传统观念认为生子既可当劳动力，支撑家业，又能娶妻生子，继承父系制家庭。而生女则为赔钱生意，甚至民间势利小人把女孩叫作“赔钱货”，遂出现重男轻女，进一步刺激了弃杀女婴的陋习。《颜氏家训》卷一载到：“若生女者，辄持将去，母随号泣，莫敢救之，使人不忍闻也。”由于男多女少，使两性

① 《太平经合校》，第80页。

② 同上，第670页。

比例严重失调，危及婚姻关系。①

《太平经》也深入分析了弃杀女婴的原因。其云：

> 无可复让，此乃天自然之法也。然天下所以杀女者，凡人少小之时，父母自愁苦，绝其衣食共养之。非独人也，跂行亦皆然。至于老长巨细，各当随其力而求衣食，故万物尚皆去其父母而自衣食也。贤者得乐，不肖得苦。又子者年少，力日强有余。父母者日衰老，力日少不足也。夫子何男何女，智贤力有余者，尚乃当还报复其父母功恩而供养之也。故父母不当随衣食之也。是者名为弱养强，不足筋力养有余也，名为逆政。少者还愁苦老者，无益其父母，父母故多杀之也。今但为乏衣食而杀伤之，孰若养活之者，而使各自衣食乎？真人！是诚冤绝地统，民之愚甚剧也。②

《太平经》的分析结论是，子女在年少之时，得到父母的衣食供养，女子成年之后嫁与他人，对父母无贡献，所以他们不愿意抚养女婴。另外，部分仍未出嫁的女儿，在父母在年老需要供养之时，不能从事生产劳动及时供养父母，仍需父母供养，“是者名为弱养强，不足筋力养有余也，名为逆政”。总之一句话，就是社会生产力低下，劳动人民物质资源及其匮乏，生存几成问题导致的结果。但《太平经》认为，父母子女之情是天地人伦之至，不能因“乏衣食”而“杀伤之”，这种违背伦常的不人道行为就是“大逆甚无道也”，真可谓禽兽之举。卷35《分别贫富法》又进一步劝诫到：“夫父母与子，极天下之厚也，不得困愁焉，不宜杀之也。毋乃杀其子，是应寇贼之气，

---

① 宋兆麟：《中国生育信仰》，上海文艺出版社，1999年，第281页。

② 《太平经合校》，第34—35页。

大逆甚无道也。”[①] 弃杀女婴是对性别的后天选择，这是以弃养或扼杀等残忍方式来达到人为控制子嗣性别之目的。无论古时还是现代，这种现象若任其蔓延都将导致严重后果：除前述因男女性别比例失衡而造成男性择偶困难及相关社会问题外，扼杀亲子行为本身有悖伦常，对人类社会的道德理念也会造成强烈冲击。

（三）道教对弃杀女婴的解决之道

《太平经》提出一种解决方案：嫁女“就夫”。也就是说，主张女子适时嫁人，与夫家一起劳作生产、操持家务，凭借自己的劳动获取衣食等生活必需品。如卷35《分别贫富法》云：

> 夫女者无官，女之就夫，比若男子之就官也，当得衣食焉。女之就夫家，乃当相与并力同心治生，乃共传天地统，到死尚复骨肉同处，当相与并力，而因得衣食之。令使贤且乐，令使不肖者且苦。比若土地，良土其物善，天亦付归之；薄土其物恶，天亦付归之；不夺其材力所生长也。天地尚不夺汝功，何况人乎哉？如是则凡人无复杀其女者也。[②]

“宫”指幽闭之义，在此泛指独身。《太平经》认为女子成年后仍守身独处不符人伦之情，应该适时嫁人就夫，“当得衣食焉”。二人共同如骨肉般劳动生活，生儿育女。《太平经》提倡自食其力，使得妇人安心操持家务：“夫人各自衣食其力，则令妇人无两心，则其意专作事，不复狐疑也。……可以除一大冤结灾害也。”[③]《太平经》倡导女子学习本领，谋得衣食生存。其曰：“然，夫好学而不得衣食之者，其学必懈而道止也，而得衣食焉，则贤者学而不止也。当使各有所

① 《太平经合校》，第35页。
② 同上。
③ 同上，第36页。

利，不当使其还反相愁穷也。”①

《太平经》用宗教神学惩恶扬善的原则对芸芸众生进行震慑劝诫，并企图来改变这种状况：

人生皆具阴阳，日月满乃开胞而出户，视天地当复长，共传其先人统，助天生物也，助地养形也。今天地神信此家，故天地神统来寄生于此人，人反害之，天大咎之，而人不相禁止，故天使吾出此书以示后世也。事已发觉，而复故为者，名为故犯天法，其罪增倍，灭世不疑。真人慎之，自励自励！②

今天师为王者开辟太平之阶路，太平之真经出，为王者但当游而无事，今是伤女为其致大灾，当奈何之乎？

善哉，子之问也，得天心矣。然天下所以贱恶女者，本恶过在其行。

何谓也？愿闻之，试得记于竹帛，万万世不敢去也。

善哉，子今能记之，天下无复杀女者也。

唯唯。愿记之，以除帝王之灾，吾所乐也，以救冤女之命。

善哉，子已得益天算矣。

何谓也？

然，活人名为自活，杀人名为自杀。天爱子可为已得增算于天，司命易子籍矣。

不敢也，不敢也。③

《太平经》认为人的出生，乃是天地神灵寄生于凡夫俗子的肉身的，如果天地神灵发觉人类如此残害女子时，则会严加惩罚的，“其

---

① 《太平经合校》，第36页。

② 同上，第34页。

③ 同上，第36页。

罪增倍，灭世不疑”。但是对于能牢记天师教诲，“以救冤女之命”的有功德之人则增其“天算”，得到善报。《太平经》认为，杀婴之行为若获遏制不仅能有效改良民风，更有助人类种族之延续，还能成就“大乐”之境：“夫女，今得生不见贼杀伤，故大乐到矣。”① 这将是一个圆满的理性结果。

值得一提的是，这种违背伦常的丑陋的溺婴行为，都是秘密进行的，是受到舆论的非议的，我国历代朝廷也是反对的。例如，秦简《法律问答》：“擅杀子，黥为城旦，其子新生而有怪物其身及不全而杀之，勿罪”。正常婴儿遇杀，绳之以“黥”法，即古代在人脸上刺字并涂墨之刑，《说文》谓“墨刑在面也。”说明处罚比较严重。近代对于杀婴更加深恶痛绝，《点石斋画报》上有一幅“溺婴示报”，就是明确反对溺婴的。社会上也曾经流行戒杀女婴民谣，例如：

生男与生子，怀抱一而已，
生男则收养，生女则不举。
吾闻杀女时，其苦状难比，
胞血尚淋漓，有口未能语。
咿嘤水盆中，良久乃得死，
吾今劝世人，勿轻杀其女。
荆钗与君裙，未必能贫汝。②

这首民谣，认为男女是一样的，劝说世人不要杀女婴，文中说杀了女婴也摆脱不了贫困。在重男轻女的封建社会里，这种观点是相当先进和人道的。遗憾的是，就是到了二十一世纪的今天，这种重男轻女的思想仍未绝迹。

---

① 《太平经合校》，第35—36页。
② 褚人获：《坚瓠集·戒杀女歌》，浙江人民出版社，1986年，第178页。

综上所述，道教强烈反对弃杀女婴，反对儒家生育观所形成的重男轻女思想，注重人口的性别平衡和生态平衡思想，对于建立新的生育文明有其借鉴价值和重大意义。

第五章　道教生育神灵信仰的内容、嬗变及其社会影响

所谓道教生育神灵，是指相对于诸如太上老君、元始天尊等一般性的全能神灵而言，在道教中专门以祈嗣护胎、保婴护产、护佑妇婴等生育事项为职能的神仙崇拜。

我们在探讨了道教生育思想的理论基础后，理解了道教生育思想建立在其丰富的贵生重命的生命哲学和神学信仰的基础之上。而无论是其优生优育的护理禳解思想，还是其基于节欲宝精、羽化成仙的修炼目的而在客观上形成的注重人口生态平衡的思想，都是建立在其神灵信仰的宗教神学基础上的。而这些带有浓厚宗教神学色彩的优生优育禳解护理功能的成功实现，是以生育神灵信仰的长期而持久的崇拜为其前提的。如果没有这些具有孕育祈子、安胎催生、驱邪护佑职能的或专业或全能的生育神灵做为信仰前提的话，那么这一切的符咒斋醮等禳解之术都会成为无源之水、无本之木。那么我们自然会问，道教生育神灵信仰的主要内容是什么？这些生育神灵的职能发生了哪些历史嬗变？而这些生育神灵信仰具有什么样的社会影响及其社会意义？这些都是本章我们要着力予以深入探讨的思想内容。

第一节　道教生育神灵信仰的渊源和内容

正如马克思在《德意志意识形态》中指出："任何人类历史的第一个前提无疑是有生命的个体的存在。"[①] 人口的生产，或者说种的繁衍，对于人类社会的正常运行和持续发展是前提性的条件。但早期先民们对于生育非常困惑不解。宋兆麟在《中国生育信仰》中把人类对生育的认识分为三个发展阶段：史前的幻想性认识、上古和中古的经验性认识、近代的科学性认识。[②] 限于科学认识水平，原始先民们对于生育现象不能正确的予以解释，他们不知道生育是男女交合，精子和卵子结合的结果，因而认为人是由物生，或者感于神灵而孕。他们无法理解这个神秘的原因，往往将其归结于神灵的力量。于是出现了各种各样的生育神灵崇拜。从早期的地母崇拜和始祖女神，到后来具有孕育祈子、安胎生产、祛疾护儿等等不同功能的各种生育神灵，特别是道教生育神灵，都构成了人类文化思想史上一道独特的风景，值得深入探讨。而要深入探讨道教生育神灵信仰的思想内容，就让我们从它的思想源头地母信仰、始祖女神崇拜和高禖信仰说起。

一　道教生育神灵信仰的渊源

道教生育神灵信仰的源头在于人类早期的地母信仰、高禖信仰和始祖女神崇拜。在农业社会里面，土地是最为重要的生产资源。它不

① 马克思：《德意志意识形态》，《马恩选集》第4卷，人民出版社，1972年，第2页。

② 宋兆麟：《中国生育信仰》，上海文艺出版社，1999年，第117页。

仅为我们提供了衣食生存资源，还未我们提供了比较安定的定居生活。它是人类最大的依赖对象。在万物有灵的原始社会，人们也把土地当神灵一样来看，因而自热而然的产生了地母崇拜。卡纳西说道："对于那些开始以农业生产为主要生活来源的原始部落来说，除了天上的神灵之外，土地就成为最重要的崇拜对象。"① 由于土地如同母亲生儿育女一样，孕育出万物，加上阴阳五行学说兴起后，天为阳，地位阴，所以，人们自然把土地当做地母崇拜。人类以天地为配偶，孕育万物的思想由来已久。我们从古籍中来予以证明。《汉书・礼乐志》有《郊祀歌》曰："后土富媪，昭明三光，穆穆优游，嘉服上黄。"张曼注曰："媪，老母称也，坤为母，故称媪。海内安定，富媪之功耳。"这首"郊祀歌"中把给我们提供生存资源的土地比作"富媪"。而在诸如《周易》等许多文化典籍中，则把地母和天父对应想称，《易・说卦》曰："乾，天也，故称父；坤，地也，故称母。"因为，《易・序卦》曰："有天地，然后有万物。"在《礼记》则秉承天地为配偶，交合孕育万物，《礼记・郊特牲》："天地合而后万物兴焉。"《礼记・哀公问》曰："天地不合，万物不生。"《泰卦・象辞》曰："天地交而万物通也，上下交而其志同也。"就连君子之道也是源于天地之道，《中庸》曰："君子之道，造端于夫妇，及其至也，察乎天地。"天地交合，不但孕育了万物，当然，还生育了人类。《抱朴子・释滞篇》曰："女娲地出。"说的是女娲是由土地生育产生的，然后女娲抟土造人。

让我们再来看看古代一位影响深远的生育女神高禖。在古代，上巳节或三月三日人们祭祀一位非常重要的生育主宰之神——高禖。那么高禖是谁呢？有认为高禖是简狄的，例如郑玄注的《礼记・月令》；

① 卡纳西：《性崇拜》，湖南人民出版社，1988年，第30页。

有认为伏羲是高禖的，如孔颖达所注的《礼记·月令》；而《路史·余论》中以女娲为高禖神，蔡邕注的《月令章句》中认为祖先即是高禖神，近代学者郭沫若在《释祖妣》中以男根为高禖神。[①] 高禖，最初称为郊禖，以供奉于郊外而得名。禖通媒，又来自腜。《说文》释曰："腜，妇始孕腜兆也。"说明早初的高禖当是一位怀孕的成年女性。由此可见高禖确为掌管生育的女神。

三月三日祭祀高禖，在古代已成定仪。例如，王羲之《兰亭集序》云："永和九年，岁在癸丑，暮春之初，会于会稽之兰亭，修禊事也。"杜甫《丽人行》曰："三月三日天气新，长安水边多丽人。"关于高禖较早的记载见于《礼记·月令》："是月也，玄鸟至，至之日以大牢祈于高禖，天子亲往，后妃率九嫔御，乃礼天子所御，带以弓韣，授以弓矢，于高禖之前……。"最早记载设祠供奉高禖当见于汉武帝生了戾太子之后。[②] 做为祭祀主要的生育女神——高禖的上巳节，其促进生儿育女，子息繁衍的目的再明确不过了，它得到了官方的有力推动，加上民间的虔诚，遂汇成一股求偶求子、野合交媾的狂欢节。正如宋兆麟先生总结道："上巳节必须祭祀生育之神，其目的是求偶、求子、野合、交媾巫术，都是这种用意。不过，越古朴的三月三，越带有实用性，后来才较多地渗入了娱乐性的活动。"[③] 这些都充分说明了高禖信仰是发端于生育的目的的。

早期的所有神灵，除了地母信仰和高禖崇拜之外，还活跃着一批传说生育了人类最早的祖先的女神，我们把她统称为始祖女神。既然我们是由女娲抟土造出来的，那么，女娲，便是我们中国最负盛名的

① 详见宋兆麟：《生育神与性巫术研究》，文物出版社，1990年，第25页。
② 郭立诚：《中国生育礼俗考》，文史哲出版社，民国68年（1979年），第1页。
③ 宋兆麟：《生育神与性巫术研究》，文物出版社，1990年，第30页。

始祖女神了。女娲，取音于瓜，或娃娃的叫声。[1]《说文》曰："女娲，古之神圣女，化万物者也。"女娲早于伏羲出现，后与伏羲结为夫妇，孕育人类。女娲除了炼石补天之外，便是充当了最早的生育神灵，来抟土造人，充当媒神。《太平御览》卷 78 引《风俗通》曰："俗说天地开辟，未有人民。女娲抟黄土作人，剧务，力不暇供，乃引绳于絙泥中，举以为人。故富贵者，黄土人也；贫贱凡庸者，絙人也。"我国最早的媒神，或者生育之神，当属女娲。《路史·后妃二》曰："女娲祷祠神，祈而为女媒，因置昏姻。"又曰："以其（女娲）载媒，是以后世有国，是祀为皋禖之神。"《余论二》："皋禖古祀女娲。"这都充分的说明了"涂山氏女娲是夏人的先妣，又是夏人的高禖。"[2]

值得一提的是，虽然女娲是最早的始祖女神，但我国古代始祖女神还有很多，例如，西王母、羲和、雒嫔、女夷、女岐、华胥、女登、附宝、嫘祖、庆都、女皇、登比氏、娥皇、女枢、女嬉、简狄、姜嫄、女脩等等。她们，一起构成了传说中孕育了人类的祖先。

二　道教生育神灵信仰的内容

道教的生育神灵信仰也是"杂而多端"的，因为它综合吸收改造了早期的生育神灵和来自于民间传说中的生育神灵。经过漫长的历史演化，我们现在所看到的道教生育神灵，多数都是比较晚近才吸收改造成的生育神灵。而这些生育神灵，则在信众的日常生活和教团的施法传教活动中起着至关重要的作用。我们在前面道教的优生禳解法术

---

① 杨堃：《女娲考》，《民间文学论坛》，1988 年第 6 期，第 34 页。

② 宋兆麟：《生育神与性巫术研究》，文物出版社，1990 年，第 6 页。

中，看到了几乎每一次符咒护理或者斋醮科仪活动，或者向神灵上奏章表祈求佑助，或者请天医治病，都是以迎请或者存想诸多神灵仙真为前提的。而那些神灵仙真，有综合性的道教神灵，如太上老君，救苦天尊，等等。当然也有专业性的生育神灵，如陈靖姑、王母娘娘等等。

道教中专司生育的神灵，比较重要的有碧霞元君、王母娘娘、张仙、保生大帝、临水夫人、妈祖等，还有床公床母，以及痘神。我们下面逐一探讨这些生育神灵的形成过程、神职演变和其具体的生育信仰内容。

（一）碧霞元君

碧霞元君曾经一度是北方最为重要的生育女神。碧霞元君为道教尊神，传说为东岳大帝之女。据《山东通志》等书所载，宋真宗（998—1022 年在位）在泰山封禅之时，曾经在泰山玉女池内洗手，见有一小石人浮出水面，遂认定为古碧霞元君像，即刻命有司建祠安奉，封为“天仙玉女碧霞元君”号为“圣帝女”。据文翔风《登泰山记》、王思任《泰山记》等文献记载，碧霞乃汉明帝（58—75 年在位）时人，孙宁府奉符县石守道之女。道教认为元君应九炁以生，受玉帝之命，登位天仙，统摄岳府神兵，照察人间善恶。其中也主宰生育，而且是北方最大的道教生育神。

据说她生而貌端聪慧，三岁能解人伦，七岁始闻道法，尝礼西王母。十四岁，忽然感应了王母的教诲，后入山，得到曹仙长的指引，如天空山（泰山）黄花洞修炼，三年而丹成，“元精发而光显”。其出生时间，为“中元七年甲子（64）四月十八日”。[①]

我们再看民间对于碧霞元君的崇拜盛况。碧霞元君的本宫在泰

---

① 詹石窗：《道教与女性》，宗教文化出版社，2010 年，第 69 页。

山，北方各地都有供奉。北京的妙峰山就供奉碧霞元君，香火极盛，每年四月八日有盛大庙会。王沄《漫游记》卷三曰：“自元君之祀兴，而始有香税，先朝税额岁一万六千金，以六千金供上，其赢皆贮州库，备地方不时之需。往时四方承平，香火络绎，税额之外，常赢数倍，又有掷施钱帛及金银为男女形者充殿中……。”这里所说的“男女形者”就是庙里制作的金银娃娃，是人们得子后还愿、寄子时用的。《日下旧闻考·风俗》亦载道：“四月八日，燕京高梁桥碧霞元君庙，俗传是日神降。倾城妇女，往乞灵，祈生子。”在有些北方的碧霞元君庙内，还配以送子娘娘，协助元君管理生育。《中华全国风俗志》下篇卷五引《寿春岁时记》记载到：“三月十五日烧四顶山香，山在八公山东北，离城乡约七里余。山上有庙宇数十间，塑女神曰碧霞元君，俗呼为泰山奶奶，奶奶殿侧有一殿，并塑一女神，俗称送子娘娘。庙祝多买泥孩子置于佛座上，供人抱取，使香火道人守之，凡见抱取泥孩者必向之索钱，谓之喜钱。抱泥孩者，谓之偷子，若偷子之人果以神功者得子，则须买泥孩为之披红持彩，鼓乐送之原处，谓之还子。”由此可见，民间多把碧霞元君当做求子护产的神灵来崇拜。

道教典籍中有很多关于碧霞元君的思想资料。在《道藏》的《东方九炁青天青文》中云：“东方九炁，始皇青天，碧霞郁垒，中有老人，总校图箓，摄炁举仙。”在《道藏》中，还有一部直接叫做《碧霞元君护国庇民普济保生妙经》的典籍①，原经首先渲染了碧霞元君升座讲经的情景：

尔时，元始天尊驾幸始青上境，碧玉琼台升自然百宝法座，为诸侍真说一元妙化至玄上道。

是时，天尊光暎万天，仙乐自鸣。天花遍满，异香飞扬。诸

① 《碧霞元君护国庇民普济保生妙经》，《道藏》第34册，第744页。

天诸帝，三界群真，云集台下。作礼既毕，环拱座前，咸听说法。时有五岳献花，四渎贡宝。班集中有一真人，名曰郁罗，出班端跪，上白天尊曰：臣昔宿何缘，得侍玉陛。幸闻至道，深荷恩慈。治化所司，愚怀未悟。切以下界生民，生生化化，各有神司，判注天人，悉由东岳碧霞元君，亦主泰山，证位缘何，愿闻道因。①

接着碧霞元君批判了世间种种不道德的行径，并告诉真人如何察照和应验：

天尊曰：善哉斯问，汝复其位，吾为宣说。天地既判，五岳奠方，万物生春，万化始东，东岳注生，燮理元工。上古生人，禀性贞良，克全忠孝，生而多寿，死而径生，元无愆衅，无复幽冥，不失本真，往生善道。末世人民，行违古道，心生巧术。不忠君王，不孝父母，不敬师长，不友兄弟。恃强凌弱，妄行争夺。杀盗奸淫，亵渎三光，不惧神明。及有妇女，罔知宿世因缘。今受如是身命，不自悔悟，妄起贪嗔。欲富憎贫，怨天恨地。侮慢公姑，欺辱妯娌。忍为不仁，作践儿女。淫祀邪神，暗行咒诅。为恶种种，报对无停。是时元君已证太一青玄之位，观见众生受此沉沦，悲慈不已。为化女流，普度群生。于四月十八日，分真化炁，现是慈颜。陟降泰山，静居上境，复炼元真，功周亿劫。慈光洞照，遍彻幽微。应九炁以生生，体一元而化化。神功莫测，浩德难量。惠溥天民，倾土皈仰受命玉帝，证位天仙，统摄岳府神兵，照察人间善恶罪福，照报感应速彰。

真人稽首问曰：奸人巧诈，口是心非，何由照察？

---

① 《碧霞元君护国庇民普济保生妙经》，《道藏》第34册，第745页。

天尊告曰：人之元神，禀受于天，善恶初萌，神明耶照，虽处幽隐，心迹自露。举一善念，昭显若光之影。人不能见，神已鉴之。即有掌善之神，记于善籍。举一恶念，响应如谷里之声。人不能闻，神已闻之，即有掌恶之神记于恶籍。善恶之作虽殊，感召之速则一。

真人再拜问曰：报应验，亦未得闻。

天尊告曰：神圣功用，无有声色，但假人事，默寓神机。凡人动作之际，遭逢善事，是为善报。遭逢恶事，是为恶报。或遭车马舟航之沉落，或遭猛火洪水之焚溺，或遭刀兵劫贼之横诛，或遭虎狼虫蛇之毒啾，或遭官司牢狱之刑囚，或遭鬼祟邪精之缠害，或遭瘟痨疗之弗痊，或遭凶曜恶星之临照，或遭蛊毒药毒之伤残，或遭非命横亡之促暴，一切苦厄，虽系遭逢，皆由恶因，致罹斯苦。亦有为善之人，而遭不善之事，必遇善人解释，是为神护。莫言五逆十恶之人，见履安福，各有本属司命土地，会合社令城隍，里域神司，告闻所隶岳主，录奏玉帝。敕令火部雷司，勘验真明，候时诛罚。帝尝有命，行下斩伐判逆大神，巡行人世。如有谋弑父母尊长者，事虽未形，心已萌恶，即行显戮。魂下酆都，加诸苦罪，不得赦原。善男信女，命终之后，不见地狱，径生天堂。若生人间，则居中国，为男子身。聪明富贵，而获寿年。①

在这里，碧霞元君讲到了因果报应的思想："凡人动作之际，遭逢善事，是为善报。遭逢恶事，是为恶报。"即我们所说的善有善报，恶有恶报。碧霞元君接着讲道：

---

① 《碧霞元君护国庇民普济保生妙经》，《道藏》第34册，第747页。

真人问曰：善恶往因，昭报于世，何以见之？

天尊曰：欲知往生，当观今生。欲知来世，当观今世。今若生于王宫国戚，侯门臣室，及于清闲福地，身心不劳，安乐康荣，此是三世良因。今世虽或生于人中，眼目盲坏，疮毒缠身，不得安愈，乞丐道途，不刑自痛，泣地号天，此是往生不敬天地三光，不信三宝，诽谤经文，今受斯报。或腐唇阙鼻，手挛足跛，人所憎弃，此是往生呵风骂雨，毁骂父母公姑，倚仗血气，凌烁平人，今受斯报。或遭产难，不顺分娩，或子存母丧，或母子俱亡，此是往生揉堕胎婴，抛弃儿女，残误托生，今受斯报。或痴聋暗哑，难听难言，此是往生巧运心机，哄痴愚，今受斯报。或衣不护寒，食不济馁，死于沟壑，暴露尸骸，此是往生不惜五谷，作贱绫罗，今受斯报。或为女流，生于卑贱之中，及遭寇夷虏掠者，此是往生倚恃凶强，奸欺良善，今受斯报。种种果报，说不可尽。俱系前因，判注无错。若不悟悔前非，断恶修善，复生于鳞介毛羽、爪牙蹄角之类。其中多受鞭挞，屠割烹煎，复化微虫，难复人身。真人闻是恶报，稽颡拜曰：下民无知，一如赤子。以何熏修，得免斯报，伏望天慈恩广好生，开明善道。①

这里碧霞元君一开始即亮出了基本看法：“欲知往生，当观今生。欲知来世，当观今世。”今生的种种惨状，都是承负往生罪孽所致。同样，今生恶行，来世必将“复生于鳞介毛羽、爪牙蹄角之类。其中多受鞭挞，屠割烹煎，复化微虫，难复人身。”这种恶报善报，表现在生育方面，其理亦然。碧霞元君讲道：“或遭产难，不顺分娩，或子存母丧，或母子俱亡，此是往生揉堕胎婴，抛弃儿女，残误托生，

① 《碧霞元君护国庇民普济保生妙经》，《道藏》第34册，第748页。

今受斯报。”许多妇女遭遇这样那样的产难，都是因为往生随意堕胎毁婴，抛弃儿女所遭的报应。该经还写到了碧霞元君的护国庇民的善行：碧霞行满十方，功周亿劫，位证天仙之号，统岳府之神兵，掌人间之善恶，寻声赴感，护国救民，功德圆满。①

（二）王母娘娘

王母娘娘是影响巨大的生育神灵。王母娘娘，又称为西王母、金母、西姥，中国古代的女神，本来王母娘娘是驱疫、刑罚之神。因为道教典籍的《汉武帝内传》里面写了她赐蟠桃给武帝的情节，后来文艺作品里面始有了王母娘娘设蟠桃会大宴群仙的故事，会上诸仙祝寿。民间则在蟠桃会上进行求子。求子者到宫中拜神烧香，然后从桌子上走男孩或者女孩，以五彩线拴住，俗称作“拴娃娃”。当求子妇女一出门，第一道门，道士祝道：“愿你早生贵子!”妇女必须付钱致谢，而且“多钱多生子”。到了第二道门，道士又拿出小孩衣服说道“请施主为贵子穿衣”，于是妇女又必须付钱购买小孩衣服。所以，王母娘娘一直被当做求子的神灵供奉。

顺便一提的是，王母娘娘在道教中，还被当做房中术“养阴得道之人”而尊奉，例如：

> 《玉房秘诀》云：“冲和子曰：‘非徒阳可养也，阴亦宜然。西王母是养阴得道之人者也，一与男交而男立损病，女颜色光泽，不著脂粉，常食乳酪而弹五弦，所以和心系意，使无他欲。’”又云：“王母无夫，好与童男交，是以不可为世教，何必王母然哉。”②

当然，这里所说的王母娘娘，即是假托王母宣扬房中之道而已。

① 詹石窗：《道教与女性》，宗教文化出版社，2010年，第69页。
② ［日］丹波康赖：《医心方》，第636页。

受道教造神运动的宣传，加上民间的热衷，王母娘娘一直被当做祈求子嗣，护佑生育的神灵来崇拜和祭祀。

西王母《中国迷信》

图1　王母娘娘

（三）张仙

张仙是后来兴起的男性一位生育神仙。《道教大辞典》解释道："世传为送子神，其像挟弹弓，作贵者装。"① 《续文献通考》说道："张远宵，眉山人。宋时游青城山，有四目老人，传以弓弹，谓能避疫；并授以度世之法。远宵奉而修之，旋常往来邛州挟仙楼，以挟弹为人家击散灾难，甚着神效，人因称为张仙，或呼张四郎，敬之如神，后民间多绘其像，悬以祀，谓能避邪，又可令人有子云。"② 这

① 《道教大辞典》，华夏出版社，1994年，第543页。

② （明）王圻：《续文献通考》，文海出版社，1984年，第327页。

些资料都说明了张仙是被当做生育神灵来加以崇拜的。

对于张仙送子的起源，学术界目前看法不一。有人认为张仙是从孟昶《挟弹图》演变发展而来的。例如：《破除迷信全书》卷六："张仙本是世俗家庭间所供奉的一位贵神，每逢新年就在画像前贴上一副对联，联语有：'打出天狗去，保护膝下儿。'横额上也写有"子孙绳绳"等等的吉祥话。社会上所卖的画像，不过三二文一张，像状则穿着马褂，绿大袍，携持弓弹，作向空中弹天狗的姿势。"在民俗学资料中，还保留张仙送子风俗。其中的张仙画像，为一弯弓射天狗的男子，旁绘五子，曰"麒麟送子""五子登科"云云。民间经常把小孩夭折或妇女不育归结为"天狗星"所吃，认为张仙能驱赶天狗，送来子女。因此夫妇不育或孩子夭折之家常常供奉张仙神像。必须供献五个面球供天狗星吃饱，然后它就不吃小孩了。《集说诠真》中记录的一则民俗资料能够证明张仙过去常备民间供奉："至今城内锄犁掘土者，常得其弹子，上有红点，坚实异常，相传女子佩之生子。"有人说这是"无稽荒诞"。《点石斋画报》之《抛童子会》亦云："西蜀风俗以三月三日有入庙求嗣之举。因此各庙名优演剧以妥神灵而昭盛举，其最热闹者则有抛童子会，会中首事人衣冠严肃，用金漆木盘盛木刻彩画童子三尊恭送至戏楼，择梨园子弟之美秀者扮作昶，以报之也。人以二郎挟二弹者即张仙，误也。二郎乃逸词，张仙乃苏老泉所梦仙，挟二弹，以为诞子之兆，固奉之，果得轼、辙二子。"这段资料认为张仙来源于苏洵感梦所得苏轼、苏辙二字，后来祀之。这很可能也反映了人们对于三苏的文章盖世和家族兴旺的一种艳羡。也有人认为张仙乃张远宵之变。《通俗篇》曰："郎瑛《七修类稿》：张仙名远宵，五代时游青城山得道者，苏老泉曾梦之，挟二弹，以为诞子之兆，老泉奉之，果得轼、辙，有赞见集中。"《集说诠真》亦云："《蜀敬》载：眉山张远宵寓居邛之崇真观，常持竹弓铁弹向空中打。人问之，曰：‘打天上孤辰寡宿耳。’至今城内锄犁掘土者，常得其弹子，上有红点，坚实异常。相传女子佩之生子。”还有人认为张仙为宋代帝王所梦见之神。《历代神仙通鉴》卷一九曰：“帝昼寝，见一美男子粉面五髯，挟弹而前，曰：‘君有天狗守垣，故不得嗣。赖多仁政，予为弹而逐之。’帝请详其说，曰：‘予桂官张仙也。天狗在天掩日月，下世嚼小儿，见予则当避去。’帝顿足而觉，即命图像悬之。”《集说诠真》：“仁宗梦见挟弹者，自称为张仙，阻止天狗嚼吞小儿。”《陔余丛考》卷三五《张仙》经过考证后认为：“蜀中本有是仙，今所画张弓挟弹，乃正其生平事实，特未知何以为祈子之祀”“据说后蜀亡后，其花蕊夫人入宋宫，带去张仙像，其像遂遍及中原”[①]。许多文献认为妇女生育子女的大敌是天狗，“天狗守垣，故不得子”，因而以弓弹射击，是一种民间常用的巫术方法。[②] 所有这些资料，都充分说明了张仙崇拜的求子生育目的。

张仙送子《中国神像剪纸》

图 2　张仙送子

---

① 宗力、刘群：《中国民间诸神》，河北人民出版社，1986 年，第 844 页。

② 宋兆麟：《中国生育信仰》，上海文艺出版社，1999 年，第 173 页。

（四）保生大帝

保生大帝，是流行于闽台的为生育男神。历史上确有其人。保生大帝，原名吴本，乾隆《泉州府志》卷六十五：“吴本，同安人，生太平兴国四年。不茹荤，不受室，业医济人。无贵贱，按病受药，如矢破的，或吸气以饮，虽奇疾沉疴立愈，景祐年间卒。”历史资料反映，吴本字华基，本位福建同安县积善里白礁村人，现在属漳州龙海县。一生从医，信奉道教，景祐三年五月二日上山采药坠崖身亡，当地民众感激吴本平时治病送药，称其为花桥公、吴真人。历代统治者也加封不止，宋徽宗崇宁年间封加为他为宁真君，后来又加封他为忠显侯、英惠侯、康惠侯、灵护侯、正祐公、冲应真人，明代永乐年间加封他为保生大帝。闽台将其奉为地方神，并在其诞日举行隆重祭祀，抬神巡境，逐疫求安。黄景昉《温陵旧事》载道：“神皆四舁，唯通关大帝、花桥吴真人、南门天妃，……吴真人巡游独多，至数百人。”其间还要举行龟卜、扶箕、乞火等等活动，从保生大帝处讨祛疾、祈求平安。

保生大帝《中国传统版画》

图 3　保生大帝

（五）临水夫人

临水夫人又名为进姑、靖姑、陈夫人，是闽台地区的女神，台湾又叫注生娘娘。“该地区都很崇拜该庙主神陈夫人，生产之时都要供奉夫人的画像。等到平安生下婴儿，在洗儿日，才向画像拜谢，把它焚化，可见就是这样，昔时的人才把陈夫人看做专司生育的神，而称她为注生娘娘，所谓注生，是执掌生育之事。”① 在许丙丁《小封神》中，认为注生娘娘下属十二位婆姐。主要有注生婆姐陈四娘、监生婆姐阮三娘、养生婆姐高四娘、守胎婆姐许大娘、转生婆姐李大娘、护产婆姐许大娘、注男女婆姐刘七娘、送子婆姐马五娘、安胎婆姐林一娘、养生婆姐高四娘、抱子婆姐卓五娘等。

关于临水妇人，我们在这里有必要做一较为详细的交代。因为临水妇人的道派归属问题，在学术界较有争议。宋兆麟在《中国生育信仰》和《生育神与性巫术研究》中都把她归为民间信仰中的生育神灵。也有学者根据《闽都别记》中的记载认为她属于佛教生育神灵。该书记载道：

闽国时期，巡检宋忠奉命修造泉州洛阳桥，可是钱粮却无着落观。观音菩萨便化为一个美丽的女子乘船出游洛阳江，声称不管哪一位男人只要能够用金钱投到她身上，她便嫁给他为妻。这下子引出无数公子王孙都来投掷金钱，可惜开头都没有人能够投中，而留在船上的金钱都成了建桥的资金。最后，一位姓王名小二的卖菜青年终于投中了彩船中的女子，这女子一刹那却化为轻烟消失了。王小二愤愤不平而自杀。后来，观音菩萨让王小二投

① 廖毓文：《台湾神话》，生生出版社，1967年，第118页。

胎转世为刘掏，与此同时，观音菩萨又弹指血而化为陈靖姑。[1]

按《闽都别记》这个说法，临水夫人陈靖姑乃观音菩萨所化，理所当然归属于佛教。著名道教研究专家、福建厦门人詹石窗先生经过认真考证，从不同于《闽都别记》的《榕荫新检》卷六之《晋安遗志》，结合《王姥行罡》和《正统道藏》等典籍，最终认为临水妇人当属道教生育神灵。[2] 詹石窗先生在《临水妇人的道派归属与社会影响》一文中引述《晋安逸志》叙述如下：

> "陈靖姑，闽县人，五世好道。靖姑少孤，与其兄守元力田牧畜。"这部志书还描述，陈守元放牛山中，靖姑送饭上山，在路上遇到了一位老妪。这位老妪肚子饿，靖姑便把饭盒中的食物送给老妪吃，而将自己要吃的饭给胞兄守元吃。老妪觉得这女子贤慧，便以身相托，靖姑把老妪当作母亲看待。老妪生病，靖姑尽心伺候。老妪后来去世，靖姑备棺木收殓。有一天，守元外出，靖姑因渡牛而溺于水中，忽然看见紫府严厉老妪云衣月披，笑着说："孩子啊，你怎么来得这么迟?"说罢，遂授予神篇秘策。住了一年有余，老妪把靖姑带去见宝皇，宝皇非常高兴，敕封"真官，得主地上鬼神"。志书云：老妪赐鹤予靖姑驭归家。"守元见之，大恐曰：妹既已为鱼鳖饵矣，何遽如许？靖姑告之故，乃窃发妪冢，但衣被而已。于是，为靖姑再拜求其术。"[3]

陈靖姑之兄陈守元，为《资治通鉴》有载的著名道士。结合翔实的思想资料，詹石窗先生认为陈靖姑当为道教神灵。

---

① 詹石窗：《临时妇人的道派归属与社会影响》，《中国道教》1997 年第 1 期，第 34 页。

② 同上，第 35 页。

③ 同上，第 34 页。

《临水妇人的道派归属与社会影响》一文还重点考察了临水妇人神学功能的延展过程以及如何成为一位包括生育在内的多功能的神灵。该文提到了《正统道藏》中之《搜神记》中对临水妇人神迹的传播：

> 闽古田县有陈氏女者，生而颖异，能先事言，有无辄验。嬉戏每剪鸢蝶之类，粪之以水，即飞舞上下。啮木为尺许牛马，呼呵以令，其行止一如其令。饮食遇喜，升斗辄尽或辟谷数日自若也。人咸异之。父母亦不能禁，未字而殁。附童子言事。乡人以水旱祸福叩之，言无不验，遂立庙祀焉。宋封顺爵夫人，代多灵迹。[①]

随着她的神迹的日益传播，临水妇人越来越成为一个多功能的神："在陈靖姑成仙之后，她与林九娘等众姐妹居于临水宫，成为护胎救产、保赤佑童的女神。"[②] 所以，我们把临水妇人归类为一位主要的起源于闽都的生育保婴神灵。但根据我们前面提到过的徐宏图、薛成火《浙江苍南县道教正一派普度科仪》和叶明生在《妈祖信仰与道教文化——民间道坛之妈祖信仰相关科仪及文化形态考探》一文中引用的泰顺县长坑村同治五年谢元真抄本《设霞天姬会全科》等大量历史资料显示，临水夫人的信仰，或者被称为陈十四娘娘的信仰，早已经从福建，传到了浙江等地，成为道教斋醮科仪活动中主要的生育和佑护妇婴的神灵。

---

① 詹石窗：《临时妇人的道派归属与社会影响》，《中国道教》1997 年第 1 期，第 36 页。

② 同上，第 36 页。

图 55　临水夫人《民俗》

图 4　临水夫人

（六）妈祖

妈祖和临水妇人，是发端于福建闽地的二位著名女神。相传妈祖为福建莆田人，五代时闽王统军兵马使林愿之第六女。生而禀赋异常，有老道士玄通者授其以玄微秘法，能通变化，驱邪救世，乘席渡海，云游海岛，人称龙女。在室三十二年，于宋太宗雍熙四年九月九日羽化升仙。常朱衣翻飞海上，民众聚而奉祀之。宋高宗绍兴丙子（1156）年，妈祖受封为灵惠夫人；绍熙（1190—1194）年间，加封“妃”号；元代时，更受推崇，有“天妃”之称。明代以来，册封更盛，名气更大。人们主要把她当做伟大的航海神来崇拜供奉。[①] 妈祖既是沿海的伟大海神，也是闽台以至南方的生育之神。妈祖本为巫

---

① 詹石窗：《道教与女性》，宗教文化出版社，2010 年，第 71 页。

女，未婚未育而亡，本与孕育无涉，但其生前为巫女，求育乃其巫女职能之一，所以就把生育与妈祖联系起来了。当妈祖成为沿海地区的主神以后主宰一切，理所当然也管理生育，成了生育神灵。《三教源流搜神大全》卷四记载道："妈祖，年及笄，誓不适人，即父母亦不能强其醮。居无何，俨然端坐而逝，芳香闻数里，亦即诞之日焉。自是往往见神于先后，人亦多见其与侍女拟西王母云。然尤善习孕嗣，一邑供奉之。邑有某妇醮于人，十年不孕，万方高禖，终无有应者，卒祷于妃，即产男子。嗣是凡不育者，随祷随应。"向妈祖祈求生育，要到妈祖庙去摸龙床、摸神靴、许愿等等。此外还有一种抢纸花求子的所谓巫术，即每年在迎神赛会时，"由村里一个角落的几个人家共同当'头人'，其中有一项仪式是：头人为'圣祖妈'准备许多白纸花，也有一些红纸花，挂在她的神轿上和手上。凡新婚夫妇或婚后多年不孕者，都到'香埔'上，圣祖妈的神轿一到，想生男婴的就抢拿一朵白花，想生女婴的即随便取下一朵红花，拿到花以后就插在需要者头上，外乡人也可以来抢花。因此，在举行这仪式时，简直就是远近新娘子的大聚会"。[①] 在南方的许多天妃宫内，也供奉着名目繁多的妈祖配神，包括送子、注生娘娘，横额写有"德育群婴"。台湾林姓居民还请妈祖看护婴儿。郁永清《台湾纪略》记载道："至今湄州林氏宗族妇人将赴田者，辄以其子置庙中，曰'姑妈看儿!'遂去。去常终日，儿不啼，不饥，亦不出阈。至暮始归。各认己子携去，神犹亲其宗人之子云。"

我们都知道，妈祖从宋真宗册封，到后来历代加封，民间推动传播，妈祖的神功也经历了由专业神向全功能神的转换过程，而且，这也符合民众的祈祀思维。正如叶明生指出："这种信仰传说的嫁接现

---

① 萧一平等：《妈祖研究资料汇编》，福建人民出版社，1987年，第150页。

象在妈祖和陈靖姑传说中比比皆是，一方面它反映了妈祖信仰在民众中的深入，另一方面则反映了民众对心目中之保护神的全功能的企盼。这是文明洪荒时代人类造神运动的一种普遍现象。”[①] 在这样一种全功能的转换中，就有“救婴护产”之生育功能和祈嗣求子、保护婴儿的功能。正如叶明生指出：

> 妈祖，……在道法活动中她以“水国硐”的女神出现，也司人间驱邪除煞、禳灾治病、救婴护产之神职，并在具体的科法中发挥其功能及作用。”
>
> “在瑜伽教派中，妈祖既是法神，也是注生神。因其道派为“释教”（或称文教），以祈安醮事及丧亡功德佛事为主，其法事虽很少有闾山法之科仪，但在民众禳灾驱邪、子息生养之保安及祛病祈祷等方面，她也占有极特殊的地位。[②]

作者引述资料表明，妈祖尽管有其他神功，但其保胎育产、佑护子息的功能也越来越明显。证据有二：其一为名为“遣霞科”的道坛科仪。所谓“设霞天姬会全科”，是在民家庭院举行的一种禳灾解厄小型法事。“设霞”即为“遣霞”，法事的内容是为家中妇女身怀有孕，但一直多病服药无效的情况下举行的遣送流霞、保胎护产的科仪。其中主要迎请天妃圣母、观音、临水夫人三神，科仪中的法术性科法项目最重要的是宣天妃疏、念北斗咒、为病者藏身、烧盐米、送水霞、锁胎锁魂、焚霞符、遣星煞等等。其二为一明人小说。“有关妈祖之天妃能救胎护产的传说，在明人道教色彩的传奇小说《天妃林娘娘传》之第二十八回《天妃妈莆田护产》中有详细的描述，可见道

① 叶明生：《妈祖信仰与道教文化——民间道坛之妈祖信仰相关科仪及文化形态考探》，《福建师范大学学报》（哲学社会科学版）2009 年第 3 期，第 149 页。

② 同上，第 144 页。

坛将妈祖引以为救胎护产女神亦有所本。”[1] 透过该书，我们可以看出妈祖救护产难妇女王氏的神圣事迹：

(王氏将分娩)妖知之，即匕身入衙内。王氏忽见一阵冷风吹上其面，当时身体似欲分裂，不胜其折迫之苦。衙中大小惊惶不已。县主大惊，忙设香案，升堂当天祷祝。王氏精神昏闷，不省人事。天妃曰：“至今不救，则无救时矣！”遂召起兵将，将衙前衙后，重重围绕，乃自推正门而入，直至后衙王氏卧所。那妖正端坐于王氏床前，天妃一见径进，即以随身剑对面劈之。那妖一躲，即飞身从虚隙而出。妃未及耸身擒之，妖已幸脱。妃遂敕起九龙法水，将王氏身之左右前后，洒净数次，王氏精神略苏。妃以法水仍洒一遍，王氏遂分娩得一男子。县主及衙内大小，不胜欣喜。妃见王氏分娩无事，即飞身赶擒妖怪而去。[2]

对于妈祖的道派归属问题，虽然有说是佛教的，有说是道教的，有说是民间信仰的神灵，笔者在此将其归为道教神灵。就是民间传说中的妈祖，有很强烈的道教色彩。《道藏》中就有一部专门记述妈祖圣迹的《太上老君说天妃救苦灵验经》。原经写道：

尔时太上老君在无极境界，观见大洋溟渤、河渎川源、四海九江、五湖水泽、蛟蜃鱼龙，出没变化精妖鬼怪，千状万端。有诸众生，或以兴商买卖，采宝求珍，出使遐荒，交通异域，外邦进贡，上国颁恩，轮运钱粮，进纳贡赋，舟船往复，风水不便，潮势汹涌，惊涛仓卒，或风雷震击，雨雹滂沱，其诸鬼神，乘此

---

① 叶明生：《妈祖信仰与道教文化——民间道坛之妈祖信仰相关科仪及文化形态考探》，《福建师范大学学报》(哲学社会科学版)2009年第3期，第145页。

② (明)南州散人：《天妃林娘娘传》，《中国神怪小说大系·怪异卷(四)》，辽沈书社，1992年，第87页。

阴阳变化，翻覆舟船，损人性命，横被伤杀，无由解脱，以致捉生代死，怨怒上冲，何由救免。于是广救真人上白天尊曰：斗中有妙行玉女，于昔劫以来，修诸妙行，誓扬正化，广济众生，普令安乐。

于是天尊乃命妙行玉女降生人间，救民疾苦，乃于甲申之岁，三月二十三日辰时，降生世间。生而通灵，长而神异，精修妙行，示大神通，救度生民，愿与一切含灵解厄消灾，扶难拔苦，功圆果满，白日上升，土神社主奏上三天。于是老君敕下辅斗昭孝纯正灵应孚济护国庇民妙灵昭应弘仁普济天妃。于是天妃听宣法音，弘是愿言：自今以后，若有行商坐贾，买卖求财，或农工伎艺，种作经营，或行兵布阵，或产难不分，或官非挠聒，或口舌所侵，多诸恼害，或疾病缠绵，无有休息，但能起恭敬心称吾名者，我即应时孚感，令得所愿遂心，所谋如意。吾常游行天界，遍察人间，以致地府泉源江河海上，一切去处，令诸所求，悉皆遂愿。①

该经说到，天妃娘娘为妙行玉女降世，三月二十三诞生，神通广大，扶危济贫，起死回生，让人如愿以偿。该经继续讲道天妃娘娘妈祖的种种神迹：

于是广救真人闻是愿言，稽首归依，而说偈曰：

敕封辅斗，显迹威灵。飞符走印，统领天丁。收捕奸盗，斩灭妖精。扶危济险，护助天兵。邪魔永殄，疾病安宁。敬顺者泰，横逆者倾。厌息火盗，断绝邪冥。东西南北，四方肃清。神威震肃，家国咸宁。

① 《太上老君说天妃救苦灵验经》，《道藏》第11册，第408页。

英烈天妃，善庆明时。游行三界，遍察灵祇。风雷卫护，兵将维持。中临人世，为殄灾非。下通地府，遍告神司。枉横者戮，杀人者诛。施人者爱，谋人者追。一心归仰，万物咸熙。急急如律令！

尔时天妃闻说偈已，稽首天尊道前，而说誓言：一者，誓救舟船达于彼岸。二者，誓护客商，咸令安乐。三者，祛逐邪祟，永得消除。四者，荡灭灾迷，家门清净。五者，搜捕奸盗，屏迹潜形。六者，收斩恶人，诛锄强梗。七者，救民护国，民称太平。八者，释罪解愆，离诸报对。九者，扶持产难，母子安全。十者，庇护良民，免遭横逆。十一者，卫护法界，风雨顺时。十二者，凡有归向，保佑安宁。十三者，修学至人，功行果满。十四者，求官进职，爵禄亨通。十五者，过去超生，九幽息对。

是时老君闻天妃誓言，乃敕玄妙玉女锡以无极辅斗助政普济天妃之号，赐珠冠云履，玉佩宝圭，绯衣青绶，龙车凤辇，佩剑持印，前后导从，部卫精严，黄蜂兵帅，白马将军，丁壬使者，柽香大圣，晏公大神，有千里眼之察奸，顺风耳之报事，青衣童子，水部判官，佐助威灵，显扬正化。世间若有男女恭敬信礼，称其名号，或修斋设醮，建置道场，或清净家庭，或江河水上转诵是经一遍，乃至百遍千遍，即得祛除灾难，殄灭邪魔，疾病自痊，官灾永息，行兵临阵，凶恶自离，囚狱之中，自然清泰，贼寇不侵，恶言无害，田蚕吠百倍，牛畜孳生，财禄盈余，经营获利，行商坐贾，采宝求珍，海途平善，无诸惊恐，求官作事，遂意称心。①

这里描述了天妃娘娘妈祖所发的总共一十五种宏愿，包括救苦驱

① 《太上老君说天妃救苦灵验经》，《道藏》第11册，第408页。

邪、救船护航、风调雨顺等等神职。其中特别提到了“扶持产难，母子安全”的生育神灵的职能。该经还配有一道“天妃救苦灵符”：

另外，据詹石窗先生考证，史料记载中所言妈祖从师学道所授之玄微秘法，也理当出于道教[1]。

天后娘娘《清俗纪闻》

图 5　天妃娘娘

（七）护儿诸神

1. 床公床母

我国汉族有床神信仰，床神有床公、床母之分。床公床母究竟是

---

① 詹石窗：《道教与女性》，宗教文化出版社，2010 年，第 71 页。

谁，说法不一。有的说床公床母是周文王夫妇，他们生有一百个儿子，有旺盛的生育能力而被人敬奉；有的说是九天监生明素真君及九天卫房圣母元君。床公床母是保护房帏的神，凡夫妇安寝、妇女生育、幼儿健康，都是其管辖范围。民间祭祀床公床母的习俗，最迟在宋代已经形成，因为宋代杨循吉写道："买糖送灶君，酌水祀床公。"不论是宫廷还是民间，争相求得床公床母的庇护，并投其所好。清代《清嘉录》记载道："荐茶酒糕果于寝室，以祀床神，云祈终岁安寝。俗呼床神为床公床母。杨循吉《除夜杂咏》云'酌水祀床公'。盖今俗犹以酒祀床母，而以茶祀床公，谓母嗜酒，公癖茶，谓之'男茶女酒'，而魏昉《钱塘县志》亦载除夕用茶酒果饼祀床神，以祈安寝。杭俗祭床神以上元后一日，品用煎饼。"明清人甚至在婚礼中有新郎新娘同拜床公床母的仪式。曾朝东所著《台湾婚姻谈》中说婚前数日要"安床"并拜床母。中国南方民间相信床母不仅保护婴儿不受伤害，而且教导婴儿，进行早期智力开发。他们把孩子在睡觉时的微笑、皱眉、嘟嘴等，都归功于床母教导的结果。因此，民间忌讳将睡梦中的孩子弄醒，中断学习。同时最忌讳在孩子脸上涂抹各种颜料，不然的话，孩子的魂魄在床母带着玩了之后回来因找不对归宿而无法附体。北平一般在孩子出生后的第三天为婴儿洗三之前将床公床母供于桌上，用缸炉蛋糕来祭祀。台湾地区男女孩童自从出生之日起，每月的初一、十五及年节必须拜床母，直至十五六岁为止。[①]

2. 痘神

痘疹本是一种急性、烈性传染病，全身出红色丘疹，高烧不止，在医学落后的古代，只好听天由命，祷告痘神了，于是便有了痘神信仰。北方称为"痘诊娘娘"，其属神有"花姐姐""痘哥哥"。江西、

---

① 郑晓江：《中国所以文化大观》，百花洲文艺出版社，1999年，第402页。

福建等地称作“天花娘娘”，广东东莞称为“三痘相公”，安徽芜湖称为“花老太”，江苏称作“花花五圣”。

痘神究竟是谁?《三教搜神大全》认为张纯是痘神，称张纯“兼理麻痘役，专以宝童，为司命之官也”。《集说铨真》中以余化龙与他的五个儿子达、兆、光、先、德为痘神。余化龙与他的五个儿子本为商代潼关主将，在姜子牙伐商时曾向周营撒播五斗毒痘。后周兵取胜，余化龙自刎，五子战死。姜子牙封余化龙为主痘元君，其子达为东方主痘正神，兆为西方主痘正神，光为南方主痘正神，先为北方主痘正神，德为中央主痘正神。《铸鼎余闻》说湖北以柳夫人为痘神，“乡人以为痘神，皆祀之”。《随园诗话》将居住在峨眉山叫麻娘娘的三姐妹称作痘神，她们“身着麻衣，主人间痘疹之疾，人乎为麻娘娘云”。北方地区在小儿出花时在室内设立娘娘神位，虔诚供奉，直至十三天毒尽结痂，还要焚化轿马送神。江西、福建村民设坛敬奉天花娘娘，请道士作法，沐浴斋戒，焚香礼拜。据说清代同治帝出痘时，也敬祀痘神，此事在吴相湘《晚清宫廷实纪》中有清楚的记载，内云：“十一月初一日始定为天花，群臣因易花衣，并以红绢悬于当胸，奏折用黄面红星，又各递如意以贺天花之喜……未几以痘痂将结，遂先加恩医官，又于大清门外结壝，焚烧采帛车马，名曰送圣。”由此可见，在医学落后的古代社会，痘神是多么的重要，因为痘疹常常让人闻风丧胆。

第二节　道教生育神灵职能的嬗变过程

我们在逐一研究了道教生育神灵信仰的基本内容之后，不难发现这些生育生灵的神职都有一个被改造和演绎的历史嬗变过程。探究这种神职的历史嬗变过程，我们发现其神职都经历了一个神职功能由小到大，由专业到包括生育自内的全能神灵的演变过程。而且，很多神灵一开始并不是生育神灵，其嬗变称为生育神灵经历了一个历史过程。我们举例来具体予以说明。

首先我们来看临水夫人的神职嬗变。詹石窗教授在《临水妇人的道派归属与社会影响》一文考察了临水妇人神学功能的延展过程以及如何成为一位包括生育在内的多功能的神灵。[①] 当然，我们可以看出，一个神灵其神职功能增多时，其信众也会变多，同样传播也愈广泛和久远。但这种神职功能的演进，则有一个过程。从《闽都别记》等有关传说来看，尽管陈靖姑在闾山学到了许多道教秘术，但那时她尚是一个没出嫁的女孩子，根据当时的习俗，生育的产房被称为“秽室”，是不准女孩子进去的。因为她就没有学到扶胎救产一类的妇婴保护本领。在那个医学及其落后，缺医少药的年代里，妇女产育经常被看做是和阎王爷打交道的事，因而不具备护婴助产的神职功能显然是一种重大缺失，这很可能也极大地影响了这种信仰的广为流传。果不其然，后来我们看到，这种重大神职功能及时的得到了补充。据记载，二十四岁的陈靖姑身怀六甲之际，其兄陈守元因奉命祈雨未果罪该斩首，不得已求助于靖姑，陈靖姑为了兄长和老百姓，遂脱胎祈雨，而长坑鬼与白蛇精乘机陷害。被害的陈靖姑在得道成仙之后，与林九娘等居于临水宫中，为百姓护胎救产、保护妇婴。至此，陈靖姑神职功能的缺失终于得到了及时的补充和延伸。后来的故事，还把她说成是能够破案的女神。我们看到，这种神职功能的成功嬗变，不但有助于普通老百姓信奉崇拜，也有助于这种神灵信仰的大力传播。正

① 詹石窗：《临时妇人的道派归属与社会影响》，《中国道教》1997 年第 1 期，第 36 页。

如詹石窗教授指出，“陈靖姑神性功能是适应了当时广大信奉者尤其是女性信奉者的需要而得到延伸的，这种延伸反过来又促进了这种信仰形态的发展与传播。”① 史料证明，临水夫人信仰，也称陈十四娘娘信仰，自从于唐代大历年间产生于福建古田一带之后，很快就经过民间文化诸如《南游传》等的传颂，至宋代时以道教闾山派教主的身份传入浙江。不仅如此，其神职功能更近一步得以延展，有除妖灭怪、护产救婴、祈雨驱瘟等这多神功，以至于浙南地区道士及信徒家里一般都有陈十四娘娘神龛，人们从求子、度关、助产、保育，到祈雨、驱疫等，都离不开这位神灵，在民间形成了固定的“度关”、“皇君落场”、“娘娘醮”等斋醮科仪模式。传说“千度祈求千度显，万家祈请万家灵。”② 据叶明生考察，在浙南一带泰顺等地，经常举行一种以陈靖姑为主神的名为“设霞天姬会全科”的斋醮科仪，来为家中妇女身怀有孕，但一直多病服药无效的情况下举行的遣送流霞胎煞、保胎护产的科仪。这充分说明，临水夫人信仰终于经过历史的嬗变，成为了以保胎护产、保护妇婴为主的多功能神灵。③

同样的嬗变过程也发生在妈祖信仰身上。妈祖自从宋代受封以来，一直以平涛安澜、镇海定氛的神功被广泛崇拜于闽、浙、粤、赣等省。《正统道藏》中收录有《太上老君说天妃救苦灵验经》，重要还是把他当做海神来颂扬。但是受普通民众对于多功能神的期盼，经过朝臣奏章上闻朝廷求得诸多级别越来越高的封赐和历代文人墨客著书立说的广为传颂，而被民间信众赋于祈子、救病、攘灾、驱妖等等诸

---

① 詹石窗：《临时妇人的道派归属与社会影响》，《中国道教》1997年第1期，第36页。

② 徐宏图、薛成火：《浙江苍南县正一道普度科范》，香港天马出版社2005年10月，第7页。

③ 叶明生：《妈祖信仰与道教文化——民间道坛之妈祖信仰相关科仪及文化形态考探》，《福建师范大学学报》（哲学社会科学版）2009年第3期，第145页。

多神学功能。在明人创作的具有道教化文学特色的传奇小说《天妃林娘娘传》中成功塑造了妈祖以道法、道术西荡妖猴、南除怪鳄、海上救难、陆地除妖、护国济世、保产救婴等传说故事，遂使妈祖成为“四海之外、六合之内，以威灵显赫称者”。该书第二十八回“天妃娘娘莆川救产”中就成功塑造了妈祖护婴救产的神迹：

（王氏将分娩）妖知之，即飞身入衙内。王氏忽见一阵冷风吹上其面，当时身体似欲分裂，不胜其折迫之苦。衙中大小惊惶不已。县主大惊，忙设香案，升堂当天祷祝。王氏精神昏闷，不省人事。天妃曰：“至今不救，则无救时矣！”遂召起兵将，将衙前衙后，重重围绕，乃自推正门而入，直至后衙王氏卧所。那妖正端坐于王氏床前，天妃一见径进，即以随身剑对面劈之。那妖一躲，即飞身从虚隙而出。妃未及耸身擒之，妖已幸脱。妃遂敕起九龙法水，将王氏身之左右前后，洒净数次，王氏精神略苏。妃以法水仍洒一遍，王氏遂分娩得一男子。县主及衙内大小，不胜欣喜。妃见王氏分娩无事，即飞身赶擒妖怪而去。[①]

那么为什么这些道教生育神灵的神学功能会发生由相对专业向包括生育在内的多功能嬗变呢？我们不难看出这主要是因为道教为了争取更多信众，迎合了或者说满足了他们根深蒂固的人与神之间“许愿”与“还愿”的功利心态。中国的民众对于宗教一向并不主动信仰，与西方人在神灵信仰中严格把形而上和形而下，此岸和彼岸分离开来不同，很多中国人信仰某个神灵几乎完全可以说是出于实用主义的目的，是为了“有求必应”的功利目的。当然，在古代落后的广大穷乡僻壤，民众长期缺医少药，健康和生育护产难以保证也是不争的

---

① （明）南州散人：《天妃林娘娘传》，《中国神怪小说大系·怪异卷（四）》，辽沈书社，1992，第87页。

事实。故而出于争取更多信众的目的道教采取了“以医传教”的手段，这些因素都导致了这些神灵的神学功能发生了由小到大，由简单到多功能的历史嬗变过程。①

第三节 道教生育神灵信仰的社会影响

道教作为一种宗教神学，其阵容庞大的所有神灵信仰体系无论对于普通信众，还是对于社会和道教本身而言，都造成了非常重要的影响。探究这种影响，对于我们在现阶段如何正确引导宗教来为社会和民族服务，具有巨大的借鉴价值。笔者认为，道教生育神灵信仰的社会影响至少有以下三个突出的方面：

首先，从普通信众来说，这种生育神灵信仰极大地满足了他们对于生育的禳解护理的生理和心理需求。诸如盖建民教授《道教医学》在内的大量资料表明，中国古代社会的穷乡僻壤之地中，不但经济落后，而且医学及其医药和医疗服务都极其的落后，普通百姓缺医少药。在这种情况下，面对这种生儿育女的祖宗之大事，人们虽是极其重视，但是却是真正的心有余而力不足。而道教的神学法术以符咒治病、向神灵上奏章表、斋醮科仪等办法应对这种和阎王爷打交道的及其危险的生育之事，不能不说是一个非常重要而有益的补充。但是这些道术治疗开始之前一般要召请神灵。这些神灵有一般性的神灵，也有专业性的生育神灵。而且，自从这些生育顺利出现并且为民众信奉之后，他们随时可以就近到当地的生育神灵庙宇，如陈十四娘娘宫观、妈祖宫观、碧霞元君在北方众多的元君庙等，祈求子嗣、转女为

① 参阅盖建民《道教医学》，宗教文化出版社，2001 年，第 395 页。

男、求符要药、保胎护产、佑护妇婴。这些都极大地满足了信众对于妇女生育的禳解护理和对于婴孩的保佑，无论这种禳解护理是药理的，还是心理的。这样的结果是，生育神灵在民间广为信奉，信众也是有事必求、有求必应。

其次，从道教来说，这种生育神灵信仰进一步扩大了道教的传播和影响力。

道教在创教初期，就坚持了“以医传道”“借医弘道”的传道路线，而且后来这条传教策略一直被贯穿沿用了下来。无论是早期的五斗米道、太平道，还是后来的天师道和全真道。葛洪说：“是故古之初为道者，莫不兼修医术，以救近祸焉。”① 这种传教策略的极大成功，是道教适应了中国古代长期缺医少药和民众信教的实用主义价值取向的结果。而信众的医疗之中，又以生儿育女之事为大。所以，道教不但坚持了其一贯的重视符咒治病术等道教法术，而且又吸收改造，大力塑造了一系列的专司生育的神灵来适应信众这方面的巨大需求。通过成功的创造出这些能够祈子护胎、保护妇婴的神功强大的生育神灵，道教在配合医术医药之时，更加为普通民众所接受和信奉。所有这些措施，其结果都极大地宣扬和扩大了道教的广泛传播，客观上对于道教的发展极为有利。

最后，从社会来说，道教采取神道设教塑造诸多生育神灵的方法，宣扬因果报应思想，这对于扬善抑恶并促进社会的道德水平和满足民众的医疗需要都起到了巨大的建设作用。道教做为一种宗教，塑造生育神灵，神道设教，其禳解治疗和教化的目的都非常明显。例如，早期道教五斗米道和太平道等，都要求病人“跪拜首过”，而且神灵神灵信仰中都宣扬因果报应。例如，《碧霞元君护国庇民普济保

---

① 王明：《抱朴子内篇校释》（增订本），中华书局，1980 年，第 272 页。

生妙经》中讲到了因果报应的思想："凡人动作之际，遭逢善事，是为善报。遭逢恶事，是为恶报。"碧霞元君一开始即亮出了基本看法："欲知往生，当观今生。欲知来世，当观今世。"今生的种种惨状，都是承负往生罪孽所致。同样，今生恶行，来世必将"复生于鳞介毛羽、爪牙蹄角之类。其中多受鞭挞，屠割烹煎，复化微虫，难复人身"。这种恶报善报，表现在生育方面，其理亦然。碧霞元君讲道："或遭产难，不顺分娩，或子存母丧，或母子俱亡，此是往生搡堕胎婴，抛弃儿女，残误托生，今受斯报。"[1] 许多妇女遭遇这样那样的产难，都是因为往生随意堕胎毁婴、抛弃儿女所遭的报应。这种以遭天谴惩罚的威力所做的宣扬，一般很容易为普通民众所接受，客观上起到了扬善抑恶，净化社会风气，提升社会道德的效果。同时，这种包含有合理医学底蕴符咒治病术的生育神灵信仰的禳解救护，在客观上能对填补社会医疗不足，满足民众医疗需求，起到了巨大的建设作用。

总而言之，道教通过生育神灵信仰满足了民众的禳解护理需求，民众通过求助生育神灵佑护禳解而更加信奉道教，道教通过其教团组织和教义宣扬、道坛法事对社会在道德提升和医疗禳解护理方面起到了极大的建设作用，三者形成了一定的良性循环。

---

① 《碧霞元君护国庇民普济保生妙经》，《道藏》第 34 册，第 744 页。

结 语

道教是祖国文化中的奇葩。因为它土生土长，根植于这片土地，所以历来信众颇多，影响深远。鲁迅先生曾经说过“中国根柢全在道教”①，这充分说明内容“杂而多端”的道教的包容性和影响力。而道教典籍中蕴含着丰富的生育思想，整理和挖掘这些思想理念，不但有助于深化研究道教医学和道教思想，而且能对我国进一步控制人口数量、提高人口质量起到我山之石的启发作用。本文通过文献考证和史证结合的研究方法，深入探讨了道教生育思想的生命哲学基础、神学理论基础和符号象征基础，道教中的优生优育思想和人口生态平衡思想，并进一步挖掘了道教生育神灵信仰的内容、嬗变及其社会影响。我们对道教生育思想将从主要内容、社会地位及影响、现代价值几个方面予以深刻总结。

① 鲁迅：《鲁迅全集》第9卷，人民文学出版社，1958年，第285页。

一　道教生育思想的主要内容

道教历来有“俱乐生而恶死”的生命价值追求，又往往讲求“仙道贵生”，所以道教极其重视生命。道教又从“道大，天大、地大、王亦大”引申出“道大，天大、地大、生大”的贵生思想，而这种“生”强调包括生育在内的整个人类的生命，老子把母性生殖器官比喻为天地之根。由此可见，道教对于生命极其重视的思想必然逻辑内在的包含有对于生育的重视，加上道教历来提倡“十道九医”“以医传教”的思想观念，所以其典籍中必然蕴含有丰富的生育思想和治疗禳解的护理思想。我们把道教生育思想的主要内容概括为以下几个方面：

（一）道教生育思想是以生命哲学、神学理论和符号象征为其理论基础的。

道教丰富而深刻的生育思想是建立在中国文化生命本体论和道家、道教的生命哲学基础之上的，是在道教长生成仙的思想宗旨、丹道修炼的成仙模式和“以医传教”“借医弘道”的传教模式及其符咒治病术的整体大背景下得以形成的。而且，道教生育思想也不能不受到道教符号象征思维模式的整体渗透和影响。

（二）道教关于人类和个体生命起源的理论、现实和理想的婚姻模式理论以及房中思想中蕴含的生育思想是其生育思想的前提条件。

道教的生命起源论颇具特色。道教认为万事万物和人类的生命起源于本体而先在的“道”，不过这个“道”有时又与“元气”等同，后来又以太上老君、元始天尊等而被人格化、神格化了。道教富含宗教神学特色的人类生命起源理论，是其长期对于中国古代诸多以感生神话为主的神话传说和道家“道生万物”生命起源思想继承发展、改造吸收的结果。而道教生命起源论建立在太上老君创世说和元始天尊创世说的基础之上。显然，元始天尊创世说来源于以盘古开天为主的古代神话，而太上老君创世说则是借用道家始祖把“道”生万物人格化、神格化的结果。至于谈到具体的个体生命的孕育过程，道教则认为起源于父精母血之炁血和合，并论证了个体生命的孕育过程。

道教通过阴阳思想和术数理论等论证了现实的一夫一妻制婚姻模式具有天经地义的的合理性，并出于反对残杀女婴、缓和社会矛盾的需要而提出了独具特色的“一男二女”的理想婚姻模式。道教房中禁忌中从气候异常的“天忌”、环境场所选择的“地忌”、弦望晦朔、血忌、反支忌讳的“时忌”到醉酒之后、属性不合、服中等忌讳的“人忌”，在一定意义上都蕴含了相对积极的优生思想。

（三）道教中蕴含了丰富的从种子受胎、保胎安胎、催生助产到产难禳解、婴幼儿护理及教育的思想。

道教典籍中从种子受胎、养胎安胎、催生助产、产难禳解道婴幼儿的教育等各个方面，都蕴含了极其丰富的优生优育思想。在种子受胎时对于胎儿之孕育、祈子法术、换胎术和择日生子，都有大量的思想法术。道教的养胎安胎之术和催生助产之术分为医学护理模式和符咒科仪等的法术护理禳解模式。总而言之，我们可以把道教养胎安胎、催生助产和产难禳解的法术禳解护理思想一般分为祈求天医术、符咒治病术、上奏章表术、斋醮科仪术四种基本的类型。道教出于济世度人的崇高理念和悯天怜人的慈悲情怀，还对产难遭遇血湖地狱的产妇和夭亡的婴幼儿有专门的超度经忏和斋醮科仪。另外，道教对于婴幼儿的教育也提出了宽严适中的“中庸养子”教育方法和礼乐文明的教育内容。

（四）道教基于道法自然、阴阳平衡的理念注重人口生态平衡的思想。

道教思想中极具价值的一个方面就是其注重人口生态平衡的思想。道教既从适时婚嫁、兴国广嗣的高度重视子嗣生育，又从道贵中和、节欲宝精的角度主张养生延年、节制生育，道教注重子嗣生育与节制生育二者是相辅相成、平衡统一的。道教还从道法自然、阴阳平衡的基础出发，反对歧杀女婴，倡导男女平等，从而形成了难能可贵的注重人口性别比例和强调男女平等的人口生态平衡思想。

（五）道教生育思想中有其专业而影响深远的生育神灵信仰。

从道教的历史发展来看，道教既按照生育的逻辑发展过程，造出了从祈求子嗣，胎儿孕育，养胎护胎到催生助产、护儿除痘等等一系列的生育神灵，又后期造出了以保胎安产、护佑妇婴为主要职能的如碧霞元君、临水妇人、张仙、保生大帝、妈祖等等生育神灵。而且这些生育神灵大都经历了从单一功能向包括生育功能在内的全能神灵的嬗变过程。这都充分反映了中国民众神灵信仰的功利化的实用主义倾向。这些生育神灵信仰满足了普通民众的信仰需求，使得道教广泛而迅速的得以发展，以宗教神学的信仰力量促进了社会的道德进步和道德水平。

二　道教生育思想的社会地位及其影响

道教生育思想是在道教的历史发展大背景下发挥其作用和影响的。道教的发展历史表明，道教的历史有得到政府支持大力发展的阶段，如唐宋时代；也有被限制利用的阶段，如明清时代。道教生育思想，因为它是囊括在道教医学的范围之内，以一种医术的面貌出现的，因而似乎受这种政治影响相对较小。特别是在后期道教民间化了之后，道教生育思想更是扎根于民间沃土，长期为民众接受，为其服务，其地位比较重要，影响也是非常深远。很多民间阴阳或高道所诵经书，所用符咒，为妇女和小孩所做的驱邪除灾的科仪法术，基本全是本之于道教典籍，其道教特色不言自明。前面所述叶明生提到的泰顺等地的科仪资料，徐宏图关于浙南阴阳道教相关资料，刘仲宇《中国民间信仰》，李国梅、卿希泰《论道教对台湾民间信仰的影响》等，都清楚的说明了道教在社会中的重要地位和影响。[①]

道教作为一种宗教神学，其蕴含的丰富的生育思想无论对于普通信众，还是对于社会和道教本身而言，都造成了非常重要的影响。探究这种影响，对于我们在现阶段如何正确引导宗教特别是道教来为社会和民族服务，具有很大的借鉴价值启发意义。笔者认为，道教生育思想的社会影响至少有以下三个突出的方面：

其一，对于普通信众来说，这种生育思想能够在一定意义上满足他们对于生育禳解护理的生理和心理需求。包括盖建民教授《道教医学》在内的很多资料表明，在中国古代社会的穷乡僻壤之地中，不但经济落后，而且医学及其医药和医疗服务都极其的落后，普通百姓缺医少药。在这种情况下，面对这种生儿育女的祖宗之大事，人们虽是及其重视，但是却有心无力，爱莫能助。而道教的神学法术以符咒治病、向神灵上奏章表、斋醮科仪等办法来应对这种和阎王爷打交道的及其危险的生育之事，不能不说是一个非常重要而有益的补充。他们随时可以就近到当地的生育神灵庙宇祈求子嗣、转女为男、求符要药、保胎护产、佑护妇婴。虽然不一定每次都能“有求必应”，完全达到治疗的效果，但这些都极大地满足了信众对于妇女生育的禳解护

① 参阅刘仲宇：《中国民间信仰》，东大图书公司，2003 年。李国梅、卿希泰：《论道教对台湾民间信仰的影响》，《厦门大学学报》（哲学社会科学版）2007 年第 4 期。

理和对于婴孩的保佑，无论这种禳解护理是从药理的，还是心理的。而且据盖建民教授《道教医学》研究，由于“以医传道”“十道九医”使得很多道人懂得医术，这些高道在符咒治病之前一般都会对病人进行药理治疗。[①] 只有当药理治疗无效，万不得已时才对病人采取符咒治疗。而且难能可贵的是，道教的符咒治病术里面包含有医学治病的合理内核，例如不同的符咒用不同的药汤喝下，进行斋戒沐浴，净心首过心理治疗，信仰神灵的信仰疗法，等等。这些都对于当时缺医少药的普通民众起到了一定的治疗效果，也起到了济人度世的宗教目的。

其二，从道教来说，这些丰富的生育思想进一步扩大了道教的传播和影响力，使得更多民众信仰道教。道教在创教初期，就坚持了“以医传道”“借医弘道”的传道路线，而且后来这条传教策略一直被贯穿沿用了下来。无论是早期的五斗米道、太平道，还是后来的天师道和全真道。葛洪说：“是故古之初为道者，莫不兼修医术，以救近祸焉。”[②] 这种传教策略的极大成功，是道教适应了中国古代长期缺医少药的客观状况和普通民众信教的实用主义价值取向的结果。而信众的医疗之中，又以生儿育女之事为大。正如孙思邈所言，人们以“养小为大”，生育历来是重中之重。所以，道教不但用其一贯的符咒治病术等道教法术来为妇婴进行禳解护理，而且又吸收改造，大力塑造了一系列的专司生育的神灵来适应信众这方面的巨大需求。道教正是通过坚持以精湛医术济世度人，特别是为妇婴提供各种各样的符咒、斋醮科仪法术等等禳解护理之术，通过成功的创造出能够祈子护胎、保护妇婴的神功强大的生育神灵，才日益为普通民众所接受和信

---

① 参阅盖建民：《道教医学》，宗教文化出版社，2001 年，第 295 页。

② 王明：《抱朴子内篇校释》，中华书局，1980 年，第 272 页。

奉。所有这些措施，其结果都极大地宣传了道教济世度人、大慈大悲的宗教情怀，扩大了道教的广泛传播，客观上对于道教的发展起到了有力的推动作用，而且也是道教能够长久持续发展的重要原因。

其三，从生育文化的融通和建设而言，道教生育思想对于儒家生育思想乃至传统生育思想都起到了巨大的补充作用。我们知道，儒家生育思想长期以以来居于官方支持的正统地位，其影响是依靠了国家制度和法律道德等的强力推动。但是文化有它本身的内在规律，有自己的相对发展的独立性。儒家长期在生育方面坚持早婚早育、多生多育、重男轻女的生育理念，在一定阶段和地区给社会造成了弃杀女婴，性别比例失衡，人道主义丧失，资源紧张，社会负担沉重等负面作用。而道教从贵柔重阴，道法自然，阴阳平衡等思想理念出发，提出反对弃杀女婴，男女平等，节欲节育等观点，并济世度人的运用了一系列的符咒科仪等妇婴禳解护理思想，这些思想主张在儒释道三教后期越来越相互融合的历史大背景下，能够对儒家正统的生育思想乃至传统的生育思想起到巨大的冲击和提供强有力的有益补充。

其四，从社会来说，道教采取神道设教的方法，宣扬因果报应，积德成仙的思想，这对于扬善抑恶并促进社会的道德进步，提升社会的道德水平都起到了巨大的建设作用。道教做为一种宗教，塑造生育神灵，神道设教，其禳解治疗和教化的目的都非常明显。例如，早期道教五斗米道和太平道等，都要求病人“跪拜首过”，而且神灵信仰中都宣扬因果报应，积德成仙的思想。例如，《碧霞元君护国庇民普济保生妙经》中讲到了因果报应的思想：“凡人动作之际，遭逢善事，是为善报。遭逢恶事，是为恶报。”碧霞元君的基本看法是：“欲知往生，当观今生。欲知来世，当观今世。”今生的种种惨状，都是承负往生罪孽所致。同样，今生恶行，来世必将“复生于鳞介毛羽、爪牙蹄角之类。其中多受鞭挞，屠割烹煎，复化微虫，难复人身。”这种恶报善报，表现在生育方面，其理亦然。碧霞元君讲道："或遭产难，不顺分娩，或子存母丧，或母子俱亡，此是往生揉堕胎婴，抛弃儿女，残误托生，今受斯报。"① 许多妇女遭遇这样那样的产难，都是因为往生随意堕胎毁婴，抛弃儿女所遭的报应。同样，道教的一大思想便是认为当一个人做善事积累功德到了一定程度之后，可以由地仙升到人仙、天仙等等，所有这些以遭天谴惩罚的威力所做的宣扬，一般很容易为普通民众所接受，客观上起到了扬善抑恶，净化社会风气，提升社会道德的效果。

总而言之，道教生育思想配合生育神灵信仰满足了民众的禳解护理需求，促进了道教的持续发展，影响和补充了儒家乃至传统的生育理念，提升了社会的道德水平，形成了一定的良性循环，其总体影响是积极进步的。

三　道教生育思想的现代价值

道教生育思想是道教医学研究的一个分支，是道教研究的新领域，对现代社会的妇婴护理禳解和国家的计划生育政策的制定及其现代生育文明的建立，都具有重要的参考价值和现实意义。具体表现在以下几个方面：

（一）道教生育思想的研究深化了道教医学的深入研究，拓展了道教研究的新领域，因而具有重要的学术价值。

1. 道教生育思想的研究深化了道教医学的研究。盖建民教授等人已经就道教医学的概念、发展、特点、作用等做了具体而深入的研

① 《碧霞元君护国庇民普济保生妙经》，《道藏》第 34 册，第 744 页。

究。我们知道，传统中医早就有了妇科，小儿科的学科划分，而道教生育思想，绝大多数被包含在道教医学著作如《孙真人备急千金要方》、《黄帝内经素问补注释文》、《三元延寿参赞书》、《养性延命录》、《丹亭真人传道集》等等里面。所以，道教生育思想应该包含在道教医学的范围之内。不但如此，根据孙思邈在《孙真人备急千金要方》中的思想观点，人们以"养小为大"，重视子嗣生育。他解释之所以把妇科、小儿科放在其著作的开始，是因为这是为了"崇本"。这就更说明了生育思想在道教医学中的重要地位。我们通过深入专题的研究，挖掘整理了道教中的优生优育思想和注重人口性别生态平衡的理念，总结了道教中提出的从种子受胎、养胎安胎、胎教到催生助产、产难禳解的诸种医学治疗之术和禳解法术，剖析了道教神灵信仰的内容、嬗变和社会影响，所有这些，都有助于深化道教医学的研究。

2. 道教生育思想研究拓展了道教研究的新领域。道教研究的历史，已经经历了发展史、思想史的相对宏观的研究阶段，越来越进入专题研究的深度研究阶段。著名道教研究专家卿希泰先生在《道教研究百年的回顾与展望》一文中明确指出，"一是开展交叉学科的研究，以拓宽道教文化研究的范围。当前已经起步的道教哲学、道教文学、道教伦理、道教养生、道教科技、道教音乐、道教艺术、道教美学、道教语言、道教考古、道教与少数民族关系等方面的研究，还需要继续深入下去，争取能有一些更系统更高水平的成果出来。"① 这就充分说明，道教交叉学科的研究是未来我国道教研究所应努力主要方向之一，只有系统的开展这方面的研究，才能有力的推动道教史的研究再上新台阶。而道教生育思想研究正好就是道教与生育思想文化的交

① 卿希泰：《道教研究百年的回顾与展望》，《四川大学学报》（哲学社会科学版）2006年，第4期，第53页。

义，深入予以研究，必将能够拓宽道教研究领域。

（二）道教生育思想的研究能对现代社会妇婴的护理禳解和国家计划生育政策的制定及其现代生育文明的建立起到重要的借鉴价值。

1. 道教生育思想研究能够对现代社会妇婴的禳解护理起到一定的促进作用。

盖建民教授在《道教医学》第五章“方术与科学——道教医学体系及其特点”一章中就道教符咒治病术的医学底蕴做了详细的说明。[①] 而道教生育符咒禳解护理术也有符合现代医学底蕴的合理成分。我们在前面讲到道教对于妇婴的护理术时一般把其分为医学护理术和符咒禳解护理术两种，关于道教生育思想中的医药护理，其作用自不待言。例如，我们在讲到道教对于养胎安胎的护理时首先介绍了孙思邈《孙真人备急千金要方》、李鹏飞《三元延寿参赞书》和清代浣溪杏香主人《紫闺秘书》中介绍的诸多养胎药方，这些中药药理护理思想和措施即使在今天仍然有利用价值。而另一类笼罩在宗教神学神秘面纱下的符咒治病术，其实也是含有一定合理的医学底蕴。

道教生育符咒治病术首先要求妇婴病人在服符或科仪之前沐浴净身，这其实含有消毒的医疗效果。这些沐浴往往在汤中加入诸如白芷、藿香、茆香、苓陵香、桃根桃叶等等中药，这种沐浴自然具有显著的医疗消毒效果，对于妇婴患者能起到一定的医疗作用。另外，道教生育科仪中也往往要用醋炭薰洒房室环境，这也能起到消毒效果，至今仍为人们沿用。

道教生育符咒中，道符制作的原材料往往也包含有一定的医学底蕴。例如，桃符具有杀毒灭菌的作用，朱砂有镇心安神之效，制作纸符的姜黄具有活血化瘀、止痛除菌之效果。例如，朱端章在《卫生家

① 盖建民：《道教医学》，宗教文化出版社，2001 年，第 295 页。

宝产育备要》卷六也收录有治产难方术之一为“取桃仁，分破书一片作可字，一片作出字，依前还合，令母吞之即产。此天真法也，神效。”[①] 桃仁即具有活血化瘀、润燥滑肠、消毒抗炎之医效。

道教生育符咒术中针对不同的符用不同的药汤送服，这些药汤本身就具有医疗效果。如生姜汤、大枣汤、甘草汤等等。例如，《灵宝领教济度金书》中的符服药汤就有：

> 医血崩符新绵烧灰，同符灰和，用荆芥汤下。
>
> 乌罗牟至应血摄
>
> 医胎动不安符淡醋汤调灰下。
>
> 哒婆帝喃涂急摄
>
> 医胎孕不牢符药枣汤调灰下。
>
> 尼那宾都摩达唎摄[②]

这里就针对不同的症状开列了不同的药汤服符。治疗“血崩”用“荆芥”汤，治疗“胎动不安”用“淡醋”汤，治疗“胎孕不牢”用“枣汤”服符。又如《法海遗珠》中的“玄女催生符”在服符时讲到“右符黄纸书，念大圣北斗七元君，能解产生厄。仍用百草霜、白芷煎汤下。或葵子、菜子、萝葡子煎汤，皆可送下。”[③] 这里提到了“百草霜，白芷汤”，而白芷具有消肿祛风、止痛通窍之药效；或者“葵子、菜籽、萝葡子煎汤”，这些是具有药疗效果的食品，肯定具有催产滑胎的效果。盖建民教授在其著作中还提到《祝由医学十三科》中保产安胎经常用“砂仁汤”服符，而砂仁具有行气安胎、归脾化湿之效，常被中医用做治疗妊娠恶阻、胎动不安、止呕安胎，因而这种

---

① 郭立诚，《中国生育礼俗考》，台湾文史哲出版社，1979 年，第 104 页。

② 《灵宝领教济度金书》卷 286，《道藏》第 8 册，第 517 页。

③ 《法海遗珠》卷 16，《解二十四厄真符》，《道藏》第 26 册，第 471 页。

服符汤肯定具有一定的医疗效果。

道教生育符咒治疗术的医学底蕴还表现在其所包含的合理的心理治疗效果上。有些病人，特别是妇婴的各类疾病，与其心理情绪的骤变而积郁于心或受到惊吓刺激密切相关。特别是小儿科的惊悸、梦惊、客忤、夜啼不止、安魂收土等等，受到心理刺激惊吓的情况非常明显，因而对他们的禳解治疗之术，与其说是神灵神力，不如说是心理疗法或安慰疗法。道教生育治疗中，让病人静心首过、宣泄情绪、存想病灶，都起到了现代心理疗法的实际效果。例如，对幼儿跌跤碰撞时的“小儿摔伤符咒”常用的手法是：一边抚揉伤痛处，一边念口诀：“揉揉，散散，不让老娘看见。”然后对伤痛处吹口气，说“不疼了”。此法往往能制止儿童的哭号，这就是一种典型的安慰心理疗法。①

2. 道教生育思想的研究能够对于国家计划生育政策的制定和适应国情的现代化的生育文明的建立起到重要的借鉴价值。

首先，道家生育思想的研究能够对国家计划生育政策的制定起到参考和借鉴价值。因为人口众多，所以我国计划生育工作的任务极其艰巨。我国的人口数量超过了欧洲所有国家之和，经济资源总量显著，但人均指标基本都在世界排名的倒数几位。特别是近年来，虽然我国人口数量的控制工作取得了显著的成绩，但是因为人口基数大，纯出生量大，人口与土地、资源、环境的矛盾日益突出，人口成了制约我国经济发展的瓶颈。那么，在这样一种严峻的时代背景下，道教恪守道法自然、阴阳平衡，主张节欲养生、节制生育，在生育与节育之间相对平衡的人口生态平衡思想，在资源和环境压力日益不堪重负的今天，其现实意义显得尤为突出。因而，道教生育思想能够对国家

① 以上观点参考了盖建民：《道教医学》，宗教文化出版社，2001年，第318—336页。

计划生育部门制定控制人口数量、提高人口质量、建立现代人口文明起到重要参考和借鉴价值。

其次，道教生育思想的研究能够对建立适应我国国情的现代生育文明起到重要的推动作用。文化对于人类的作用很可能比我们想象的还要大。英国著名人类学家泰勒说过，人是文化的产物。美国著名心理学家马塞拉在其《文化与自我：东西方人的透视》一书中指出："文化是人类行为的主要决定因素之一，文化同自然环境一起代表着塑造人类行为模式的两种主要的'外部'来源。这两种外部来源的影响作用又同生理与心理的两种'内部'来源交互作用，从而构成人类行为的基本的决定因素。"① 这充分说明了人是文化的生物，当然也可以说人口也是文化的产物。有众多的研究表明，中国虽然社会经济等外在世界发生了巨大的变化，但是以生男和多生为中心的那种传统生育文化无论从价值观层面，还是从现实性层面，都没有收到根本性的冲击，特别是在占人口八九亿之多的农村，这种观念至今仍然根深蒂固，牢不可破。从价值观层面来看，中国的农民把子嗣香火的延续看做是人生的终极意义。因为"据中国人的宗教观念，人生至虑者莫过于'无嗣'"。② 因而王晓丽在其《中国民间信仰》一书中认为中国农民把生育和生男上升到了"信仰"的层面。③ 从现实性层面来看，经济和社会的需求是这种生育文化绵延不绝的根源，正是在这个意义上，费孝通先生把这种主流生育文化称为"生育制度"。这就不难解释我国人口众多而计划生育工作虽然取得了巨大成绩，但是在广大农村仍然开展的很艰难或者成本代价很大的原因所在。因而，控制人口

---

① 马塞拉：《文化与自我：东西方人的透视》，浙江人民出版社，1988 年，第 135 页。

② 谢亚托卡列著，魏庆征译：《世界各民族历史上的宗教》，中国社会科学出版社，1985 年，第 278 页。

③ 王晓丽：《中国民间的生育信仰》，社会科学文献出版社，1999 年，第 2 页。

数量，提高人口质量，建立少生、晚生、优生的适应我国国情的现代化的生育文明是计划生育工作的重中之重。而道教不同于儒家乃至传统生育文化的生育思想理念，从道法自然、阴阳平衡出发提出的人口生态平衡思想和优生优育思想等，能够对建立现代化的新型的生育文明起到重要的推动作用。

参考文献

一、道教类书

[1]《钟吕传道全集》，萧天石主编：《道藏精华》（第一卷之二），台北自由出版社，2000年。

[2] 傅山：《丹亭真人玄谈集》，《道藏精华》第十三集之五。

[3]《唱道真言》卷5，《道藏精华录》（下），杭州：浙江古籍出版社，影印本，1989年。

[4]《黄帝内经素问补注释文》，《道藏》第21册。北京：文物出版社、上海：上海书店、天津：天津古籍出版社，1988年。

[5]《太上说六甲直符保胎护命妙经》，《道藏》第1册。

[6]《洞真八京真经》，《道藏》第33册。

[7]《灵宝无量度人上品妙经》，《道藏》第1册。

[8] 蔡氏：《黄帝阴符经注》，《道藏》第2册。

[9]《太上升玄三一融神变化妙经》，《道藏》第1册。

[10]《洞玄灵宝自然九天生神章经解义》，《道藏》第6册。

[11]《洞玄灵宝斋说光烛戒罚灯祝愿仪》，《道藏》第4册。

[12]《太上明鉴真经》，《道藏》第2册。

[13]《三元延寿参赞书》,《道藏》第 18 册。
[14]《太上说玄天大圣真武本传神咒妙经》,《道藏》第 18 册。
[15]《太上修真体元妙道经》,《道藏》第 1 册。
[16]《道德真经》第 42 章,《道藏》第 11 册。
[17]《太上洞玄灵宝业报因缘经》,《道藏》第 6 册,第 129 页。
[18]《化书》,《道藏》第 23 册。
[19]《金丹大要精气神说》,《道藏》第 24 册。
[20]《素问六气玄珠密语》,《道藏》第 21 册。
[21]《紫文行事诀》,《道藏》第 33 册。
[22]《上清金匮玉镜修真指玄妙经》,《道藏》第 6 册。
[23]《七域修真证品图》,《道藏》第 2 册。
[24]《上清太上帝君九真中经》,《道藏》第 34 册。
[25]《元始无量度人上品妙经》,《道藏》第 2 册。
[26]《无上秘要》,《道藏》第 25 册。
[27]《太上三十六部尊经太清境经》,《道藏》第 1 册。
[28]《西升经》,《道藏》第 11 册。
[29]《道枢》,《会真篇》,《道藏》第 20 册。
[30]《上清金匮玉镜修真指玄妙经》,《道藏》第 6 册。
[31]《孙真人备急千金要方》,《道藏》第 26 册。
[32]《养性延命录》,《道藏》第 18 册。
[33]《灵台经》,《道藏》第 5 册。
[34]《灵宝领教济度金书》,《道藏》第 8 册。
[35]《太上说六甲直符保胎护命妙经》,《道藏》第 1 册。
[36]《金丹大要》,《道藏》第 24 册。
[37]《黄帝龙首经》,《道藏》第 4 册。
[38]《道法会元》,《道藏》第 30 册。
[39]《太上元始天尊说北帝伏魔神咒妙经》,《道藏》第 34 册。
[40]《无上玄元三天玉堂大法》,《道藏》第 4 册。

[41]《法海遗珠》,《道藏》第 26 册。
[42]《上清灵宝大法》,《道藏》第 31 册。
[43]《赤松子章历》,《道藏》第 1 册。
[44]《洞真太上八道命籍经》,《道藏》第 33 册。
[45]《灵棋本章正经》,《道藏》第 23 册。
[46]《道法会元》,《道藏》第 28 册,《道藏》第 30 册。
[47]《上清天心正法》,《道藏》第 10 册。
[48]《太上助国救民总真秘要》,《道藏》第 32 册。
[49]《无上玄元三天玉堂大法宗旨》,《道藏》第 4 册。
[50]《太上老君混元三部符》,《道藏》第 11 册。
[51]《九天普度院摄召三十六类伤亡符》,《道藏》第 8 册。
[52]《太一救苦天尊说拔度血湖宝忏》,《道藏》第 9 册。
[53]《元始天尊济度血湖真经》,《道藏》第 2 册。
[54]《上方灵宝元极至道开化真经》,《道藏》24。
[55]《黄帝宅经》,《道藏》第 4 册。
[56]《太上洞玄灵宝业报因缘经》,《道藏》第 6 册。
[57]《太上感应篇》,《道藏》第 27 册。
[58]《洞真太上八道命籍经》,《道藏》第 33 册。
[59]《太上助国救民总真秘要》,《道藏》第 32 册。
[60]《道德真经广圣义》,《道藏》第 14 册。
[61]《素问六气玄珠密语》,《道藏》第 21 册。
[62]《上清太帝君太丹隐书解胞十二结节图诀》,《道藏》第 34 册。
[63]《大洞雌一哺养帝君太一百神上仙法》,《道藏》第 33 册。
[64]《五老雌一解胞胎死结上仙法》,《道藏》第 1 册。
[65]《上清九丹上化胎精中记经》,《道藏》第 34 册。
[66]《上清胎精记解结行事诀》,《道藏》第 6 册。
[67]《洞玄灵宝九天生神章经》,《道藏》第 5 册。
[68]《中和集》,《道藏》第 4 册。

[69]《磻溪集》,《道藏》第25册。
[70]《重阳全真集》,《道藏》第25册。
[71]《碧霞元君护国庇民普济保生妙经》,《道藏》第34册。
[72]《太上老君说天妃救苦灵验经》,《道藏》第11册。
[73]《灵宝玉鉴》,《道藏》第10册。
[74]《九皇新经注解》,《藏外道书》第4册,成都:巴蜀书社,1990年。
[75]《象言破疑》,《藏外道书》第8册。
[76]《金人钜镬》,《藏外道书》第28册。
[77]《洞渊集》,《道藏》第23册。
[78]《无能子》,《道藏》第21册。
[79]《坐忘记》,《道藏》第22册。
[80]《玄纲论》,《道藏》第23册。
[81]《真诰》,《道藏》第20册。
[82]《太上混元老子史略》,《道藏》第17册。
[83]《古今图书集成·艺术典》第四零四册《医部汇考》卷三八四《妇女子嗣门》。

二、一般著作

[1](五代)谭峭:《化书》,北京:中华书局,1996年。
[2](汉)班固:《汉书·艺文志》,北京:中华书局,1962年。
[3](南朝宋)范晔撰,(唐)李贤等注:《后汉书》,北京:中华书局,1965年。
[4][日]丹波康赖撰:《医心方》,北京:人民卫生出版社,1955年。
[5](汉)司马迁撰:《史记》,北京:中华书局,1959年。
[6]《设霞天姬会全科》,泰顺县长坑村同治五年谢元真抄本。
[7]《唐会要》,北京:中华书局,1985年。
[8]《晋书》,北京:中华书局,2000年。
[9]《明史》,北京:中华书局,1974年。

[10] 盖建民:《道教医学》,北京:宗教文化出版社,2001 年。

[11] 盖建民:《道教科学思想发凡》,北京:社会科学文化出版社,2005 年。

[12] 詹石窗:《易学与道教思想关系研究》,厦门:厦门大学出版社,2001 年。

[13] 詹石窗:《道教与女性》,北京:宗教文化出版社,2010 年 8 月。

[14] 唐大潮注译:《劝善书今译》,北京:北京中国社会科学出版社,1996 年。

[15] 范文澜:《与顾颉刚论五行说的起源》,《古史辨》第 5 册,上海:上海古籍出版社,1982 年。

[16](清)阮元等撰:《经籍纂诂》,北京:中华书局,1982 年出版。

[17][英] 泰勒:《原始文化》,杭州:浙江人民出版社,1988 年出版。

[18] 维克多·埃尔:《文化概论》,上海:上海人民出版社,1988 年出版。

[19] 郭沫若:《甲骨文字研究·释祖妣》,见刘梦溪主编《中国现代学术经典·郭沫若卷》(考古卷),石家庄:河北教育出版社,1996 年。

[20] 王明:《抱朴子内篇校释》(增订本),北京:中华书局,1980 年。

[21] 王明:《太平经合校》,北京:中华书局,1960 年。

[22] 郭霭春编著:《黄帝内经素问校注语译》,天津:天津科学技术出版社,1999 年。

[23] 马王堆汉墓帛书整理小组:《马王堆汉墓帛书》(肆)。

[24] 李泽厚:《中国古代思想史论》,上海:三联书店,2008 年。

[25] 何宁:《淮南子集释》,北京:中华书局,1998 年。

[26] 苏舆撰:《春秋繁露义证》,北京:中华书局. 1992 年。

[27] 黄晖撰:《论衡校释》卷 2,北京:中华书局,1990 年。

[28] 陈鼓应:《老子今译今注》,上海:商务印书馆 2003 年。

[29] 庄周著,张耿光译注:《庄子全译》,贵州:贵州人民出版社,1991 年。

[30](汉) 高诱注:《吕氏春秋》,北京:北京图书出版社,2005 年。

[31] 饶宗颐:《老子想尔注校证》,上海:上海古籍出版社,1991 年。

[32] 龚鹏程:《道教新论》,北京:北京大学出版社,2009 年。

[33] 阿尔贝特·史怀泽:《敬畏生命》,上海:上海社会科学院出版社,1992 年。

[34] 蒋朝君:《道教生态伦理思想研究》,上海:东方出版社,2006 年。

[35] 黄寿祺、张善文：《周易译注》，上海：上海古籍出版社，2001年9月版。

[36] 姜守诚：《太平经：以生命为中心的综合考察》，北京：社会科学文献出版社，2007年。

[37] 傅道彬：《中国生殖崇拜文化论》，武汉：湖北人民出版社，1990年。

[38] 萧登福：《道教与民俗》，北京：文津出版社，2002年。

[39] 陈立撰：《白虎通疏证》，北京：中华书局，1994年。

[40]《十三经注疏》，北京：中华书局，2009年。

[41] 江晓原：《性张力下的中国人》，上海：上海人民出版社，1995年。

[42] 潘光旦：《性心理学》译注，上海：商务印书馆，1997年。

[43] [荷兰] 高罗佩著，杨权译：《秘戏图考》，广州：广东人民出版社，2005年。

[44] [荷兰] 高罗佩著，李零、郭晓惠等译：《中国古代房内考》，上海：商务印书馆，2007年。

[45]（唐）魏征：《隋书》，北京：中华书局，1973年。

[46] 林富士：《中国中古时期的宗教与医疗》，台北：联经出版社，2008年。

[47] 甘肃省博物馆、武威县文化馆编：《武威汉代医简》，北京：文物出版社，1975年。

[48] 周一谋：《马王堆医学文化》，长沙：湖南科学技术出版社，1993年。

[49] 霭理士：《性心理学》，上海：三联书店，1988年。

[50]（唐）孙思邈著，李景荣等校释：《备急千金要方校释》，北京：人民卫生出版社，1997年。

[51] 云梦睡虎地秦墓编写组：《云梦睡虎地秦墓》，北京：文物出版社，1981年。

[52]（汉）应劭撰，王利器校注：《风俗通义校注》，北京：中华书局，1985年。

[53] 浣溪杏香主人：《紫闺秘书》，手抄本。

[54]（明）南州散人：《天妃林娘娘传》，《中国神怪小说人系·怪异卷（四）》，长春：辽沈书社，1992年。

[55] 郭立诚：《中国生育礼俗考》，台北：文史哲出版社，1979 年。

[56] 傅道彬：《中国生殖崇拜文化论》，武汉：湖北人民出版社，1990 年。

[57] 潘纪一、朱国宏：《世界人口通论》，北京：中国人口出版社。

[58] 陶毅、明欣：《中国婚姻家庭制度史》，上海：东方出版社，1994 年 7 月。

[59]《老子道德经河上公章句》，北京：中华书局，1993 年。

[60]《睡虎地秦墓竹简》，北京：文物出版社，1988 年。

[61] 褚人获：《坚瓠集·戒杀女歌》，杭州：浙江人民出版社，1986 年。

[62] 马克思：《德意志意识形态》，《马恩选集》第 4 卷，北京：人民出版社，1972 年。

[63] 宋兆麟：《中国生育信仰》，上海：上海文艺出版社，1999 年。

[64] 卡纳西：《性崇拜》，长沙：湖南人民出版社，1988 年。

[65] 宋兆麟：《生育神与性巫术研究》，北京：文物出版社，1990 年。

[66] 宗力、刘群：《中国民间诸神》，石家庄：河北人民出版社，1986 年。

[67] 缪毓文：《台湾神话》，台北：生生出版社，1967 年。

[68] 萧一平等：《妈祖研究资料汇编》，福州：福建人民出版社，1987 年。

[69] 袁珂：《中国神话资料萃编》，成都：四川省社会科学院出版社，1985 年。

[70] 黄石：《感孕说的由来》，见高洪兴、张强《妇女风俗考》，上海：上海文艺出版社，1991 年。

[71] 郑晓江：《中国生育文化大观》，南昌：百花洲文艺出版社，1999 年。

[72]（明）岳甫嘉撰：《妙一斋医学正印种子编》，北京：中医古籍出版社，1986 年。

[73] 张劲松：《中国鬼信仰》，北京：中国华侨出版公司，1991 年。

[74]（晋）张华：《博物志》，北京：中华书局，1980 年。

[75]（宋）孟元老：《东京梦华录注》，北京：中华书局，1982 年。

[76]（宋）李昉等撰：《太平御览》，北京：中华书局，1960 年。

[77]《中华全国风俗志》，上海：上海书店，1986 年。

[78] [德] 黑格尔：《美学》，上海：商务印书馆，1979 年。

[79] 刘仲宇：《中国民间信仰》，香港：东大图书公司，2003 年。

[80] 鲁迅：《鲁迅全集》第 9 卷，北京：人民文学出版社，1958 年。

[81] 王晓丽：《中国民间的生育信仰》，北京：社会科学文献出版社，1999 年。

[82] 马塞拉：《文化与自我：东西方人的透视》，杭州：浙江人民出版社，1988 年。

[83] 谢亚托卡列著，魏庆征译：《世界各民族历史上的宗教》，北京：中国社会科学出版社，1985 年。

[84] 卢国龙：《道教科仪研究》，北京：方志出版社，2009 年。

[85] 刘仲宇：《道教法术》，上海：上海文化出版社，2002 年。

[86] 葛兆光：《道教与中国文化》，上海：上海人民出版社，1987 年。

[87] 张泽洪：《道教斋醮科仪研究》，成都：巴蜀书社，1999 年。

[88] 潘显一：《大美不言——道教美学思想范畴论》，成都：四川人民出版社，1997 年。

[89]《祝由科诸符秘卷一》，郑州：中州古籍书店，1994 年。

[90]《太上老君开天经》，《云笈七签》，北京：中华书局，2003 年。

[91]《解胎十二结法》，《云笈七签》，北京：中华书局，2003 年。

三、期刊论文

[1] 卿希泰：《道教研究百年的回顾与展望》，《四川大学学报》（哲学社会科学版）2006 年第 4 期。

[2] 卿希泰、盖建民：《道教生育观考论》，《中国哲学史》1998 年第 2 期。

[3] 盖建民：《道教与中国传统医学》，《中国宗教》2002 年 34 期。

[4] 盖建民：《道教符咒治病术的理性批判》，《世界宗教研究》1999 年第 4 期。

[5] 盖建民：《道教房中术的性医学思想及其现代价值》，《宗教学研究》1996 年，第 1 期。

[6] 詹石窗：《临时妇人的道派归属与社会影响》，《中国道教》1997 年第 1 期。

[7] 詹石窗：《道教符号刍议》，《厦门大学学报》（哲学社会科学版）2000 年第 2 期。

[8] 詹石窗：《道教艺术的符号象征》，《中国社会科学》1997 年第 5 期。

[9] 强昱：《生为第一生道合一》，《中国宗教》2007 年第 3 期。

[10] 张继禹、李远国：《道教重人贵生的理念》，《中国哲学史》1998 年第 1 期。

[11] 朱越利：《〈太平经〉的兴国广嗣术与合阴阳法》，《西南民族大学学报》（人文社科版）2006 年第 9 期。

[12] 李零：《东汉魏晋南北朝房中经典流派考》，《中国文化》1997 年第 16 期。

[13] 李建民：《“妇人媚道”考——传统家庭的冲突与化解方术》，台湾《新史学》第 7 卷第 4 期。

[14] 林富士：《中国早期的道士的医疗活动及其医术考释：以汉魏晋南北朝时期的“传记”资料为主的初步探讨》，《中央研究院历史语言研究所集刊》1992 年第 73 册。

[15] 林富士：《略论早期道教与房中术的关系》，《中央研究院历史语言研究所集刊》2001 年第 72 册。

[16] 朱越利：《方仙道和黄老道的房中术》，《宗教学研究》2002 年第 1 期。

[17] 江晓原：《历书起源考》，《中国文化》1992 年第 6 期。

[18] 叶明生：《妈祖信仰与道教文化——民间道坛之妈祖信仰相关科仪及文化形态考探》，《福建师范大学学报》（哲学社会科学版）2009 年第 3 期。

[19] 杨堃：《女娲考》，《民间文学论坛》，1988 年第 6 期。

[20] 容肇祖：《记金花庙》，《民俗》1929 年第 36 期。

[21] 刘玮玮、汤丽芳：《论道学的婚姻家庭伦理观》，《青海社会科学》，2009 年第 5 期。

[22] 吴晓松：《道教中的女性地位》，《北京航空航天大学社会科学学报》，1995 年第 2 期。

[23] 周予同：《孝与生殖器崇拜》，见《古史辨》第 2 册。

[24] 叶镜铭：《关云长是龙血变成的》，中山大学语言历史学研究所编印《民俗》第 107 期。

[25] 李国梅、卿希泰《论道教对台湾民间信仰的影响》，《厦门大学学报》（哲学社会科学版）2007 年第 4 期。

[26] 朱步楼：《树立人口生态观，促进出生人口性别比平衡》，《红旗文稿》2006年第24期。

后　记

“天地之大德曰生”，“生生不息”，生命的薪尽火传与接力，是人类持续发展的前提条件。人世间最神奇的事，莫过于一个新生命的呱呱坠地了。因而深入探讨贵生重命、“乐生恶死”的道教中深刻而丰富的生育思想理念和襄解护理技术并彰显其理论意义和现代价值，便是本书的思想宗旨和出发点。

本书是我在博士毕业论文的基础之上修改整理，并被纳入我的导师盖建民教授主编的“道教科技研究”系统丛书。从最初选题，到几易其稿，即将付梓，都得益于我的授业恩师盖建民教授的悉心指导，因而在该书完成之际我对盖建民教授表示衷心的感谢。先生以身垂范，言传身教。多年以来，最愉快的事莫过于和先生一块爬山锻炼，行而论道，于花红草绿、旖旎风光中聆听教诲，相互交流，天人合一，炼养身心。

学习写作期间还受惠于多位师友。对他们的鼓励关心，在此一并致谢！研究著述期间，与诸位同窗，或挥汗于篮球场上，或徜徉于芙蓉湖畔，谈玄论道，相互砥砺，深情厚谊，永难忘怀。

研究著述期间，爱女常伴左右，让我沉浸在巨大的幸福之中，也有了“不用扬鞭自奋蹄”的责任感；家人照顾小孩，对我关心备至。我感恩家人的无尽关心，也祝她们吉祥安康！

图书在版编目（CIP）数据

道教生育思想研究/贾来生著．—成都：巴蜀书社，2014.6（2024.1重印）

（国家“985工程”四川大学宗教、哲学与社会研究创新基地丛书/卿希泰主编）

ISBN 978-7-5531-0417-1

Ⅰ.①道…　Ⅱ.①贾…　Ⅲ.①道教—生育观—研究—中国　Ⅳ.①B958②C924.2

中国版本图书馆CIP数据核字（2014）第073752号

道教生育思想研究
DAOJIAO SHENGYU SIXIANG YANJIU

贾来生　著

责任编辑	徐庆丰
出　　版	巴蜀书社 成都市槐树街2号　邮编610031 总编室电话：（028）86259397
网　　址	www.bsbook.com
发　　行	巴蜀书社 发行科电话：（028）86259422　86259423
经　　销	新华书店
印　　刷	三河市天润建兴印务有限公司
版　　次	2014年6月第1版
印　　次	2024年1月第2次印刷
成品尺寸	210mm×148mm
印　　张	13.875
字　　数	350千字
书　　号	ISBN 978-7-5531-0417-1
定　　价	56.00元
